धवल कुलकर्णी

धवल कुलकर्णी मुंबई में पत्रकारिता करते हैं। पत्रकारिता में उन्हें लगभग 20 साल का अनुभव है। वे अलग-अलग समाचार समूहों जैसे—*टाइम्स ऑफ़ इंडिया, हिन्दुस्तान टाइम्स, द इंडियन एक्सप्रेस, न्यू इंडियन एक्सप्रेस* और *डीएनए* के साथ काम कर चुके हैं।

शासन और राजनीति, जाति, पहचान और सामाजिक आंदोलन, पर्यावरण तथा जंगल, स्वास्थ्य, आधारभूत संरचना, विरासत, संस्कृति और पुरातत्त्व जैसे विभिन्न विषयों पर लिखते रहे हैं। इसके साथ ही वे पुस्तकों की समीक्षा भी करते हैं। फ्रीलांस पत्रकार के रूप में *इकोनॉमिक एंड पॉलिटिकल वीकली* (EPW), *लोकसत्ता.कॉम, न्यूज़18.कॉम, हिन्दुस्तान टाइम्स, बिजनेस स्टैंडर्ड, द प्रिंट, फ्री प्रेस जर्नल* (FPJ), *गोमान्तक टाइम्स* और *चित्रलेखा* (मराठी) के लिए भी लेखन कर चुके हैं। उनकी दूसरी पुस्तक *The Bawla Murder Case : Love, Lust and Crime in Colonial India* जनवरी, 2021 में प्रकाशित होनेवाली है।

प्रभात रंजन

प्रभात रंजन ने अंग्रेज़ी से हिन्दी में 25 से अधिक पुस्तकों का अनुवाद किया है। 'बहुवचन', 'आलोचना' और 'जनसत्ता' के साथ सम्पादकीय कार्य। फ़िलहाल दिल्ली विश्वविद्यालय के ज़ाकिर हुसैन कॉलेज (सांध्य) में अध्यापन करते हैं। साथ ही Jankipul.com नामक प्रसिद्ध वेबसाइट के मॉडरेटर हैं। आजकल इनकी किताब 'पालतू बोहेमियन : मनोहर श्याम जोशी : एक याद' चर्चा में है।

ठाकरे भाऊ

उद्धव, राज और उनकी सेनाओं की छाया

धवल कुलकर्णी

अनुवाद

प्रभात रंजन

राजकमल पेपरबैक्स

The Cousins Thackeray का अनुवाद

राजकमल पेपरबैक्स में
पहला संस्करण : 2021

राजकमल पेपरबैक्स : उत्कृष्ट साहित्य के जनसुलभ संस्करण

राजकमल प्रकाशन प्रा.लि.
1-बी, नेताजी सुभाष मार्ग, दरियागंज
नई दिल्ली-110 002
द्वारा प्रकाशित

शाखाएँ : अशोक राजपथ, साइंस कॉलेज के सामने, पटना-800 006
पहली मंज़िल, दरबारी बिल्डिंग, महात्मा गांधी मार्ग, प्रयागराज-211 001
36 ए, शेक्सपियर सरणी, कोलकाता-700 017

वेबसाइट : www.rajkamalprakashan.com
ई-मेल : info@rajkamalprakashan.com

बी.के. ऑफ़सेट
नवीन शाहदरा, दिल्ली-110 032
द्वारा मुद्रित

मूल्य : ₹299

THACKERAY BHAAU
Biography by Dhaval Kulkarni
Translated by Prabhat Ranjan

ISBN : 978-93-89598-99-5

मुंबई के श्रमिक समाज को,
जिसने ख़ून-पसीने से इस शहर का निर्माण किया।

अपनी बहन दीपाली कुलकर्णी-कुमता को, जो हमें बहुत जल्दी और
अचानक छोड़ कर चली गई।
अपने चाचा स्वर्गीय श्री अशोक आत्माराम कुलकर्णी को—
काश! आप इस पल को देखने के लिए यहाँ रहे होते।

क्रम

भूमिका

अगर तुम असहनीय मिनट को भर सकते हो
साठ सेकेंड के बराबर दूरी दौड़ कर,
यह धरती तुम्हारी है और इसकी हर चीज़
और—सबसे बढ़कर—तुम एक पुरुष हो जाओगे, मेरे बेटे!

—रूडयार्ड किप्लिंग, *इफ़*

पत्रकारों को यह दुर्लभ सुविधा प्राप्त होती है कि वे इतिहास को पसरते हुए देख सकते हैं।

एक ऐसे रिपोर्टर के लिए जिसने शिवसेना और महाराष्ट्र नवनिर्माण सेना (मनसे) को एक दशक से अधिक समय तक कवर किया हो, उसके लिए यह किताब 400 शब्दों की ख़बरों की कठोरता से निकलकर इन राजनीतिक गतिविधियों के विकास को सामाजिक, सांस्कृतिक और आर्थिक टूटन के बड़े स्तर पर रखकर देखने की कोशिश है।

इस किताब का विचार मेरे दिमाग़ में कई सालों से घूम रहा था। इसमें कोशिश यह है कि केवल घटनाओं को दर्ज करने के बजाय उन प्रक्रियाओं को देखा-समझा जाए जिन्होंने उनको आकार दिया। उदाहरण के लिए, इस तरह के स्थानीय पहचान से जुड़े आंदोलन क्यों होते हैं, जो माटी के सपूत होने के कारण अपने अधिकारों को बरक़रार रखने की बात करते हैं और बड़ी तादाद में मेहनतकश आबादी के साथ तार जोड़ लेते हैं?

उद्धव और राज ठाकरे को लेकर बड़ी उत्सुकता थी, यहाँ तक कि विदेश की धरती पर भी। इसका अनुभव तब हुआ जब 2011 में लेखक मीडिया के प्रतिनिधिमंडल के सदस्य के रूप में पाकिस्तान की यात्रा पर गया था। स्थानीय मीडिया और आम लोग सबसे अधिक सवाल दोनों भाइयों के मनमुटाव और शिवसेना प्रमुख बाल ठाकरे को लेकर पूछ रहे थे। इस किताब में उद्धव और राज ठाकरे के राजनीतिक जीवन और उनके राजनीतिक दलों की कथा गहरी छानबीन के बाद कही गई है, जिससे हो सकता है इस उत्सुकता को कुछ हद तक शांत किया जा सके।

यह इस बात का प्रयास भी है कि व्यापक, बहुभाषी समाज के सामने स्वाध्यायी 'प्रबोधनकार' केशव सीताराम ठाकरे के जीवन और उनके काल की कहानी प्रस्तुत की जा सके। उनके व्यक्तित्व की शक्ति उन दो राजनीतिक दलों के परस्पर विरोध में है जो इन दो दलों की राजनीति की रही है, जो हमारी इस कहानी के केंद्र में भी हैं और जिनकी आँखों के सामने मुंबई में मराठी *मानुस* हाशिए पर चले गए।

मैंने उद्धव और राज ठाकरे दोनों से इस किताब के लिए कुछ घटनाओं के बारे में उनका पक्ष जानने की कोशिश की लेकिन सफल नहीं हो पाया।

मैं अपनी पेशेवर ज़िम्मेदारी और इस किताब पर काम करने को लेकर इधर से उधर करता रहा। मुझे बहुत सख़्त समय-सीमा का पालन करना होता था, इसलिए भूमिका के आरम्भ में मैंने किप्लिंग की कविता की जो पंक्तियाँ उद्धृत की हैं, मेरे दिमाग़ में चलती रहीं। यह तय करना पाठकों का काम है कि मैं अपने इस काम में सफल रहा या नहीं।

1

ठाकरे परिवार का इतिहास और 'प्रबोधनकार' ठाकरे

वैसे तो कुछ भी हासिल करने के लिए
लड़ना पड़ता है
वही है पुरस्कार
मैं सदा से योद्धा था, इसलिए
एक युद्ध और,
सबसे अच्छा और आख़िरी!!

—रॉबर्ट ब्राउनिंग, *प्रॉसपाइस*[1]

77-ए, रानाडे रोड, दादर वेस्ट, मुंबई में एक साधारण-सी इमारत को गिरा दिया गया है और उसके स्थान पर एक नया ढाँचा आकार ले रहा है—पुराने के स्थान पर नए को जगह देने का यह एक अवश्यंभावी नतीजा है। लेकिन इस इमारत में जिस राजनीतिक विरासत का जन्म हुआ, जो ऐतिहासिक शिवाजी पार्क के पास की गली में है, वह आज भी बरक़रार है।

इसी स्थान पर 'प्रबोधनकार' केशव सीताराम ठाकरे अपने बड़े परिवार के साथ रहते थे, जिसमें उनके बेटे बाल और श्रीकांत भी थे। भूमितल के इसी फ़्लैट में 1966 में शिवसेना का जन्म हुआ।

महाराष्ट्र में सामाजिक सुधार तथा जाति विरोधी आंदोलनों में इसे आज भी प्रभावी माना जाता है। 17 सितम्बर 1885 को मुंबई के पास कुलाबा के पनवेल (आज रायगढ़ ज़िला) में प्रबोधनकार ने 1921 में अपने साप्ताहिक *प्रबोधन* की शुरुआत की। वैसे तो यह साप्ताहिक महज़ पाँच साल तक चला लेकिन उनके नाम के साथ 'प्रबोधनकार' सदा के लिए जुड़ गया।

अपनी आत्मकथा *माझी जीवनगाथा* में ठाकरे परिवार के कुलपिता ने यह लिखा कि उनका परिवार चांद्रसेनिय कायस्थ प्रभु जाति से ताल्लुक़ रखता था, और वह एक छोटे से रियासत भोर[2] के पाली गाँव के रहने वाले थे। राज्य पर पंतसचिव राजवंश का शासन था।

वह याद करते हैं कि ठाकरे परिवार के पूर्वज अपने उपनाम के रूप में धोड़पकर लिखते थे क्योंकि उनके पूर्वजों में एक नासिक के पास धोड़प क़िले के *क़िलेदार* थे, लेकिन प्रबोधनकार के पिता ने इस उपनाम का त्याग कर दिया।

लिंगम के आकार का वह महल हैदराबाद के निज़ाम द्वारा मराठों को 1752 की 'भालकी संधि' के माध्यम से दिया गया।[3]

अंग्रेज़ों ने इस महल के ऊपर शायद पेशवा शासन काल के उत्तरवर्ती काल में क़ब्ज़ा किया। ठाकरे परिवार के पूर्वज साधनों की कमी के बावजूद बहादुरी से लड़े और अंततः मारे गए।[4]

जाति और उनके सौभाग्य के अलग-अलग स्तर

हालाँकि प्रबोधनकार *ब्राह्मणेतर* (गैर ब्राह्मण) आंदोलन के प्रमुख लोगों में थे। यह आंदोलन महाराष्ट्र में ब्राह्मणों के सर्वव्यापक प्रभाव का मुक़ाबला करने के लिए था, लेकिन उनकी आत्मकथा में परिवार से जुड़ी एक कथा आती है। जब धोड़प का क़िला ध्वस्त होने को ही था, उनके पूर्वज को एक ब्राह्मण ने बचाया, जो रहस्यमय ढंग से उनके सामने आ गया, जिसने उनकी बहादुरी की तारीफ़ की और उनको हवा में उड़ाकर उनके गाँव पाली ले गया![5] इस घटना की स्मृति में ठाकरे परिवार चाँदी की दो मूर्तियों की पूजा करता था—एक योद्धा की और एक ब्राह्मण की।

जब उनके भाई ने पाली में परिवार की सम्पत्ति के बँटवारे के ऊपर ज़ोर दिया तो प्रबोधनकार के प्रपितामह कृष्णाजी महादेव 'अप्पासाहेब' ने संपत्ति के ऊपर अपना दावा छोड़ दिया और ठाणे चले गए। जहाँ वे वकालत करने लगे, जिसमें उनकी छवि एक ईमानदार और मदद करने वाले इनसान की बनी।[6]

उनके बेटे रामचंद्र उर्फ़ भिकोबा धोपड़पकर, जो देवी के उपासक थे, को अदालत में नौकरी मिल गई और उनका स्थानांतरण छोटे मामलों की अदालत पनवेल में हो गया जहाँ वे मृत्युपर्यंत रहते रहे। उनकी पत्नी (प्रबोधनकार की दादी माँ) सीताबाई, जिनको बय बुलाया जाता था, लोगों की मदद के लिए दाई का काम करती थीं और अपने कर्तव्य के सामने जाति और धर्म के नाम पर किसी के साथ भेदभाव नहीं करती थीं। बय अपने समय से बहुत आगे की सोच की महिला थीं और अस्पृश्यता की समस्या से बहुत परेशान रहती थीं।

'...हमारा ठाकरे परिवार बहुत ग़रीब था। मुझसे पहले की तीन-चार पीढ़ियों के बारे में इस बारे में कोई सूचना नहीं है कि किसी के पास एक इंच बराबर भी सम्पत्ति रही हो। हालाँकि पनवेल में हमारे पास एक झोंपड़ी जैसा घर था जहाँ मैं पैदा हुआ', प्रबोधनकार ने लिखा है। उन्होंने ख़ुद को स्व निर्मित इनसान कहा है।[7]

1818 में चितपावन ब्राह्मण पेशवाओं का पतन हो गया, जिनके बाद के सालों को नैतिक अधमता और जाति के आधार पर किए जाने वाले ज़ुल्म के लिए याद किया जाता है। पेशवाओं के शासन की जगह पहले ईस्ट इंडिया कम्पनी का राज आया (1818) और फिर ब्रिटिश साम्राज्य (1858) और शिक्षा तथा सत्ता के केन्द्रों तक अपनी पहुँच के कारण ब्राह्मणों ने इस नई व्यवस्था के साथ सहज रिश्ता क़ायम कर लिया।

चांद्रसेनिय कायस्थ जाति की आबादी कम ज़रूर है लेकिन यह पढ़ी-लिखी और प्रभावशाली जाति है। इस जाति का पेशेवर दर्जा ब्राह्मणों की तरह ही ऊँचा माना जाता है। प्रबोधनकार चांद्रसेनिय कायस्थ जाति की जड़ों को बिहार से जोड़ते थे। अजीब विडंबना है कि उनके बेटे बाल ठाकरे और पोतों उद्धव और राज ने उत्तर भारतीयों के ख़िलाफ़ राजनीतिकि रुख़ अपनाया।

अपनी पुस्तक *ग्रामण्यांचा साद्यंत इतिहास* अर्थात नौकरशाही बंद (जातीय झगड़ों या नौकरशाही वर्ग के विद्रोह का इतिहास) में प्रबोधनकार लिखते हैं कि महापद्म नंद (ईसा पूर्व तीसरी या चौथी शताब्दी), जो आज के बिहार में मगध के शासक थे, और नंद वंश के प्रथम शासक थे, धन के लिए अपनी प्रजा का शोषण करते थे। जिसकी वजह से चांद्रसेनिय कायस्थ जाति के अनेक परिवार दूसरे स्थानों पर चले गए, जहाँ वे जीवनयापन के लिए योद्धा या मुंशी बन कर जीवनयापन करने लगे।[8]

सत्रहवीं शताब्दी में शिवाजी के सबसे बहादुर सिपाहियों में कुछ चांद्रसेनिय कायस्थ जाति के थे। जिनमें कुछ बड़े-बड़े सेनापति थे, जिनमें नेताजी पलकर थे, जिनको अपनी वीरता के कारण *प्रतिशिवाजी* (दूसरा शिवाजी) कहा जाता था, बाज़ी प्रभु और मुरारबाजी देशपांडे थे।

चांद्रसेनिय कायस्थ जाति के लोगों ने मराठा दरबार में मंत्रियों, मुंशी और राजनयिकों के रूप में भी काम किया।

अठारहवीं शताब्दी के आरम्भ में जब छत्रपति शिवाजी महाराज की बहू ताराबाई (उनके छोटे पुत्र राजाराम की पत्नी) और उनके पोते शाहू 1 (उनके बड़े बेटे शम्भाजी के पुत्र) में उत्तराधिकार की लड़ाई छिड़ी तो सत्ता के एक नए केंद्र का उदय हुआ—कोंकण क्षेत्र के श्रीवर्धन के बालाजी विश्वनाथ भट्ट शाहू के पेशवा बन गए। पेशवाओं के शासन में चितपावन ब्राह्मणों का उभार देखने में आया तथा मराठा दरबार में अन्य जातियों जैसे देशस्थ ब्राह्मण, सारस्वत ब्राह्मण और चांद्रसेनिय कायस्थ जाति की स्थिति कमज़ोर हो गई।

पनवेल में केशव के आरम्भिक सालों में सामाजिक सुधार आंदोलन के शुरू हो जाने के कारण समाज के ऊपर ब्राह्मणों की पकड़ धीरे-धीरे कमज़ोर हो रही थी।

1848 में माली जाति के एक युवक ने, जो टामस पेन के *राइट्स ऑफ़ मैन* से बहुत प्रभावित था, अपने एक ब्राह्मण मित्र की शादी में अपमानित होने के बाद जाति

व्यवस्था की क्रूरता को समझा, और आम लोगों के लिए शिक्षा की शुरुआत की। ईसाई धर्मप्रचारकों द्वारा लड़कियों की शिक्षा के लिए स्कूल खोले जाने की घटना से प्रभावित होकर 'महात्मा' ज्योतिबा गोविंदराव फुले पुणे में अपनी पत्नी सावित्रीबाई के साथ लड़कियों की शिक्षा के लिए स्कूल शुरू करने वाले पहले भारतीय बने और उन्होंने बहुजन (ग़ैर ब्राह्मण) और स्त्रियों के उद्धार को अपने जीवन का लक्ष्य बना लिया।

इटली के मार्क्सवादी अंटोनियो ग्राम्शी और सांस्कृतिक वर्चस्व के उनके सिद्धांत से बहुत पहले महात्मा फुले ने ऊँची जातियों के सांस्कृतिक वर्चस्व और छवि को तोड़ने की कोशिश की और सत्यशोधक समाज के माध्यम से बहुजन समाज के लिए एक वैकल्पिक मूल्य व्यवस्था का निर्माण किया और उसके बारे में बात करने की शुरुआत की। उन्होंने एक ब्राह्मण विधवा के बेटे को गोद ले लिया जिसका जन्म वैवाहिक संबंध से नहीं हुआ था, और उसको अपना उत्तराधिकारी घोषित कर दिया। फुले ने सत्यशोधक समाज की स्थापना कमज़ोर वर्ग के मुद्दों को उठाने के लिए तथा जाति व्यवस्था को तोड़ने के लिए की।

बाद में ब्राह्मणेतर आंदोलन के बड़े नेतागण—डॉक्टर बाबासाहेब आंबेडकर, कोल्हापुर के छत्रपति शाहू, दिनकरराव जवलकर, केशवराव जेधे और बाद के दिनों में मुस्लिम समाज सुधारक हामिद दलवई—फुले ने युवा केशव को प्रेरित किया।

प्रबोधनकार और उनका परिवार हो सकता है अपने समय से बहुत आगे रहा हो जबकि लोगों के दिमाग़ में जाति की संरचना अपने क्रूर अमानवीय रूपों में दिखाई देती थी।

अन्याय के ख़िलाफ़ विद्रोह

प्रबोधनकार आठ या नौ साल के थे जब झाड़ू लेकर जाते एक महार (दलित) की छाया उनके ऊपर पड़ गई। स्कूल में उनके सहपाठियों ने कहा कि वे अपवित्र हो गए। हालाँकि बय इसके लिए बताए गए कर्मकांड के अनुसार अपने पोते को स्नान करवाने के बजाय दिल खोलकर हँसी और बोली कि 'चूंकि ब्राह्मण पवित्र और शुद्ध होता था, इसलिए दादा (प्रबोधनकार) के ऊपर अगर किसी ब्राह्मण की छाया पड़ जाए तो वह शुद्ध हो जाएगा।' उसके बाद बय ने रास्ते में एक ब्राह्मण लड़के को खड़ा कर दिया ताकि उसकी छाया दादा (केशव) के ऊपर पड़ जाए। बाद में उन्होंने बच्चों को वहाँ से जाने से पहले जाति शुद्धता की बात में यक़ीन करने के लिए अच्छी तरह से फटकार लगाई।

हो सकता है कि इसी तरह की घटनाओं के कारण युवा केशव के दिमाग़ में लीक से हटकर सोचने की लौ लग गई, और जिसके कारण बाद में सामाजिक अन्याय के ख़िलाफ़ उन्होंने विद्रोह कर दिया।

1902 में जब प्रबोधनकार सत्रह साल के थे उनके पिता सीताराम, जो कारिंदे का काम करते थे और जिनको बाला भी बुलाया जाता था, की मृत्यु हो गई। उनके जीवन के आरम्भिक सालों में उनको दिशा देने का काम उनकी माँ काशी ने किया, जिनको ताई भी बुलाया जाता था। प्रबोधनकार अपने परिवार की सफलता का श्रेय अनुशासन से प्यार करने वाली अपनी माँ को देते थे। उनकी आत्मकथा में माँ के प्रति सम्मान और प्रशंसा का भाव साफ़ दिखाई देता है।

उन्होंने ताई के बारे में लिखा है कि वह स्वाभिमानी स्त्री थीं, जिनको अहंकारी बर्ताव और शेखी बघारने से नफ़रत थी और वह खुलकर अपनी बात रखने में या बच्चों को अनुशासित रखने के लिए उनकी मार कुटाई से ज़रा भी नहीं हिचकती थीं। ताई ने प्रबोधनकार के अंदर ज्ञान और लिखित शब्दों के प्यार का भाव पैदा किया और हर शाम वह उनको ज़ोर-ज़ोर से अख़बार पढ़ने के लिए कहती थीं जिससे कि उनके बोलने का कौशल बेहतर हो सके।

प्रबोधनकार वक़ील बनने के सपने देखते थे, लेकिन घर की बुरी आर्थिक दशा के कारण मैट्रिकुलेशन की परीक्षा की फ़ीस देने में 1.50 रुपए (जो उन दिनों बड़ी राशि होती थी) कम पड़ गए।[9] लेकिन उन्होंने औपचारिक शिक्षा को अपनी शिक्षा की राह में नहीं आने दिया। आख़िरकार वे समाज सुधारक, वक्ता, कार्यकर्ता, लेखक, नाटककार, पटकथा लेखक और कलाकार के रूप में उभरे, यहाँ तक कि उन्होंने *आचार्य* प्रह्लाद केशव अत्रे की यादगार फ़िल्म *श्यामची आई* में अभिनय भी किया। केशव के दो छोटे भाई थे, यशवंत (बुआ जिसको भाऊ भी बुलाया जाता था) और दामोदर (अन्ना) [10], और दो बहनें थीं। 1910 में उन्होंने अमरावती की रमा गुप्ता से विवाह किया।[11]

1973 में अपनी मृत्यु से कुछ सप्ताह पहले प्रकाशित अपनी आत्मकथा में प्रबोधनकार ने लिखा है कि *बुकबाज़ी* (किताबों के प्रति प्रेम) उनका ऐसा आकर्षण था जिससे वे निकल नहीं पाए।[12] विलियम शेक्सपियर से लेकर वेदों तक, अमेरिकन रैशनल पब्लिकेशन सोसाइटी के प्रकाशन, इतिहास और साहित्य तक प्रबोधनकार के संग्रह में सब कुछ था। कौटिल्य के *अर्थशास्त्र* के मूल संस्कृत संस्करण और जर्मन प्राच्यविद रूडोल्फ़ वन राथ की किताब के लिए वे वडोदरा की यात्रा पर भी गए, जहाँ वह दरबार के पुस्तकालय में थी।

प्रबोधनकार का विद्रोही स्वभाव कम उम्र में ही दिखाई देने लगा। जब उनके बचपन की संगी मंजू (दस साल) की शादी पैंसठ साल के निलोबा तालोजकर के साथ हो रही थी तो उन्होंने विरोध में पंडाल में आग लगा दी।

अपने ख़र्चे चलाने के लिए वे छोटे-मोटे काम करते रहते थे, जैसे रबर स्टैम्प बनाना, फ़ोटोग्राफ़र के रूप में काम करना, राज्य पीडबल्यूडी कार्यालय में प्रधान लिपिक के रूप में काम करना। उन्होंने वार्डन इंश्योरेंस कम्पनी तथा वाडिया मूवीटोन

के लिए प्रचार अधिकारी के रूप में काम किया और यहाँ तक कि साइन बोर्ड पेंट करने का काम भी किया।[13,14]

उन दिनों ईसाई तथा इस्लामिक धर्म प्रचारक मुंबई में बहुत आक्रामक तरीक़े से अपने धर्म के प्रचार का काम करते थे। उन्होंने अपनी आत्मकथा में लिखा है कि उन्होंने इसका मुक़ाबला करने के लिए अपनी ही जाति के सहयोगी गजाननराव वैद्य के साथ हाथ मिलाया और 1918 में मुंबई के सीपी टैंक इलाक़े में हिंदू मिशनरी सोसायटी की स्थापना की।

वैद्य ने पहली बार सार्वजनिक रूप से एक मुस्लिम युवक वहीदुद्दीन का वापस धर्मांतरण और गंडा बाँधने का आयोजन उसके 75 वर्षीय पिता के आग्रह पर किया। वैद्य ने मुंबई के समुद्र तट पर रहने वाले उन कोलियों (फिशरमैन) का धर्मांतरण भी कराया जो ईसाई बन चुके थे।

1921 में प्रबोधनकार ने *प्रबोधन* की शुरुआत की। इस प्रकाशन के माध्यम से उन्होंने रूढ़िवादिता तथा ब्राह्मणवाद के ऊपर हमले किए और 'स्वाध्याश्रम' के माध्यम से दहेज प्रथा के विरुद्ध जन अभियान चलाने वाले पहले व्यक्ति बने। अपनी आत्मकथा के लोकार्पण के अवसर पर अपने अंतिम सार्वजनिक व्याख्यान में प्रबोधनकार ने कहा, "वैसे तो महिलाओं की स्थिति में बहुत सुधार हुआ है... लेकिन उनकी स्थिति में और सुधार की आवश्यकता है। इतने ज़्यादा सुधार की कि पुरुषों को ऐसा लगे कि स्त्रियाँ उनसे बदला ले रही हैं।"[15]

कमज़ोर आर्थिक अवस्था के कारण वह बार-बार अपना घर बदलते रहे—पनवेल, दादर, करजत, भिवंडी और पुणे में रहते हुए वे नियमित तौर पर दिनकरराव जवलकर, केशवराव जेधे, श्रीधरपंत तिलक (लोकमान्य बाल गंगाधर तिलक के सुधारक पुत्र) जैसे समाज सुधारकों से मिलते रहते थे और पी.एन. राजभोज जैसे समाज सुधारकों से रूढ़िवादी ब्राह्मणों के उस गढ़ में मिलते थे।

प्रबोधनकार ने क़रीब 25 किताबें लिखीं, जिनमें सार्वजनिक वक्तृत्व पर मराठी में लिखी गई पहली पुस्तक भी शामिल थी। ब्राह्मण परम्परावादियों के साथ उनकी तक़रार अक्सर चलती रहती थी, जैसे भास्कर बलवंत भोपटकर के साथ। हालाँकि जब प्रबोधनकार ने 1926 में *दगलबाज़ शिवाजी* नाम एक पुस्तक लिखी, जो उर्दू में लिखी गई एक किताब के विरोध में लिखी गई थी जिसमें इस योद्धा राजा की निंदा की गई थी, तो भोपटकर ने, जो *भाला* नामक एक मराठी अख़बार का संपादन करते थे, तत्काल उनकी तारीफ़ की।[16]

दूसरे रूढ़िवादी ब्राह्मण उतने उदार हृदय नहीं थे और उनकी समाज सुधार संबंधी बातों को उतनी सहजता से नहीं लेते थे। शिवसेना प्रमुख बाल ठाकरे का जन्म 23 जनवरी 1927 को हुआ। दस बच्चों में वे छठे थे। बाल ठाकरे ने सार्वजनिक रूप से यह कहा था कि रूढ़िवादी ब्राह्मण उनके पिता के लेखन से इतने चिढ़े रहते थे

कि उनके घर के सामने मृत गधे की लाश फेंक दी गई और उन लोगों ने उनके पिता की झूठ-मूठ की शवयात्रा भी निकाली।

प्रबोधनकार नाटक लिखते थे और अपनी डेक्कन स्पार्क कम्पनी के माध्यम से उन नाटकों का मंचन भी करते थे। उनको अपने नाटक *खरा ब्राह्मण* के लिए विरोध का सामना करना पड़ा। वह नाटक सोलहवीं सदी के संत एकनाथ पर था। पुणे में उनके घर के सामने जलते हुए कपड़े फेंक दिए गए और 1938 में जानबूझकर उनकी मृत्यु को लेकर अफ़वाह फैला दी गई।

लोकगायक कृष्णाराव साबले, जो महाराष्ट्र के प्रसिद्ध वीरगीत गायक थे, ने याद किया कि पुणे में एक सार्वजनिक सभा में प्रबोधनकार ने लोकमान्य तिलक के ऊपर अंडे फेंके थे। क्योंकि वे उनके सख़्त ब्राह्मणवादी विचारों का विरोध कर रहे थे।[17] 'हिंदुओं का धर्म आज कोई धर्म नहीं है', प्रबोधनकार ने अपनी किताब *देवलाचा धर्म आनी धर्माची देवले* में लिखा। 'यह *भिक्षुशाही* है, एक बेतुकी उपमा है जो भटों (ब्राह्मण) की मदद के लिए है जिससे कि वे निर्दोष लोगों को ठग कर अपनी तिजोरी को भर सकें।'[18] यह किताब आज भी बेस्टसेलर है, और हिंदू कर्मकांडों के ऊपर कटु टिप्पणियों के लिए आज भी याद की जाती है।

किताब में धर्म के प्रचार और उसकी रक्षा में मंदिरों की भूमिका के ऊपर सवाल उठाया गया और किताब में मूर्तिपूजा के ऊपर काफ़ी क्रोध प्रकट किया गया, मूर्तियों को 'महज़ पत्थर' कहा गया है। 'फ़िज़ूल की चीज़ जैसे बच्चों के खेल में गुड़िया होती है...ऐसे पत्थरों की पूजा करने से आत्मा को मुक्ति नहीं मिल सकती है।'[19] प्रबोधनकार वैसे तो धर्म में आस्था रखते थे लेकिन वे कर्मकांडों और ब्राह्मण वर्ग की निंदा करते थे, उन्होंने कहा कि मंदिर जातिगत भेदभाव के शीर्ष थे और उनका कहना था कि मंदिरों की सम्पत्ति को हिंदू समाज के लिए उपयोग में लाया जाना चाहिए।[20]

अपनी पुस्तक *ज्योतिशयांचा मगरमिथित* में उन्होंने यह भी कहा : 'सच्चा *पुरुषार्थ* मेहनत करने में है न कि ज्योतिषियों के चक्कर में पड़कर अकर्मण्य हो जाने में।[21]

प्रबोधनकार ने ख़ूब लिखा, यहाँ तक कि साप्ताहिक *अग्रानी* में भी लिखा, जिसकी शुरुआत 1944 में की गई थी, और जिसका संपादन कट्टर हिंदू महासभा के सदस्य नाथूराम गोडसे द्वारा किया जाता था। प्रबोधनकार की एक शर्त थी—जो उनको उचित लगेगा वह वही लिखेंगे।

अपनी आत्मकथा *जसं घडलं तसं* में प्रबोधनकार के पुत्र और राज ठाकरे के पिता श्रीकांत ने लिखा है कि संपादक ने पत्र लिखकर उनसे कहा कि गांधी के बारे में लिखते हुए वे महात्मा के स्थान पर मिस्टर का प्रयोग करें, दादा (प्रबोधनकार

को कहा जाता था) ने अपने लिखे में एक शब्द भी बदलने से मना कर दिया और उसके बाद से उन्होंने पत्रिका के लिए रचनाएँ भेजने से मना कर दिया।[22]

हालाँकि, गैर ब्राह्मण आंदोलन के इस पुरोधा ने गांधी की नाथूराम गोडसे के हाथों हत्या के बाद जब दादर में यह देखा कि गुस्साई भीड़ ब्राह्मणों के ऊपर हमला करने जा रही थी तो उन्होंने उस भीड़ को शांत करने का काम किया।[23]

ग़ैर ब्राह्मण आंदोलन

1925 में एक तेलुगु ब्राह्मण डॉक्टर केशव बलिराम हेडगेवार ने राष्ट्रीय स्वयंसेवक संघ की स्थापना की। वी.डी. सावरकर तथा बी.एस. मूँजे से प्रेरित होकर, हिंदू महासभा के नेता हेडगेवार का यह मानना था कि 'भारत में हिंदुओं में जो सामाजिक भेदभाव था उसी के कारण भारत हज़ार सालों से विदेशी शक्तियों का ग़ुलाम था।'[24]

वैसे तो आरएसएस के ऊपर अक्सर यह आरोप लगाया जाता है कि उसने 'हिंदू कट्टरतावाद का ब्राह्मणवादी ढाँचा प्रस्तुत किया'[25] लेकिन शिवसेना का आधार महाराष्ट्र में अलग-अलग जातियों के बीच रहा है और इसका ढाँचा 'जाति व्यवस्था के विस्तृत आधार में रहा है, लेकिन इसमें ज़ोर हिंदू, संस्कृत और क्षेत्रीय आदर्शों'[26] के ऊपर रहा है। जिन लोगों ने प्रबोधनकार के जीवन को जाना है वे उसका श्रेय उनके 'हिंदुत्व की बहुजन दृष्टि' को देते हैं।[27]

निजी बातचीत में भाजपा और आरएसएस के नेता हिचकते हुए यह कहते हैं कि शिवसेना महाराष्ट्र में समान वैचारिक आधार के कारण उनके समानांतर प्रतिस्पर्धा करती रही है, इसलिए वह स्वाभाविक रूप से महाराष्ट्र में उनके विस्तार में बाधक रही है क्योंकि उनका सामाजिक आधार विस्तृत रहा है।

बहुत कम महाराष्ट्रीय लोगों को इस बारे में पता होगा कि इस उत्सव को सार्वजनिक आयोजन के रूप में मनाए जाने की शुरुआत में प्रबोधनकार की क्या भूमिका थी, जिन्होंने ब्राह्मणों के वर्चस्व वाले गणेश उत्सव से विद्रोह करते हुए नवरात्रि मनाए जाने की शुरुआत की।

दादर में गणेशोत्सव का आयोजन सभी जाति के लोगों के चंदे से किया जाता था लेकिन उसकी आयोजन समिति में ब्राह्मणों का वर्चस्व रहता था।[28]

1926 में प्रबोधनकार और समाज सुधारक राव बहादुर सीताराम केशव बोले और डॉक्टर बाबासाहेब आंबेडकर ने ब्राह्मणों के इस वर्चस्व का विरोध किया और यह माँग की कि ग़ैर ब्राह्मणों तथा अछूतों को भी इस आयोजन का हिस्सा बनाया जाए। मूर्ति निर्माण के पहले दादर पुल के नीचे बनाए गए *पंडाल* में 600 लोग, जिनमें बोले और प्रबोधनकार भी शामिल थे, घुस गए। प्रबोधनकार ने यह

धमकी दी कि अगर अछूत हिंदुओं को 3 बजे तक मूर्तिपूजा की अनुमति नहीं दी गई तो वे इसको नष्ट कर देंगे।

आख़िरकार, समझौता हुआ। दलित कार्यकर्ता गणपत महादेव जाधव उर्फ़ मदकेबुआ को, जो आंबेडकर के नज़दीकी सहयोगी थे, इस बात की अनुमति दी गई कि वे ब्राह्मण पुजारी को मूर्ति पर चढ़ाने के लिए फूल दे दें। लेकिन रूढ़िवादियों को यह विद्रोह रास नहीं आया और उन्होंने यह घोषणा कर दी कि यह उत्सव आगे से नहीं मनाया जाएगा। इसके बाद यह आरोप लगने लगा कि प्रबोधनकार की वजह से गणेशोत्सव का आयोजन बंद हो गया।

प्रबोधनकार, बोले और उनके सहयोगियों ने नवरात्रि को आम जनता के उत्सव के रूप में बनाना शुरू कर दिया। प्रबोधनकार ने देवी भवानी, जिनकी पूजा शिवाजी महाराज करते थे और जो महाराष्ट्र की अधिष्ठात्री देवी थीं, को केन्द्र में रखकर नवरात्रि को आम जनता के उत्सव के रूप में मनाना शुरू कर दिया। वैसे तो शिवाजी महाराज के काल में नवरात्रि मनाई जाती थी लेकिन ब्राह्मण पेशवाओं के काल में गणेशोत्सव मनाया जाने लगा। बाद में लोकमान्य बाल गंगाधर तिलक ने गणेशोत्सव को आम जनता के उत्सव में बदल दिया।

1926 में ग़ैर ब्राह्मण समूह ने लोकहितवादी संघ की स्थापना की जिसने दादर में 'शिव भवानी नवरात्रि महोत्सव' की शुरुआत परंपरा को पुन: जीवित करने तथा बहुजन समाज को एक करने के उद्देश्य से की[29], और यह त्योहार पूरे महाराष्ट्र में मनाया जाने लगा। यह कहा जाता है कि देवी की तस्वीर प्रबोधनकार ने बनाई थी और गुर्राते हुए शेर की, जो बाद में शिवसेना की छवि से ज़ुड़ गई, भी उनके द्वारा ही बनाई गई थी।

यद्यपि 1929 में प्रबोधनकार ख़राब स्वास्थ्य के कारण दादर से करजत रहने चले गए लेकिन खाँडके भवन में नवरात्रि का उत्सव मनाया जाता रहा, जहाँ पहले ठाकरे रहते थे। यह शिवसेना के मुख्यालय शिवसेना भवन के पास ही है।

विडंबना की बात यह है कि शिवसेना ने अपने प्रभाव के विस्तार के लिए नवरात्रि से अधिक गणेशोत्सव का इस्तेमाल किया। इस बात की तरफ़ पत्रकार सचिन परब ने ध्यान दिलाया जिन्होंने ठाकरे परिवार के मुखिया के जीवन और काम के बारे में लिखा है। चूँकि गणेशोत्सव में अन्य जातियों को स्थान दे दिया गया था इस वजह से उसके मुक़ाबले में अलग से नवरात्रि मनाने की ज़रूरत जाती रही।[30]

इसके बावजूद कि सुधारवादी कोल्हापुर के राजर्षि छत्रपति शाहू के साथ जुड़ाव था, जो इनको *वांड* बुलाते थे, प्रबोधनकार *प्रबोधन* के दूसरे ही अंक में इस बात के लिए उनको फटकार लगने से बाज़ नहीं आए (1 नवम्बर 1921) जब अक्टूबर में कोल्हापुर के गर्भगृह में जाने के कारण मराठा छात्रों के एक समूह को गिरफ़्तार कर लिया गया था।[31]

बाल ठाकरे की छोटी बहन संजीवनी करंदीकर ने कहा कि उनके पिता ब्राह्मणों के ख़िलाफ़ नहीं थे बल्कि जाति के आधार पर किए जाने वाले भेदभाव के ख़िलाफ़ थे। 'जब मैंने जनवरी 1958 में एक ब्राह्मण से शादी की (जनार्दन करंदीकर), तो हंगामा हो गया, लेकिन दादा ने लोगों से कहा कि वह ब्राह्मण के ख़िलाफ़ नहीं थे बल्कि ब्राह्मणवाद के ख़िलाफ़ थे।'[32]

आधुनिक महाराष्ट्र का कोई इतिहास कोई दस्तावेज़ 'कर्मवीर भाऊराव पाटिल' के उल्लेख के बिना पूरा नहीं हो सकता (1887-1959)। उनका जन्म महाराष्ट्र के कोल्हापुर के एक जैन परिवार में हुआ था। पाटिल फुले के सत्यशोधक समाज के सदस्य थे, 1919 में उन्होंने ग़ैर ब्राह्मणों की शिक्षा के लिए रयत शिक्षण संस्थान की शुरुआत की। इस संस्थान के इस समय 700 से अधिक स्कूल, कॉलेज, हॉस्टल और आवासीय स्कूल हैं। यह कमज़ोर तबके के बच्चों के लिए 'कमाओ और पढ़ाई करो सिद्धांत का अगुआ'[33] है।

पाटिल प्रबोधनकार को अपने गुरु की तरह मानते थे और वह उनको लेकर पुणे में सेठ विट्ठलदास दामोदर ठाकरसे के महलनुमा बंगले में महात्मा गांधी से मिलने के लिए गए जिससे कि वह उनसे हरिजन सेवक संघ के कोष से रैयत के लिए मदद माँग सकें, जिसकी स्थिति तब अच्छी नहीं थी। जब ऐसा लगा कि गांधी जी दुविधा में पड़ गए थे तब प्रबोधनकार ने उनको खरी-खरी सुना दी। उन्होंने महात्मा के ऊपर यह आरोप लगाया कि वे इतने आलीशान महल में ठहरे हुए थे जिसके सामने ताजमहल भी पानी भरे। पाटिल के छत्रपति शाहू हरिजन आवासीय परिसर के लिए सालाना एक हज़ार की रक़म हरिजन सेवक संघ की कार्यकारी समिति ने एक पखवाड़े के अंदर स्वीकृत कर दी।[34]

शिवसेना के जन्म की जड़ें प्रबोधनकार द्वारा चलाए गए उस अभियान से जुड़ती हैं जो उन्होंने अपने साप्ताहिक के माध्यम से 1922 में चलाई थी। प्रबोधनकार उस समय दादर के मिरांडा चाल में रहते थे। उनका ध्यान इस बात के ऊपर गया कि बड़ी तादाद में मद्रासी युवा कम मज़दूरी पर काम करने के लिए मुंबई आ रहे थे जिसके कारण सरकारी, अर्ध सरकारी और निजी कम्पनियों में मज़दूरी की दर गिरने लगी थी। उस समय सीनियर स्टेनो टाइपिस्ट महीने में 120 से 125 रुपए के बीच कमा लेते थे जबकि जो जूनियर स्टेनो टाइपिस्ट होते थे वे 60 से 75 रुपए महीने के कमा ले रहे थे। दक्षिण भारतीयों के आने के कारण यह कमाई 25 से 50 रुपए तक रह गई, जिसके कारण स्थानीय लोगों को रोज़गार मिलने में मुश्किल हो रही थी।[35]

प्रबोधन में दो लेख लिखने के बाद दादर और मातुंगा के मद्रासियों ने हाथ मिला लिया और उनके ऊपर यह आरोप लगाया कि वे धर्म, नस्लीयता, जन्मस्थान या भाषा के आधार पर अलग-अलग समूहों के बीच दुश्मनी पैदा करने का काम कर रहे थे।

साथ ही शिक्षाविद एस.आर. तावड़े अमेरिका से उच्च शिक्षा में डिप्लोमा लेकर वापस आए और उन्होंने मद्रास की सरकार में नौकरी के लिए आवेदन किया। लेकिन हल्के-फुल्के आधारों पर उनकी कोशिशों को दरकिनार कर दिया गया। प्रबोधनकार तब बम्बई के मुख्य सचिव से जाकर मिले जिसके कारण एक आदेश पारित कर दिया गया कि किसी भी विभाग में बहाली में स्थानीय लोगों को प्राथमिकता दी जाएगी।[36] शायद इसी घटना ने 1966 में शिवसेना की स्थापना का बीज डाला।

'जय महाराष्ट्र' शिवसेना और महाराष्ट्र नवनिर्माण सेना दोनों का नारा है, यह भी प्रबोधनकार का ही दिया हुआ था।[37]

इसके बावजूद कि प्रबोधनकार का ज्ञान बहुत विस्तृत था, वे इस बात के ऊपर बल देते थे कि समस्त लेखन सभी लोगों की पहुँच में होना चाहिए। पंढरीनाथ सावंत, जो बाद में *मार्मिक* के कार्यकारी संपादक बने, जो मराठी का पहला कार्टून साप्ताहिक था और जिसे बाल और श्रीकांत ठाकरे ने शुरू किया था, ने इस बात की तरफ़ ध्यान दिलाया है कि किस तरह साप्ताहिक में कठिन भाषा लिखने के लिए उनको फटकार लगाई गई थी।[38]

सख़्त, अनुशासित और ग़ुस्सैल

अपने निजी जीवन में प्रबोधनकार बहुत अनुशासित थे और उनको जल्दी ग़ुस्सा आ जाता था। उनको *ठाकरी भाषा* बोलने के लिए जाना जाता था (आक्रामक, कटु व स्पष्ट भाषा जो कि ठाकरे परिवार की विशेषता रही है)।

हालाँकि उनकी पत्नी रमा बच्चों की पढ़ाई की ज़िम्मेदारी सँभालती थीं, अंग्रेज़ी और मराठी उनको प्रबोधनकार ने स्वयं पढ़ाई। उनके अपने बेटे श्रीकांत, प्रबोधनकार के दस बच्चों में आठवें, ने बाद में यह माना कि उनकी माँ को धधकती ज्वाला के बीच रहना पड़ता था।[39] 'प्रबोधनकार का ज़ोर रहता था कि प्लेट साफ़ रहनी चाहिए और भोजन ख़ास तरह से ही परोसा जाना चाहिए। अगर उसमें ज़रा सा भी बदलाव होता था तो वे थाली उनके मुँह पर फेंक देते थे', श्रीकांत ने वरिष्ठ पत्रकार ज्ञानेश महाराव से कहा।[40]

प्रबोधनकार ने बहुत सी नौकरियों और पेशों में बदलाव किया, जिसकी वजह से उनके परिवार को भयानक आर्थिक और मानसिक तनाव में रहना पड़ता था। इस वजह से उनको फ़िल्मों में छोटी-मोटी भूमिकाएँ करनी पड़ती थीं, जैसे कि उन्हें पी.के. अत्रे द्वारा निर्मित फ़िल्म *महात्मा फुले* में रूढ़िवादी ब्राह्मण की भूमिका निभानी पड़ी, तथा हिंदी एवं मराठी फ़िल्मों की पटकथाएँ भी लिखनी पड़ीं।

श्रीकांत ने कुछ दर्द भरी घटनाओं को साझा किया है। 1941 में ठाकरे परिवार दादर में रहता था। जब रमाबाई अस्पताल में भर्ती थीं और प्रबोधनकार की आँखों

की रोशनी चली गई थी। वह अपने बिस्तर में ही बैठे रहते थे। बाल और श्रीकांत तेरह और दस साल के थे जबकि छोटा बेटा रमेश बच्चा ही था।[41]

परिवार आर्थिक संकट में था और खाने के लिए घर में अन्न का एक दाना तक नहीं था। घर के ऊपर छापा पड़ा क्योंकि उनके ऊपर किराए के अस्सी रुपए निकलते थे। प्रबोधनकार के दोस्त शाह ने किराया वसूलने वाले का भुगतान कर दिया और मदद के लिए एक बोरा अनाज भिजवा दिया।[42]

कहा जाता है कि कोल्हापुर के छत्रपति शाहू महाराज अक्सर शेखी बघारते हुए कहते 'वे पैसे का लालच देकर किसी भी इनसान को गधा बना सकते थे', और लोगों के व्यक्तित्व को आँकने का उनका अपना ढंग था, अक्सर उनकी परीक्षा की घड़ी में भी।[43]

1921 में प्रबोधनकार तीन महीने टायफ़ायड और निमोनिया के कारण बीमार रहे, और उनको घोर आर्थिक संकट हो गया था। *विजयी मराठा* के संपादक उनके दोस्त श्रीपतराव शिंदे और अन्य, जिनमें कोल्हापुर दरबार के एक वक़ील भी थे, उनसे मिलने के लिए दादर के मिरांडा चाल में आए और उनको शाहू महाराज का एक पत्र दिया जिसमें पुराणों के आधार पर एक पुस्तिका लिखने का आग्रह था।

प्रबोधनकार पुराणों को बकवास समझते थे इसलिए उन्होंने मना कर दिया। वक़ील ने तब 5 हज़ार रुपए का एक चेक निकाला और उसको छत्रपति की ओर से *प्रसाद* कहा, जिसको ठुकराया नहीं जाना चाहिए।[44]

लेकिन अपनी ख़राब आर्थिक स्थिति के बावजूद प्रबोधनकार ऐसे इनसान नहीं थे जिनको धमकाया जा सके। 'छत्रपति ही क्या अगर ब्रह्मा भी आकर मुझे यह *प्रसाद* दें तो मैं उसके ऊपर थूकना पसंद करूँगा। ले जाइए...अगर महाराजा इसी तरह से धन को बर्बाद करते हैं तो उनसे कह दीजिएगा कि उनके प्रति मेरा सम्मान कम हो जाएगा', उन्होंने ज़ोर से कहा।[45]

बीमारी से ठीक होने के बाद जब प्रबोधनकार मुंबई में शाहू महाराज से पनहाला लॉज, खेतवाड़ी में मिलने के लिए गए जहाँ वह रहते थे। वहाँ तो उनके दीवान रघुनाथराव सबनिस ने उनको इस बात के लिए शुक्रिया कहा कि उन्होंने उनकी इज़्ज़त बचा ली। सबनीस ने कहा कि उन्होंने राजा को कहा था कि ठाकरे को लालच से झुकाया नहीं जा सकता था। लेकिन शाहूजी ज़ोर देकर कह रहे थे कि प्रबोधनकार अपनी बीमारी और ख़राब आर्थिक हालात के कारण झुक जाएगा और उन्होंने उन लोगों को परीक्षा लेने के लिए भेजा था।

जब शिंदे और अन्य लोगों ने प्रबोधनकार के न के बारे में बताया तो महाराज ने अंग्रेज़ी में कहा, 'हमारे सामने आने वाला यह अकेला इनसान है जिसको न ख़रीदा जा सकता है न घूस दी जा सकती है।'[46]

आजीविका के लिए कार्टून बनाना

वरिष्ठ पत्रकार दिनू रणदिवे, जो दादर के ओरिएंट हाई स्कूल में ठाकरे के भाइयों के सहपाठी थे, ने लिखा है कि बाल और श्रीकांत की अलग ही पहचान थी क्योंकि बाल रेखांकन बहुत अच्छा करते थे और श्रीकांत की रुचि संगीत में थी।[47]

ठाकरे की ही तरह रणदिवे भी दादर में रहते थे, उन्होंने बताया कि स्कूल की हस्तलिखित पत्रिका में बाल के रेखांकन, जैसे राधा और कृष्ण के रेखांकन, प्रकाशित होते थे। भारत छोड़ो आंदोलन के दौरान रणदिवे ने एक हस्तलिखित पत्रिका की शुरुआत की जिसके लिए बाल ख़बरों के शीर्षक अपनी सुंदर हस्तलिपि में लिखते थे।

जिन्होंने बाल ठाकरे को उनके उत्तरवर्ती अवतार में देखा था, जिसमें वे ज़हर उगलते रहते थे, उनको रणदिवे की इस बात से हैरानी होगी कि पहले बाल बहुत कम बोलते थे।[48] 1939 में जब बाल की उम्र 13 साल थी तो उनके पिता ने देखा कि वे बहुत ध्यान से *टाइम्स ऑफ़ इंडिया* में बैन्बरी के बनाए कार्टून देख रहे थे। उन्होंने बाल से कहा कि वे रेखांकन किया करें, जिसको वे ठीक कर दिया करते थे। 'कार्टून बनाने में मेरे पहले गुरु मेरे पिता थे', बाल ने कहा, साथ ही यह भी जोड़ा कि वे राजनीतिक कार्टूनिस्ट सर डेविड अलेक्ज़ेंडर सेसिल लो और कलाकार दीनानाथ दलाल को वे अपने अन्य आदर्श मानते थे।[49] लो ने बाल के ऊपर तथा बाद में उनके भतीजे राज के ऊपर अमिट छाप छोड़ी।

बाल को वाल्ट डिज़्नी के कार्टूनों से बहुत प्यार था और उन्होंने एनिमेशन फ़िल्म *बाम्बी* (1942) क़रीब 25 बार देखी थी। उन्होंने हल्दानकर आर्ट स्कूल से प्रशिक्षण लिया था और पठारे-पठारे स्टूडियो में काम करना शुरू कर दिया। उन्होंने *नर्गिस, मेरा सुहाग* तथा *मोहन* जैसी फ़िल्मों के लिए शो कार्ड तथा पेपर पब्लिसिटी का काम भी किया था।[50] जब बाल जे.जे. स्कूल ऑफ़ आर्ट में दाख़िला लेने ही वाले थे कि फ़िल्मकार और कलाकार बाबूराव पेंटर ने उनको सलाह दी कि वे अकादमी पाठ्यक्रम में मेहनत करने का इरादा त्याग दें और किसी पेंटर के स्टूडियो में काम कर लें।[51]

1945 में बाल *फ़्री प्रेस जर्नल* के लिए काम करने लगे, कार्टून की दुनिया के एक बड़े नाम आर.के. लक्ष्मण भी उसी अख़बार के लिए काम करते थे। जब प्रतिष्ठित *शंकर्स वीकली* के शंकर पिल्लै ने जवाहरलाल नेहरू की रूस यात्रा के दौरान उनके साथ जाने का फ़ैसला लिया तो उन्होंने बाल से कहा कि वे उनकी अनुपस्थिति में उनकी पत्रिका के लिए कार्टून बना दें।[52]

दिनू रणदिवे को *फ़्री प्रेस जर्नल* के लिए बाल के बनाए कार्टून याद हैं, ख़ासकर वे जो इतवार के दिन छपते थे, जिनमें सप्ताह की घटनाओं पर चुटकी ली गई होती थी। कार्टूनिस्ट के रूप में उनका नाम बहुत तेज़ी से फैल रहा था।[53]

वहाँ दक्षिण भारतीय अधिकारियों के साथ उनकी नहीं बनी, ख़ासकर प्रबंध संपादक ए.बी. नायर और संपादक हरिहरण के साथ, जिसके कारण 1959 में उन्होंने *फ्री प्रेस जर्नल* में काम करना छोड़ दिया। संयोग से, दक्षिण भारतीय, जिनको उनके बोलने के लहजे के कारण *यंदु गुंडु* कहा जाता था, 1966 में शिवसेना की शुरुआत के बाद उनका पहला निशाना बने।

फ्री प्रेस जर्नल छोड़ने के बाद ठाकरे ने छह साझेदारों के साथ मिलकर अंग्रेज़ी में *न्यूज़ डेज़* नामक पत्रिका शुरू की। वह उन छह लोगों में अकेले मराठी थे। वहाँ दक्षिण भारतीय साझेदारों के साथ अनेक मुद्दों पर असहमति होने के बाद उन्होंने काम छोड़ दिया, जिनमें एक मुद्दा शक्तिशाली कांग्रेस नेता एस.के. पाटिल के विरोध को लेकर भी था।[54]

बाल ने अपने छोटे भाई श्रीकांत के साथ 1960 में कार्टून साप्ताहिक *मार्मिक* की शुरुआत की। अत्रे के दैनिक *मराठा* ने संयुक्त महाराष्ट्र की जिस तरह से लड़ाई लड़ी थी उसी तरह से *मार्मिक* ने छह साल बाद शिवसेना के जन्म की भूमिका तैयार की।

2

मराठी पहचान की तलाश

> 'मराठों के तौर-तरीक़े बहुत साधारण और ईमानदार हैं। वे ईमानदार और गम्भीर हैं। अगर आप उनके प्रति करुणा दिखाते हैं तो वे निश्चित रूप से आपके आभारी रहेंगे। लेकिन अगर कोई उनको छेड़ता है तो वे बदला लेंगे और जान जोखिम में डालकर अपने अपमान का बदला लेंगे। अगर कोई परेशानी में उनसे मदद की गुहार लगाता है तो वे उसकी मदद करने में किसी तरह की कोर-कसर नहीं छोड़ेंगे। अगर उनको किसी से अपमान का बदला लेना हो तो वे कभी अपने दुश्मन को चेतावनी देने में पीछे नहीं हटेंगे। लड़ाई में वे अगर अपने दुश्मनों का पीछा करते हैं तो जो उनकी शरण में आता है उसको वे माफ़ भी कर देते हैं।'
>
> —ह्वेनसांग, चीनी यात्री[1], (सातवीं शताब्दी)

प्रतीकों और छवियों के आह्वान के साथ महाराष्ट्र की राजनीति और समाजशास्त्र का गहरा संबंध वहाँ के इतिहास से रहा है। छत्रपति शिवाजी (1627/30-80) ने मुग़ल बादशाह औरंगज़ेब के ख़िलाफ़ विद्रोह किया था और उसकी चूलें हिला दी थीं जो बाद में उसके विघटन का कारण बना। पेशवाओं के शासन काल में (1713-1818) मराठों के संघ ने लगभग पूरे भारत पर शासन किया।

जैसा कि मराठी भाषा के लेखक, व्यंग्यकार और पत्रकार आचार्य प्रह्लाद केशव अत्रे का यह दावा बहुत प्रसिद्ध है, '...इतिहास केवल महाराष्ट्र के पास, शेष के पास तो महज़ भूगोल है...'[2] इसी छवि को आधार बनाकर स्थानीय दलों—जैसे शिवसेना तथा मनसे—ने बड़े पैमाने पर ध्रुवीकरण के लिए 'मराठी गौरव' का आह्वान किया।

महाराष्ट्र की व्युत्पत्ति और इसकी प्राचीनता को लेकर बहुत से दृष्टिकोण हैं।

महामहोपाध्याय दत्तो वामन पोतदार जैसे विद्वानों के अनुसार यह शब्द क़रीब 200 साल पुराना है। कर्नाटक में चालुक्य की राजधानी में राजा पुलकेशिन II के

दरबार के कवि रविकीर्ति का ऐहोल अभिलेख है, जो सातवीं शताब्दी का है, जिसमें 'त्रिक महाराष्ट्र' (महाराष्ट्र के तीन देशों) का जिक्र आता है। तेरहवीं शताब्दी के कवि संत ज्ञानेश्वर ने अपनी पुस्तक *ज्ञानेश्वरी* में *महाराष्ट्र मंडल* का उल्लेख किया है। महानुभाव संत 'सर्वज्ञ' चक्रधर स्वामी (तेरहवीं शताब्दी) के *सूत्रपाठ* में यह लिखा हुआ है कि महाराष्ट्र वह क्षेत्र है जहाँ मराठी भाषा बोली जाती है और उसमें उसकी सीमा का निर्धारण किया गया है।[3]

महात्मा फुले ने लिखा है कि महाराष्ट्र मूल रूप से महारों का आवास था (एक दलित जाति जिसके अधिकतर सदस्य 1956 में बाबा साहेब आंबेडकर के साथ बौद्ध बन गए)। जे.टी. मोल्सवर्थ ने भी लिखा है कि महाराष्ट्र का मतलब शायद 'महारों का देश' है। यह विचार राजाराम रामकृष्ण 'राजारामशास्त्री' भागवत और जॉन विल्सन जैसे विद्वानों ने भी व्यक्त किया।[4] प्राच्यविद आर.जी. भंडारकर इसके मूल की तलाश *राष्ट्रिका* या *रथिका* नामक समुदाय में करते हैं जो स्वयं को महारथी या महरट्टा कहते थे, और एस.वी. केतकर के हिसाब से यह 'महार' और 'रत्ता' शब्दों के मेल से बना।[5]

पुरातात्त्विक खोजों से महाराष्ट्र में पुरा पाषाण, मध्य पाषाण और ताम्र पाषाण युग के अवशेष मिले हैं।

महाराष्ट्र में सवलदा (2500-2000 ईसा पूर्व), दैमाबाद (2200-1000 ईसा पूर्व), उत्तर हड़प्पा/सिंधु काल (2200-2000 ईसा पूर्व), मालवा (1700-1400 ईसा पूर्व) और जोरवे संस्कृति (1500-1200 ईसा पूर्व और 1200-900 ईसा पूर्व) की आबादी निवास कर रही थी। ताम्र पाषाण काल में उत्तरवर्ती जोरवे संस्कृति का अंत बाढ़ आने के कारण तथा आज के दक्षिण भारत से लोहे के हथियार और घोड़े लेकर आने वाले लोगों के कारण हुआ।[6]

जब वातावरण अनुकूल हुआ तो महाराष्ट्र में दुबारा लोग बसने लगे और यहाँ अश्मक महाजनपद का राज हो गया, जो छठी से चौथी सदी ईसा पूर्व के बीच सोलह महाजनपदों में एक था[7], और मौर्य, सातवाहन, वकर्तक और चालुक्य राजवंशों के शासन काल के अंतर्गत रहा।

सेउना यादवों ने आज के महाराष्ट्र, कर्नाटक और मध्य प्रदेश के क्षेत्रों के ऊपर शासन किया, उनकी राजधानी औरंगाबाद के नजदीक देवगिरी में थी, उनको हराकर उनके इलाक़े के ऊपर अलाउद्दीन ख़िलजी ने 13वीं शताब्दी के अंतिम दशक से लेकर चौदहवीं शताब्दी के आरम्भ तक क़ब्ज़ा जमा लिया। तुग़लक़, बहमनी, दक्षिण की पाँच सल्तनतों और गुजरात और खानदेश की सल्तनत का भी महाराष्ट्र के कुछ हिस्सों के ऊपर 16वीं शताब्दी तक क़ब्ज़ा रहा।

सत्रहवीं शताब्दी के आरम्भ में शाहजी राजे भोंसले, जो निज़ामशाही के सेनापति थे, ने इस राजवंश के एक बालक राजकुमार को राजा बनाकर ख़ुद को उसका

अभिभावक नियुक्त कर लिया, लेकिन उनको मुग़लों की ताक़त का सामना करना पड़ा। शाहजी ने कर्नाटक में आदिलशाह की सेवा स्वीकार कर ली और उनको कर्नाटक भेज दिया गया। शाहजी ने अपनी पत्नी जीजाबाई और छोटे पुत्र शिवाजी को पुणे तथा सुपे की *जागीर* की देखभाल के लिए भेज दिया।

शिवाजी महाराज ने मराठा साम्राज्य की स्थापना की और मुग़लों तथा आदिलशाह का मुक़ाबला किया। अपने प्रजापालक रूप के कारण जनता के ऊपर उनका जबरदस्त प्रभाव है। वे प्रजा से प्यार करते थे, दूसरे धर्मों का आदर करते थे, महिलाओं का सम्मान करते थे, उन महिलाओं का भी जो युद्ध में बंदी बनाई जाती थीं। उनकी छवि, विरासत और अपने से शक्तिशाली राजाओं से मुक़ाबला करने की उनकी कहानियाँ, जैसे मुग़लों का मुक़ाबला, आदि का उपयोग शिवसेना तथा मनसे द्वारा राजनीतिक अभियान के लिए किया गया। 'जय भवानी, जय शिवाजी' उनके कार्यकर्ताओं का प्रमुख नारा है।

हालाँकि, इतिहासकार और कम्युनिस्ट पार्टी के नेता स्वर्गीय गोविंद पनसारे जैसे कार्यकर्ता, 2015 में अनजान लोगों ने जिनकी हत्या कर दी, ने साम्प्रदायिक ध्रुवीकरण के लिए शिवाजी के नाम के इस्तेमाल को ख़ारिज किया। उनका ज़ोर इस बात के ऊपर रहा कि शिवाजी का शासन धर्मनिरपेक्ष था और उनकी सेना में मुसलमानों की संख्या भी अच्छी-खासी थी।[8]

शिवाजी महाराज की कहानियों का महाराष्ट्र के ऊपर ऐसा असर रहा है कि राज्य की हर तरह की राजनीति चाहे वह वामपंथ हो, दक्षिणपंथ हो या किसान नेता शरद जोशी का उदारवादी 'शेतकरी संगठन' रहा हो, सभी ने उनकी विरासत के ऊपर दावा ठोंका और महाराष्ट्र की आम जनता को उसके माध्यम से खींचने की कोशिश की।

जैसा कि प्रबोधनकार ने लिखा है कि 'शिवाजी महाराज की छवि और उनके कृत्य हमारे हृदय में जीवन चलाने वाली शक्ति की तरह हैं।'[9]

महाराष्ट्र की संवेदना को आकार देने में भक्ति आंदोलन की भी बड़ी भूमिका रही। संत कवि नामदेव, ज्ञानेश्वर और तुकाराम ने जाति की शुद्धता के ऊपर हमला बोला। इसी आधारभूमि से महाराष्ट्र में समाज सुधार, तार्किकता और जाति विरोधी आंदोलन हुआ, जिनका नेतृत्व ज्योतिबा फुले, सावित्रीबाई फुले, डॉक्टर बाबासाहेब आंबेडकर, कोल्हापुर के छत्रपति शाहू (जिन्होंने 1902 में जातिगत आधार पर आरक्षण की शुरुआत की) और आर.डी. कर्वे (भारत में परिवार नियोजन तथा सेक्स शिक्षा के पुरोधा) आदि ने किया।

इस बात को लेकर विवाद है कि वे शिवाजी महाराज के गुरु थे या नहीं लेकिन संत रामदास जो उनके समकालीन थे, उन्होंने कहा है : '*मराठा तितुका मेलवावा, महाराष्ट्र धर्म वाढवावा* (महाराष्ट्र के लोगों को एक करो महाराष्ट्र के धर्म को भूल

जाओ)'। इस महाराष्ट्र धर्म की व्याख्या मराठी भाषी होने के सामाजिक, ऐतिहासिक और सांस्कृतिक होने की पहचान तथा आत्मसम्मान से भरपूर है।

जाति आधारित भेदभाव के विरोध और हिन्दू धर्म के समावेशी रूप के ऊपर ज़ोर देने के कारण प्रबोधनकार महाराष्ट्र में वृहत समाज सुधार आंदोलन का हिस्सा थे, महाराष्ट्र धर्म के सिपाही थे।

भाषायी प्रांत

'अगर किसी राज्य को ख़ुद को शिक्षित करना है और अपनी भाषा में रोज़मर्रा के काम करने हैं तो तो उसको निश्चित रूप से भाषायी प्रांत होना चाहिए। अगर उस इलाक़े में अनेक भाषाएँ बोली जाती हैं तो लगातार मुश्किलें आती रहेंगी और लिखने के लिए दो या उससे अधिक भाषाओं का प्रयोग करना होगा। इसलिए राज्यों के लिए यह वांछनीय है कि उनको भाषा के आधार पर बाँटा जाए। भाषा नियमित रूप से ख़ास तरह की संस्कृति, परम्पराओं, और साहित्य से जुड़ी होती है। एक भाषा क्षेत्र में ये सभी पहलू मिलकर राज्य की सामान्य प्रगति की दिशा में काम करेंगे।'[10]

आज़ादी के पूर्व के काल में कांग्रेस आज़ाद भारत में भाषा के आधार पर राज्य के गठन के लिए प्रतिबद्ध थी। इसने आन्ध्र (1917) और सिंध (1918) के अलग वृत्त का निर्माण भी किया।[11]

1920 में नागपुर में कांग्रेस पार्टी के सत्र के बाद प्रांतीय कांग्रेस समितियों का गठन भाषायी क्षेत्रों में किया गया। *इंडिया आफ़्टर गांधी* में रामचंद्र गुहा ने लिखा है कि वैसे तो जवाहरलाल नेहरू 1937 में भाषा की विविधता के पक्षधर थे लेकिन एक दशक के बाद उनके विचार बदल गए।[12]

इसका कारण साफ़ था। देश का विभाजन धर्म तथा अन्य तरह की पृथकतावादी प्रवृत्तियों के कारण हुआ। इस बार भाषा के आधार पर यह ख़तरनाक था। वह पहले से चली आ रही प्रशासनिक इकाइयों के पक्ष में थे, जो बहुभाषिक और बहुसांस्कृतिक थीं कि वे सौहार्दपूर्ण जीवन के लिए विशेष रूप से प्रशिक्षण दें।'[13]

नेहरू ने आज़ादी के तीन महीने बाद संविधान सभा में अपनी चिंताओं को ज़ाहिर किया और उनको सी. राजगोपालचारी तथा सरदार वल्लभ भाई पटेल का समर्थन भी मिला। संविधान सभा ने न्यायविदों तथा अधिकारियों की एक समिति गठित की जिसका काम था इस माँग के प्रभाव का आकलन करना। हालाँकि, इसका यह कहना था कि भाषायी आधार पर प्रांतों के गठन का समर्थन नहीं किया जा सकता है क्योंकि इस समय उथल-पुथल के माहौल में भारत की ज़रूरत एक राष्ट्र के रूप में निर्मित होना है।[14]

इसके कारण 'संविधान सभा के बड़े हिस्से में निराशा फैल गई।'[15] एक नई समिति का गठन किया गया जिसमें नेहरू, पटेल और पूर्व कांग्रेस अध्यक्ष पट्टाभी

सीतारमैया को सदस्य बनाया गया, जिसने भाषायी प्रांत को लेकर कांग्रेस के रुख़ को पलट दिया। साथ ही, कन्नड़, मराठी और गुजराती भाषी लोगों को एक करने की माँग ने फिर ज़ोर पकड़ा और पंजाब में सिख राज्य की माँग भी उठने लगी।[16]

'हालाँकि सबसे उत्साह से भरपूर आंदोलन आन्ध्र के तेलुगु भाषी लोगों का था', गुहा ने लिखा है। मद्रास प्रेसिडेंसी के तेलुगुभाषी लोगों का यह कहना था कि तमिलों के सामने उनसे भेदभाव किया जाता है। 19 अक्टूबर 1952 को एक गांधीवादी पोट्टी श्रीरामूलु ने आन्ध्र प्रदेश के गठन की माँग को लेकर आमरण अनशन की शुरुआत कर दी। 15 दिसम्बर को उनका देहान्त हो गया, जिसके कारण आन्ध्र प्रदेश में अफ़रा-तफ़री का माहौल बन गया। सरकारी दफ़्तरों के ऊपर हमले किए गए, ट्रेनों को रोक गया और पुलिस की गोलीबारी में आंदोलनकारी मारे गए, जिसके कारण नेहरू को मजबूर होकर समझौता करना पड़ा।[17]

आख़िरकार, 1 अक्टूबर 1953 को करनूल में आन्ध्र का नए राज्य के रूप में उद्घाटन किया गया।[18] यह भाषा के आधार पर देश का पहला गठित राज्य था, जिसके कारण अन्य राज्यों से भी इसी तरह की माँग उठने लगी।

सरकार ने तेज़ी दिखाई और भारत सरकार ने राज्य पुनर्गठन आयोग का गठन किया, जिसका काम था वृहत तौर पर उन सिद्धांतों का निर्माण जिनके आधार पर भाषायी समस्याओं का समाधान किया जा सके। 1954-55 में यह आयोग 104 नगरों में गया, इसने 9000 लोगों से बातचीत की और 152, 250 की संख्या में लिखित आवेदन मिले। जिनमें से एक बम्बई सिटिजन समिति की तरफ़ से था, जिसमें शामिल थे प्रसिद्ध उद्योगपति जेआरडी टाटा, तथा शहर के जाने-माने वकील, विद्वान और डॉक्टर भी इसका हिस्सा थे।[19]

यह समिति चाहती थी कि मुंबई को महाराष्ट्र राज्य से बाहर रखा जाए और इसके लिए इसने कारण यह बताया था कि मुंबई में अलग-अलग भाषाओं को बोलने वाले लोग रहते थे। भारत के आर्थिक जीवन में इसका महत्त्व, मराठी भाषी इलाक़ों से इसकी दूरी तथा इसकी आबादी में महज़ 43 प्रतिशत लोग ही ऐसे थे जो मराठी भाषी थे।[20]

मुंबई का इतिहास

मुंबई नगरी बड़ी बाँका, जस्सी रावनाँची दूसरी लंका।
(मुंबई नगरी बहुत विलक्षण है, जैसे रावण की लंका)

—लोकगायक पट्ठे बापूराव

1672 के बाद ईस्ट इंडिया कम्पनी ने कुछ समय के लिए मुंबई के ऊपर शासन किया था। उसने पेशेवर लोगों को यहाँ लाना शुरू किया, जैसे किसान, माली, बुनकर, रसोइये, चमड़े का काम करने वाले, दर्ज़ी, नाई और कसाई।[21]

मुंबई के स्वरूप में पहली बार 1529 में बदलाव आना शुरू हुआ, जब वह अलग-थलग पानी से घिरा इलाक़ा था, जहाँ कोलिए (मछेरे), भंडारी तथा अन्य लोग रहते थे।[22]

मुंबई की आबादी 1813 में 1.80 लाख थी जो 1864 में बढ़कर 5.5 लाख हो गई।[23] ईस्ट इंडिया कम्पनी ने व्यापार के लिए छूट देने की शुरुआत की और अनेक गुजराती व्यापारियों ने यूरोपीय व्यापारियों के साथ साझेदारी में व्यापार शुरू किया।[24] ईरान में पारसियों के पहलवी पूर्वजों को अरब ने 641 ईस्वी में निहावंद के युद्ध में जीत लिया, वहाँ से भागकर वे भारत के तट पर गुजरात पहुँचे।[25]

1638 के आसपास पारसी व्यापारिक गतिविधियों से जुड़ गए और वे बैंकिंग, दुकानदारी, तथा अन्य तरह के पेशों में आ गए।[26] पारसियों ने दलाल और सिक्के ढालने वाले के रूप में अंग्रेज़ों की सेवा की।

1640 में सूरत से मुंबई आकर बसने वाले पहले पारसी थे दोराबजी नानाभाय, उसके बाद 1640 से 1663 के बीच एक और पारसी रणजी आए।[27] उन्नीसवीं शताब्दी के आरम्भ तक मुंबई के व्यापार पर पारसी, गुजराती बनियों और बोहराओं का एकाधिकार था। मुंबई के व्यापार के ऊपर पारसियों के एकाधिकार को धीरे-धीरे खोजा मुसलमानों ने तोड़ा।[28]

महाराष्ट्र के मूल निवासियों में बहुत कम व्यापारी जातियाँ थीं, इसलिए वे व्यापार के मामले में पीछे रह गए। ज्ञान प्रकाश ने अपनी किताब *मुंबई फ़ेबल्स* में लिखा कि अंग्रेज़ी राज में मुंबई की प्रतिष्ठा एक ऐसे शहर के रूप में हो गई जहाँ अलग-अलग समुदायों के लोग व्यापार करते थे। मराठा आक्रमण के बचने के लिए ईस्ट इंडिया कम्पनी ने अपना मुख्यालय सूरत से मुंबई कर लिया।[29]

1818 में मराठों के ऊपर अंग्रेज़ों की जीत से और चीन से मुंबई अफ़ीम के व्यापार के कारण शहर फलने-फूलने लगा।[30]

वरिष्ठ पत्रकार डेरिल दमोंटे ने लिखा है कि एक पारसी व्यवसायी कोवसजी नानाभाय डावर ने 1856 में सबसे पहले कॉटन मिल बॉम्बे स्पिनिंग एंड वीविंग कम्पनी की स्थापना की और दो साल बाद इसने काम करना शुरू कर दिया।[31] जल्दी ही अन्य मिलों की शुरुआत बगदादी यहूदी एलियास डेविड ससून, टाटा और ठाकरसी मूलजी द्वारा की गई। शताब्दी के अंत तक मुंबई में 80 से अधिक कपड़ा मिलें थीं।[32]

इन मिलों में महाराष्ट्र तथा संयुक्त प्रांत से आने वाले विस्थापित काम कर रहे थे, जिनमें मुसलमान भी थे। 1860 के दशक में कॉटन मिलों का काम इतना बढ़ा कि कामकाज की खोज में लोग मुंबई आने लगे। लेकिन उनके रहने का इंतज़ाम अच्छा नहीं होता था तथा मिलों में उनको घंटों काम करना पड़ता था।[33]

शशिभूषण उपाध्याय ने *कॉटन मिल वर्कर्स इन बॉम्बे, 1875 टू 1918 : कंडिशंस ऑफ़ वर्क एंड लाइफ़* में लिखा है : 35.53 प्रतिशत कामगार रत्नागिरी से आए

थे, 9.42 प्रतिशत कामगार संयुक्त प्रांत से आए थे, 6.63 प्रतिशत सतारा से, 6.18 प्रतिशत पुणे से, 4.47 प्रतिशत कोलाबा से और 2.99 प्रतिशत अहमद नगर से। उपाध्याय ने अपनी किताब में 1940 में बॉम्बे मिल मालिक संघ द्वारा करवाए गए एक सर्वेक्षण के बारे में लिखा कि कुल पुरुष मज़दूरों में मराठे, जिनमें कुनबी भी शामिल थे, 51.8 प्रतिशत थे, उसके बाद संयुक्त प्रांत से आए हिंदू कामगार थे, जिनको स्थानीय भाषा में भैया बुलाया जाता था, 13.8 प्रतिशत थे, हरिजन 11.9 प्रतिशत तथा मुस्लिम 5.2 प्रतिशत।

महाराष्ट्र के लोगों के प्रभाव वाली मिलों के इन इलाक़ों को गिरणगाँव कहा जाता था, जिनके अंतर्गत लालबाग, परेल और भायखला के इलाक़े आते थे, जहाँ की अपनी ही अवाँगार्द मिल संस्कृति थी।

इनमें शामिल थे *लोकगायक*, जैसे—अमर शेख़, आत्माराम पाटिल और शेख़ जैनु चाँद, कवि, जैसे—नारायण सुर्वे और भगवान दादा जैसे अभिनेता, अखाड़े पहलवान और सांस्कृतिक दल। इसी जगह पर कम्युनिस्ट पार्टी ने पहली बार जड़ जमाई और वामपंथी विद्वान नेता श्रीपाद अमृत डाँगे ने कोंकण तट और घाटों के कामगारों को अपने भाषण से प्रभावित करना शुरू किया, जो कार्ल मार्क्स के विचारों, वेदों की ऋचाओं और कालिदास के *मेघदूत* के अंश सुनाकर प्रभावित करते थे।

कपड़ा मिलों के विकास, बंदरगाहों के विकास, इंजीनियरिंग उद्योग और रेलवे (16 अप्रैल 1853 को पहली सवारी गाड़ी बोरीबन्दर से ठाणे के बीच चली) के विकास ने औपनिवेशिक शासन काल में मुंबई को सबसे प्रमुख व्यापारी केंद्र बना दिया।

1951 में मुंबई की आबादी में मराठी भाषी 43.6 प्रतिशत रह गए जो कि 1881 में 50.2 प्रतिशत थे। 1961 में यह संख्या और भी कम होकर 42.8 प्रतिशत रह गई।[34] 1881 में गुजराती बोलने वालों की संख्या 28 प्रतिशत थी, उर्दू बोलने वाले 12 प्रतिशत थे, जबकि अंग्रेज़ी बोलने वाले 1 प्रतिशत।[35]

महाराष्ट्र में व्यापारी जातियाँ बहुत कम थीं और यह शहर के मराठी भाषी लोगों में दिखाई देता था। मुंबई में रहने वाले मराठी भाषी लोगों का तब छोटा सा संभ्रांत तबक़ा था (ब्राह्मण और प्रभु—कायस्थ), जिनके साथ बड़ी तादाद में मिल मज़दूर थे, घरेलू काम करने वाले शिल्पकार और खेतिहर थे।[36]

संयुक्त महाराष्ट्र आंदोलन

इंडिया आफ़्टर गांधी में रामचंद्र गुहा ने लिखा है कि 'बहुसांस्कृतिकता के आवरण के पीछे' गुजरातियों को यह डर लगता था कि मुंबई कहीं उनके हाथ से निकलकर महाराष्ट्र के लोगों की न हो जाए, इसलिए 'मुंबई बचाओ' आंदोलन में उनका

वर्चस्व था। गुजराती संभ्रांत, जिनमें पारसी भी थे, तबक़ा यह नहीं चाहता था कि मुंबई महाराष्ट्र की राजधानी बने और मुंबई में मराठी भाषी नेता और मंत्री आएँ।[37]

संयुक्त महाराष्ट्र आंदोलन की शुरुआत महाराष्ट्र राज्य और मुंबई राजधानी बनाने के लिए हुई थी, जिसमें अलग-अलग तरह के नेता शामिल थे। श्रीपाद अमृत डाँगे, आचार्य अत्रे, स्वतंत्रता सेनानी 'सेनापति' पी.एम. बापट, प्रबोधनकार, पत्रकार वी.आर. कोठारी, कांग्रेस पार्टी के नेता शंकरराव देव, केशवराव जेधे, अर्थशास्त्री डी.आर. गाडगिल, समाजवादी जैसे एस.एम. जोशी और लोकगायक, अमर शेख़। डॉक्टर बाबा साहेब आंबेडकर भी संयुक्त महाराष्ट्र के समर्थन में थे। आज़ादी के बाद राज्य में सबसे बड़ा जन आंदोलन संयुक्त महाराष्ट्र का आंदोलन था। संयुक्त महाराष्ट्र परिषद ने एसआरसी को एक काग़ज़ जमा करवाया जो भाषायी राज्य को लेकर सैद्धांतिक पक्ष में था, जिसमें यह कहा गया था कि एक भाषा को बोलने वाले लोगों को एक साथ लाने से संघीय ढाँचा और मज़बूत बनेगा।[38]

मराठी भाषी तीन राजनीतिक इकाइयों में बँटे हुए थे—हैदराबाद, बम्बई राज्य और मध्य प्रांत—और इसने महाराष्ट्र को अलग राज्य बनाने और मुंबई को उसकी राजधानी बनाने के लिए एक मज़बूत आधार तैयार किया।[39] परिषद का तर्क यह था कि मुंबई में लम्बे समय से मराठी भाषी रहते आए थे और इसके ऊपर उनका प्रभाव था। आर्थिक रूप से मुंबई मराठी इलाक़ों के ऊपर बहुत निर्भर था और इसके आवागमन के माध्यम पूरे महाराष्ट्र में फैले थे। नगर में किसी भी भाषा से अधिक मराठी बोलने वाले लोग थे।[40]

20 फ़रवरी 1954 को महाराष्ट्र सेवा संघ द्वारा आयोजित एक बैठक में प्रबोधनकार ने ज़ोर देते हुए कहा था कि 'मुंबई की लड़ाई ग़रीब लुटे मराठों और पूँजीपति, सूदख़ोर तथा व्यापारियों के बीच थी जिन्होंने उनको लूटा था।'[41] ब्राह्मणेतर नेता केशवराव जेधे ने उस बैठक की अध्यक्षता करते हुए यह वादा किया था कि ग़ैर मराठी भाषी लोगों की भाषा और संस्कृति की रक्षा की जाएगी और उनसे भी आह्वान किया कि वे भी इस आंदोलन का हिस्सा बनें।[42]

1948 में भाषायी प्रांतीय आयोग के सामने अपने बयान में बाबासाहेब आंबेडकर ने ज़ोर देते हुए कहा कि महाराष्ट्र विकास सक्षम राज्य बनेगा। उन्होंने ध्यान दिलाया कि गुजराती मुंबई के रहने वाले नहीं थे। वे मुंबई अपनी मर्ज़ी से नहीं आए थे बल्कि ईस्ट इंडिया कम्पनी उनको *आढ़तियों* के रूप में काम करने के लिए लेकर आई थी। वे समान और मुक्त प्रतिस्पर्धा के आधार पर व्यापार करने के लिए नहीं आए थे, उनको व्यापार संबंधी कुछ विशेषाधिकार ईस्ट इंडिया कम्पनी की तरफ़ से मिले हुए थे।[43]

'एक बार जब यह बात निश्चित हो गई कि बम्बई महाराष्ट्र का था और मुंबई पर महाराष्ट्र के दावे को इस आधार पर ख़ारिज नहीं किया जा सकता था कि वहाँ

का व्यापार और उद्योग-धंधे गुजराती चलाते थे। कोई अगर अपनी ज़मीन को बंधक रखता है तो उसके दावे को इस आधार पर ख़ारिज नहीं किया जा सकता है कि गिरवी पर लेने वाले ने उस ज़मीन के ऊपर स्थायी ढाँचा बना लिया है। गुजरातियों को ऐसा लगता है कि उन्होंने बम्बई के व्यापार और उद्योग को खड़ा किया है, इसलिए उनकी स्थिति गिरवी पर ज़मीन लेने वाले जैसी हो गई है', उन्होंने कहा।[44]

अक्टूबर 1955 में एस.आर.सी. विदर्भ के रूप में एक अलग राज्य का प्रस्ताव दिया गया जो मराठी भाषी ज़िलों को मिलाकर बनाया जाता, और बम्बई राज्य गुजराती और मराठी भाषी लोगों के लिए द्विभाषी प्रांत रहता। एस.आर.सी. ने संयुक्त महाराष्ट्र आंदोलन का सम्मान किया लेकिन उनका कहना यह था कि वे दूसरे समुदायों की भावना का निरादर नहीं कर सकते थे।[45]

संयुक्त महाराष्ट्र के दावे की बात कम्युनिस्ट आगे बढ़कर कह रहे थे। उनका कहना था कि वे भाषायी राज्यों के लिए प्रतिबद्ध थे और उन्होंने इस ओर ध्यान दिलाया कि सोवियत संघ बहु राष्ट्रीयता वाले संघ का अच्छा उदाहरण था।[46]

कम्युनिस्ट नेता लालजी पेंडसे ने अपनी किताब *महाराष्ट्राचे महामंथन* में लिखा है कि संयुक्त महाराष्ट्र परिषद ने एस.आर.सी. का विरोध किया। 23 अक्टूबर 1955 को पारित प्रस्ताव में इसने यह माँग फिर से की कि महाराष्ट्र राज्य का निर्माण किया जाए जिसकी राजधानी बम्बई हो।[47]

21 नवम्बर 1955 को असंतोष सड़कों पर आ गया जब कपड़ा मिलों, बंदरगाहों, मुंबई नगर पालिका और इंजीनियरिंग वर्कशॉप के चार लाख कर्मचारी हड़ताल पर चले गए। दक्षिण मुंबई में *मोर्चा* के लिए ओवल मैदान में भीड़ जुटने लगी। पुलिस ने रोकने की कोशिश की तो इससे पंद्रह लोगों की जान गई और 300 घायल हो गए—महाराष्ट्र राज्य की माँग के लिए संघर्ष में ये पहले शहीद थे।[48]

16 जनवरी 1956 को केंद्र ने भाषा के आधार पर तीन राज्यों के गठन की घोषणा की, महाराष्ट्र, गुजरात और द्विभाषी बम्बई, जिसका शासन दिल्ली से होता। ज्ञान प्रकाश ने लिखा है कि विरोध को देखते हुए सरकार ने डाँगे सहित अनेक वामपंथी नेताओं को गिरफ़्तार कर लिया। कामगारों ने हड़ताल की घोषणा की और शहर में हिंसा फैल गई।[49]

आंदोलनकारियों ने नारा दिया जो अगले पाँच साल तक संयुक्त महाराष्ट्र आंदोलन का प्रमुख बना रहा : मुंबई सह संयुक्त महाराष्ट्र झालाच पाहिजे।[50]

संयुक्त महाराष्ट्र समिति द्वारा फ़रवरी 1956 में विपक्षी दलों का एक महागठबंधन तैयार किया गया जिसने इस फ़ैसले के विरोध का निश्चय किया। आख़िरकार, केंद्र सरकार ने द्विभाषी राज्य बनाने की घोषणा कर दी, जिसमें सभी मराठी भाषी और गुजराती भाषी क्षेत्रों को शामिल किया गया था, जिसमें मुंबई शहर भी था। हालाँकि, महा गुजरात परिषद ने इसका विरोध किया।[51]

इस बार कपड़ा मिलों में काम करने वाले मराठी मिल मज़दूरों ने आगे बढ़कर मोर्चा सँभाला, जिसमें महिलाएँ भी बड़ी तादाद में आ रही थीं। शिवडी के स्वान मिल में काम करने वाले शहदेव जगारे ने बताया कि इन आंदोलनकारियों को ऐसा लगता था कि केन्द्रशासित मुंबई मज़दूर वर्ग के हितों की अनदेखी करेगा।[52]

1957 के चुनावों में कांग्रेस के ख़िलाफ़ लोगों का ग़ुस्सा दिखाई दे रहा था, हालाँकि वह सत्ता बचा पाने में सफल रही। महाराष्ट्र की 133 सीटों में से इसको महज़ 33 सीटें मिलीं जबकि समिति को 101। 1952 में 141 में 119 सीटें मिलीं। हालाँकि कांग्रेस ने गुजरात, विदर्भ और मराठवाड़ा में बेहतर प्रदर्शन के बल पर अपनी सत्ता को बरक़रार रखा।[53]

संयुक्त महाराष्ट्र के युद्ध में प्रबोधनकार के बेटे बाल, जो महज़ 28 साल के थे और उभरते हुए कार्टूनिस्ट थे, ने 1954 में पाया कि वह क़ानून की ग़लत दिशा में थे। उन्होंने उस समय *मुंबई* नामक पत्रिका के मुखपृष्ठ पर बम्बई के मुख्यमंत्री मोरारजी देसाई का कार्टून बनाया। मराठी भावनाओं को नकार देने के कारण उस समय मोरारजी देसाई से लोग नफ़रत करते थे। कार्टून में मोरारजी को *नरभक्षक* के रूप में दिखाया गया था जो मानव खोपड़ियों के ढेर के ऊपर खड़े थे, जो इस तरफ़ इशारा था कि राज्य द्वारा संयुक्त महाराष्ट्र आंदोलन को किस तरह दबाया जा रहा था।[54] मुकदमा दर्ज हो गया और बाल को भूमिगत हो जाना पड़ा (वह रात में पास में ही अपनी बहन के घर रुकते थे और दिन तथा रात के भोजन के लिए घर आते थे)। उनको गिरफ़्तार नहीं किया जा सका।[55]

संयुक्त महाराष्ट्र आंदोलन के दौरान बाल ने सार्वजनिक सभाओं में हिस्सा लिया। अक्टूबर 1955 में जब एस.आर.सी. की रिपोर्ट जमा हो गई तो उस समय फ्री प्रेस जर्नल में काम कर रहे बाल ने 'मराठा', 'मावला', और 'बाहिरजी' के छद्म नाम से कार्टून बनाए क्योंकि नौकरी के कारण वे कहीं और काम नहीं कर सकते थे। दिनू रणदिवे की *संयुक्त महाराष्ट्र पत्रिका* के लिए भी उन्होंने कार्टून बनाए।[56]

वरिष्ठ पत्रकार रणदिवे ने याद करते हुए बताया कि इसके बावजूद कि इन कार्टूनों के साथ नाम नहीं होता था लेकिन बनावट और लिखाई से यह समझ में आ जाता था कि वह बाल ठाकरे का बनाया हुआ था।[57] 'वह ना कोई मोर्चा निकालते थे न सार्वजनिक सभाओं का आयोजन करते थे लेकिन उनके कार्टून की क़लम ही काम कर जाती थी। उसके बाद उनकी क़लम ने एक और नोक बना ली। कुछ समय तक काम करने के बाद कोई हथियार भोथरा हो जाता है। लेकिन बालासाहेब का रंग अलग था, वह और भी तीक्ष्ण होता गया', रणदिवे ने लिखा है।[58]

शिवसेना के जीवनीकारों में एक वरिष्ठ पत्रकार प्रकाश अकोलकर ने *जय महाराष्ट्र : हा शिवसेना नावाचा इतिहास आहे* में लिखा है, जब कांग्रेस पार्टी को ऐसा लगा कि मराठी भाषी लोगों का समर्थन उसके हाथ से निकल सकता था तो

कांग्रेस नेतृत्व में यह राय बनी कि संयुक्त महाराष्ट्र का निर्माण किया जाए जिसकी राजधानी मुंबई हो।[59]

1959 में कांग्रेस कार्यसमिति ने एक प्रस्ताव पारित किया जिसमें इस बात की अनुशंसा की गई कि संयुक्त महाराष्ट्र का गठन किया जाए जिसमें मुंबई भी हो। उसका उद्देश्य पूरा हुआ, एस.एम.एस. को भंग कर दिया गया। 1 मई 1960 को आख़िरकार महाराष्ट्र राज्य का निर्माण हुआ।[60]

उस समय अविभाजित सीपीआई का मज़दूर वर्ग के ऊपर बहुत प्रभाव था, ख़ासकर कपड़ा मिलों के मज़दूरों के ऊपर, जो डाँगे को अपने नायक की तरह देखते थे। डाँगे का कहना था कि महाराष्ट्र से अलग प्रशासनिक इकाई के रूप में बम्बई के ऊपर कम्युनिस्टों का प्रभाव रहेगा इसलिए महाराष्ट्र राज्य के गठन की तारीख़ को 1 अप्रैल से 1 मई कर दिया जाना चाहिए।[61]

हालाँकि मराठी भाषी राज्यों कारवाड़, बेलगाँव, निपाणी और डाँग को महाराष्ट्र राज्य से अलग रखा गया, जिसकी राजधानी मुंबई बनी। यह एक ऐसे संघर्ष के बाद हुआ जिसके लिए 106 लोगों ने अपनी जानें दीं।

3

टाइगर का उदय

मेरे जैसे लोग
आपके लिए विशाल अट्टालिकाएँ बनाते हैं
जो आपकी शान को बढ़ाती हैं
दिन ब दिन, ओ शहर...
हम कड़ी मेहनत करते हैं
लेकिन हम लोगों में से कई
थककर मर जाए हैं
जैसे कोई पिघल चुकी मोमबत्ती

—नारायण सुर्वे, *मुंबई*[1]

वैसे तो मराठीभाषियों ने अपने राज्य को सुरक्षित कर लिया, लेकिन उनको ऐसा लगता था कि उनके अपने ही शहर में उनकी पहचान को ख़तरा पैदा हो रहा था। उनको ऐसा महसूस होने लगा था कि विकास की प्रक्रिया में वे पीछे रह गए थे जबकि ऐसा लगता था कि दूसरे समुदाय के लोग तरक़्क़ी कर रहे थे।

राजनीतिक विश्लेषक और यूनिवर्सिटी ऑफ़ मुंबई में नागरिकशास्त्र और राजनीति के विभाग में प्रोफ़ेसर डॉक्टर दीपक पवार ने यह बताया कि महाराष्ट्र के गठन के बाद संयुक्त महाराष्ट्र समिति जो पहली बड़े आधार वाली ग़ैर कांग्रेस संगठन थी आपसी मतभेदों के कारण बिखर गई। इसके कारण मुंबई के मराठीभाषियों के पास कोई ऐसा राजनीतिक मंच नहीं बचा जहाँ वे अपनी बात रख सकें।[2]

नेटिविज़्म इन मेट्रोपोलिस : द शिवसेना इन बॉम्बे में समाजशास्त्री दीपंकर गुप्ता ने लिखा कि महाराष्ट्र के लोगों को ऐसा लगता था कि बाहर के लोग उनकी चीज़ों का ग़लत तरीक़े से फ़ायदा उठा रहे थे। महाराष्ट्र के बाहर के लोग वहाँ के व्यापार के ऊपर हावी थे और स्थानीय लोगों से उनके पास अधिक सम्पत्ति हो गई थी। अपनी शिक्षा और अनुभव के कारण अच्छी नौकरियों में भी उनको प्राथमिकता दी जाती थी।[3]

गुप्ता ने लिखा है कि संयुक्त महाराष्ट्र समिति मुंबई को महाराष्ट्र की राजधानी बनवा पाने में सफल रही लेकिन इसके कारण महाराष्ट्र की संस्कृति और आर्थिक माहौल के ऊपर मराठीभाषियों का प्रभाव नहीं बढ़ पाया। 'मुंबई आज भी बहुत स्पष्ट रूप से अपनी संस्कृति में ग़ैर महाराष्ट्रीय है। इसके अलावा, मुंबई की कुल जनसंख्या में महाराष्ट्रीय लोगों की आबादी 43 प्रतिशत है जिसके कारण वे प्रभावी अल्पसंख्यक हैं। अपने राज्य की राजधानी में वे बहुसंख्यक नहीं हैं, जिसके कारण उनके अंदर असुरक्षा और वंचना की भावना पैदा हो गई।[4]

'मुंबई महाराष्ट्र की राजधानी ज़रूर है लेकिन वहाँ के सार्वजनिक जीवन में बाहर के लोग अधिक दिखाई देते हैं।'

ग़ुस्से के कारण

महाराष्ट्र बन जाने के बाद भी आर्थिक मुद्‌दे जैसे रोज़गार की कमी बरकरार रहे। संयुक्त महाराष्ट्र आंदोलन ने मराठी भाषी लोगों के मन में भावनाओं को जगा दिया था, ख़ासकर युवाओं के, लेकिन उनके नेताओं ने उन भावनाओं की पूर्ति की दिशा में कोई क़दम नहीं उठाया। इसी शून्य से निकलकर शिवसेना आई।[5]

दिनू रणदिवे ने याद किया है कि 1961 में उस समय के मुख्यमंत्री वाय. बी. चव्हाण ने कहा था मुंबई महाराष्ट्र की राजधानी है लेकिन यहाँ दूसरे लोग हावी हैं इसलिए यह ज़रूरी है कि मुंबई को मराठी छाप दी जाए।[6] मज़दूर मिल यूनियन के एक कार्यकर्ता बालकृष्ण नर ने कहा कि सड़कों पर मराठियों को रेहड़ी वाले और बाहरी लोग आँख दिखाते हैं। उसमें संगठिन मद्रासियों और गुजरातियों का वर्चस्व था। शिवसेना ने इनका खुलकर विरोध किया।[7]

'मराठी मानुस को ऐसा लगता था कि उनके साथ अनुचित हो रहा था' एनसीपी पार्टी के वरिष्ठ नेता और उद्धव ठाकरे सरकार में मंत्री छगन भुजबल ने कहा, जो 1966 में शिवसेना में शामिल हुए।[8] 'ऐसा समय भी था जब मज़दूरी करने वाले महाराष्ट्रीय लोगों की ख़ासकर मराठियों की, जो टोपी पहनते थे, टोपी को बेरुख़ी के साथ बाहरी समुदाय के लोगों द्वारा उछाल दिया जाता था। उनको वे लोग *घाटी* कहकर बुलाते थे। महाराष्ट्र के लोगों का मज़ाक़ उड़ाने के लिए इस तरह के नारे लगाए जाते थे, *म्हाने मुंबई तुमची, भांडी घास आमची* (मुंबई तुम्हारी है अब हमारे बर्तन धोओ)', उन्होंने आगे बताया।[9]

1963 में उत्तर भारतीय लोगों ने जोगेश्वरी में महाराष्ट्रीय लोगों के साथ कहा-सुनी की। कम्युनिस्ट पार्टी के बाहुबली कृष्णा देसाई और गिरणगाँव के मराठी युवकों ने उनका अच्छा जवाब दिया।[10]

वैभव पुरंदरे ने अपनी किताब *द सेना स्टोरी* में लिखा है कि महाराष्ट्र के लोगों को राजनीतिक सत्ता तो हासिल हो गई थी और अब वे इस बात को लेकर लगातार सवाल उठा रहे थे कि उनकी लगातार आर्थिक स्थिति ख़राब क्यों थी और वे अपनी आर्थिक स्थिति को बेहतर बनाए जाने की माँग कर रहे थे।[11]

'लोकगायक' कृष्णराव साबले ने लिखा है कि गिरणगाँव में महाराष्ट्र हितवर्धिनि नामक एक संस्था का निर्माण हुआ जिसका उद्देश्य लगातार हाशिए पर जाते महाराष्ट्रीय लोगों के लिए संघर्ष करना था। साबले उस संगठन के सदस्य थे जिसके अध्यक्ष कांग्रेस नेता बैरिस्टर रामराव आदिक थे।[12]

विद्वान संपादक डॉक्टर अरुण टिकेकर ने यह लिखा है कि वैसे लोगों को भी जो किसी तरह की हिंसा को पसंद नहीं करते थे ऐसा लगने लगा था कि मराठी मानुस के साथ अच्छा नहीं हो रहा था। स्थानीय मराठी लोग इस बात को लेकर असहज महसूस करते थे कि मुंबई पर उनका अधिकार नहीं रह गया था, जहाँ इसके बावजूद कि पारसी और गुजराती लोगों का योगदान बहुत अधिक था लेकिन सौ से अधिक सालों से उनका अपना एक ख़ास तरह का मराठी अन्दाज़ था, ख़ासकर सामाजिक सांस्कृतिक और राजनीतिक गतिविधियों के मामले में।[13]

सुधा गोगटे में अपनी किताब *इमर्जेंस ऑफ़ रीजनलिज्म इन मुंबई : द हिस्ट्री ऑफ़ शिवसेना* में लिखा है कि शिवसेना का आंदोलन अपनी तरह का अकेला आंदोलन नहीं था। 1960 और 1970 के दशक में असम में बंगालियों के विरोध में आंदोलन चला था, तेलंगाना में ग़ैर मुल्की के ख़िलाफ़ दंगे हुए, और कर्नाटक के चालूवलिंगार बाहरी लोगों के प्रति ग़ुस्से में रहते थे।[14]

'इन सभी आंदोलनों में एक बात समान थी बाहरी लोगों के प्रति वैमनस्य का रुख़, हालाँकि बाहरी लोगों की परिभाषा समय-समय पर बदलती रही। शायद शिवसेना के नाटकीय उभार तथा भारत के सबसे बड़े महानगर में इसके होने के कारण अकादमिक और ग़ैर अकादमिक जगत में इसको लेकर उत्सुकता बहुत रही', गोगटे ने कहा। साथ में यह भी जोड़ा कि इस तरह के स्थानीय आंदोलन 'जटिल बहुआयामी परिघटना' थे।[15]

गोगटे ने 1970 में *टाटा इंस्टीट्यूट ऑफ़ सोशल साइंसेज़* द्वारा करवाए गए एक सर्वेक्षण का हवाला दिया है। इसमें यह बताया गया है कि निम्न वर्ग और मध्य वर्ग के मराठी भाषी मुंबई में अपेक्षाकृत अधिक दुखी रहते थे और उनको रहने में सहजता का अनुभव नहीं होता था जबकि उत्तर भारत या दक्षिण भारत से आए लोगों को उतनी परेशानी महसूस नहीं होती थी। अध्ययन में यह बताया गया है कि उनके सामने अपने आपको कमतर आँकने का भाव इसका कारण था।[16]

पुरंदरे ने यह कहा है कि शिवसेना के उभार के पहले आर्थिक विकास का दौर आया और ग़ैर मराठी लोगों के साथ मराठी मानुस की प्रतिस्पर्धा भी बढ़ गई।[17]

मुंबई की साक्षरता दर 1872 में 16.3 प्रतिशत थी जो 1931 में बढ़कर 23.8 प्रतिशत हो गई, 1941 में 40.8 प्रतिशत हो गई, 1951 में 49.3 प्रतिशत तथा 1961 में 58.6 प्रतिशत हो गई।[18] शिवसेना के गठन के आरंभिक दिनों में अर्थव्यवस्था की हालत ठीक बनी रही। 1962 से 1967 के बीच दफ़्तर के काम में 28 प्रतिशत की बढ़ोतरी हुई जबकि निजी कम्पनियों की ऊँची नौकरियों में 8 प्रतिशत की वृद्धि हुई। वैसे तो 1966 में शिवसेना के गठन के बाद आर्थिक स्थिति में सुधार का दौर रहा, रोज़गार का अच्छा माहौल हो गया लेकिन इसके कारण महाराष्ट्र के लोगों का नौकरियों में औसत नहीं बढ़ा।[19]

मुंबई यूनिवर्सिटी में 1950 के दशक में दाख़िला लेने वालों की तादाद 24 हज़ार थी जो 1970 के दशक में बढ़कर 90 हज़ार हो गई। जब प्रतिस्पर्धा बढ़ गई तो मुंबई में ऊँची नौकरियाँ अन्य समुदाय के लोगों के मुक़ाबले महाराष्ट्रियन लोगों को कम मिलने लगीं, जो उनकी आबादी के अनुपात में बहुत कम थीं।[20]

1950 के दशक के आरम्भ में मुंबई यूनिवर्सिटी के प्रोफ़ेसर डी.के. लाकड़वाला ने एक सर्वेक्षण किया था 'वर्क, वेजेस एंड वेल बीइंग इन ऐन इंडियन मेट्रोपोलिस' जिसमें उन्होंने यह दिखाया कि महाराष्ट्र के लोग शिक्षा तथा पेशेवर स्थिति के मामले में अन्य समुदायों से बहुत पीछे थे। इस अध्ययन में इस बात की तरफ़ ध्यान दिलाया गया था कि मध्य वर्ग से उच्च मध्य वर्ग के ऐसे महाराष्ट्रीय जिनकी तनख़्वाह 500 से 1000 रुपए तक होती थी 4 प्रतिशत थी जो दक्षिण भारतीयों (7.9 प्रतिशत) और गुजरातियों (10.2 प्रतिशत) से कम थी।[21]

बाद के अध्ययनों में यह बात भी सामने आई कि उच्च स्तर की प्रशासनिक सेवाओं में, पेशेवर और लिपिकीय स्तर की नौकरियों में महाराष्ट्र के लोगों का प्रतिनिधित्व कम था। यह कम प्रतिनिधित्व नए तरह के उद्योगों और व्यवसायों में और भी कम था, जैसे रसायन, दवा उद्योग, बीमा क्षेत्र तथा अन्य सेवा क्षेत्र। यहाँ, मराठी लोग कम आय वाले क्षेत्रों में काम करते थे, जैसे हाथ से किए जाने वाले श्रम के क्षेत्र में।[22]

ऐसे शून्य में शिवसेना एक मुक्तिदाता के रूप में आई। मराठियों के अनन्य मित्र की तरह।

'यहाँ तक कि कांग्रेस पार्टी के अनेक नेताओं को भी ऐसा लगता था कि शिवसेना वह काम कर रही थी जो काम उनकी अपनी पार्टी भी नहीं कर पाई। ग्रामीण महाराष्ट्र से मुंबई आने वाले कांग्रेसी नेता कुछ समझ नहीं पाते थे और इस वजह से स्वाभाविक रूप से उनकी संवेदनाएँ शिवसेना के साथ होती थीं', छगन भुजबल ने बताया।[23]

'महाराष्ट्रीय लोगों और बाहरी लोगों के बीच की आर्थिक प्रतिस्पर्धा की बात सेना द्वारा मतदाताओं को रिझाने के लिए उड़ाई गई कोई अफ़वाह नहीं थी। महाराष्ट्रीय आबादी सच में आर्थिक रूप से मुंबई में रहने वाले अन्य समुदायों से

पीछे थी', मेरी फैंसोड कटजेंस्टाइन ने लिखा है।[24] इसकी वजह से आरम्भिक दिनों में शिवसेना को मुंबई में महाराष्ट्रीय आबादी का समर्थन मिला।

एक पत्रिका, एक आंदोलन

शायद शिवसेना भारत की पहली राजनीतिक पार्टी थी जो एक कार्टूनिस्ट की अभिव्यक्ति से निकली थी। जैसा कि बाल ठाकरे ने 2009 में दिए एक साक्षात्कार में इस बात को स्वीकार किया था कि 1959 में *फ्री प्रेस जर्नल* को छोड़ने के बाद उनके पास काम के बहुत मौक़े नहीं थे।[25] अंत में अपने पिता से विचार-विमर्श करने के बाद उन्होंने *मार्मिक* की शुरुआत करने के बारे में सोचा और अपने बूते ही आगे बढ़ने को सोचा।

शुरू में ठाकरे बंधु की योजना अंग्रेज़ी में 'कार्टूनिस्ट' नाम से साप्ताहिक निकालने की थी, लेकिन प्रबोधनकार ने सोचा कि यह मराठी में होना चाहिए। *तीरंदाज़, अंजन* जैसे नाम सोचे गए, अंत में प्रबोधनकार ने नाम सुझाया *मार्मिक*।[26]

मार्मिक के पहले अंक में ठाकरे बंधुओं ने यह दावा किया कि वे साप्ताहिक की शुरुआत इसलिए कर रहे हैं ताकि जीवनयापन के लिए कुछ कमाई कर सकें।[27] मराठी में *स्त्री, किरलोसकर, मौज* और *ज्योत्सना* जैसी पत्रिकाएँ थीं, लेकिन *मार्मिक* अपनी लेखन शैली तथा कार्टून के कारण सबसे अलग नज़र आती थी।[28]

श्रीकांत को उनके बड़े भाई शिरया या शिरी बुलाते थे, जो *मार्मिक* के लिए शुद्ध निषाद के नाम से फ़ीचर और फ़िल्म समीक्षा लिखा करते थे। जनवरी 1989 में जब शिवसेना ने अपना अख़बार *सामना* शुरू किया तो श्रीकांत ने फ़िल्मों के ऊपर एक स्तम्भ लिखना शुरू किया *चन्देरी दुनिया*।

फ़िल्म समीक्षक दिलीप ठाकुर, जो श्रीकांत के क़रीबी थे, ने बताया कि किस तरह से उनकी लिखी फ़िल्म समीक्षाएँ पाठकों को पसंद आती थीं, शीर्षक से ही वे आकर्षक होती थीं।[29] 'बालासाहेब *मार्मिक* के लिए कवर पेज कार्टून बनाते थे जबकि पप्पा (श्रीकांत के लिए ठाकुर का शब्द) की समीक्षा आख़िरी पन्ने पर आती थी। इसलिए लोग यह कहते थे कि *मार्मिक* का कवर देखने लायक़ होता था और फिर उसको पिछले पन्ने से पढ़ा जाता है। उनकी राय बड़ी तीखी होती थी। कई बार उनकी आलोचना शीर्षक से ही शुरू हो जाती थी। उदाहरण के लिए, 1980 में जब *शान* फ़िल्म रिलीज हुई थी तो उसकी समीक्षा का शीर्षक उन्होंने दिया : *राहिले नाही कसले भान, काढला शान केली घान*', कुछ सोचे-समझे बगैर *शान* फ़िल्म आई और गड़बड़ कर दी, ठाकुर ने कहा।[30]

1963 में कुछ मराठी बाल ठाकरे के पास इस शिकायत के साथ पहुँचे कि नौकरियों में उनके साथ भेदभाव होता था। उसके ठीक बाद, उनके एक दोस्त

श्रीकांत गड़करी उनसे मिले जिन्होंने उनको टेलीफ़ोन डायरेक्टरी दिखाई जिसमें ग़ैर महाराष्ट्रीय उन लोगों के नम्बर थे जो अलग-अलग कम्पनियों में ऊँचे-ऊँचे पदों पर थे।[31]

छगन भुजबल, जो उस समय *वीरमाता जीजाबाई टेक्निकल इंस्टिट्यूट* में इंजीनियरिंग के छात्र थे, ने याद करते हुए बताया कि *मार्मिक* ने 'वाचा आणि ठंडा बसा' (पढ़ो और चुप बैठो) स्तंभ के अंतर्गत इन सूचियों को प्रकाशित करना शुरू कर दिया, जिसका नाम जल्दी ही बदलकर 'वाचा आणि उठा' (पढ़ो और उत्तेजित हो उठो) कर दिया गया।[32]

मार्मिक में ऐसे महाराष्ट्रीय कर्मचारियों की सूची भी प्रकाशित की जाने लगी जिनको औद्योगिक इकाइयों द्वारा काम से हटा दिया गया था और ऐसे मराठी विद्यार्थियों के बारे में सूचना होती थी जिनको उनकी योग्यता के बावजूद मौक़े नहीं दिए गए।[33]

'स्तम्भ में ऐसे ग़ैर महाराष्ट्रीय लोगों के नाम होते थे जो ऊँचे पदों पर थे। इसमें इस बात की तरफ़ भी ध्यान दिलाया जाता था कि अफ़सर तो ग़ैर मराठी होते थे लेकिन लेकिन मराठी लोगों को चपरासी या कार्यालय के कर्मचारी जैसे छोटे पदों पर बहाल किया जाता था। मैं उस समय कॉलेज छात्र संघ का सचिव था। मेरे साथी विद्यार्थी इस बात की शिकायत करते थे कि काम मिलना कठिन होता जा रहा था और उन्होंने मुझसे बाल ठाकरे से मिलने की सलाह दी', छगन भुजबल ने कहा।[34]

भुजबल 1966 में शिवसेना में शामिल हुए और वह शिवाजी पार्क में आयोजित इसकी पहली रैली में शामिल हुए। बाद में वह इसके पहले *शाखा प्रमुख* बने।

मार्मिक अपने कार्टूनों, व्यंग्य और स्तम्भों के माध्यम से मराठी मानुस के मसलों को उठाता रहता था, इससे उसका इनके साथ तार जुड़ गया। इसके कारण युवा लोग ठाकरे के रानडे रोड वाले घर पर आते रहते थे, जहाँ *मार्मिक* का दफ़्तर भी था, वे आते थे और भेदभाव की शिकायत करते थे।

मार्मिक के लेखों में इस बात की तरफ़ ध्यान दिलाया जाता था कि किस तरह अन्य राज्यों के लोग मुंबई में बढ़ते जा रहे थे और उन लेखों में इस बात को लेकर चिंता होती थी कि मराठी लोगों को कहीं शहर से बाहर न जाना पड़ जाए। इसमें दक्षिण भारतीयों की आलोचना भी होती थी कि अपने प्रभाव का इस्तेमाल कर वे दफ़्तरों और उद्योग जगत में अपने लोगों को भर रहे थे।[35]

'...*मार्मिक* का सच में मेरे दिमाग़ पर असर होने लगा। हर सप्ताह, पत्रिका में इस बारे में लिखा जाता था कि बम्बई और महाराष्ट्र में स्थानीय लोगों के साथ अन्याय किया जा रहा था। और मैंने पाया कि पत्रिका में जिस तरह से लिखा जाता था उसके कारण मैं बाल ठाकरे के भावुक व्यक्तित्व और उनके पिता की ओर आकर्षित होने लगा', दिवाकर रावते ने कहा, जो बाद में शिवसेना के वरिष्ठ नेता बने।[36]

रावते उन 18 लोगों में शामिल थे जो क़दम मेंशन में उस वक़्त मौजूद थे जब प्रबोधनकार की मौजूदगी में 19 जून 1966 को शिवसेना का औपचारिक रूप से शुभारम्भ हुआ।

मेरी कटजेंस्टाइन ने लिखा है कि दक्षिण भारतीयों के प्रति सेना के पूर्वग्रह को सांस्कृतिक संदर्भ में ही समझा जा सकता था, क्योंकि उनकी संख्या सामान्य मान्यता के विपरीत, ऊँची नौकरियों में गुजरातियों की तुलना में कम ही थी।[37] दक्षिण भारतीय मुंबई की आबादी का महज़ 9 प्रतिशत थे जो गुजराती आबादी से आधे से भी कम थे।[38] लेकिन मराठियों की तुलना में दक्षिण भारतीय अलग से पहचान में आ जाते थे क्योंकि उनकी भाषा, पहनावा, खाना, संस्कृति गुजरातियों के मुक़ाबले अलग से ही पहचान में आ जाती थी। इसके कारण उनको लेकर शंका अधिक होती थी, जिसके कारण यह धारणा बनी कि आला नौकरियों के मामलों में उनकी संख्या अन्य समुदायों के मुक़ाबले अधिक थी जिसके कारण स्थानीय लोगों के निशाने पर वे जल्दी आ जाते थे।[39] हालाँकि, शिवसेना ने आगे चलकर ही अपना निशाना दक्षिण भारतीयों से मुसलमानों, बौद्ध दलितों और उत्तर भारतीयों की तरफ़ कर दिया।

प्रबोधनकार ने यह विचार दिया कि एक राजनीतिक दल का गठन किया जाए ताकि इस अभियान को संगठित रूप दिया जा सके। ठाकरे परिवार के मुखिया ने संगठन को नाम दिया—शिवसेना (शिवाजी महाराज की सेना)।

'शिवाजी की सेना'

5 जून 1966 में *मार्मिक* ने यह घोषणा की कि शिवसेना नामक संगठन की शुरुआत होने जा रही है ताकि 'मराठी मानुस के ऊपर यंदु-गुंडु की चढ़ाई का मुक़ाबला किया जा सके।'[40]

19 जून 1966 को सुबह 9:30 बजे ठाकरे परिवार के दोस्त सहदेव नाइक ने छत्रपति शिवाजी महाराज की मूर्ति के सामने एक नारियल फोड़ा।

'और छत्रपति शिवाजी महाराज की जय के नारे के साथ हम लोगों ने शिवसेना का गठन कर लिया', ठाकरे द्वारा ऐसा कहा गया।[41]

मार्मिक का दावा था कि जब शिवसेना के पंजीकरण की शुरुआत हुई तो एक घंटे के भीतर क़रीब 2 हज़ार युवाओं ने अपना नाम दर्ज करवाया। अगले दिन, यह संख्या दस हज़ार हो गई, और एक महीने से तीन महीने में यह संख्या 20 हज़ार और 30 हज़ार हो गई। साप्ताहिक की बिक्री भी, जो इसके सदस्यों के बीच संवाद का महत्त्वपूर्ण माध्यम था, 1965 में 18,532 थी जो 1966 में 25,475 तो 1969 में 37,638 हो गई, जिससे पता चलता है कि सेना की लोकप्रियता में कितनी वृद्धि हो रही थी।[42]

मार्मिक के जुलाई अंक में एक शपथ लिखी गई थी, जो सभी शिव सैनिकों को लेनी थी। इसमें यह लिखा था कि मराठी मानुस एक-दूसरे की मदद करेंगे, बाहरी लोगों को सम्पत्ति नहीं बेचेंगे, मराठी दुकानदार सामान मराठी थोक व्यापारियों से ही ख़रीदेंगे, महाराष्ट्रीय लोगों की कम्पनियों में मराठी मानुस को ही काम पर रखा जाएगा तथा ग़ैर महाराष्ट्रीय समाज के लोगों के होटलों और दुकानों का बहिष्कार किया जाएगा, जैसे उडुपी होटल।[43]

शपथ में एक महत्त्वपूर्ण बात यह थी कि 'युवा मराठी भाषी लड़कों को अच्छी तरह अंग्रेज़ी बोलने का अभ्यास करना चाहिए, और अंग्रेज़ी में स्टेनो टाइपिंग भी अच्छी तरह सीख लेनी चाहिए।'[44] शायद इसका लक्ष्य यह था कि नए तरह के उद्योग-धंधों में मराठों को नौकरी मिलने की संभावना को पक्का किया जा सके।

नए संगठन की शुरुआत के चार महीने बाद *मार्मिक* के पाठकों को यह बताया गया कि शिवसेना की पहली जनसभा का आयोजन 30 अक्टूबर 1966 को दादर के शिवाजी पार्क में किया जाएगा, जिसके नीचे *मार्मिक* के संपादक ने लिखा था 'एक विनम्र महाराष्ट्र सेवक।'[45]

हालाँकि शिवसेना के आरम्भिक समर्थकों में संभ्रांत मराठी मध्य वर्ग के लोग ही थे लेकिन जनसभा के पहले बाल ठाकरे गिरणगाँव क्षेत्र में मज़दूरों के बीच गए और अलग-अलग जिमनेजियम तथा सांस्कृतिक समूहों के पास समर्थन के लिए गए। शिवाजी पार्क की रैली के एक दिन पहले परेल के गणेश गली मैदान में उन्होंने एक सभा को संबोधित भी किया।[46] बाद में परेल तथा लालबाग के लड़के ठाकरे के निजी रक्षक तथा सेना के हमलावरों के रूप में काम करने लगे। 1970 में परेल के विधानसभा क्षेत्र से शिवसेना को पहला विधायक मिला।

कम्युनिस्ट प्रभाव वाले गिरणगाँव में बांडु शिंगरे नामक एक उग्र शिव सैनिक था, जिसने बाद में पार्टी छोड़ कर 1970 के दशक में प्रति शिवसेना का गठन कर लिया। उसका कहना था कि 1962 में जब चीन ने भारत के ऊपर आक्रमण किया और सीपीआई ने जिस तरह से उस पर चुप्पी बनाए रखी उसके कारण लोगों में बहुत ग़ुस्सा था।[47]

बाल ठाकरे ने यह बात मानी कि जनसभा के पहले एक शुभचिंतक डी.वी. देशपांडे ने उनसे पूछा कि सभास्थल के रूप में उन्होंने इतने बड़े मैदान का चयन क्यों किया? देशपांडे ने आशंका के कारण किंग जॉर्ज स्कूल मैदान का सुझाव दिया जो शिवाजी पार्क के दसवें हिस्से के बराबर था। लेकिन बाल ठाकरे ने मना कर दिया। 'नहीं, तीर कमान से निकल चुका है। मैं इससे पीछे नहीं हट सकता', उन्होंने कहा।[48]

गिरणगाँव से पूर्व निगम पार्षद विजय गावकर के अनुसार ठाकरे सच में किंग जॉर्ज मैदान में सभा करने के ऊपर विचार कर रहे थे, लेकिन मिल क्षेत्र के सेना

समर्थकों का कहना था कि सभा शिवाजी मैदान में ही होनी चाहिए। कोंकण के मिल क्षेत्र के मज़दूरों ने आकर रैली को बहुत सफल बनाया।[49] सभा में चार से पाँच लाख लोग जुटे जो सभी आकलन से परे था। प्रबोधनकार ने प्रशंसा के भाव से कहा कि भीड़ ने यह साबित कर दिया कि 'मराठा ख़ून अभी तक अशुद्ध नहीं हुआ है, और महाराष्ट्रीय लोग अन्याय का मुक़ाबला करने के लिए तैयार हैं।'[50] 'महाराष्ट्र कमज़ोर लोगों की भूमि नहीं रही है। यह शेरों की भूमि है। इसके साथ गड़बड़ी करने का क्या नतीजा होता है यह इतिहास जानता है,' उन्होंने चेतावनी देते हुए कहा।[51] कांग्रेस के नेता रामाराव आदिक, बौद्धिक प्रोफ़ेसर स.ह. रानाडे, जो *मार्मिक* में लिखते थे, और वक़ील बलवंत मंत्री ने भी इस मौक़े पर भाषण दिया।

शिवसेना प्रमुख बाल ठाकरे ने यह माँग की कि महाराष्ट्र में केवल उन्हीं लोगों को नौकरी मिलनी चाहिए जिनको मराठी भाषा आती हो।[52] उन्होंने इस तरह के आरोपों का विरोध किया कि मराठी मानुस सीमित विचारों वाला है, उन्होंने कहा कि अगर ऐसी बात होती तो मुंबई महानगर नहीं बना होता। उन्होंने तमिलनाडु के मुख्यमंत्री एम. भक्तवत्सलम की बात की तरफ़ ध्यान दिलाया कि उन्होंने कहा था कि जिन लोगों को तमिल भाषा का ज्ञान अच्छी तरह हो केवल उन्हीं को तमिलनाडु में नौकरी मिलनी चाहिए। सबसे बढ़कर, कांग्रेस पार्टी के प्रमुख के कामराज ने भी हिंदी के प्रयोग के ख़िलाफ़ बोला था। ठाकरे ने कामराज को चेतावनी दी कि 'महाराष्ट्र को राष्ट्रवाद की शिक्षा देना बंद करें।'[53]

वरिष्ठ पत्रकार कुमार केतकर ने, जो अब कांग्रेस पार्टी से राज्यसभा के सदस्य हैं, यह लिखा है कि बाल ठाकरे की विरासत ने 'मराठी मानुस में सामूहिक पहचान तथा सांप्रदायिक गर्व का भाव पैदा किया, जो तेज़ी से वैश्विक होते जाते मुंबई में ख़ुद को हाशिए पर महसूस कर रहे थे।'[54]

4

राज और उद्धव : शुरुआती साल

मार तमाम लोग फिर भी ऐसी तन्हाई

—चार्ल्स डिकेंस, *ए टेल ऑफ़ टू सिटीज*

जो लोग राज ठाकरे को बचपन के दिनों से जानते हैं उनके बीच एक कहानी सुनी-सुनाई जाती है। *जे.जे. इंस्टिट्यूट ऑफ़ अप्लाइड आर्ट्स*, मुंबई में बैचलर ऑफ़ फ़ाइन आर्ट्स (एप्लाइड आर्ट्स) के प्रथम वर्ष के एक छात्र की उसके सीनियर छात्रों के एक समूह ने रैगिंग की। जब उन लड़कों ने उस लड़के के साथ धक्का-मुक्की की तो भी वह लड़का शांत रहा, लेकिन उसके चाचा जो उसके ऊपर जान छिड़कते थे, इस घटना से ग़ुस्से में आ गए। ग़ुस्से में आगबबूला होकर उन्होंने उन लड़कों को बांद्रा उपनगर के अपने बंगले में बुलवाया और अपने भतीजे के सामने उनको अपने ख़ास अंदाज़ में चेतावनी दी। इस घटना से यह पता चलता है कि राज ठाकरे के अपने चाचा बाल ठाकरे के साथ किस तरह के संबंध थे।[1]

जून 1948 में 21 साल की उम्र में बाल ठाकरे की शादी सोलह साल की सरला वैद्य से हुई, बाद में उनका नाम मीनाताई कर दिया गया और घर में लोग उनको माँ बुलाने लगे। 1964 में श्रीकांत की शादी मीनाताई की छोटी बहन कुंदा उर्फ़ मधुवंती से हुई जो परिवार की सहमति से किया गया विवाह था। इस तरह उद्धव और राज दो रिश्तों से आपस में भाई थे।

उद्धव का जन्म 27 जुलाई, 1960 को हुआ। उनसे बड़े दो भाई थे, बिंदुमाधव उर्फ़ बिंदा (1952), और जयदेव (1955)।[2] उद्धव के जन्म के एक महीने के अंदर पी.के. अत्रे के जन्मदिन के दिन उनके पिता और चाचा ने 13 अगस्त को *मार्मिक* की शुरुआत की। वैसे तो बच्चों का नामकरण दादा ने किया था लेकिन श्रीकांत ने उनके पुकार का नाम 'टिब्बा' और 'डिंगा' रखा, जो बिंदा के नाम से मेल खाता था (जिनको भाई कहा जाता था)।[3] बाल और मीना की एक बेटी भी थी, जिसका जन्म समय से पहले हो गया और जो उसके कुछ दिनों बाद मर गई।[4]

ठाकरे के बच्चों ने बाल के लिए एक ख़ास नाम भी रखा था—पिलगा, जो छोटे बिंदुमाधव ने दिया था।[5]

14 जून 1968 को राज का नाम उसके संगीतज्ञ पिता ने 'स्वरराज' रखा। हालाँकि, जब उसने कार्टून बनाना शुरू किया तो उसके चाचा ने कहा कि वह अपना नाम सिर्फ़ राज कर ले। उसके पासपोर्ट में आज भी उसके बचपन का नाम ही है।[6]

हालाँकि राज अपने चाचा के बहुत क़रीब थे लेकिन परिवार के मित्रों का यह कहना है कि राज की बड़ी बहन जयवंती अपने चाचा की आँखों की पुतली थी क्योंकि वह ठाकरे परिवार में अपनी पीढ़ी में अकेली लड़की थी।[7]

1968 में जिस साल राज का जन्म हुआ वह शिवसेना के लिए बहुत महत्त्वपूर्ण था।

शिवसेना पहले अपने आपको ग़ैर राजनीतिक संगठन कहती थी, लेकिन उस साल उसने बीएमसी के चुनावों में प्रजा सोशलिस्ट पार्टी के साथ गठबंधन करके पहली बार हिस्सा लिया। दोनों दलों ने क्रमश: 83 और 32 सीटों पर चुनाव लड़ा और क्रमश: 42 तथा 11 सीटों पर जीत दर्ज की, लेकिन कांग्रेस ने 127 में 65 सीटों पर जीत दर्ज कर सत्ता को बरक़रार रखा। 1989 में भाजपा के साथ टिकाऊ गठबंधन के निर्माण के पहले शिवसेना ने रिपब्लिकन पार्टी ऑफ़ इंडिया, कांग्रेस के अलग-अलग गुटों और यहाँ तक कि मुस्लिम लीग के साथ भी गठबंधन तथा आपसी तालमेल को बनाने की कोशिश की।

यह 'भगवा गठबंधन' या जैसा कि इसको कहा जाता है 'युति' 25 साल तक बरक़रार रहा। 2014 में भाजपा ने सीटों के बँटवारे को लेकर इस गठबंधन को तोड़ दिया। आगे चलकर शिवसेना ने महाराष्ट्र में जूनियर पार्टनर के रूप में भाजपा का दामन थामा। लेकिन 2019 के विधानसभा चुनाव के बाद सत्ता-संघर्ष की शुरुआत हो गई। मुख्यमंत्री पद के लिए तार्किक आधार जैसी बातें की जाने लगीं तब शिवसेना ने भाजपा से अलग होकर कांग्रेस और एनसीपी का हाथ थामा।

श्रीकांत ने संगीत के प्रति अपने प्यार के कारण हिंदुस्तानी शास्त्रीय संगीत के आधार पर अपनी पत्नी तथा बच्चों के नाम रखे—मधुवंती, जयवंती और स्वरराज। जयवंती ने उद्धव को 'बाबू' बुलाना शुरू कर दिया, जो दादा(बड़े भाई) के ऊपर आधारित था, राज ने भी यही कहना शुरू किया।[8]

जयवंती या ताई (बड़ी बहन), जैसा कि उसको बुलाया जाता था, ने बी.ए. की शिक्षा रूपरेल कॉलेज से पूरी की और उसका विवाह अभय देशपांडे के साथ हुआ।[9]

दूसरे ठाकरे

वैसे तो श्रीकांत अधिकतर बाल ठाकरे की छाया में ही रहे, जिनका उनसे बहुत लगाव था। श्रीकांत बहुत अच्छे संगीत निर्देशक थे, संगीत और कला के प्रति प्रेम उन्होंने अपने पिता से पाया था।

अपनी आत्मकथा में श्रीकांत ने लिखा है कि जब वे डेढ़ साल के थे तब उनको मिरगी के दौरे पड़ते थे। उस समय ठाकरे परिवार दादर के मिरांडा चाल में रहता था। प्रबोधनकार की उस समय एक नाटक कम्पनी थी। उन्होंने अपने एक वायलिन वादक से राग भैरव में *आलाप* बजाने के लिए कहा। बालक श्रीकांत, जो उस समय मिरगी के दौरे के कारण अपनी माँ की गोद में पड़े हुए थे, उनको अचानक होश आ गया जो डॉक्टर के लिए भी बहुत हैरानी की बात थी। प्रबोधनकार ने उसी समय यह घोषणा की कि वह बालक संगीतज्ञ बनेगा, बाद में उन्होंने उस बालक को सितार बजाना भी सिखाया।[10]

श्रीकांत को बाद में सी.वी. पंतवैद्य ने वायलिन बजाना सिखाया। बालक संगीतज्ञ के रूप में संगीतकार अनिल मोहिले के पिता बाबूराव मोहिले ने श्रीकांत को प्रसिद्ध शास्त्रीय गायक बड़े ग़ुलाम अली खाँ के सामने वायलिन बजाने के लिए कहा। उन्होंने दादर के धरु हॉल में अपना प्रदर्शन आरंभ किया। जब श्रीकांत वायलिन बजा रहे थे उस्ताद बड़े ग़ुलाम अली खाँ उसी बीच में आए और बैठ गए। बाद में, खाँ साहेब ने कहा, 'अरे बच्चे, तुम बहुत सुरीला बजाते हो, और सुनाओ।' जब श्रीकांत ने राग बजाना ख़त्म किया तो खाँ साहेब मंच पर चढ़े और उन्होंने श्रीकांत को अपने साथ बजाने के लिए कहा।[11]

श्रीकांत ने अपने करियर की शुरुआत कोलम्बिया के साथ की, जो एचएमवी की सहयोगी संस्था थी, बाद में ऑल इंडिया रेडियो के लिए वायलिन बजाते थे, जहाँ उन्होंने शास्त्रीय गायकों उस्ताद फ़ैयाज़ ख़ान और मदन मोहन के साथ वायलिन बजाया। मदन मोहन संगीत निर्देशक बनने के पहले एक गायक थे।[12] 1971 में उन्होंने प्रभाकर निकलंकर के साथ मराठी फ़िल्म के निर्माण के लिए 'प्रेरणा चित्र' नामक एक कम्पनी की शुरुआत की।[13] श्रीकांत और निकलंकर ने *शूरा मी वंदिले* नामक एक फ़िल्म के ऊपर काम किया जो जनवरी 1976 में रिलीज हुई और औसत रूप से सफल रही।[14]

श्रीकांत पहले व्यक्ति थे जिनके लिए मोहम्मद रफ़ी ने मराठी में गाना गाया *तुझे रूप सखे गुलज़ार* 1971 में। इस गीत को क़व्वाली की शैली में संगीतबद्ध किया गया था। बाद में रफ़ी ने उनके लिए एक कोली गीत भी रिकॉर्ड किया।[15] श्रीकांत ने 12 से 15 गाने रफ़ी के साथ रिकॉर्ड किए।[16] श्रीकांत ने शोभा गुर्टू के साथ ग़ज़ल भी रिकॉर्ड की और लोकप्रिय मराठी भजन *शोधिसी मनावा, राउली मंदिरी*—जिसे रफ़ी ने गाया था।

राज को रफ़ी की याद है, जो *लुंगी* और कुर्ता पहनकर सुबह-सुबह उनके घर आते थे और हारमोनियम लेकर श्रीकांत के साथ अभ्यास पर बैठने के पहले माँ से यह पूछते थे कि दिन के खाने में क्या बनने वाला है?[17]

श्रीकांत कार्टूनिस्ट भी थे। जब टाइम्स समूह ने 1960 के दशक में मराठी दैनिक *महाराष्ट्र टाइम्स* की शुरुआत की तो उनको कार्टूनिस्ट के रूप में काम पर

रखा गया था जो छोटे-छोटे कार्टून बनाया करते थे। जब उन्होंने काम छोड़ा तो अख़बार ने बजाय किसी नए आदमी को काम पर रखने के *टाइम्स ऑफ़ इंडिया* से आर.के. लक्ष्मण के कार्टून लेने शुरू कर दिए। लक्ष्मण के 'कॉमन मैन' तथा उनके भाई बाल के 'काकाजी' की तरह श्रीकांत ने एक कार्टून चरित्र 'बन्याबापू' को लोकप्रिय बनाया।[18]

श्रीकांत के जानने वाले कहते थे कि वे बहुत अच्छे संगीतकार थे और अपने निजी लाभ के लिए उन्होंने कभी अपने भाई के प्रभाव का इस्तेमाल नहीं किया।[19]

ठाकरे के परिवार के साथ लम्बे समय तक जुड़े रहने वाले सहयोगी तथा 1990 से फ़रवरी 2019 तक तक *मार्मिक* के कार्यकारी संपादक रहे पंढरीनाथ सावंत ने कहा कि जब मुंबई और फ़िल्म जगत में शिवसेना का प्रभाव बढ़ने लगा तो कुछ संगीतकारों ने श्रीकांत से संपर्क किया और अपनी फ़िल्मों के लिए संगीत देने के लिए कहा।[20]

'लेकिन श्रीकांत जी ने उनके लिए काम करने से मना कर दिया। उन्होंने उनसे कहा कि वे उनकी प्रतिभा के कारण उनके साथ सम्पर्क नहीं बढ़ा रहे थे बल्कि वे ऐसा उनके बड़े भाई से लाभ लेने के लिए कर रहे थे', सावंत ने बताया। उन्होंने बताया कि श्रीकांत का जीवन संगीत और *मार्मिक* के सहारे आगे बढ़ रहा था। 'अगर उन्होंने *मार्मिक* को अच्छी तरह नहीं चलाया होता तो शिवसेना प्रचार के एक अच्छे मंच को खो देता', उन्होंने आगे कहा। श्रीकांत का राजनीति की तरफ़ कोई झुकाव नहीं था और वह अक्सर ग़ैर राजनीतिक कार्टून बनाया करते थे।[21]

श्रीकांत ने गायिका उत्तरा केलकर को प्रशिक्षण दिया था। उनका कहना है कि वह उर्दू पर उनके अधिकार, होमियोपैथी में उनकी रुचि और किसी भी चीज़ को सूक्ष्मता से देखने के ढंग से से बहुत प्रभावित थीं, जिससे उनको कार्टून बनाने में मदद मिलती थी। केलकर ने इस बात पर भी ध्यान दिया कि श्रीकांत को भीड़ से दूर रहना और संगीत में डूबे रहना अच्छा लगता था और वह संसार की भौतिकता से दूर रहते थे। 'मैं उनसे कहती कि श्रीकांत जी अपने सिद्धांतों को थोड़ा क़ाबू में रखिए, आपको रिकॉर्डिंग के बहुत से मौक़े और मिल सकते हैं। लेकिन आख़िरकार वह ठाकरे थे जो कभी हार मानना नहीं जानते थे। वह कहते कि मैं कम काम करना चाहता हूँ लेकिन अपनी पसंद के काम करना चाहता हूँ,' उसने आगे कहा।[22]

श्रीकांत की छोटी बहन संजीवनी करंदीकर ने बताया कि उनका भाई 'प्यारा और शांत स्वभाव का था लेकिन मूडी क़िस्म का था और अपने दिमाग़ में संगीत की धुनें बनाने लगता था।'[23]

वैसे तो राजनीतिक महत्त्वाकांक्षा ने बाद में उद्धव और राज के बीच तनाव पैदा कर दिया, लेकिन श्रीकांत का राजनीति की तरफ़ कोई झुकाव नहीं था।

'श्रीकांत का सबसे बड़ा गुण था राजनीति से दूर रहने रहने की उसकी क्षमता। जब शिवसेना की पकड़ महाराष्ट्र में बढ़ने लगी तब भी उन्होंने पार्टी की राजनीति में नहीं पड़ने का फ़ैसला किया। पार्टी के बड़े नेताओं का कहना था कि छोटा भाई होने के कारण वह बड़े आराम से सेना में अपने लिए अच्छी जगह बना सकता था। श्रीकांत ने ऐसा नहीं किया जो उनके चरित्र का प्रत्यक्ष प्रमाण है' राज द्वारा 2005 में प्रकाशित बाल ठाकरे की चित्रात्मक जीवनी में राज ने उल्लेख किया।[24]

महाराष्ट्र में 1995 में शिवसेना के सत्ता में आने के बावजूद श्रीकांत ने उससे दूरी बनाए रखी जबकि शिवसेना के वफ़ादार कार्यकर्ता अक्सर नैतिक समर्थन के लिए उनके पास आते रहते थे।[25]

'बालासाहेब और श्रीकांत राम और लक्ष्मण जैसे थे', ठाकरे परिवार के एक विश्वस्त का कहना था। उसने आगे कहा कि 'वह मनस्वी क़िस्म के इनसान थे जो अपने मन की बात कहने में ज़रा भी नहीं हिचकते थे और बुरे को बुरा कह देते थे।'[26]

दिलीप ठाकुर का कहना है कि वैसे तो लोग श्रीकांत से दूरी बनाकर रखते थे लेकिन उनको उनकी समय की पाबंदी, सच बोलने की आदत, ईमानदारी और समर्पण जैसे गुण पसंद थे। उन्होंने यह भी कहा कि श्रीकांत की खरी-खरी बोलने की आदत के कारण लोग उनको ग़लत समझ लेते थे।[27]

इसके बावजूद कि दोनों भाइयों में काफ़ी अच्छे रिश्ते थे और श्रीकांत सक्रिय राजनीति से दूर रहते थे, लेकिन शिवसेना की अंदरूनी राजनीति का असर उनके ऊपर भी पड़ता था।

1960 में *मार्मिक* की शुरुआत से लेकर 1966 तक ठाकरे बंधुओं ने मिलकर काम किया।

हालाँकि, जब शिवसेना की शुरुआत हुई तो श्रीकांत ने *मार्मिक* की ज़िम्मेदारी सँभाल ली। 1985 में अचानक *मार्मिक* की ज़िम्मेदारी उनसे ले ली गई और पूरे महाराष्ट्र में उसके विस्तार की योजना के साथ उसको पार्टी के नियंत्रण में ले लिया गया। दादर में शिवसेना भवन में *मार्मिक* का एक अलग दफ़्तर बनाया गया।[28]

ठाकुर ने लिखा कि *मार्मिक* के 25 साल पूरे होने के जलसे में श्रीकांत के लिए इस सच को पचा पाना मुश्किल हो रहा था लेकिन मुंबई के शनमुखानंद हॉल में काले चश्मे के पीछे उन्होंने अपनी भावनाओं को छिपाने का प्रयास किया। श्रीकांत को इस सदमे से उबरने में कुछ वक़्त लगा। उन्होंने यह भी लिखा है कि श्रीकांत के व्यक्तित्व की गम्भीरता और भी उभर कर सामने आई जब ठाकुर ने पहली बार सेना की अंदरूनी राजनीति को लेकर उनके मुखर विचार सुने।

चाचा और भतीजे

बाल ठाकरे राज से बहुत प्यार करते थे। हालाँकि राज दादर में बालमोहन विद्यामंदिर के छात्र थे, जहाँ उनका परिवार रहता था लेकिन वे अक्सर अपने चाचा के घर मातोश्री (बांद्रा ईस्ट में कलानगर में ठाकरे परिवार का निवास) में रहते थे। स्कूल के दिनों में राज बांद्रा से स्कूल जाते थे जहाँ उनकी माँ दोपहर में खाना भेज देती थी। वीकेंड में दादर अपने घर जाते।[29]

राज ने धीरे-धीरे अपने चाचा के तौर-तरीक़े अपना लिए। जब वे राजनीति में आए तो ये तौर-तरीक़े धीरे-धीरे दिखाई देने लगे। इसके विपरीत, उद्धव अपने श्रीकांत के नज़दीक थे और वे उनके साथ समय बिताते थे।

अपनी आत्मकथा में श्रीकांत ने यह ख़ुलासा किया है कि जब उद्धव एक साल का था तो बहुत बीमार पड़ गया और उसके माता-पिता को उसके बचने की कोई उम्मीद ही नहीं रह गई। बाल ठाकरे तो इतने निराश हो गए कि उन्होंने घर में बना *देवहारा* (देवी-देवताओं के लिए बना चौतरा) तोड़ दिया। जबकि श्रीकांत उद्धव को अस्पताल लेकर गए और उन्होंने उसकी सेवा की। उसके बाद दोनों नज़दीक आ गए। दोनों में एक शौक़ सामान्य था—फ़ोटोग्राफ़ी।[30]

श्रीकांत का बाद के जीवन में भी उद्धव से विशेष लगाव था और उनको उद्धव के जन्मदिन के दिन तोहफ़े में संगीत से जुड़े साज और फ़िल्मों से जुड़ी किताबें देने में बहुत आनंद आता था।[31]

सितम्बर 1966 में बाल ठाकरे और उनका परिवार मातोश्री में रहने के लिए चला गया तथा श्रीकांत और उनका परिवार 2000 के आसपास कृष्णकुंज में रहने के लिए चला गया। पूरा ठाकरे परिवार क़दम मेंशन के साधारण से अपार्टमेंट में रहता रहा।

कर्नाटक के साथ सीमा विवाद को लेकर मुंबई में दंगे फैल जाने के कारण 1969 में बाल ठाकरे अपने सहयोगियों मनोहर जोशी और दत्ताजी साल्वी के साथ औपनिवेशिक काल के येरवडा जेल में डाल दिए गए।

राज उस समय कुछ महीने के ही थे, और वह अपने चाचा के बहुत क़रीब थे। 9 अप्रैल को श्रीकांत अपने परिवार के साथ अपने भाई से मिलने के लिए जेल में गए। 'मैंने *फट्या* (श्रीकांत के बेटे के पुकार का नाम) को गोद में लिया, लेकिन वह मुझे भूल गया था। फट्या मुझे देखकर कूदकर गोद में आ जाता था और मेरी आवाज़ सुनकर पागल हो जाता था। उस दिन मुझे देखकर घूम गया। लेकिन फिर वह उसी तरह से मुझे प्यार करने लगा', ठाकरे ने अपनी डायरी में लिखा।[32]

घर में प्रबोधनकार बहुत अनुशासन रखते थे। उनके पोतों को अँधेरा होने से पहले घर वापस आ जाना होता था और शाम की प्रार्थना करनी होती थी,

जिसके बाद आरती होती थी।[33] बच्चों ने पास के बालमोहन विद्यामंदिर में अपनी स्कूली पढ़ाई की।

उद्धव बहुत आज्ञाकारी बालक थे और शायद ही कभी अपने माता-पिता को परेशान करते थे। वह स्कूल जाने के लिए अपने आप उठ जाते थे। वरिष्ठ पत्रकार और संपादक ज्ञानेश महाराव से बात करते हुए श्रीकांत ने याद किया कि उद्धव केवल यही चाहते थे कि उनकी माँ उनको एक कप चाय दे दें, जो उनके आवाज़ देने पर उठती थीं। कई बार जब वह नहीं उठती थीं तो उद्धव बिना चाय पिए ही स्कूल चले जाते थे। 'मैंने कभी नहीं देखा कि वह अपनी माँ को उठने और चाय बनाने की ज़िद करते हों। वह न केवल बहुत शांत थे और बहुत समझदार भी। किसी परिवार में शायद ही कोई सबसे छोटा बच्चा ऐसा होता हो जो इतना समझदार हो', श्रीकांत ने कहा।[34]

शिवसेना के प्रमुख के बेटे होने के कारण उद्धव को स्कूल में कोई ख़ास तरजीह नहीं दी जाती थी। पिता के रूप में बाल अपने बच्चों को बहुत प्यार करते थे, उनके रिपोर्ट कार्ड में लाल निशान लगने पर भी उनकी पिटाई नहीं करते थे।[35] *ठाकरे* पर बनी बायपिक के लॉन्च के मौक़े पर पत्रकार उद्घोषक सुधीर गाडगिल से बात करते हुए उन्होंने कहा कि स्कूल जाने से बचने का सबसे अच्छा तरीक़े होता था पिता से चिपक जाना, जो उसके बाद माँ से कहते : '*उदया बघू!* (रहने दो, हम इसको कल स्कूल भेज देंगे)।'[36]

बाल ठाकरे के सबसे बड़े लड़के बिंदा ने प्रिंटिंग तकनीक में डिप्लोमा लिया था और उन्होंने फ़िल्म उद्योग और रेस्तराँ के व्यवसाय में क़दम रखा। उन्होंने ताड़देव में ड्रम बीट्स रेस्तराँ शुरू किया और कांदीवली में एक होटेल भी। वह 'बिंदाटोन' बैनर के तले म्यूज़िक कैसेट्स निकालने का काम करते थे और 'समुद्र वीडियो' नाम से उन्होंने एक प्रोडक्शन हाउस भी खोला। नदीम-श्रवण का तैयार किया हुआ एक अल्बम भी उन्होंने निकाला और *अग्निसाक्षी* फ़िल्म का निर्माण किया जिसमें नाना पाटेकर और मनीषा कोईराला ने अभिनय किया था। बिंदा ठाकरे परिवार से अलग बांद्रा में रहते थे और अपनी माँ की अचानक मृत्यु के कुछ महीने बाद ही 20 अप्रैल 1996 में लोनावाला में एक कार दुर्घटना में उनकी मौत हो गई।[37]

जयदेव बाद में अपने पिता और परिवार से नाराज़ हो गए और उन्होंने अपने पिता की वसीयत को मुंबई हाई कोर्ट में चुनौती दी लेकिन बाद में उन्होंने मुक़दमा वापस ले लिया।[38]

राज बचपन में बहुत बदमाश थे और वे लोगों की नक़ल करते थे, उनका मज़ाक़ उड़ाते और उपहास करते थे, जिसके कारण उनके दादा उनको प्यार से 'भंपादया' (मसखरा) बुलाते थे। उनके चाचा उनको बचपन में 'टीनू' कहकर बुलाते थे और *मार्मिक* के कार्टून कॉलम में उनकी आशंकाओं को लेकर चित्र बनाते थे।[39]

'उद्धव शर्मीले थे, राज बातूनी थे, भड़कीले थे और बचपन में पारे की तरह थे', दादर के एक पुराने निवासी ने कहा जिसने दोनों भाइयों को बेहद नज़दीकी से देखा था। उस आदमी का ऐसा कहना था कि अपनी जवानी के आरम्भिक दिनों में राज लड़कियों को प्रभावित करने की कोशिश करते रहते थे।[40] दादर के एक और नागरिक ने याद करते हुए बताया कि वह बचपन में गली में क्रिकेट खेलता था।

उद्धव और राज की बुआ की लड़की कीर्ति पाठक (संजीवनी करंदीकर की बेटी) ने याद करते हुए बताया कि 'शायद ही ऐसा कोई दिन रहता हो जब राज किसी तरह की शरारत या हँसी-मज़ाक़ न करता हो। एक टैक्सी ड्राइवर जो अपनी गाड़ी उनके घर के पास लगाकर झपकी लेता था, एक दिन बहुत घबरा गया जब दीवाली के समय राज ने उसके सिर के पास पटाखा छोड़ दिया।[41]

'राज मुझसे दो साल छोटा था और हम लोग साथ-साथ बहुत मस्ती करते थे। राज बहुत बदमाश था और उसकी माँ को रोज़ शिकायतें सुनने को मिलती थीं। वह बचपन में घर में छोटा होने के कारण सभी लोगों की आँखों का तारा था। वह बचपन में लोगों की नक़ल उतारने में बहुत माहिर था और आज उसकी राजनीतिक सभाओं में यह दिखाई भी देता है। वह हरी मिर्च खाता था और संजीवनी करंदीकर का बनाया मिर्च का अचार भी बहुत खाता था।[42]

इसके विपरीत उद्धव एक बहुत अच्छे लड़के थे, जिनको पाठक और उनकी बहनें 'डिंगूदादा' कहकर बुलाती थीं। पाठक ने बताया कि उनकी माँ संजीवनी उनको 'श्रवणबाल' कहकर बुलाती थीं। उद्धव बाएँ हाथ से खाना खाते थे और पाठक अक्सर उनके तौर-तरीक़ों की नक़ल करने की कोशिश करती थी।[43] संजीवनी ने याद करते हुए बताया कि उद्धव अलग मिज़ाज का लड़का था, जो अपनी उम्र के बच्चों की तरह किसी तरह की बदमाशी का हिस्सा नहीं बनता था।[44]

उद्धव को लड़कियों से शर्म आती थी, वह किसी भी बात से ग़ुस्सा नहीं होते थे और न ही वह अपने माँ-पिता से किसी चीज़ की माँग करते थे। 'वह बचपन से ही बहुत चुपचाप रहते थे। यह बात अतिरंजित लग सकती है लेकिन वह न तो किसी के ऊपर चिल्लाते थे न ही ग़ुस्सा होते थे। अपनी भावनाओं के ऊपर उनका ग़ज़ब का नियंत्रण था, जिसने शायद उनको वाइल्डलाइफ़ फ़ोटोग्राफ़र बनने में मदद की हो', कीर्ति पाठक ने कहा। उनका तो यह भी कहना था कि उद्धव को पटाखों की आवाज़ भी पसंद नहीं थी।[45]

बाल ठाकरे की अनौपचारिक सुरक्षा व्यवस्था से जुड़े श्रीकांत सरमळकर ने बताया कि उद्धव कभी किसी तरह की मुश्किल खड़ी नहीं करते थे जबकि बचपन में राज की अक्सर लड़ाई हो जाया करती थी। 'एक बार जब वह मातोश्री में रह रहे थे तो वे पास की एमआईजी कॉलोनी गए, जहाँ पानी पूड़ी खाते समय किसी लड़के ने उनको धक्का दे दिया और फिर कुछ लड़कों से उनकी लड़ाई हो गई। उन्होंने

मुझसे मदद माँगी लेकिन यह भी कहा कि मैं इस बारे में पिलगा (बाल ठाकरे) से न बताऊँ', सरमळकर ने कहा, जो बाद में शिवसेना के विधायक भी बने।[46]

हालाँकि राज के साथ स्कूल में पढ़ने वाले दो लड़कों का कहना था कि स्कूल में वह बहुत शर्मीला था।[47] 'स्कूल में उद्धव और राज दोनों शर्मीले विद्यार्थी थे। आज राज ज़रूर ऐसे व्यक्ति हैं जिनको सुनने के लिए भीड़ उमड़ पड़ती है, लेकिन मुझे नहीं लगता है कि उन्होंने स्कूल में कभी वाद-विवाद प्रतियोगिता में हिस्सा लिया हो या कक्षा में भी बोला हो', उनके एक सहपाठी ने कहा। उनका यह भी कहना था कि बाद में नेता बनने के लिए उद्धव और राज ने बड़ी मेहनत की।

छगन भुजबल, जो उस समय एक वरिष्ठ शिवसेना नेता थे, ने याद करते हुए बताया कि उद्धव और राज से बचपन में वे किस तरह जुड़े थे। 'उद्धव शांत थे, राज शरारती थे और दौड़-भाग किया करते थे', उनका कहना था। भुजबल ने याद करते हुए कहा कि नासिक में उनको किस तरह कुएँ में ग्रिल लगानी पड़ी क्योंकि राज जब फ़ार्म पर जाते थे तो उसमें झाँका करते थे।[48]

राज को अपने पिता और चाचा की तरह कार्टून और कला का शौक़ था, और धीरे-धीरे यूरोपीय चित्रकारों से वे बहुत प्रभावित हुए। पेस्टल और हल्की छायादार पेंटिंग से उनको प्यार था। हालाँकि उनके पिता और बड़े भाई उद्धव छायाकार थे लेकिन राज ने कैमरा नहीं पकड़ा, बल्कि पेंट और ब्रश पकड़ा।[49] राज के पिता ने उनको तबला सिखाकर संगीत की दुनिया में लाने का प्रयास किया, बाद में गिटार भी सिखाया, लेकिन सफल नहीं रहे। उनका दिल कार्टून बनाने में ही लगता था।[50]

राज को क्रिकेट का बहुत शौक़ था और मुहल्ला क्रिकेट में वह अंडरआर्म बॉलिंग के उस्ताद थे। उनको खेल सीखने के लिए क्रिकेट कोच अन्ना वैद्य के पास भेजा गया। एक दिन नेट प्रैक्टिस के दौरान एक गेंद आकर उनके पैर में लगी और पैर सूज गया। तब बाल ठाकरे ने कहा, 'अच्छा हुआ कि गेंद तुम्हारे पैर में लगी। अगर यह तुम्हारे हाथ में लगी होती तो? क्या तुम कलाकार नहीं बनना चाहते हो? कहीं ऐसा न हो कि न तो तुम क्रिकेटर बन पाओ न ही कलाकार!' नतीजा यह हुआ कि राज ने क्रिकेट छोड़ दिया।[51]

बाल ने उद्धव को कार्टून बनाना सिखाने की कोशिश की, लेकिन सफल नहीं रहे। हालाँकि 1979 से 1980 के दौरान उन्होंने *मार्मिक* के लिए कार्टून बनाए।[52] लेकिन राज के रूप में उनको एक उत्सुक शिष्य मिला।

बाल अक्सर रेखाएँ खींचकर अपने भतीजे से उसमें कलाकारी करने के लिए कहते थे या रफ़ बनाकर उसको अंतिम रूप देने के लिए राज से कहते थे। राज के स्वतंत्र रूप से कार्टून बनाने की शुरुआत करने के पहले बाल ने उनसे कहा कि वह डेविड लो के कार्टूनों की नक़ल किया करें। सात साल की उम्र से ही राज का सपना *जेजे स्कूल ऑफ़ आर्ट्स* में पढ़ना था, लेकिन जब वे कक्षा दस में पहुँचे

तब जाकर उनका पहला कार्टून *मार्मिक* में प्रकाशित हुआ।[53] वैसे उनके पिता भी कार्टूनिस्ट थे लेकिन राज अपनी चित्रकारी का श्रेय अपने चाचा को देते हैं। 'वह मुझे बनाते हुए देखते थे, मुझे दिशा दिखाते थे और अगर ज़रूरत पड़ती थी तो कान भी खींच देते थे। बालासाहेब बहुत पक्के शिक्षक थे। जब मेरे कार्टून प्रकाशित होते थे तो उनके बारे में चर्चा करने के लिए वे मुझे हमेशा बुलाते थे। उन्होंने मुझे यह संस्कार दिया कि किसी की शारीरिक अक्षमता को लेकर कार्टून नहीं बनाया जाना चाहिए', राज ने कहा। उनका यह भी कहना था कि उनके चाचा प्रसिद्ध कार्टूनिस्ट आर.के. लक्ष्मण से अच्छे कार्टूनिस्ट थे क्योंकि वे उनसे अच्छी रेखाएँ बनाते थे।[54]

'कार्टूनिस्ट की नज़र हलकट होनी चाहिए', बालासाहेब कहते थे। उनके भतीजे में चाचा की तरह रेखाओं से प्यार आया, शरारत आई और अवलोकन की गहरी समझ, जिसके आधार पर वे कार्टून बनाया करते थे। वे *मार्मिक* के लिए कार्टून बनाते थे और *इंडियन एक्सप्रेस समूह* के अखबार *लोकसत्ता* के 1986 से 1988 के बीच उन्होंने बतौर फ्रीलांसर कार्टून बनाए।

राज के शिवसेना से अलग होने के बाद उनके चाचा ने वरिष्ठ पत्रकार निखिल वागले से कहा कि 'अगर राज राजनीति में नहीं आया होता तो वह अच्छा कार्टूनिस्ट होता।' उन्होंने यह भी कहा कि उद्धव भी कार्टून अच्छा बनाता था लेकिन वह फ़ोटोग्राफ़ी करने लगा।[55]

1983 में स्कूल की पढ़ाई पूरी करने के बाद राज, जो अपने को औसत से कम स्तर का विद्यार्थी कहते थे, ने जेजे स्कूल ऑफ़ अप्लाइड आर्ट्स कोर्स में दाख़िला लिया। 'तब वह अक्सर अपनी हाज़िरी लगाकर या तो फ़िल्म देखने चले जाते या दादर में रूपारेल कॉलेज में अपने दोस्तों से मिलने के लिए चले जाते', एक पुराने सहयोगी ने कहा।[56]

दादर के कीर्ति कॉलेज के बाहर राज दोस्तों के साथ कट्टा(मिलने की अनौपचारिक जगह) में समय बिताते थे। भाषायी मीडिया के एक पत्रकार, जो उस समय शिवसेना की छात्र इकाई भारतीय विद्यार्थी सेना से जुड़े हुए थे, ने याद करते हुए बताया कि राज जिस तरह से लोगों की नक़लें उतारा करता था, बातचीत करता था, उसके साथ धमाल रहता था।[57]

कीर्ति पाठक रूपारेल कॉलेज में पढ़ती थी, जो राज का अड्डा भी था। उसने बताया कि राज और उद्धव दोनों ही बस या ट्रेन से कॉलेज जाते थे, और किसी तरह का घमंड नहीं था उनमें। राज जींस, खादी का कुर्ता पहनकर और शबनम बैग लेकर जाता था।[58]

'मुझे राज अभी भी याद है जो अमिताभ बच्चन की तरह बाल रखता था, टी शर्ट और बेल बॉटम पहनता था। वह अपने दोस्त जय कोवली के साथ घूमता था (जो अब बॉक्सिंग फ़ेडरेशन ऑफ़ इंडिया का महासचिव है) और क्रिकेट खेलता

था। कोवली राज और उद्धव दोनों का ही दोस्त था। दूसरी तरफ़ उद्धव साधारण ढंग से रहता था और वह इस बात को कभी नहीं जताता था कि वह सेना प्रमुख का बेटा था। प्रभादेवी में वह अपने दोस्तों के साथ वडा पाव के किसी स्टॉल पर देखा जा सकता था। वह बहुत शर्मीला था और ज़्यादा लोगों के साथ रहने का उसको कोई ख़ास शौक़ नहीं था', एक वरिष्ठ पत्रकार ने बताया, जो उस समय भारतीय विद्यार्थी सेना से जुड़ा हुआ था।[59]

रूपारेल में ही शिरीष पारकर (जो बाद में मनसे पार्टी के गठन के बाद उसके नौ महासचिवों में एक बने) समेत अन्य सामान्य दोस्तों के माध्यम से राज की भेंट शर्मिला से हुई, जो मराठी थिएटर से जुड़े मोहन वाघ की बेटी थीं, जिनसे बाद में 1990 में उनकी शादी हुई। 1988 में उद्धव की शादी डोंबिवली की रश्मि पाटनकर से हुई। जयवंती, जो रश्मि की दोस्त भी थीं, ने दादू के लिए एक सम्भावित दुल्हन का सुझाव दिया।[60] विवाह दादर के राजा शिवाजी स्कूल में संपन्न हुआ।

पाटनकर परिवार के एक मित्र ने बताया कि शादी के पहले उद्धव उपनगर रेल से रश्मि से मिलने के लिए डोंबिवली जाया करते थे।[61]

जयवंती और बाद में राज ने दादर के वनिता समाज हॉल में विवाह किया। वैसे तो राज ने स्थानीयता की राजनीति के कारण बाद में अमिताभ बच्चन के ऊपर हमला किया था लेकिन वह बचपन से ही उनके प्रशंसक थे। अमिताभ भी उनके विवाह के रिसेप्शन में आए थे।[62]

'राज और शर्मिला के विवाह में अनेक गणमान्य लोग आए थे। जब आगंतुकों को यह पता चला कि अमिताभ भी अपने परिवार के साथ आने वाले थे तो हमारे रिश्तेदार और दोस्त इंतज़ार में रुके रहे। हॉल में बहुत भीड़ थी और लोग वहाँ से हिलने का नाम नहीं ले रहे थे। राज ने चिढ़कर कहा कि शादी तो उनकी है लेकिन लोग अमिताभ का इंतज़ार कर रहे हैं', कीर्ति पाठक ने कहा।[63]

चौथे साल में राज ने कॉलेज छोड़ दिया और चाणक्य नाम से एक विज्ञापन एजेंसी की शुरुआत की, जिसमें उनके साथ दोस्त और कॉलेज के साथी आनंद थे, जो कांग्रेस पार्टी के नेता नानाभाऊ एम्बद्धार के बेटे थे, साथ में धुले के शशांक तंकसल और अमरावती के विजय राउत भी थे। एजेंसी का दफ़्तर शिवसेना भवन में ही था।[64]

आनंद एम्बद्धार ने बताया कि पाँच साल के डिग्री कोर्स को राज ने चौथे साल छोड़ दिया क्योंकि उनको ऐसा लगता था कि उनके लिए उसमें सीखने को कुछ ख़ास नहीं था। 'उनकी रुचि कार्टून बनाने में थी, जो इंस्टिट्यूट में सिखाया नहीं जाता था। कार्टून में उनके गुरु बालासाहेब थे। राज साहेब बाथरूम तथा अन्य दीवारों पर डीन तथा अन्य अध्यापकों के कार्टून बनाया करते थे। एक बार हमारे एक प्रोफ़ेसर उनकी कला के लिए उनकी तारीफ़ कर रहे थे लेकिन साथ में उन्होंने

जोड़ा कि जिस जगह पर वे कार्टून बना रहे हैं वह जगह ग़लत है। उनको दीवार पर नहीं अख़बार में कार्टून बनाना चाहिए', उन्होंने बताया।[65]

एम्बद्धार ने बताया कि चाणक्य बनाने का आइडिया राज का ही था।

'हम राष्ट्रीय केमिकल्स एंड फ़र्टिलाइजर्स जैसी कम्पनियों के लिए अभियान चलाते थे और हम लोगों ने विज्ञापन एजेंसियों के उप अनुबंध पर भी काम लिया। राज साहेब के कैरिकेचर्स की विदेशों में भी माँग थी', एम्बद्धार ने बताया, जो मनसे के पदाधिकारी हैं। 1987 से चाणक्य क़रीब तीन सालों तक चला, उसके बाद राज ने राजनीति में क़दम रखा।[66]

बाद में, राज के कुछ दोस्तों ने, जिनमें एम्बद्धार और राउत शामिल थे, विश्व एनिमेशन की शुरुआत की, इसमें राज सलाहकार की भूमिका में थे।[67]

युवा राजनीति

1988 में मतदान की उमर 21 साल से कम करके 18 साल कर दी गई, जिसके कारण और अधिक युवा शिवसेना में शामिल हुए, जिसके प्रमुख की पहचान कट्टर हिन्दूवादी नेता की थी।

उस समय महाराष्ट्र में छात्र राजनीति अक्सर हिंसक रूप ले लेती थी। हालाँकि महाराष्ट्र में बहुत से समकालीन नेता छात्र राजनीति से ही निकले हैं लेकिन वह ऐसा समय था जब कॉलेज, यूनिवर्सिटी या सीनेट के चुनाव में राजनीतिक दल विद्यार्थियों को अक्सर घूस देते थे, धमकाते थे या अपहरण तक कर लेते थे ताकि चुनाव में उनका समर्थन हासिल किया जा सके।

1989 में एनएसयूआई के कार्यकर्ता ओवेन डिसूज़ा जो विले पार्ले के मिठीबाई कैंपस के जितेंद्र चौहान कॉलेज ऑफ़ लॉ में प्रथम वर्ष के छात्र थे, चुनाव के लिए नामांकन दाख़िल करने के लिए जा रहे थे कि कॉलेज के बाहर उनका क़त्ल कर दिया गया। उनको चौंसठ चाकू मारे गए और उनकी उँगलियाँ भी काट ली गईं। क़ातिलों को कभी सजा नहीं हो पाई। इसकी वजह से राज्य सरकार ने 1994 में कैंपस चुनाव को बंद कर दिया। 2018 में प्रतिबंध को आख़िरकार हटा लिया गया।[68]

बी.वी.एस. में राज के एक दोस्त थे और वह 1985 से ही उनके साथ चुनाव प्रचार के लिए जाया करते थे। पुराने लोग याद करते हैं कि किस तरह राज ने पुणे में विश्वविद्यालय चुनाव में विद्यार्थियों के साथ सामान्य कार्यकर्ता की तरह संबंध स्थापित किया था, न कि बालासाहेब के भतीजे के रूप में।[69]

एम्बद्धार ने बताया कि बी.वी.एस. के अध्यक्ष होने से पहले राज किसी व्यवसाय के सिलसिले में अमरावती गए थे, जहाँ स्थानीय यूनिवर्सिटी में चुनाव होने वाले थे। 'वह सभी दलों के छात्रों से मिले, और बी.वी.एस., जिसकी स्थिति

पहले कमज़ोर लग रही थी, उस साल पहली बार चुनाव जीत पाने में सफल रही', उन्होंने कहा।[70]

सबसे बढ़कर, जे.जे. स्कूल के दिनों में राज ने अपनी उपस्थिति का एहसास करवाया। संस्थान में महाराष्ट्र के विद्यार्थी बहुत थे लेकिन वहाँ की संस्कृति अभिजात्य थी और वे विद्यार्थी अलग-थलग रहते थे। 'इसको तोड़ा राज साहेब ने, उन्होंने इस बात को पक्का किया कि कुछ लेक्चर मराठी भाषा में भी दिए जाएँ। धीरे-धीरे कॉलेज की राजनीति में मराठी विद्यार्थियों ने सभी को पीछे छोड़ दिया', एम्बद्वार ने बताया।[71]

शिवसेना के सोपान क्रम में बी.वी.एस. का ख़ास महत्त्व नहीं था। विद्यार्थी शाखा के वरिष्ठ नेताओं को ऐसा लगता था कि राज को इसके अध्यक्ष बनाए जाने से युवाओं का आकर्षण इस संगठन की तरफ़ होगा क्योंकि ठाकरे उपनाम के कारण युवा इससे जुड़ेंगे और उनको संगठन में उनका श्रेय भी मिलेगा।

शिवसेना के एक वरिष्ठ ने बी.वी.एस. का ज़िक्र आने पर बताया, '1988 में हम लोग कांग्रेस पार्टी के एन.एस.यू.आई. का मुक़ाबला कर रहे थे और संजय चित्रे अध्यक्ष थे। चूँकि हम लोग बहुत कम बजट में काम कर रहे थे इसलिए पैसे के लिए हम लोगों को बालासाहेब के पास जाना पड़ता था और इसमें संजय की भूमिका रहती थी। राज और राजन शिरोडकर (बाद में नज़दीकी दोस्त और व्यावसायिक सहयोगी) हमारे समूह में थे। हम लोगों को ऐसा लगा कि अगर राज बी.वी.एस. के अध्यक्ष हो जाएँ तो इससे बालासाहेब के साथ समन्वय बेहतर हो जाएगा और पहुँच भी बढ़ जाएगी। बाद में राजन शिरोडकर, शिरीष पारकर, दिलीप करंदे और अन्य बालासाहेब से मिले और उनसे आग्रह किया कि वे राज को औपचारिक भूमिका दें।[72]

इसका एक कारण और था। बाल ठाकरे के मातोश्री में दो विशाल ग्रेट डेन नस्ल के कुत्ते थे। बी.वी.एस. नेता को इससे डर लगता था और वे पार्टी के प्रमुख से मिलने के काम को एक-दूसरे के ऊपर टालते रहते थे।[73]

राज बीस साल के हो गए थे, राजनीति से उनका पहला साबका तब पड़ा था जब वे बच्चे थे तो अपने चाचा के साथ रैलियों में जाते थे। 1988 में उनको बी.वी. एस. का अध्यक्ष बनाया गया।

बी.वी.एस. के एक और वरिष्ठ नेता ने बताया कि आरम्भ में उनकी योजना राज को छात्र शाखा का महासचिव बनाने की थी लेकिन इस प्रस्ताव को शायद उनके चाचा ने नहीं माना। 'कोई ठाकरे नाम का व्यक्ति किसी संस्था में दूसरे नम्बर पर कैसे रह सकता था? राज को बी.वी.एस. का प्रमुख बनाया गया और संजय चित्रे को प्रमुख संगठक', उन्होंने आगे बताया।[74]

उस समय उस तरह के उग्र वो नहीं थे जैसे कि वे बाद में बने बल्कि उनको मंच पर डर लगता था। 'क़रीब दो साल तक वे पेट दर्द या किसी न किसी बहाने से

माइक से दूर ही रहते थे, जो उनकी उम्र को देखते हुए स्वाभाविक ही था', उनके दोस्त ने बताया, लेकिन साथ ही उसने यह भी कहा कि सब बातों के बावजूद उनके उपनाम के कारण उनके आसपास एक तरह का प्रभामंडल रहता था।[75]

1990 में राज ने आख़िरकार मंच से भाषण दिया जब आज़ाद मैदान से शिक्षा संस्थानों में फ़ीस की बढ़ोतरी के बाद मोर्चा निकाला गया। उनके चाचा ने उनके पहले भाषण के बाद उनकी पीठ थपथपाई और भाषण को और बेहतर बनाने के लिए कुछ सुझाव भी दिए।[76]

1980 के दशक में दिलीप हाटे उर्फ़ भाई ने, जो पहले भारतीय विद्यार्थी सेना के कार्यकर्ता थे और सी.पी.आई. के विधायक कृष्णा देसाई की हत्या के आरोपी थे, छात्र संगठन छोड़ कर ऑल इंडिया स्टूडेंट्स ऑर्गनाइजेशन नामक संस्था बना ली। दादर और आसपास के कॉलेजों में यह नया संगठन बी.वी.एस. के लिए चुनौती बनने लगा और सेना के लड़कों का मुक़ाबला करने के लिए इसको एनएसयूआई की तरफ़ से मदद मुहैया की जाती थी। बी.वी.एस. के अध्यक्ष के रूप में राज की नियुक्ति से संगठन को अपने आपको फिर से स्थापित करने में मदद भी मिल गई।[77]

पत्रकार कपिल पाटिल, जो इस समय महाराष्ट्र विधान परिषद के सदस्य हैं, ने याद करते हुए बताया कि राज, उन्मेश जोशी (शिवसेना के वरिष्ठ नेता मनोहर जोशी के पुत्र) और शिरोडकर *सकाल* और *नवशक्ति* के उनके दफ़्तर में उनसे मिलने के लिए आते थे और उनसे कामकाज को लेकर बातचीत करते थे।

हालाँकि राज प्रतिष्ठित यूनिवर्सिटी ऑफ़ मुंबई छात्र परिषद के ऊपर क़ब्ज़ा नहीं कर सके। 'मैं छात्र भारती के लिए काम करता था (सोशलिस्ट स्टूडेंट्स यूनियन), जिसको दो या तीन सीटें मिलीं। हम सैधान्तिक आधार पर चुनाव के बाद एनएसयूआई के साथ मिल जाते थे', पाटिल ने कहा, साथ ही उसने यह कहा कि राज ने बी.वी.एस. को महाराष्ट्र के युवाओं के बीच ले जाने के लिए ख़ूब मेहनत की।[78]

राज इस बात को मानते थे कि उनकी आवाज अपने चाचा से मिलती थी लेकिन वे इस बात से इनकार करते थे कि वे अपने चाचा की नक़ल किया करते थे। वरिष्ठ पत्रकार ज्ञानेश महाराव से बात करते हुए उन्होंने कहा कि किस तरह से एक बार मीनाताई को इंटरकॉम पर अपने भतीजे की आवाज़ सुनकर लगा कि उनके पति की आवाज़ थी![79] 'राज बालासाहेब और मीनाताई के साथ रहकर बड़े हुए थे इसलिए यह स्वाभाविक ही था कि उनके अंदर अपने चाचा के तौर-तरीक़े आ जाएँ। यह कहना ग़लत था कि वह उनके तौर-तरीक़ों की नक़ल किया करते थे', पंढरीनाथ सावंत ने कहा, जो ठाकरे परिवार से जुड़े हुए हैं।[80]

वैसे तो यह माना जाता है कि उद्धव राजनीति में राज के बहुत बाद आए लेकिन शिवसेना के अंदरूनी लोगों का ऐसा कहना है कि उन्होंने परदे के पीछे से उसी

दौर में काम करना शुरू कर दिया था जिस दौर में राज ने शुरू किया था लेकिन 1995 के बाद उन्होंने अधिक सक्रिय भूमिका निभानी शुरू की।

11 अप्रैल 1990 को उद्धव ने पहली बार शिवसेना की किसी सार्वजनिक सभा में भाग लिया, जो मुंबई के पूर्वी उपनगर मुलुंड में आयोजित थी और जिसका आयोजन शिशिर शिंदे ने किया था, जो बाद में शिवसेना के एम.एल.सी. बने। औपचारिक रूप से राजनीति में आने की घोषणा के रूप में उद्धव ने झोंपड़पट्टी में नलों का उद्घाटन किया।[81]

1989 में शिवसेना के मुखपत्र *सामना* की शुरुआत के बाद शिंदे ने बताया कि राज और उद्धव प्रभादेवी के दफ़्तर में बैठने लगे। 'उद्धव जी ने 1990 में पार्टी के संगठन के लिए काम करना शुरू कर दिया। *सामना* की शुरुआत में सुभाष देसाई के साथ उन्होंने भी बड़ी भूमिका निभाई', शिंदे ने बताया, जो उस समय उद्धव के क़रीबी थे, जो दादर में टेलर के यहाँ से उनकी शादी का सूट भी लेकर आए थे।[82]

उद्धव धीरे-धीरे पार्टी चलाने में अपने पिता की मदद करने लगे।

1990 के आरम्भ के सालों में उद्धव ख़ामोशी से पार्टी का काम करते थे। 'वह चुपचाप रहते थे और मृदुभाषी थे, लेकिन उनका स्वभाव मज़ाक़िया था, जिसके कारण लोगों का ध्यान उनकी तरफ़ चला जाता था', एक वरिष्ठ पत्रकार ने बताया जो तीन दशकों से अधिक समय से शिवसेना को कवर कर रहे हैं और ठाकरे परिवार के क़रीबी भी हैं।[83]

1991 में शिंदे की तरफ़ आम लोगों का ध्यान गया जब वे और कुछ शिव सैनिक मुंबई के वानखेड़े स्टेडियम में घुस गए और पिच खोद डाली ताकि वहाँ होने वाले भारत-पाकिस्तान के मैच को टाला जा सके। शिवसेना भारतीय धरती पर पाकिस्तान को खेलने नहीं देना चाहती थी क्योंकि आतंकी गतिविधियों को बढ़ावा देने में पाकिस्तान का हाथ था। 'वानखेड़े जाने से पहले मैंने उद्धव जी को फ़ोन किया और उनसे अपनी योजना के बारे में बताया। उन्होंने मुझे आगे बढ़ने के लिए कहा लेकिन चौकन्ना रहने की सलाह भी दी', शिंदे ने कहा, जिसको उस समय बाल ठाकरे का पसंदीदा लड़का कहा जाता था।[84]

दिसम्बर 1991 में राज ने बेरोज़गारों का एक मोर्चा महाराष्ट्र विधानसभा के सामने निकाला। उस समय महाराष्ट्र की शीतकालीन राजधानी नागपुर में शीतकालीन सत्र चल रहा था। सुधाकरराव नाइक मुख्यमंत्री थे। राज के एक क़रीबी का यह कहना है कि उस अभियान को जिस तरह से युवाओं का समर्थन मिला उससे कारण दोनों भाइयों में अंदरूनी संघर्ष शुरू हो गया।[85]

'राज ने मोर्चा के लिए समर्थन जुटाने हेतु महाराष्ट्र का विस्तृत तौर पर दौरा किया। वरिष्ठ पत्रकार स्वर्गीय नारायण आठवले (1996 में शिवसेना के सांसद बने) ने *निवेदन* लिखा। यह साफ़ था कि नागपुर मोर्चा बहुत बड़ा होने

वाला था। मोर्चा से एक रात पहले राज को मातोश्री से फ़ोन आया कि इस बात को निश्चित किया जाए कि मंच से उद्धव को भी बोलने का मौका दिया जाए। राज जो होटेल सेंट्रल प्वाइंट में ठहरे हुए थे इस बात को सुनकर परेशान हो गए क्योंकि उनको ऐसा लगा कि उद्धव उनसे श्रेय लेना चाहते थे', एक पूर्व सहयोगी ने बताया।[86]

अगले दिन, जब उद्धव ट्रक में बनाए गए एक मंच पर बैठे थे तब मनोहर जोशी (जो महाराष्ट्र में शिवसेना के पहले मुख्यमंत्री बने) ने यह घोषणा की कि उद्धव भाषण देंगे। उद्धव ने मोर्चा में 50 हज़ार से अधिक लोगों के सामने भाषण दिया। शिवसेना के नेताओं के साथ वह मुख्यमंत्री सुधाकरराव नाइक से मिलने के लिए भी गए और उनको स्मार पत्र सौंपा। हालाँकि उद्धव ने पहली बार सार्वजनिक भाषण दिया था लेकिन उनका कहना था कि वह भाषण उन्होंने स्वाभाविक रूप से दिया था।[87]

'तब भी दोनों भाइयों में राज अधिक प्रभावी लगते थे और यह 1990 में मातुंगा में छात्र राजनीति में प्रतिद्वंद्विता के कारण अखिल भारतीय विद्यार्थी परिषद के दफ्तर पर हुए हमले में भी दिखाई दिया था। इसके अलावा वह मृदु लगते थे और साये की तरह पीछे दिखाई देते थे', एक पत्रकार ने बताया जिसने ठाकरे भाइयों के उभार को देखा था।[88]

दिखने लगी दरार

जैसा कि दिखाई देता था सेना के अंदर राज के उभार से कुछ लोगों को जलन महसूस होने लगी, ख़ासकर पुराने नेताओं को। जैसा कि हर रूपांतरण के काल में होता है, इसके कारण भी पार्टी में कुछ उथल-पुथल मची।

अंदरूनी सूत्रों का कहना है कि राज बहुत आक्रामक थे और थोड़े अशिष्ट भी, जो अक्सर पार्टी के ऐसे पुराने नेताओं के फ़ैसलों को नहीं मानते थे जिन्होंने उनको बचपन के दिनों से देखा था।

राज अक्सर शिवाजी पार्क के पास एक लोकप्रिय चाइनीज़ रेस्तराँ में दोस्तों और राजनीतिक सहयोगियों के साथ बैठते थे। 'उद्धव के समूह के लोगों को ऐसा लगता था कि बजाय संगठन के ऊपर से नीचे वाले नज़रिए के नीचे से ऊपर का नज़रिया अपनाना चाहिए जिससे कि कुछ नेताओं के वर्चस्व को तोड़ा जा सके। इस वजह से भी चिनगारी निकली', बी.वी.एस. के एक कार्यकर्ता ने कहा जो बाद में पत्रकार बन गए।[89]

'राज मुँह पर बात करने में यक़ीन रखते थे। राजनीति में उनके तेज़ी से होते उभार को लेकर पुराने नेता असहज हो रहे थे। संतुलन को बनाने के लिए उन लोगों ने धीरे-धीरे उद्धव को आगे बढ़ाना शुरू किया। हालाँकि उद्धव औपचारिक रूप से

राजनीति में बाद में आए और 1996 के बाद उनका उभार होने लगा लेकिन उसके बीज इसी काल में बोए गए। आश्चर्य की बात यह थी कि एक तरफ़ शिवसेना में दो भाइयों का उदय हो रहा था दूसरी तरफ़ शिवसेना कांग्रेस पर इस बात के लिए हमला कर रही थी कि वह परिवारवाद को बढ़ावा दे रही थी', बी.वी.एस. के दिनों से राज के साथ रहे एक सहयोगी ने बताया।[90] शिवसेना के वरिष्ठ बीट संवाददाता और ठाकरे परिवार के सहयोगी ने बताया कि राज और बाद में उद्धव के पार्टी में सक्रिय होने के बाद बैठक में पार्टी के कुछ वरिष्ठ नेताओं ने आशंका भी व्यक्त की, जिसके ऊपर शिवसेना सुप्रीमो ने क्रोध जताया।[91]

शिवसेना के आरम्भिक दिनों से पार्टी के साथ जुड़े नेता अब बूढ़े हो रहे थे इसलिए राज युवाओं को आकर्षित कर रहे थे। दोनों पीढ़ियों के बीच काम करने के तरीक़ों में बहुत अंतर था इसलिए टकराव होना लाज़िमी था, ख़ासकर शिवसेना जैसी पार्टी में जिसकी पहचान ही उग्रता रही हो। शिवसेना के कुछ पुराने नेताओं को ऐसा लगता था कि राज के उभार से उनका क़द घट जाएगा।[92]

1990 में सेना के एक विभाग प्रमुख (एक लोकसभा क्षेत्र के प्रभारी) शिशिर शिंदे ने बाल ठाकरे से यह माँग की कि भाजपा के वामनराव परब के स्थान पर उद्धव को मुलुंड से चुनाव में उतारा जाए। इसी तरह की माँग परेल से भी शिव सैनिकों ने उठाई जिसके बारे में बालासाहेब की सहमति थी।[93] शिंदे बाद में राज के साथ हो गए और 2009 में मनसे के विधायक के रूप में विधानसभा पहुँचे। 2017 में राज से मतभेद के बाद शिंदे अगले साल वापस शिवसेना में आ गए।

1992 में ठाकरे ने एक इंटरव्यू में यह पूछे जाने पर कि उनकी विरासत किसको मिलेगी, यह कहा कि 'ऐसा करने की कोई जल्दबाज़ी नहीं है क्योंकि अभी तय नहीं है कि मेरी मौत कब आएगी।'[94]

महाराव से बात करते हुए ठाकरे ने मीडिया में चल रही इन अटकलों का खंडन किया कि उनके बेटे और भतीजे के बीच उत्तराधिकार के लिए संघर्ष चल रहा था।[95]

ठाकरे ने इस बात का तो खंडन किया कि उन्होंने दोनों को शिवसेना के ऊपर थोप दिया था लेकिन साथ में यह भी कहा कि 'दादू' और 'राजा' के संगठनात्मक कार्य ने उनके बोझ को कुछ कम किया था।[96]

ठाकरे के सहयोगी माधव देशपांडे ने इस असंतोष को हवा दी।

मार्च 1984 में कांग्रेस की सरकार एक विधेयक को लाने में सफल रही जिसने संपन्न बीएमसी के निर्वाचित प्रतिनिधियों के ऊपर उसको अधिकार दे दिया और उस समय के म्यूनिसिपल कमिश्नर डी.एम. सुखटंकार को इसका प्रशासक बना दिया।

नगर निगम 1 अप्रैल 1984 से प्रशासक के नियंत्रण में आ गया। इस तरह 107 साल पुरानी परम्परा टूट गई। विधानसभा में बिल का सभी दलों के लोगों ने विरोध किया, जैसे हाशु आडवाणी (भाजपा), एफ़.एम. पिंटो (जनता दल) और

शिवसेना के मनोहर जोशी। हंगामे के बावजूद बिल पास हो गया। बी.एम.सी. की आमसभा में हल्ला-हंगामा मचा।[97]

1985 में शिवसेना इमर्जेंसी और इमर्जेंसी के बाद चुनावी झटका खा चुकी थी क्योंकि उसने इंदिरा गांधी का समर्थन किया था। उसको तो अचानक उठने का एक मौक़ा मिल गया। महाराष्ट्र के मुख्यमंत्री वसंतदादा पाटिल का बंबई प्रदेश कांग्रेस समिति के मज़बूत नेता मुरली देवड़ा के साथ संघर्ष चल रहा था। महाराष्ट्र विधानसभा में शिवसेना के प्रमोद नवलकर ने आरोप लगाते हुए यह कहा कि कथित तौर पर केंद्र मुंबई को केंद्रीय शासन के अंतर्गत लाकर उसको महाराष्ट्र से अलग करना चाह रहा था। नवलकर के इस आरोप ने शिवसेना को राजनीतिक लाभ दे दिया। 'इस बात की संभावना है कि कोई इस बात की योजना बना रहा है कि मुंबई को महाराष्ट्र से काट लिया जाए...लेकिन अगर ऐसी कोई कोशिश हुई तो हमें चौकन्ना रहने और इसका विरोध करने की ज़रूरत है', उसने कहा।[98] वैभव पुरंदरे ने यह लिखा है कि किस तरह से स्थानीय और राष्ट्रीय अख़बारों में इस तरह की ख़बरें ख़ूब छपीं कि केंद्र सरकार की ऐसी योजना थी कि बम्बई को केंद्रशासित बना दिया जाए। इसका एक कारण यह था कि भारत का सबसे अमीर शहर होने के कारण इसका अपना महत्त्व था।[99] पाटिल के बयान ने जैसे आग लगाने का काम किया। वरिष्ठ समाजवादी नेता और संयुक्त महाराष्ट्र आंदोलन के एक सेनानी एस.एम. जोशी ने कहा कि चूँकि इस तरह का बयान मुख्यमंत्री ने ख़ुद दिया है तो ऐसी कोई योजना ज़रूर होगी।[100] यह साफ़ था कि मुख्यमंत्री के बयान के कारण मुंबई के मराठीभाषी लोगों में रोष था। उनको डर था कि वे हाशिए पर चले जाएँगे, और शिवसेना ने आगे बढ़कर उनका साथ दिया।

अप्रैल 1985 में कुर्ला के नेहरू नगर से बीएमसी चुनाव अभियान की शुरुआत करते हुए बाल ठाकरे मुंबई को तोड़ने की योजना के ऊपर जमकर बरसे—जो महाराष्ट्र प्रदेश का नगीना था। मुंबई महाराष्ट्र का है...शिवसेना ऐसे लोगों को सबक सिखाएगी जो मुंबई को महाराष्ट्र से अलग करने की साज़िश कर रहे हैं', उन्होंने गरजते हुए कहा।[101]

मीडिया में यह मुद्दा छाया रहा। वरिष्ठ समाजवादी नेता मधु दंडवते ने चेतावनी दी कि मुंबई को महाराष्ट्र से अलग किए जाने की कोशिश का बड़े पैमाने पर विरोध होगा। अन्य दलों के विपरीत जिन्होंने ग़ैर मराठी भाषियों को भी टिकट दिया। प्रगतिशील जनतांत्रिक फ्रंट के साथ गठबंधन न होने के कारण शिवसेना ने अपने बूते पर चुनाव लड़ा, और केवल मराठीभाषियों को ही टिकट दिया।[102]

उद्धव ने जे.जे. इंस्टिट्यूट से अप्लाइड आर्ट्स में ग्रेजुएशन की डिग्री ली दोस्तों के साथ चौरंग की शुरुआत की, लेकिन वे भी इस अभियान का हिस्सा हो गए। चुनाव अभियान में कलाकार रवि परांजपे के रेखांकनों का भी उपयोग

किया गया।[103] जब बीएमसी चुनाव के परिणाम आए तो यह साफ़ हो गया कि भाषायी ध्रुवीकरण का लाभ शिवसेना को मिला था। उसको 170 सीटों में से 74 सीटें मिलीं, जबकि कांग्रेस (आई) दल को महज़ 37 सीटें, भाजपा को 13 और जनता दल को 10 सीटें मिलीं। एक अख़बार ने तो सेना की सफलता का श्रेय पाटिल को दिया। विजय रैली में बोलते हुए जीत से उत्साहित बाल ठाकरे ने कहा कि मुंबई को महाराष्ट्र से अलग कर पाने का साहस किसी में नहीं है। उन्होंने यह वादा किया कि वे कोई ऐसा रास्ता निकालेंगे कि मुंबई में बाहरी लोगों का आना कम हो जाए।[104]

1985 के बीएमसी चुनाव के बाद छगन भुजबल मुंबई के पाँचवें मेयर बनाए गए।

नगर निगम के चुनाव में शिवसेना की जीत और तत्कालीन मुख्यमंत्री वसंतदादा पाटिल की उसमें भूमिका को लेकर एक दिलचस्प कहानी भी है।

बीएमसी के अधिकारी जी.आर. खेरनार, जिनको बाद में डिमोलिशन मैन कहा जाता था, ने अपराध की दुनिया को हाथोहाथ लिया और अवैध निर्माणों को गिराने लगे। वसंतदादा पाटिल इस बात से चिढ़ गए कि मई 1985 में उनके सौतेले बेटे चंद्रकांत के होटल के कुछ अवैध हिस्सों को भी उन्होंने तोड़वा दिया।

खेरनार ने कहा कि उनको मुंबई में बाल ठाकरे के आवास पर बुलवाया गया था। ठाकरे ने खेरनार से कहा कि उनको पाटिल ने अपने आवास पर बुलाया था और उनको खेरनार को सबक सिखाने के लिए कहा।

'मैंने बालासाहेब से यह कहा कि यह आपराधिक कृत्य था। बाल ठाकरे ने मुझसे कहा कि उनको शिवसेना चलानी थी और इसके लिए उनको पाटिल की ज़रूरत थी', खेरनार ने बताया, जिनकी बाद में शिवसेना और ठाकरे के साथ ठनी रही।[105]

सेना की यात्रा

1991 तक पुल के नीचे बहुत पानी बह चुका था।

भुजबल जो ओ.बी.सी. के माली समुदाय के थे, इस बात से सहज नहीं थे कि मनोहर जोशी जो जाति से ब्राह्मण थे, को उनके ऊपर तरजीह दी जाए। 1990 के विधानसभा चुनाव में छगन भुजबल को ग्रामीण महाराष्ट्र का एक चेहरा बनाया गया क्योंकि मुंबई में आरम्भिक जीवन बिताने के बावजूद उनका ग्रामीण रंग-ढंग बरक़रार था।

जब शिवसेना ने बी.एम.सी. के ऊपर क़ब्ज़ा कर लिया तो उसने रायगढ़ के महाद में राज्य स्तरीय सम्मेलन का आयोजन किया जहाँ शिवसेना ने यह संकल्प लिया कि वह पूरे महाराष्ट्र में अपना विस्तार करेगी। भुजबल जिस तरह से नाटकीय अन्दाज़ में उत्तेजक भाषण देते थे इसमें उसकी भी भूमिका रहने वाली थी।

भुजबल के माता-पिता मुंबई में नासिक से आए थे और भायखला के सब्ज़ी बाज़ार में उन्होंने थोक सब्ज़ी की दुकान लगाई। 1947 में पैदा हुए भुजबल पाँच साल की उम्र में अनाथ हो गए। भुजबल मझगाँव में बड़े हुए, पद्मसी वाड़ी के पास सरकारी स्कूल में पढ़ाई की और वे सब्ज़ी का व्यवसाय सँभालने में लग गए।[106] इंजीनियरिंग में डिप्लोमा प्राप्त भुजबल शिवसेना से जुड़ गए और मझगाँव इलाक़े के शाखा प्रमुख बन गए। 1968 में बी.एम.सी. का चुनाव वे लड़े लेकिन हार गए। बाद में 1973 में वे बी.एम.सी. में चुनकर आए।

महाराष्ट्र विधानसभा को कवर करने वाले एक वरिष्ठ पत्रकार ने फ़ायरब्रांड नेता भुजबल को याद करते हुए बताया कि 1985 से 1987 के बीच विधानसभा में शिवसेना के अकेले विधायक के रूप में उन्होंने गहरी छाप छोड़ी। हिंदू-मुसलमान के मसले को लेकर तथा कर्नाटक के साथ महाराष्ट्र के सीमा विवाद के विधानसभा में और सड़कों पर आक्रामक ढंग से मुद्दे उठाने के कारण भुजबल शिवसेना के हिंदुत्व और कट्टर चेहरे के साथ संगति बिठाने वाले नेता के रूप में उभर कर आए।

आज भी भुजबल इस बात को याद करते हुए बताते हैं कि किस तरह वे और दादा कोंडके 1985 के बाद महाराष्ट्र के ग्रामीण इलाक़ों में शिवसेना को लेकर गए। 'ऐसा भी एक दौर था जब मुंबई के शिवसेना नेता ग्रामीण इलाक़ों में जाते और यह दावा करते कि भुजबल और दादा कोंडके रैली में भाषण देने के लिए आएँगे जबकि हम लोग वहाँ होते ही नहीं थे, लेकिन इसके कारण भीड़ जमा हो जाती थी', उन्होंने बताया।[107]

संयोग से, मनसे ने बाद में थिएटर में मराठी फ़िल्म नहीं दिखाने का मुद्दा उठाया। इस तरह की सीधी कार्रवाई के कारण कोंडके शिवसेना के आसपास आ गए। कोंडके की फ़िल्म *सोंगाड्या* 1970 में रिलीज़ हुई, और इसके बावजूद कि फ़िल्म अच्छी चल रही थी सिनेमा हॉल ने उसको उतारकर *तेरे मेरे सपने* फ़िल्म दिखाने का फ़ैसला किया। कोंडके ने बाल ठाकरे से संपर्क किया जिन्होंने यह पक्का किया कि सेना की शैली में कार्रवाई हो। *सोंगाड्या* थिएटर में वापस लगाई गई। इसके कारण ठाकरे के साथ कोंडके की अच्छी दोस्ती हो गई।[108]

1990 में शिवसेना ने भाजपा के साथ गठबंधन किया और जब 1986 में शरद पवार की कांग्रेस (एस) पार्टी ने कांग्रेस के साथ विलय का फ़ैसला किया तो बड़ी तादाद में उसके कार्यकर्ताओं के शिवसेना में शामिल हो जाने के कारण महाराष्ट्र विधानसभा चुनाव में शिवसेना का प्रदर्शन बहुत अच्छा रहा। 288 सदस्यों वाली विधानसभा में शिवसेना को 52 सीटें मिलीं जबकि भाजपा को 42 सीटें मिलीं। कांग्रेस सत्ता में वापस तो आ गई लेकिन राजनीतिशास्त्री सुहास पलसीकर के अनुसार यहीं से कांग्रेस पार्टी का पतन शुरू हुआ, ऐसे राज्य में जो पार्टी का परम्परागत गढ़ माना जाता था।[109]

शिवसेना के अंदरूनी लोग याद करते हैं कि राज और उद्धव ने किस तरह से चुनाव अभियान में भूमिका निभाई थी, जिसमें उद्धव ज़्यादातर परदे के पीछे से ही काम करते थे। शिवसेना का दूसरे स्तर का नेतृत्व धीरे-धीरे स्थापित हो गया। राज और उद्धव के अलावा नारायण राणे, स्वर्गीय विट्ठल चव्हाण, गजानन कीर्तिकर और अन्य नेताओं का दर्जा इस काल में बढ़ा।[110]

जयंत जाधव (जिनको बाल ठाकरे अपने पुत्र की तरह मानते थे और 1996 में अरुण गवली गिरोह के लोगों ने जिनकी हत्या कर दी) के साथ उद्धव ने ऑडिओ विजुअल अभियान में काम किया था, जिसको गाँवों में वीडियो रथ में दिखाया जाता था।[111]

यह बहुत स्वाभाविक था कि भुजबल अपने आपको नेता प्रतिपक्ष का स्वाभाविक दावेदार मानें। हालाँकि ठाकरे ने जोशी की तरफ़ से अपनी ताकत लगाई, जो पहली बार राज्य विधानसभा में दादर से जीत कर आए थे। बाद में ठाकरे ने याद किया कि भुजबल ने गुलाल और पटाखों का इंतज़ाम इस उम्मीद के साथ कर लिया था कि उनकी ही नियुक्ति होगी। लेकिन जोशी के सामने हारकर उनको बहुत निराशा हुई।[112]

पार्टी में टूट और संकट

धीरे-धीरे भुजबल और ठाकरे में तनाव बढ़ने लगा। बाद में जब वीपी सिंह ने मंडल कमीशन की रपट को लागू करने के बारे में फ़ैसला किया, ठाकरे ने इस क़दम का विरोध किया, जो बड़ी विडम्बना थी क्योंकि ओ.बी.सी. मतदाता पार्टी के लिए आधार की तरह थे। इसलिए भुजबल ने ठाकरे का विरोध किया, बदले में पार्टी प्रमुख ने उनको दंड दिया।[113]

वीपी सिंह उस समय महाराष्ट्र की यात्रा पर थे। उन्होंने भुजबल को आमंत्रित किया कि वे जनता दल में शामिल हो जाएँ। जब सोमनाथ अयोध्या यात्रा मुंबई पहुँची तो उसके स्वागत में भाजपा और शिवसेना ने संयुक्त सभा का आयोजन किया। भुजबल उसमें भी नहीं गए। मार्च 1991 में भुजबल का धैर्य जवाब दे गया, उन्होंने जोशी के ऊपर आरोप लगाया कि वे नेता प्रतिपक्ष के रूप में असफल साबित हो रहे थे इसलिए उन्होंने उनको बदले जाने की माँग की। ठाकरे ने दोनों पक्षों को समझौते के लिए बुलाया।[114]

दिसम्बर 1991 में नागपुर में हो रहे शीतकालीन सत्र में यह तनाव और भी बढ़ गया। भुजबल ने धमाका किया और अपने सत्रह विधायकों के साथ कांग्रेस में शामिल हो गए (जिनमें से कुछ वापस शिवसेना में लौट आए)। मझगाँव मुंबई से विधायक भुजबल को राजस्व मंत्री बनाया गया। शिवसेना को एक और झटका

लगा जब उसके सहयोगी दल भाजपा ने नेता प्रतिपक्ष का पद जोशी से छीन लिया और अपने दल के नेता गोपीनाथ मुंडे को नियुक्त किया।

'जब मुझे नेता प्रतिपक्ष नहीं बनाया गया तो मेरे अंदर जैसे आग लग गई। मुझे शांत करने के लिए मुझे फिर से मेयर बनाया गया लेकिन तब तक मैं समझ चुका था कि मेरे लिए तभी तक जगह थी जब तक मुझे जो दिया जाता मैं उसी से संतुष्ट रह जाता। मुझे ऐसे पद की कामना नहीं करनी चाहिए जो मेरे क़द से बड़ा हो। लेकिन ईश्वर आपको बहुत दिलचस्प तरीक़े से सबक देता है। मैं लड़ाई में वर्ग की दीवार के कारण आया था लेकिन मुझे जाति के आधार पर ही बाहर कर दिया गया', भुजबल ने कहा।[115]

वे दिन ऐसे थे जब शिवसेना अपने नाम के अनुरूप ही काम करती थी और आक्रामक निजी सेना की तरह काम कर रही थी। इस तरह अचानक पार्टी के टूटने के कारण शिव सैनिक भुजबल के ख़िलाफ़ ग़ुस्से में सड़कों पर उतर आए और उनको पुलिस के संरक्षण में रहना पड़ता था। शिवसेना की शाखाओं के बाहर भुजबल के ख़िलाफ़ तख़्तियाँ लगी रहती थीं। मुंबई के पूर्व मेयर और वरिष्ठ शिव सैनिक महादेव देवले ने एक बार याद करते हुए बताया कि वे किस तरह भुजबल की रैलियों में और उनकी सार्वजनिक सभाओं में घुसकर बाधा पहुँचाते थे।[116]

पत्रकार वागीश सारस्वत, जो हिंदी दैनिक *दोपहर* में राजनीतिक बीट देखते थे, ने याद करते हुए बताया कि किस तरह राज के कार्टूनों में भुजबल को 'लखोबा लोखंडे' बताया जाता था, जो आचार्य अत्रे के नाटक *तो मी नव्हेच* का चालबाज़ नायक था, और शहर भर में इस तरह के पोस्टर लगा दिए जाते थे।[117]

1992 में बीएमसी चुनाव में शिवसेना ने भाजपा के साथ अपने गठबंधन को स्थगित कर दिया—1984 के लोकसभा चुनावों में असफल कोशिश के बाद दोनों दलों ने 1989 में गठबंधन किया—और यह तय किया कि 222 में से दो सौ सीटों पर अपने बूते ही चुनाव लड़ा जाए। पार्टी ने 30 निगम पार्षदों को टिकट नहीं दिया क्योंकि उन लोगों के भुजबल के साथ संबंध विकसित हो गए थे।[118]

हालाँकि कांग्रेस (आई) पार्टी ने 112 सीटों पर जीत हासिल करके शिवसेना को रौंद दिया। शिवसेना को 70 और भाजपा को सिर्फ़ 13 सीटें मिलीं। कांग्रेस पार्टी के चंद्रकांत हांडोरे मुंबई के मेयर बनाए गए।[119]

1992 के बी.एम.सी. चुनावों में शिवसेना की बुरी हार के कारण शिवसेना के कार्यकर्ता माधव देशपांडे, जो 1968 में बी.एम.सी. चुनावों में पार्टी के ऑब्ज़र्वर थे और अब कुछ नहीं रह गए थे,[120] ने एक प्रेस कॉन्फ्रेंस बुलाई। जिसमें उन्होंने आरोप लगाया कि ठाकरे ने शिवसेना को अपने लिए बंधक बना लिया है और उनके हिंदुत्व में अवसरवाद है। उन्होंने उद्धव और राज के ऊपर यह आरोप भी लगाया कि वे शिवसेना के मामलों में दख़ल देते थे और उन्होंने यह सवाल उठाया

कि संगठन में उनका क्या योगदान था। उनका दावा था कि इस मामले को लेकर शिवसेना के नेताओं में असंतोष था।[121]

देशपांडे ने ठाकरे के ऊपर यह आरोप लगाया था कि वे नेताओं को उनकी औक़ात में रखने के लिए एक को दूसरे के ख़िलाफ़ खड़ा करते थे। वह यह योजना भी बना रहे थे कि विश्वस्त शिव सैनिकों की सभा बुलाई जाए।[122]

चुनाव में बुरी तरह हार के बाद ठाकरे ने यह पाया कि उनके नेतृत्व के ऊपर हमले हो रहे थे इसलिए उन्होंने पार्टी के विश्वस्तों को झटका देने का फ़ैसला किया।

18 जुलाई 1992 को *सामना* में बाल ठाकरे ने पहले पेज पर दो पंक्तियों की घोषणा प्रकाशित की : अलविदा महाराष्ट्र। इसमें कहा गया था : बालासाहेब ठाकरे अपने परिवार के सदस्यों के साथ शिवसेना को अंतिम जय महाराष्ट्र कह रहे हैं। इसके बाद पार्टी के नेता और कार्यकर्ता मातोश्री के बाहर जुट गए तो उनको बताया गया कि पार्टी प्रमुख अपने फ़ैसले पर अडिग थे।[123] अगले दिन, ठाकरे ने अख़बार में संपादकीय लिखकर अपने क़दम का औचित्य समझाया। उन्होंने यह लिखा कि उनके संघर्षों के साथ शिवसेना सत्ताईस साल की हो गई। ठाकरे ने लिखा : 'कुछ कुत्ते हैं जो भौंक रहे हैं। उनको इस बात का कोई इल्म नहीं है कि इन सालों में हमने क्या कुछ भुगता है। जो परिवारवादी शासन है ही नहीं, उसके ऊपर वे भौंक रहे हैं।'[124]

देशपांडे का नाम लिए बगैर संपादकीय में घाटकोपर के भैंसा को ख़ूब भला-बुरा कहा गया था।[125] पार्टी के लिए देशपांडे के योगदान के ऊपर सवाल उठाते हुए ठाकरे ने कहा कि बेटे या भतीजे को पार्टी का सर्वेसर्वा बनाने के विचार उनको कभी नहीं आया। सेना प्रमुख ने कहा कि मुलुंड या परेल से उद्धव को विधानसभा का चुनाव लड़वाने का ख़याल उनको कभी नहीं आया, और बीवीएस के कार्यकर्ताओं ने उनके विरोध के बावजूद राज को अपना अध्यक्ष निर्वाचित कर लिया। राज और उद्धव के बहाने मेरे ऊपर निशाना साधा जा रहा है। उसके बाद ठाकरे ने अपनी बात दुहराई : 'हम लोग अलविदा कह रहे हैं...कोई मुझसे, मेरे बेटे या भतीजे से शिवसेना को लेकर मिलने की कोशिश न करे। हम लोगों ने अपना रास्ता चुन लिया है।' संपादकीय में कहा गया था कि पूरे ठाकरे परिवार ने शिवसेना छोड़ने का निर्णय ले लिया था।[126]

20 जुलाई को दादर में शिवसेना भवन में भारी बारिश के बीच एक जनसभा में ठाकरे ने इस बात की घोषणा की कि शिवसेना के कार्यकर्ताओं के बहुत कहने के बाद वे अपने शब्द वापस ले रहे हैं, जिनमें से कुछ कार्यकर्ताओं ने आत्मदाह की धमकी भी दी थी।[127] भीड़ ने शिवसेना के नेताओं और निर्वाचित प्रतिनिधियों को मंच पर चढ़ने नहीं दिया। मनोहर जोशी जैसे कुछ नेताओं के साथ धक्कामुक्की भी की गई।[128]

1978 में भी उन्होंने बी.एम.सी. चुनावों में हार के बाद इसी तरह अपना इस्तीफ़ा दिया था और इसी तरह कार्यकर्ताओं के आग्रह के बाद उन्होंने वापस ले लिया। इस संकट के कारण ठाकरे मज़बूत होकर उभरे। उन्होंने एक और ज़ाहिर सी बात को रेखांकित किया—अधिकतर शिव सैनिकों के लिए उनमें और संगठन के बीच कोई अंतर नहीं था। अगर किसी तरह का कोई विरोध होता था तो उसको सख़्ती से निपटा जाता था। वह पार्टी के शीर्ष पर बने रहे और पार्टी के विश्वस्तों के बीच जो उनका करिश्मा था उसके प्रभाव से काम करते रहे।

राज ठाकरे ने ध्यान दिलाया कि जबकि शरद पवार और ए.आर. अंतुले के भतीजे अजीत और मुश्ताक़ राजनीति में आए और क्रमशः मंत्री और एमएलसी बने, जबकि उनकी राजनीतिक कोशिशों के ऊपर उँगलियाँ उठाई गईं।[129]

सत्ता का रास्ता

भुजबल के साथ राज की बाद में तलवारें खिंच गईं लेकिन शिवसेना में उनके उभार के पीछे उनका ही हाथ था।

'भुजबल के जाने के बाद शिवसेना के पास मुंबई में रहने वाले ऐसे कम नेता रह गए थे जो पूरे महाराष्ट्र में घूम-घूम कर जनता के साथ संपर्क बना सकें। मनोहर जोशी, सुधीर जोशी और प्रमोद नवलकर संभ्रांत नेता थे और उनको भुजबल की तरह भड़काऊ ढंग से बोलना नहीं आता था। यहीं पर अपने चाचा के रंग-ढंग में राज तस्वीर में आए', एक पत्रकार ने बताया जो शिवसेना और राज दोनों का उस समय क़रीबी था।[130]

उद्धव भी पीछे से पार्टी के लिए काम कर रहे थे। हालाँकि उनमें अपने चचेरे भाई जैसा करिश्मा नहीं था लेकिन पार्टी प्रमुख का बेटे होने के कारण शिवसेना के कार्यकर्ताओं के ऊपर उनका प्रभाव था।

1994 में कुम्भ मेला के दौरान नासिक में पार्टी सम्मेलन के आयोजन में उद्धव ने महत्त्वपूर्ण भूमिका निभाई थी। उद्धव, सुभाष देसाई, शिशिर शिंदे और विधायक बबनराव घोलाप ने इस बात को पक्का किया कि यह सब तेरह दिनों के अंदर हो जाए।[131]

संजय निरुपम उस समय शिवसेना के अख़बार *दोपहर का सामना* के संपादक थे, जो शाम का अख़बार था और शिवसेना ने हाल में ही उसका प्रकाशन शुरू किया था। वे धीरे-धीरे उत्तर भारतीयों के लिए पार्टी के पोस्टर बॉय बनते जा रहे थे। उन्होंने याद करते हुए बताया कि एक सम्मेलन में पत्रकार किस तरह खुसफुसाहट में दोनों भाइयों के बीच के विवाद के बारे में चर्चा कर रहे थे।[132]

निरुपम ने याद करते हुए कहा कि जनसभा में बोलने में उद्धव के हाथ-पाँव

फूल जाते थे। 'मैंने उनके लिए अँधेरी और असल्फा में रैलियों का आयोजन किया। वह लोगों या मीडिया को संबोधित करने से भागते थे।'[133]

शिशिर शिंदे ने कहा कि उद्धव को 1995 के चुनाव में मुलुंड से लड़वाया जाए। 'मैंने कहा कि उद्धव जी आएँ अपना नामांकन दाख़िल कर दें और जीत का प्रमाण-पत्र आकर ले जाएँ। बाक़ी हम सँभाल लेंगे।'[134]

1995 के प्रचार में बाल ठाकरे ने क़रीब 100 जनसभाएँ कीं, जबकि राज ने 150 से ऊपर सभाओं में शिरकत की। उद्धव ने क़रीब अस्सी सभाओं में भाषण दिया। जहाँ बालासाहेब नहीं जा सकते थे वहाँ पार्टी के कार्यकर्ता राज की माँग करते थे। 'यहाँ एक और विडम्बना है—जिस तरह से भुजबल के जाने से पार्टी में राज का क़द बढ़ा—उनको भी भुजबल की तरह ही उपेक्षा के कारण पार्टी से अलग होना पड़ा', उसी पत्रकार ने कहा जिनको पहले उद्धृत किया गया था।

जबकि राज को बालासाहेब के उत्तराधिकारी के रूप में बताया जा रहा था, उद्धव धीरे-धीरे अपने ऊपर काम कर रहे थे। जो लोग उद्धव को जानते हैं उनका कहता था कि इसके बावजूद कि उद्धव की शैली को कमज़ोर माना जाता था, वह सीखने में यक़ीन रखते थे।

राज के एक दोस्त ने एक बड़ी अच्छी कहानी सुनाई। '1997 के आसपास राज को बैडमिंटन खेलने की इच्छा हुई और वह दादर में खेलते थे। शायद इस कारण कि हमारी उमर कम थी हम जल्दी-जल्दी सीखने लगे। जल्दी ही उद्धव भी उसमें शामिल हो गए। उस समय तो राज ने कुछ नहीं कहा लेकिन अगले दिन से उन्होंने आना बंद कर दिया। उन्होंने बांद्रा के एमआईजी क्लब में दाख़िला लिया और जल्दी ही इस खेल में माहिर हो गए', उन्होंने बताया।[135]

शिवसेना के विधायक भास्कर जाधव ने बताया कि पार्टी में कुछ लोग उद्धव के लिए ज़ोर लगा रहे थे क्योंकि उनको ऐसा लगता था कि राज और उनकी मंडली दोनों बड़े ढीठ थे। 'उदाहरण के लिए 2000 में शिवसेना का सम्मेलन था, लेकिन जिस तरह से वहाँ राज और उसके सहयोगियों ने अहंकार दिखाया, वह वहाँ मौजूद वरिष्ठ नेताओं और निर्वाचित प्रतिनिधियों को अच्छा नहीं लगा। इसके विपरीत, उद्धव शांत और मृदुभाषी थे, वे हमें मीनाताई की याद दिलाते थे जो हमारी माँ जैसी थीं।'[136]

जाधव को जब 2004 में रत्नागिरी के चिपलून विधानसभा क्षेत्र से टिकट नहीं मिला तो उन्होंने विद्रोह कर दिया। टिकट उद्धव के क़रीबी प्रभाकर शिंदे को मिला। बाद में वे एनसीपी में शामिल हो गए और राज्यमंत्री बने तथा पार्टी की महाराष्ट्र इकाई के अध्यक्ष भी। 2019 के विधानसभा चुनाव के पहले वह वापस शिवसेना में आ गए।[137]

उद्धव ऑडिओ विजुअल अभियान तैयार कर रहे थे जबकि राज पार्टी के चुनाव प्रचार के अभियान को देख रहे थे जिसमें ऑडिओ विजुअल मीडिया भी

शामिल था। शिवसेना ने शरद पवार के नेतृत्व वाली सरकार का मज़ाक़ उड़ते हुए गाना तैयार किया था, जैसे—*बारामती, बारामती, किती मोठी त्यांची शेती,* जो बहुत लोकप्रिय हुआ।[138] इसी तरह एक और गीत था : *पीएम तेरा सीएम दीवाना, दाऊद को डाले दाना*—जो इस तरह के आरोपों को लेकर था कि पवार के दाऊद के साथ संबंध थे।[139]

राज ने शिवसेना टॉप टेन गाने निकाले जो लोकप्रिय हुए। इसमें पुराने फ़िल्मी गीतों के रीमिक्स थे जो उस समय के राजनीतिक हालात से जोड़ते हुए बनाए गए थे। बालासाहेब चाहते थे कि हम ऑडिओ विजुअल मीडिया के प्रभाव को बेहतर बनाएँ और उद्धव ने एक वीडियो तैयार करवाया जिसमें इस बारे में बताया गया था कि 'अगर हम चुनाव जीत गए तो महाराष्ट्र के लिए हम क्या करेंगे', उनकी टीम के एक सदस्य ने बताया।[140]

युवा पीढ़ी के ऊपर शिवसेना की नज़र थी, जो बालासाहेब के भतीजे में उनकी छवि देखने की कोशिश कर रही थी।

विधानसभा चुनावों में राज ने इस बात को पक्का किया कि उनके बहुत से विश्वस्तों को पार्टी का टिकट मिल जाए, जिनमें अर्जुन खोतकर भी शामिल थे (जो महाराष्ट्र सरकार में शिवसेना के मंत्री बने)।

शिवसेना और भाजपा का गठबंधन काम आया। शिवसेना को 73 सीटें मिलीं जबकि भाजपा को 65, जबकि कांग्रेस को महज़ 80 सीटें मिलीं। भगवा गठबंधन को निर्दलीय विधायकों का समर्थन भी मिला, जिनमें से अधिकतर कांग्रेस के नेता ही थे, जो कांग्रेस पार्टी में सुधाकरराव नाइक और शरद पवार के बीच चल रहे अंदरूनी संघर्ष के कारण निर्दलीय चुनाव लड़े थे। इस तरह महाराष्ट्र में पहली ग़ैर कांग्रेस सरकार बनी।

मनोहर जोशी को लाखों लोगों की जनसभा में शिवाजी पार्क में मुख्यमंत्री पद की शपथ दिलवाई गई। यह पहली ऐसी सरकार थी जिसमें शामिल दलों की विचारधारा कांग्रेस से मेल नहीं खाती थी।

'1995 में शिपसेना और भाजपा की जीत के लिए चार पहलू ज़िम्मेदार थे। इनमें शामिल थे—बालासाहेब की छवि और व्यक्तित्व, भाजपा नेता गोपीनाथ मुंडे द्वारा शरद पवार पर हमला, मुंबई में 1992-93 में हुए दंगे और राज का राजव्यापी दौरा तथा बी.वी.एस. का प्रचार', मनसे के एक कार्यकर्ता ने बताया जो बी.वी. एस. के ज़माने से ही राज से जुड़ा रहा।[141]

राज के एक दोस्त का दावा था कि उनके नेता ने 1992-93 के दौरान मुंबई में हुए दंगों में शिव सैनिकों की मदद की, ख़ासकर मार्च 1993 में बम धमाकों के बाद जो आग लगी उसमें, लेकिन उसके आगे कुछ भी बताने से उन्होंने इनकार कर दिया। 'उस समय हालात ऐसे थे कि उद्धव जैसा शांत आदमी भी ग़ुस्से में आ

गया था। मातोश्री की एक यात्रा के दौरान मुझे याद है कि उद्धव ग़ुस्से में कह रहे थे कि कुछ किया जाना चाहिए', उन्होंने कहा।[142]

'परिणाम से पहले उद्धव जी, मनोहर और सुधीर जोशी के साथ मैंने महाराष्ट्र भर में यात्राएँ कीं ताकि ऐसे निर्दलीय उम्मीदवारों का समर्थन जुटाया जा सके जिनके बारे में हमें लगता था कि वे जीत सकते थे', शिशिर शिंदे ने बताया। 'मैं नागपुर के सेंट्रल पॉइंट होटल में एक कमरे में उद्धव जी के साथ ठहरा था। हम अनिल देशमुख और हर्षवर्धन पाटिल जैसे निर्दलीय उम्मीदवारों का समर्थन पाने में सफल रहे।'[143]

'भाजपा-शिवसेना की सरकार के सत्ता में आने के बाद राज और उद्धव दोनों के प्रभाव में वृद्धि हुई। वे *सामना* के दफ़्तर में बैठते थे, जहाँ उद्धव जी का केबिन साधारण लेकिन प्रभावी था, जबकि राज साहेब का केबिन उनके व्यक्तित्व से मेल खाता था', शिंदे ने याद करते हुए बताया।

शिवसेना के सचिव और 2005 में नारायण राणे के साथ पार्टी छोड़ने वाले किरण वाधिवकर ने याद करते हुए बताया कि राज और उद्धव दोनों ही पार्टी दफ़्तर शिवालय में अक्सर जाते थे, जो नारीमन पॉइंट पर राज्य सचिवालय के पास था।[145]

राज धीरे-धीरे सत्ता के केंद्र के रूप में उभरते जा रहे थे और पार्टी तथा सरकार में नियुक्तियों को प्रभावित भी कर रहे थे। लेकिन शिवसेना में एक धड़ा ऐसा था जो चाहता था कि उनके पंख कतर दिए जाएँ। सेना के मंत्री जो ये चाहते थे कि वे पार्टी में सही तरफ़ रहें उन्होंने तत्काल पार्टी अध्यक्ष के साथ अपने-अपने केबिन में राज की तस्वीर लगानी शुरू कर दी। 'लेकिन उनको आलाकमान की तरफ़ से राज की तस्वीर को हटाने के लिए कह दिया गया', राज के एक पुराने व्यावसायिक सहयोगी ने बताया।[146]

राज की कम्पनी मातोश्री रियलटर्स (बाद में जब यह साझेदारी की कम्पनी से निजी कम्पनी के रूप में बदली गई तो इसका नाम मातोश्री इन्फ्रास्ट्रक्चर प्राइवेट लिमिटेड कर दिया गया।[147] और इसका प्रमुख राजन शिरोडकर को बनाया गया) ने 1991 में निर्माण के काम की दिशा में क़दम बढ़ाया, जो बड़ी-बड़ी योजनाओं के लिए काम करती थी।[148] जब शिव सेना-भाजपा की सरकार सत्ता में आई तो इस कम्पनी ने झुग्गी पुनर्वास योजना के ऊपर काम करना शुरू किया, जो उस शासन काल का सबसे महत्त्वाकांक्षी लेकिन सबसे विवादास्पद कार्यक्रम भी था।

'मातोश्री ने दादर के पास एक योजना के ऊपर काम करना शुरू किया। दादर को मनोहर जोशी का इलाक़ा माना जाता था, और जोशी सर को शायद यह अच्छा नहीं लगा। धीरे-धीरे, पार्टी के अंदर से ऐसे लोगों के द्वारा इस तरह की कोशिशें होने लगीं, जो राज के आगे बढ़ने से असुरक्षित महसूस करने लगे थे, कि राज जो काम भी करें उसको विवादास्पद बना दिया जाए', राज के एक सहयोगी ने बताया।[149]

राज के एक और सहयोगी ने बताया कि जोशी ऐसा लगता था कि राज के बढ़ते प्रभाव से असहज रहते थे।[150]

पार्टी में उद्धव का धीरे-धीरे उभार राज के प्रभाव को कम करने के लिए था। हालाँकि *सामना* को दिए एक इंटरव्यू में उद्धव ने यह दावा किया कि वह राजनीति में केवल अपने पिता की मदद के लिए आए थे, और उनकी कोई राजनीतिक महत्त्वाकांक्षा नहीं थी और वे पार्टी के अंदर किसी तरह की ज़िम्मेदारी स्वीकार नहीं करना चाहते थे।[151]

एक वरिष्ठ पत्रकार ने याद किया कि किस तरह एक वरिष्ठ शिवसेना नेता (जो इस समय उद्धव ठाकरे सरकार में मंत्री हैं) ने राज से ठीक से बात नहीं की। 'हम लोग प्रभादेवी में *सामना* के दफ़्तर में राज के साथ बैठे थे कि वह नेता आए। शिवसेना ने सदस्यता अभियान की शुरुआत की थी और राज ने उस नेता से कोंकण जाकर प्रगति को देखने के लिए कहा। सेना का वह नेता ग़ुस्से में आ गया और उसने राज से पूछा कि वह उनको आदेश किस अधिकार से दे रहे थे?'[152]

उस पत्रकार ने राज के कैरियर को आरम्भिक दिनों से देखा था और उनका कहना था कि शिवसेना के मंत्रियों को स्पष्ट आदेश दिया गया था कि वे किसी भी हालत में उस काम को न करें जो राज या उनके लोगों द्वारा दिया जाए, जब तक कि ऐसा करने के लिए पार्टी नेतृत्व द्वारा उनको न कहा जाए।[153]

एक पूर्व शिवसेना नेता उनके आरोपों का खंडन करते हैं। 'वैसे तो राज बालासाहेब से अक्सर मिलते रहते थे, लेकिन उद्धव और स्मिता (बाल ठाकरे के के दूसरे बेटे जयदेव की पत्नी) की बालासाहेब तक अधिक पहुँच थी क्योंकि दोनों उनके पास रहते थे। वह जगह चाहे मातोश्री हो या दादर, जहाँ वे तब रहने के लिए चले गए थे जब भाजपा-शिवसेना के शासन काल के दौरान मातोश्री का नए सिरे से निर्माण करवाया जा रहा था। स्मिता की कोशिश यह रहती थी कि उनके निर्देश बालासाहेब के माध्यम से जाएँ जबकि उद्धव बालासाहेब के सामने शिवसेना के नेताओं या मंत्रियों से काम करने के लिए कहते थे। जिसका मतलब होता यह था कि बालासाहेब सहमत थे।[154]

बढ़ता असंतोष

'इस काल के दौरान राज की उलझन साफ़ दिखाई दे रही थी। लेकिन पार्टी के बाहर या अंदर उसके लिए उसके लिए कोई ख़ास अवसर थे नहीं', उस पत्रकार ने कहा। जब शिवसेना के वरिष्ठ नेता दत्ताजी साल्वी, जो भारतीय कामगार सेना के प्रमुख रह चुके थे, को दरकिनार किया गया तो फुसफुसाहटों में यह कहा जाने लगा कि ऐसा राज के कहने पर किया गया। भारतीय कामगार सेना के अध्यक्ष पद से साल्वी ने 75 साल की उम्र में 1994 में इस्तीफ़ा दे दिया और उनके स्थान पर रामाकान्त मोरे आ गए।[155]

बीकेएस का गठन 1968 में किया गया था और मुंबई के मज़दूर आंदोलन में कम्युनिस्ट प्रभाव को कम करने में इसकी बड़ी भूमिका थी। कहा जाता है कि ऐसा कांग्रेस के इशारे पर किया गया था। कपड़ा मिलों तथा अन्य मज़दूर संघों पर वर्चस्व के लिए सेना ने वाम के साथ लड़ाई लड़ी लेकिन मुख्यमंत्री वसंतराव नाइक से बाल ठाकरे के अच्छे संबंध होने के कारण मज़ाक़ में इसको 'वसंत सेना' कहा जाता था। शिवसेना के आलोचकों का कहना था कि उद्योगपतियों के कहने पर उसने हड़तालें तुड़वाईं, जिनकी शुरुआत टी. मनेकलाल एंड कम्पनी की हड़ताल से हुई जो 1969 की बात है। इसके बाद उद्योग जगत में इसकी ताक़त का एहसास किया जाने लगा।[156]

साल्वी कोंकण क्षेत्र से आते थे और कपड़ा मिल में मज़दूर थे, और उनका संबंध कांग्रेस के मज़दूर संगठन इंटक से था। उन्होंने 1966 में जब बाल ठाकरे को दादर में अमर हिंद मंडल में बोलते हुए सुना तो वे शिवसेना में शामिल हो गए। साल्वी मराठा थे, हट्टे-कट्टे और भारी आवाज़ वाले थे इसलिए ठाकरे ने उनको सेना के नेतृत्व के आधार को विस्तार देने के लिए पार्टी से जोड़ा, जिसमें ऊँची जाति के लोगों की तादाद अधिक थी, सीकेपी, ब्राह्मण और सारस्वत। शिवसेना के पुराने नेता याद करते हैं कि जब साल्वी तीसरी मंज़िल पर बोलते थे तो नीचे तक उनकी आवाज़ सुनाई देती थी। वे शिवसेना की तरफ़ से बीएमसी के पार्षद निर्वाचित हुए उन्होंने दादर से क़द्दावर समाजवादी प्रकाश मोहाडीकर को हराया था। साल्वी बीकेएस के अध्यक्ष थे और उनके आक्रामक स्वभाव और नाटकीय भाषण के कारण कार्यकर्ताओं द्वारा उन्हें कमांडर कहकर बुलाया जाता था। शिवसेना से जुड़े रहने के बावजूद साल्वी एम. एन. रॉय के विचारों से बहुत प्रभावित थे। शिवसेना के सत्ता में आने के पहले और बाद में साल्वी और वामनराव महदिक को दरकिनार करने की कोशिशें की गई थीं, जो 1970 में परेल से विधायक बने। उस दौर में उनके समर्थकों और जिन पत्रकारों ने सब कुछ देखा था उनका कहना था कि शिवसेना में राज के विरोधियों द्वारा उनको इन बातों के लिए ज़िम्मेदार ठहराया जाता था।

1996 के लोकसभा चुनावों में राज ने इस बात को पक्का किया कि बड़े व्यवसायी परवेज दमानिया को कांग्रेस के परम्परागत गढ़ अहमदनगर से चुनाव लड़वाया जाए। दमानिया क़रीब 50 हज़ार मतों से मारुती देवराम उर्फ़ दादा पाटिल शेलके से चुनाव हार गए, जो कांग्रेस पार्टी के थे। निरुपम ने बताया कि राज सेना की सूची में अपनी पसंद के उम्मीदवारों को शामिल करवा पाने में सफल रहे।

धीरे-धीरे राज का असंतोष बढ़ता जा रहा था तो उद्धव की लोकप्रियता भी बढ़ रही थी। दोनों शिवसेना के उस प्रतिनिधिमंडल का हिस्सा थे जो 1996 में लोकसभा चुनाव के लिए भाजपा के साथ सीटों के बँटवारे को लेकर बात करने गया था। अन्य नेताओं में मुख्यमंत्री मनोहर जोशी तथा वरिष्ठ नेता सुभाष देसाई थे।

1996 में कांग्रेस के नेता सुरेश कलमाड़ी ने पुणे से लोकसभा का चुनाव जीतने के बाद राज्यसभा से इस्तीफ़ा दे दिया। शिवसेना सत्तारूढ़ भगवा गठबंधन में अधिक सीटों वाली सहयोगी थी इसलिए उसने उस सीट के ऊपर दावा किया। निरुपम ने बताया कि पार्टी के अंदर दो दावेदार थे—परवेज़ दमानिया जो राज के आदमी थे और कन्हैयालाल गिडवाणी जो मुख्यमंत्री जोशी की पसंद थे। जबकि उद्धव ने बिहार में जन्मे निरुपम का नाम आगे बढ़ाया और सफल रहे।[157]

मार्च 1996 में *आउटलुक* ने राज के बारे में लिखा कि यह आदमी अगला बाल ठाकरे हो सकता था, साथ में यह भी लिखा कि अट्ठाईस साल के राज में कार्यकर्ताओं को सेना प्रमुख की छवि दिखाई देती है।[158] उस लेख में यह भी लिखा गया था कि किस तरह के विवादों में राज पड़े थे, वे राजनीति में पाँच सितारा संस्कृति लेकर आए और इस बात का डर कि परिवारवादी उत्तराधिकार। 'लेकिन अब जब राज और उद्धव साथ आ चुके थे एक और शंका उभर आई थी—दोनों साथ काम कर पाएँगे या अलग हो जाएँगे', लेखा रत्लानी ने लिखा।[159]

अवरोधों के बावजूद राज को अभी भी अपने चाचा के राजनीतिक उत्तराधिकारी के रूप में देखा जा रहा था। लेकिन सब ध्वस्त हो गया जब मातुंगा में लक्ष्मी निवास बिल्डिंग का एक निवासी रमेश किणी 23 जुलाई 1996 को पुणे में जान ट्रेवोल्टा की फ़िल्म *ब्रोकन ऐरो* के नाइट शो के दौरान मृत पाया गया।

5

गढ़ में दरार

चूहे और इनसान की अच्छी से अच्छी योजनाएँ
अक्सर धरी की धरी रह जाती हैं।

—रॉबर्ट बर्न्स, *टू अ माउस, कलेक्टेड पोयम्स ऑफ़ रॉबर्ट बर्न्स*

1995 में मझगाँव से शिवसेना के बाला नंदगांवकर के हाथों छगन भुजबल की अप्रत्याशित हार हो गई, और उनको कांग्रेस पार्टी ने राज्य विधान परिषद में भेज दिया। भुजबल को शिवसेना तथा ठाकरे दोनों से हिसाब बराबर करना था और उनको नेता विपक्ष बनाया गया।

'मुझे पवार साहब (शरद पवार) ने उच्च सदन में विपक्ष का नेतृत्व करने के लिए चुना क्योंकि कांग्रेस जो परम्परागत रूप से सत्तारूढ़ पार्टी थी उसको विपक्ष में बैठने और आक्रामक रुख़ अख़्तियार करने का कोई अनुभव नहीं था', भुजबल ने याद किया।[1] 'मेरे एक कार्यकर्ता ने मुझे रमेश किणी मामले के बारे में बताया। उसकी विधवा शीला ने बताया कि किस तरह उसके पति को सेना भवन बुलाकर फ़्लैट ख़ाली करने के लिए धमकी दी गई थी।'[2]

भुजबल ने बाद में अपने आधिकारिक निवास पर एक प्रेस कॉन्फ्रेंस करके शीला किणी को दुनिया के सामने पेश किया। शीला ने आरोप लगाया कि 23 जुलाई 1996 को जिस दिन उसका शरीर अलका टॉकीज में मिला था। उस दिन उसके पति यह कहकर घर से निकले थे कि वे *सामना* के दफ़्तर जा रहे थे। शीला ने राज के ऊपर यह आरोप लगाया कि उसके पति की मौत में उसका हाथ था। उसने छगन भुजबल से मदद माँगी और अपने पति की जेब में मिले सुसाइड नोट के ऊपर सवाल उठाया और जल्दबाज़ी में करवाए गए पोस्टमार्टम पर भी जिसमें दिल की बीमारी को रमेश की मौत का कारण बताया गया था।[3]

यह कहा जा रहा था कि किणी के मकानमालिक लक्ष्मीचंद और सुमन शाह उसके परिवार के ऊपर पैसे लेकर फ़्लैट छोड़ने का दबाव बना रहे थे क्योंकि वे

उस मकान को नए सिरे से बनवाना चाहते थे और उसके परिवार को शिवसेना के साथ अपने संबंधों का हवाला देकर डराने की कोशिश कर रहे थे।

किणी उस इमारत में *पागड़ी* व्यवस्था के अंतर्गत रहता था, जो मुंबई के पुराने इलाक़ों में एक अनौपचारिक व्यवस्था थी जिसमें किरायेदार का भी कुछ हद तक मालिकाना हक़ रहता था।[4]

इस मामले में बॉलीवुड की किसी फ़िल्म का सारा मसाला था—सम्पत्ति, अपहरण का आरोप और हत्या। षड्यंत्र का आरोप जिसमें राजनीति के बड़े-बड़े लोग शामिल थे और सबसे बढ़कर, एक कमज़ोर स्त्री जो व्यवस्था से टकराना चाहती थी। जो बात सबसे रहस्यपूर्ण थी वह यह कि स्वतंत्र फ़ोटोग्राफ़र किणी उस दिन पुणे में मिला था जिस दिन भारी बारिश के कारण दोनों शहरों के बीच रेल सेवा बंद थी।

'किणी एक साधारण आदमी था, जब वह मुंबई में फ़िल्म देख सकता था तो वह उस फ़िल्म को देखने पुणे क्यों गया? घर से निकलने से पहले उसने अपनी पत्नी से कहा था कि वह जल्दी ही लौटकर आ जाएगा', भुजबल ने सवाल किया।[5]

उसकी लाश से मिले सुसाइड नोट में यह लिखा हुआ था कि उसने इतना बड़ा क़दम क्यों उठाया यह उसके वकील को पता था, उसकी जेब से उसके वक़ील, उसके साले का फ़ोन नम्बर मिला था और एक पुड़िया में सोडियम सायनाइड। उसी दिन सुबह 9.30 बजे बंद लिफ़ाफ़े में दो पत्र उसने अपने वक़ील को दिये थे। एक पत्र में यह लिखा था कि उसको उसके मकान मालिक द्वारा धमकियाँ दी जा रही थीं और मानसिक रूप से प्रताड़ित किया जा रहा था। वह फ़्लैट ख़ाली करवाने के लिए उसके साथ ज़बरदस्ती कर रहा था।[6]

23 जुलाई को पुणे में राज्य सरकार के ससून अस्पताल में अटौपसी करवाई गई और बाद में मुंबई में भी करवाई गई। दोनों में अंतर था।[7] पुणे में कराए गए पोस्टमार्टम में यह नहीं कहा गया था कि लाश के पास से सोडियम सायनाइड मिला था और मृत्यु का कारण हृदय रोग बताया गया था। दूसरी अटौपसी मुंबई में करवाई गई जिसमें मौत के कारण को इस आधार पर नहीं बताया गया कि फ़ोरेंसिक रिपोर्ट आने वाली थी। एक विशेषज्ञ समिति ने राय दी कि किसी अज्ञात ज़हर के साथ शराब ली गई थी और शराब के कारण हृदय आघात हुआ था जो उसकी मृत्यु का कारण हो सकता था। इसमें आगे यह भी लिखा हुआ था कि कोई ऐसा सबूत नहीं मिला था जिसके आधार पर यह कहा जा सके कि शरीर पर किसी तरह की चोट के कारण मृत्यु हुई थी।[8]

अदालत में शीला के वक़ील ने कहा कि शरीर में शराब का मिलना रहस्यमय है क्योंकि रमेश तो शराब पीता ही नहीं था।[9] शीला का यह भी कहना था कि उसके पति ने जीवन में कभी कोई अंग्रेज़ी फ़िल्म नहीं देखी थी।[10]

हिंसा का इतिहास

शिवसेना का राजनीतिक इतिहास और हिंसा के साथ उसका जो रिश्ता रहा था उसने इस आरोप को निशाने पर ला दिया।

5 जून 1970 को परेल से सीपीआई के विधायक रहे कृष्णा देसाई की चाक़ू मारकर हत्या कर दी गई। उन्होंने गिरगांव में शिवसेना के बढ़ते प्रभाव को रोकने के लिए रेड गार्ड बनाया था। कहा जाता है कि हत्या शिव सैनिकों ने की थी। पुलिस ने 19 युवाओं को पकड़ा, जिनके बारे में कहा जाता था कि वे शिव सैनिक थे। इस हत्या ने शहर को हिला कर रख दिया था, बाद में इसके लिए तीन लोगों को सज़ा भी हुई।[11] उस साल अक्टूबर में परेल में हुए उपचुनाव में शिवसेना ने विधानसभा की अपनी पहली सीट जीती, जिसमें वामनराव महादिक ने देसाई की विधवा सरोजिनी को हराया।

वैसे तो बाल ठाकरे का यह दावा था कि उस हत्या से सेना का कोई लेना-देना नहीं था[12], लेकिन दीपंकर गुप्ता के अनुसार देसाई की हत्या के तीन सप्ताह बाद सेना प्रमुख ने मुंबई के रॉबर्ट मनी हाई स्कूल में बोलते हुए इस हत्या के लिए ज़िम्मेदार लोगों को बधाई दी और यह कहा कि कम्युनिस्टों की हत्या का एक मौक़ा भी जाने नहीं देना चाहिए।[13] पहले सितंबर 1967 में ठाकरे ने *मार्मिक* में घोषणा की थी कि उनका लक्ष्य था कम्युनिस्टों का अंत, और उसके तीन महीने के बाद शिव सैनिकों ने परेल की दल्वी बिल्डिंग में सीपीआई के दफ़्तर पर हमला कर दिया।[14]

शिवसेना ने इसी तरह बीकेएस के माध्यम से कम्युनिस्ट प्रभाव वाले मज़दूर संघों के प्रभाव को कम करने के लिए ताक़त का प्रयोग किया। बीकेएस वर्ग संघर्ष में यक़ीन नहीं रखता था बल्कि मज़दूरों और प्रबंधन के बीच सहयोग भाव में यक़ीन रखता था।[15] सेना ने 1972 में विक्रोली में गोदरेज की फ़ैक्ट्री में दत्ता सामंत और दीना बामा पाटिल के संगठनों के साथ भी हिंसक संघर्ष किया था, जिसमें एक पुलिस सब इंस्पेक्टर और और दो हवलदारों की भीड़ में पीट-पीट कर हत्या कर दी गई थी।[16]

शिवसेना का अनुशासन अगर कोई उसका अपना भी तोड़ता था तो वह भी उसके कोप से बच नहीं पाता था। मार्च 1989 में सेना के उम्मीदवार प्रकाश परांजपे ठाणे में कांग्रेस के मनोहर साल्वी से मेयर के चुनाव में एक वोट से हार गए। यह कहा गया कि मेयर और उप मेयर के चुनाव में शिवसेना के कम से कम दो पार्षदों ने कांग्रेस के पक्ष में मतदान किया था। बाल ठाकरे ने कहा कि ग़द्दारों को सबक सिखाया जाए और ठाणे में शिवसेना के शक्तिशाली प्रधान 'धर्मवीर' आनंद दिघे ने यह बयान जारी किया कि ग़द्दारों की सज़ा मौत है।[17]

21 अप्रैल को पार्टी के एक पार्षद श्रीधर खोपकर की ठाणे में दिनदहाड़े हत्या कर दी गई।

ठाणे के तत्कालीन पुलिस कमिश्नर रामदेव त्यागी ने यह आरोप लगाया कि खोपकर की हत्या के लिए शिवसेना ज़िम्मेदार थी।[18] दिघे उन लोगों में थे जिनको हत्या के आरोप में गिरफ़्तार किया गया था और उनके ऊपर टाडा की गम्भीर धाराएँ लगाई गईं। बाद में 2001 में एक सड़क दुर्घटना में उनकी मृत्यु हो गई। 1992-93 के दंगों में शिवसेना की भूमिका को अच्छी तरह से दर्ज किया गया है, जिसमें जस्टिस बी.एन. श्रीकृष्ण ने लिखा है कि 'ठाकरे किसी बड़े सेनापति की तरह शिव सैनिकों को मुसलमानों के ऊपर हमले करने के लिए आदेश दे रहे थे।'[19]

जनवरी 2019 में शिवसेना के विद्रोही नेता और पूर्व मुख्यमंत्री नारायण राणे के पुत्र निलेश राणे ने यह आरोप लगाया कि दिघे की मौत के ज़िम्मेदार बाल ठाकरे थे। इस हत्या को इस तरह से बनाया गया कि सड़क दुर्घटना के बाद इलाज के दौरान उनकी मृत्यु हो गई।[20]

अंडरवर्ल्ड के डॉन अरुण गवली के साथ जब तक बाल ठाकरे का झगड़ा नहीं हुआ था तब तक वे गर्व के साथ इस बात का दावा करते थे कि वह (अरुण गवली) मुसलमान डॉन दाऊद इब्राहिम के टक्कर के हिंदू डॉन थे।[21]

'शिवसेना की दूसरी पीढ़ी के नेताओं ने धीरे-धीरे मुंबई के ख़तरनाक माफ़िया के साथ अपने संपर्क मज़बूत बना लिए। जब तक उनके संपर्क ऊपर तक नहीं होते तब तक उनको बचाया नहीं जा सकता था', एक वरिष्ठ पत्रकार और संपादक ने बताया, जो शिवसेना के बहुत बड़े आलोचक थे। उनका यह कहना था कि राजनीति और अपराध का यह जोड़ ऐसा बना कि इसके कारण पार्टी के ऊपर किणी केस जैसे आरोप आसानी से लगाए जा सकते थे।

किणी केस का नतीजा

विधानसभा में राज की गिरफ़्तारी के लिए ख़ूब हंगामा मचा।[22]

भुजबल और विधानसभा में विपक्ष के नेता मधुकरराव पिचड़ ने किणी मामले की निष्पक्ष जाँच के लिए सीबीआई जाँच की माँग की।

राज ने कहा कि वे निर्दोष थे लेकिन उन्होंने यह भी माना कि जिस बिल्डिंग में किणी रहता था उसके मालिक लक्ष्मीचंद शाह और उनके बेटे सुमन से उनके नज़दीकी रिश्ते थे।[23] राज ने कहा कि वह किणी से कभी नहीं मिले थे[24] और इस तरह का आरोप भुजबल और शरद पवार की साज़िश का नतीजा था।[25] अगस्त में विधानसभा में जोशी ने राज को क्लीन चिट दे दी[26], जिसके कारण सेना के विरोधी ग़ुस्से में आ गए।

'किणी मामले के सामने आने के बाद राज ने चर्चगेट पर एक प्रेस कॉन्फ्रेंस आयोजित की। उन्होंने यह नहीं कहा कि वे सुमन शाह को नहीं जानते थे या उनसे

उनकी दोस्ती नहीं थी। इसके बाद मैंने राज के साथ बने रहने का फ़ैसला किया क्योंकि वह केवल अच्छे दिनों के ही दोस्त नहीं थे', शिवसेना के एक विधायक ने बताया, जो बाद में मनसे में शामिल हो गया।[27]

सामना ने शीला को अपने पति की मौत का ज़िम्मेदार बताया और बाल ठाकरे ने ग़ुस्से में यह सवाल पूछा कि क्या किणी महात्मा गांधी था?[28]

ठाकरे ऐसे आदमी नहीं थे जो अपने शब्दों को रोककर रखें। वे मुँहफट थे। इसलिए उन्होंने सामाजिक कार्यकर्ता पुष्पा भावे के ऊपर भी हमला किया जिन्होंने किणी के मामले को उठाया था। उनके उपनाम का मज़ाक़ उड़ाते हुए उन्होंने उनको *भाविन* (वेश्या) बताया।

जाँच के क्रम में पुलिस ने बीवीएस के एक कार्यकर्ता आशुतोष राणे को गिरफ़्तार किया जो ठाकरे परिवार का क़रीबी था, ख़ासकर राज का क़रीबी था। पुलिस राणे को अदालत में बुर्क़ा पहनाकर लाई जिस तरह से आमतौर पर ख़तरनाक अपराधियों को लाया जाता था।[29]

पुष्पा भावे किणी परिवार के बग़ल वाली बिल्डिंग में ही रहती थीं। वह विरोध की एक मुखर आवाज़ थीं, संयुक्त महाराष्ट्र आंदोलन, दलित पैंथर और असंगठित क्षेत्र के मज़दूरों से उनका जुड़ाव रहा था। 'उन दिनों शीला ताई बहुत अकेली थीं', भावे ने याद किया।[30]

'पीछे से बहुत सी शक्तियाँ काम कर रही थीं', भावे ने कहा, आगे उन्होंने कहा कि किणी का दिमाग़ जिसको उसके विसरा के साथ फ़ोरेंसिक जाँच के लिए सुरक्षित रखा गया था, रहस्यमय तरीक़े से ग़ायब हो गया। 'शायद उन्होंने उसको इसलिए ग़ायब करवा दिया हो क्योंकि हो सकता है कि मरने के पहले किणी के सिर पर प्रहार किया गया हो', उनका दावा था।

पत्रकार से नेता बने कपिल पाटिल, जो 1993 से *आज दिनांक* नाम से सांध्यक़ालीन अख़बार निकालते थे, किणी मामले की ख़बर देने लगे।

पाटिल का दावा था कि जब अपने संपादकीय में उन्होंने किणी के मस्तिष्क के ग़ायब हो जाने के बारे में लिखा तथा एक और लेख में जब यह लिखा कि शिवसेना के शासन काल में महाराष्ट्रीय लोगों को आत्महत्या के लिए मजबूर किया जा रहा है तो बाल ठाकरे दुखी हो गए। 'उन्होंने अख़बार को धन मुहैया करवाने वाले एक व्यक्ति शिवसेना के राज्यसभा सांसद मुकेश पटेल से कहा कि या तो वे मुझे अपने रुख़ को बदलने के लिए कहें या इसको बंद करवा दें। मैंने बाद वाला विकल्प चुना', शिवसेना के गढ़ परेल में अपने दफ़्तर में बातचीत करते हुए पाटिल ने बताया।[31]

पाटिल ने अक्टूबर 1996 में अपना अख़बार बंद कर दिया, उसी दिन शिवसेना प्रमुख ने उनको चेतावनी दी थी। 'पंद्रह दिन बाद मैंने एक नया मराठी दैनिक शुरू किया *सांज दिनांक* के नाम से, जिसके विज्ञापन के लिए पोस्टर के आकार का

अख़बार मुंबई में जगह-जगह चिपकाया गया', उन्होंने बताया। 'इन पोस्टरों पर लिखा हुआ था 'रमेश किणी को किसने मारा?' '*आज दिनांक* को किसने मारा?' जब अख़बार की शुरुआत हुई तो इसकी 50 हज़ार प्रतियाँ बिकीं, इसकी प्रसार संख्या 70 हज़ार तक पहुँच गई। हालाँकि मुझे धीरे-धीरे परेशान किया जाने लगा, अख़बार के काग़ज़ नहीं मिलते थे, अन्य तरह के साजो-सामान नहीं मिलते थे और जल्दी ही *सांज दिनांक* भी बंद हो गया।'[32]

वैभव पुरंदरे ने ध्यान दिलाया कि किणी का मामला पहला बड़ा संकट था जो शिवसेना और भाजपा के गठबंधन वाली सरकार के सामने आया था। ठाकरे परिवार के ख़िलाफ़ यह तब तक का सबसे बड़ा मामला था और राज्य सरकार ने जिस तरह से मामले को सँभाला उससे राज्य सरकार की छवि ख़राब हो गई।

सीबीआई को मामला सौंपकर शिवसेना विपक्ष की हवा निकाल सकती थी। लेकिन पुरंदरे के अनुसार सेना नेतृत्व ने अपनी सरकार के ऊपर दबाव बनाया, जिसने झिझकते हुए सीबीआई जाँच से इनकार कर दिया। मुख्यमंत्री मनोहर जोशी ने तो सोची-समझी चुप्पी को बरकरार रखा लेकिन शिवसेना और राज आक्रामक ढंग से अपना बचाव करते रहे।[34]

यहाँ तक कि आज भी शिवसेना और मनसे के अंदरूनी स्रोत इस बात का दावा करते हैं कि उनकी अपनी सरकार ने जानबूझकर इस मामले को ग़लत तरीक़े से सँभाला था। उनका आरोप यह है कि राज को उनके सहयोगियों की असावधानी के कारण फँसाने की कोशिश की जा रही थी।

'बाल ठाकरे ख़ुद को गर्व से शिव सेना-भाजपा सरकार का रिमोट कंट्रोल बताते थे। कहने को मनोहर जोशी मुख्यमंत्री थे लेकिन असली सत्ता कहीं और ही थी। फिर सरकार ने विपक्ष की माँग के जवाब में या जो लोग राज के ऊपर निशाना साध रहे थे, उनको शांत करवाने के लिए तत्काल जाँच की घोषणा क्यों नहीं की?' एक वरिष्ठ पत्रकार और संपादक ने यह सवाल उठाया।[35]

मृत्यु की जाँच पुणे पुलिस ने शुरू की और बाद में शीला के आग्रह पर इस केस को महाराष्ट्र सीआईडी को सौंप दिया गया। सीआईडी ने क़रीब साढ़े तीन घंटे तक राज से पूछताछ की। बम्बई हाई कोर्ट के आदेश को देखते हुए मामले को सीबीआई को सौंप दिया गया।[36]

शिवसेना के अंदर बेचैनी बढ़ रही थी। शिशिर शिंदे, जो उस समय एमएलसी थे और पार्टी के अंदर सत्ता के अंदरूनी संघर्ष में उनका झुकाव राज की तरफ़ था, ने राजनीतिक षड्यंत्र का आरोप लगाया और विधायक पद से अपना इस्तीफ़ा बाल ठाकरे को सौंप दिया।[37]

'जब राज साहेब से पूछताछ की जा रही थी तो मैं डी.एन. रोड पर किताब महल में सीबीआई के बाहर फ़ुटपाथ पर बैठा हुआ था। हमें बहुत बुरा महसूस

हुआ था कि आशुतोष राणे को पुलिस बुर्क़ा पहनाकर अदालत लेकर गई थी। ऐसा लग रहा था कि सरकार ने विपक्ष के सामने हथियार डाल दिए हों', शिंदे ने कहा। साथ ही उन्होंने यह कहा कि जब उन्होंने इस्तीफ़े की धमकी दी तो उद्धव ने उनको धीरज रखने की सलाह दी थी।[38]

ठाकरे ने गृहमंत्री गोपीनाथ मुंडे के ऊपर आरोप लगाया कि वे दोहरी बातें करते थे।[39]

अगस्त 1996 में *सामना* को दिए गए एक इंटरव्यू में ठाकरे ने यह आरोप लगाया कि किणी केस को राजनीतिक फ़ायदे के लिए इस्तेमाल किया गया ताकि ठाकरे परिवार को निशाना बनाया जा सके। उन्होंने यह भी माना कि सरकार ने शुरू से ही इस केस को जिस तरह से सँभाला था वह ग़लत था।[40]

उन्होंने साफ़-साफ़ कहा कि यह बहुत अशोभनीय था कि आशुतोष राणे को अदालत में बुर्क़े में लाया गया। 'किणी के मौत के कारण का अभी तक पता नहीं चल पाया है। आपको सबूत नहीं मिले हैं। आप किसी को इससे पहले किस तरह गिरफ़्तार कर सकते हैं? अगर यह महज़ आत्महत्या थी तो किसी को गिरफ़्तार किस आधार पर किया जा सकता था?' उन्होंने पूछा।[41]

जब *सामना* के कार्यकारी संपादक संजय राउत ने यह पूछा कि क्या इसके पीछे भगवा गठबंधन से जुड़ी किसी राजनीतिक दल का इसमें हाथ हो सकता था तो ठाकरे ने जवाब दिया, 'यह सवाल उतना ही मुश्किल है जितना मुश्किल किणी की मौत का कारण...आप कह सकते हैं कि दोनों ही रहस्य हैं।'[42]

आख़िरकार, सीबीआई ने दोषमुक्त क़रार दे दिया तथा जोशी एवं मुंडे ने सदन में बताया कि किणी की मृत्यु शराब पीने और दिल की बीमारी के कारण हुई थी। बाल ठाकरे ने कहा कि राज की निर्दोषता में उनको फिर से विश्वास हो गया था। *सामना* अख़बार ने इसको सत्य की जीत कहा, जबकि उद्धव ने कहा : 'मैंने पहले ही कहा था कि जिसके हाथ में भगवा झंडा है वह कभी कोई पाप नहीं कर सकता...।'[43]

सीबीआई ने राज को तो दोषमुक्त कर दिया लेकिन उसने पिता-पुत्र तथा आशुतोष राणे को नामज़द कर दिया। बाद में आशुतोष राणे को अदालत ने मुक्त कर दिया तो लक्ष्मीचंद और सुमन शाह को अगस्त 2002 में छोड़ा गया।[44]

पुष्पा भावे ने बताया कि राज को सबूतों के अभाव में छोड़ दिया गया और भगवा गठबंधन वाली सरकार ने अपील भी नहीं की।[45]

'किणी केस के बाद मैंने क़रीब आठ या नौ लोगों की ऐसी शिकायतें सुनीं जो घर ख़ाली करने के लिए शिव सैनिकों द्वारा धमकाने से संबंधित थीं, जिसमें दादर के पारसी कॉलोनी के लोग भी थे। वे चाहते थे कि मैं उनके लिए उसी तरह से लड़ाई लड़ूँ जिस तरह से मैंने किणी के लिए लड़ी थी। लेकिन मैं एक कॉलेज में काम करती थी और मेरी अपनी सीमाएँ थीं। मैंने उनसे कहा कि वे

अपना मुकदमा लड़ें और मैं उनको सहयोग करूँगा। लेकिन किसी में लड़ने का साहस नहीं था', भावे ने कहा।

राज को मिली क्लीन चिट भी विवादों में रही। 23 दिसम्बर 2013 को *हिंदुस्तान टाइम्स* अख़बार में लिखते हुए पत्रकार सुजाता आनंदन ने यह दावा किया था कि राज को रमेश किणी मामले से बाहर निकालने में अमिताभ बच्चन ने भूमिका निभाई थी।[46] आनंदन ने मातोश्री के अंदर के एक पक्के स्रोत के आधार पर यह दावा किया कि ठाकरे एक तरह से उनके पैरों पर गिर पड़े थे, तब बच्चन ने केंद्र की यू.एफ़. सरकार में अपने प्रभाव का इस्तेमाल करते हुए सीबीआई को राज के ऊपर से मुकदमा वापस लेने के लिए तैयार कर लिया। कहा जाता है कि बच्चन ने गुप्त रूप से अपने घर में एक दिन आधी रात को तत्कालीन प्रधानमंत्री एच.डी. देवगौड़ा तथा शिवसेना प्रमुख के बीच बैठक का आयोजन किया था जिसमें प्रधानमंत्री ने यह वादा किया कि वे कभी आगे बढ़कर इस केस में काम आगे बढ़ाने के लिए नहीं कहेंगे।[47]

वरिष्ठ पत्रकार तथा संपादक निखिल वागले के अख़बार *महानगर* ने किणी कांड का ख़ुलासा किया था। उन्होंने बताया कि उथल-पुथल भरे उन दिनों में इस तरह की अफ़वाहें उड़ती रहती थीं कि सीबीआई राज को गिरफ़्तार करने वाली थी। उनका दावा था कि उस मामले में अमर सिंह ने राज ठाकरे की जान बचाई थी।[48] दुर्भाग्य की बात यह है कि राज ने बाद में 2008 में उत्तर भारतीयों के ख़िलाफ़ जब आंदोलन की शुरुआत की तो उन्होंने अमर सिंह को अपना निशाना बनाया।

अप्रैल 1997 में देवगौड़ा के स्थान पर आई.के. गुजराल को प्रधानमंत्री बनाया गया। इसके अगले महीने *सामना* को दिए गए एक इंटरव्यू में ठाकरे ने इस बात को स्वीकार किया कि वे यह चाहते थे कि देवगौड़ा प्रधानमंत्री बने रहें। हालाँकि उन्होंने इस तरह की ख़बरों का खंडन किया कि वे लोकसभा में सरकार का समर्थन करना चाहते थे लेकिन उनको ऐसा करने से अटल बिहारी वाजपेयी ने रोक दिया था।[49]

दोषमुक्त होना अपनी जगह है। किणी केस को बहुत बाद तक राज के गले का फंदा माना जाता रहा।

मई 2009 में जब उद्धव और राज के मनसे में वर्चस्व की जंग चल रही थी तब उद्धव ने अपने भाई को शर्मिंदा करने के लिए रमेश किणी मामला उठाया था। राज ने उद्धव के ऊपर यह आरोप लगाया था कि वे मराठी भाषी लोगों के हितों की बात करते हैं लेकिन उत्तर मध्य लोकसभा क्षेत्र से मतदान भाजपा के ग़ैर मराठी महेश जेठमलानी के लिए करते हैं, जहाँ मनसे की शिल्पा सरपोतदार के कारण मराठी मतों का बँटवारा हो गया और कांग्रेस की प्रिया दत्त की जीत पक्की हो गई।

एक बयान में उद्धव ने कहा कि जब राज रमेश किणी मामले में फँस गए थे तब बाल ठाकरे ने उनको उससे निकालने के लिए वरिष्ठ वक़ील राम जेठमलानी (महेश के पिता) से संपर्क किया था। उद्धव ने यह भी कहा कि उन लोगों में महेश

जेठमलानी के लिए सेना प्रमुख के कहने पर मतदान किया क्योंकि उन्होंने किणी मामले में मदद की थी। 'लेकिन क्या कोई राज जैसे इनसान से यह उम्मीद कर सकता है कि वह आभार प्रकट करे?' उन्होंने पूछा।[50]

2014 में पृथ्वीराज चौहान सरकार में पीडबल्यूडी विभाग के मंत्री भुजबल के ऊपर राज ने भ्रष्टाचार का आरोप लगाते हुए कहा कि उन्होंने चुंगी वसूलने का ठेका देने में भ्रष्टाचार किया है। भुजबल ने इससे प्रभावित हुए बिना कहा कि उनको पूरा विश्वास है कि किणी हत्याकांड में जाँच ठीक तरह से नहीं की गई।[51]

जिस दौर में राज के सिर पर रमेश किणी हत्याकांड के बादल मँडरा रहे थे राज के सहयोगियों का कहना है कि उसको मजबूर होकर राजनीति से दूर रहना पड़ा और घर में दोस्तों के साथ समय बिताना पड़ता था।[52]

उद्धव के क़रीबी एक वरिष्ठ शिवसेना नेता ने बताया कि रमेश किणी विवाद के दौर में वह अपने भाई के साथ खड़े थे। 'बहुत सारी बैठकें, जिनमें वकीलों के साथ बैठकें भी शामिल थीं *सामना* के दफ़्तर में हुईं। उद्धव राज के साथ सीबीआई कोर्ट में जाते थे', उसने बताया।[53]

मार्च 2011 में शिवसेना का मुक़ाबला करने वाली शीला का हृदय गति रुकने के कारण देहांत हो गया। पुष्पा भावे ने याद किया कि अपनी मृत्यु के समय शीला बहुत अवसाद में थी। संयोग से उसकी मृत्यु से कुछ समय पहले ही राज के क़रीबी दोस्त और सहयोगी राजन शिरोडकर की कम्पनी मातोश्री इन्फ्रास्ट्रक्चर ने अधिकतर किरायेदारों से सहमति लेकर लक्ष्मी निवास बिल्डिंग को फिर से बनाने का फ़ैसला किया।[54] अंततः उन्नीस मंज़िल की इमारत बनाने के लिए उस बिल्डिंग को 2013 में गिरा दिया गया।[55]

अनिच्छुक नेता या यह एक भ्रम है?

रमेश किणी मामले के प्रकाश में आने के पहले से ही उद्धव ने राजनीति में सक्रिय रूप से हिस्सा लेना शुरू कर दिया था। उनके पिता के दिल का ऑपरेशन हुआ था और जिसकी वजह से उनके चलने-फिरने के ऊपर पाबंदी थी, और राज की ही तरह उद्धव ने भी उस कमी को भरने के लिए 1996 में लोकसभा चुनाव के लिए प्रचार किया था, जिसके लिए महाराष्ट्र में मतदान मई में हुआ था। प्रचार रैलियों में बोलते हुए राज साफ़ तौर पर यह कहते थे कि वे महाराष्ट्र कैबिनेट का हिस्सा नहीं बनेंगे।[56]

रमेश किणी हत्याकांड मामले ने शिवसेना के अंदर राज के उभार को एक तरह से सीमित कर दिया था। इसके अलावा, कुछ महीने के अंदर ही मीना ताई और बिंदा की मौत हो गई थी और बाल ठाकरे का स्वास्थ्य

ख़राब था, जिसके कारण सेना प्रमुख भावनात्मक रूप से उद्धव के ऊपर अधिक निर्भर होते गए।

राज के एक पूर्व व्यवसाय सहयोगी ने यह दावा किया कि ऐसे में कुछ लोगों ने राज को लेकर उसके चाचा की राय को प्रभावित करने का काम किया। यह कहा गया कि उनकी जीवन शैली शाही थी। राज को धीरे-धीरे हाशिए पर डाल दिया गया। जल्दी ही उनको *सामना* के दफ़्तर आने के लिए मना कर दिया गया।[57]

इसके कारण अनबन शुरू हुई और उन्होंने शिवसेना छोड़कर 2006 में अपनी पार्टी का गठन कर लिया।

'वरसेल्स की संधि (1919 में प्रथम विश्वयुद्ध की समाप्ति के लिए जर्मनी और मित्र राष्ट्रों के बीच) में अडोल्फ़ हिटलर और नाज़ी शासन के उभार के बीज छिपे हुए थे, जिसके कारण दूसरा विश्वयुद्ध भी हुआ। इसी तरह, जब शिवसेना में राज का महत्त्व कम किया जाने लगा तो उसने पार्टी से अलग रास्ता अपना लिया', कॉलेज के दिनों से राज के सहयोगी रहे एक व्यक्ति ने बताया।[58] हालाँकि प्रकट तौर पर राज ने उद्धव के साथ किसी तरह के मतभेद से इनकार कर दिया।

'राज के ऊपर रमेश किणी मामले में उँगलियाँ उठ रही थीं। हो सकता है कि इसके कारण बालासाहेब को लगा होगा कि ऐसे आदमी को पार्टी में नम्बर दो के रूप में आगे बढ़ाने में ख़तरा था जिसके ऊपर दाग़ लग चुका था। ऐसा करने से शिवसेना और स्वयं उनकी अपनी छवि प्रभावित हो सकती थी। इसकी वजह से पार्टी के अंदर उद्धव का महत्त्व बढ़ने लग गया', शिवसेना की ओर से पूर्व राज्यसभा सदस्य और वरिष्ठ पत्रकार भरतकुमार राउत ने बताया।[59]

इस कारण उद्धव की राजनीतिक महत्त्वाकांक्षा तेज़ी से बढ़ने लगी। 'उद्धव अनिच्छुक नेता हैं', राउत ने कहा। उन्होंने यह भी कहा कि उनकी पत्नी रश्मि राजनीतिक रूप से महत्त्वाकांक्षी हैं और यह हो सकता है कि उद्धव ने उनके कारण फ़ैसला लिया हो।[60]

मनसे के एक पूर्व विधायक ने बताया कि किणी कांड और उसके बाद के दौर में उनके नेता को अपने आपको सीमित करने के लिए कहा गया। 'वह उन दिनों बहुत दुखी और ग़ुस्से में रहता था और शिवसेना के कामकाज से दूर ही रहता था। ऐसा महसूस हो रहा था कि इस मामले को निपटाने में पार्टी जानबूझकर समय लगा रही थी।[61]

शिवसेना के एक और नेता, जिन्होंने राज के साथ पार्टी छोड़ दी थी लेकिन जल्दी ही उनका मोहभंग हो गया, ने बताया कि 'किणी मामले ने जनता में राज की छवि को धूमिल कर दिया। पार्टी के अंदर इस तरह की खुसफुसाहट थी कि सरकार उसके साथ उस तरह से खड़ी नहीं थी जिस तरह से उसको होना चाहिए था। गृह विभाग भाजपा के पास था और कुछ लोगों को लगता था कि शिवसेना को

किनारे करने के लिए उसने इस मामले को ढीले-ढाले ढंग से लिया। सबसे बढ़कर, आशुतोष राणे को जिस तरह से बुर्क़ा पहनाकर अदालत में ले जाया गया उसको ठाकरे परिवार और ख़ासकर राज के अपमान की तरह देखा गया।'[62]

हालाँकि बीवीएस के दिनों से ही राज ठाकरे के विश्वस्त रहे नेताओं का यह दावा था कि किणी मामले के सतह पर आने के पहले से ही उनके नेता के क़द को कम करने की तैयारी हो रही थी।

'शिवसेना के अंदर राज के पर कतरने की तैयारी बहुत पहले शुरू हो गई थी', राज के साथ बीवीएस के दिनों से काम करने वाले मनसे के पूर्व विधायक ने बताया। 'बीवीएस के नेताओं और कार्यकर्ताओं को शिवसेना में महत्त्व न दिए जाने को लेकर अलिखित नीति थी। यहाँ तक कि स्थानीय शाखा प्रमुखों के दफ़्तर जाने पर बीवीएस राज्य महासचिव को भी बैठने के लिए कुर्सी नहीं दी जाती थी।'[63]

'शिवसेना में एक समूह था जो हम लोगों को दरकिनार करना चाहता था। बीवीएस के कार्यकर्ताओं तथा राज साहब के विश्वस्तों को पार्टी संगठन में ख़ास महत्त्व नहीं दिया जाता था। स्थानीय राजनीति में हम लोगों को महत्त्व नहीं दिया जाता था। शिवसेना के नेता और पार्टी पदाधिकारी राज साहब के जन्मदिन के दिन बैनर लगाने या उनके घर जाकर उन अभिवादन करने को लेकर सावधान रहते थे', मनसे के नेता यशवंत किलेदार ने बताया।[64]

उन्होंने बताया कि राज ज़मीनी नेताओं का समर्थन करते थे जिसके कारण कुछ नेताओं को परेशानी होती थी।

किलेदार ने आरोप लगाया कि जनवरी 1999 में उपनगर के सेना कार्यकर्ताओं ने प्रस्तावित भारत-पाकिस्तान मैच का विरोध करते हुए बीसीसीआई के दफ़्तर में तोड़फोड़ मचाई थी लेकिन पुलिस ने दादर से राज के समर्थकों को उठा लिया था। 'हम लोगों को सवा चार बजे घर से आतंकवादियों की तरह उठा लिया गया। हम लोगों को कड़ी सुरक्षा में अदालत ले जाया गया। हमारी अपनी शिवसेना की सरकार पुलिस की मदद से हमें धमका रही थी', उन्होंने बताया।[65]

राज के विश्वस्तों का शहर भर में उद्धव के समर्थकों के साथ झगड़ा हुआ।

'राज चालाक नेता हैं। बीवीएस के माध्यम से उन्होंने अपनी एक समानांतर शिवसेना तैयार कर ली थी। बीवीएस के नेता बालासाहेब के नहीं बल्कि राज के वफ़ादार थे', भरतकुमार राउत ने कहा, जिन्होंने उस दौर में पार्टी के बारे में लिखा था जिस दौर में वे संवाददाता थे और बाद में संपादक बनने के बाद।[66]

धीरे-धीरे बीवीएस के अंदर भी दो गुट उभर आए। एक राज का विश्वस्त था तो दूसरा गुट बेहतर संभावनाओं को देखते हुए उद्धव और पुराने नेतृत्व के साथ था। ऐसे बहुत से नेताओं को बाद में शिवसेना का हिस्सा बना लिया गया।[67]

एक वरिष्ठ पत्रकार ने कहा कि जब शिव सेना-भाजपा गठबंधन सत्ता में आया तो राज और उद्धव राज्य सरकार के अलग-अलग निगमों में अपने-अपने लोगों को नामांकित करवाने के लिए पैरवी करने लगे। नियुक्तियों की घोषणा अचानक की गई, अधिकतर नियुक्तियाँ उद्धव के विश्वस्तों की हुईं।[68]

'1997 में राज चाहते थे कि उनके लोगों को बीएमसी चुनाव में टिकट दिए जाएँ। बालासाहेब ने फ़ैसला किया कि दहिसर से बीवीएस के महासचिव और राज के विश्वस्त प्रवीण दरेकर को चुनाव लड़वाया जाए। उन्होंने दरेकर के माथे पर तिलक लगाकर आशीर्वाद भी दे दिया। लेकिन जब तक वे मातोश्री से दहिसर पहुँचे तब तक उनके स्थान पर विरोधी गुट के नेता को टिकट दे दिया गया था', राज ठाकरे के पूर्व सहयोगी ने बताया। उन्होंने यह भी बताया कि इस वजह से दोनों गुटों में संघर्ष छिड़ गया।[69]

पहले बीवीएस के लिए काम करने वाला हाजी अराफात शेख़, जो बाद में मनसे का मुस्लिम चेहरा बने, और अभी भारतीय जनता पार्टी में शामिल हैं, ने बताया कि उनके और दरेकर समेत बीवीएस के चार नेताओं से राज ने कहा कि वे उनके चाचा से जाकर मिल लें क्योंकि 1997 में बीएमसी चुनावों के लिए उनके नामांकन को लेकर बात हो गई थी। 'एक वरिष्ठ नेता ने हम लोगों से कहा कि हम लोग अभी बच्चे थे और बजाय चुनाव के लिए टिकट लेने के हम लोगों को सिनेमा देखने का टिकट ले लेना चाहिए। साफ़ था कि यह अपमान हमारा नहीं राज साहेब का था।'[70]

'दूसरे दलों में युवा शाखाओं के नेताओं को धीरे-धीरे मूल पार्टी में शामिल कर लिया जाता था। हालाँकि बीवीएस के नेताओं के लिए शिवसेना के दरवाज़े उस तरह से नहीं खुले रहते थे, जिस तरह एबीवीपी और एनएसयूआई के नेताओं के लिए उनकी पार्टी के दरवाज़े खुले रहते थे। जिसकी वजह से चालीस साल की उम्र हो जाने के बाद भी वे बीवीएस में ही अटके रहते थे', मनसे के एक कार्यकर्ता ने बताया।[71]

'बीवीएस में हम लोगों को महज़ तीन काम करने थे—मानसून के दिनों में पेड़ लगाना, स्कूल और कॉलेज में दाख़िले के समय काम करना और राज ठाकरे का जन्मदिन मनाना', शेख़ ने मज़ाक़ में कहा, जो अब भाजपा के साथ हैं।[72]

उद्धव, जो स्पष्ट रूप से अपने लिए मुख्य भूमिका बनाने में लगे हुए थे, 1997 के बीएमसी चुनाव में औंधे मुँह गिर पड़े। उन्होंने वर्ली के जंबोरि मैदान में जनसभा को संबोधित करते हुए शिव शक्ति और भीमशक्ति के बीच सहयोग की बात की।[73] '1997 तक उद्धव जी ने पार्टी के भीतर सत्ता सँभाल ली थी। निगम चुनावों में उनकी शक्ति दिखाई देती थी और बालासाहेब टिकट देने में उनकी सलाह लेते थे', शिशिर शिंदे ने बताया।[74]

जब भी दोनों भाइयों के बीच मतभेद की ख़बर आती तो राज उसको यह कहकर ख़ारिज कर देते थे कि यह सब मीडिया की कपोल कल्पना थी।[75] लेकिन मीडिया इस बारे में लगातार लिखती रही कि सेना में दरार बढ़ती जा रही थी।

वी. शंकर अय्यर ने *इंडिया टुडे* में राज ठाकरे पर एक लेख लिखा जिसमें उन्होंने राज को शिवसेना का संजय गांधी कहा।[76]

1996 में राज ने 27 लाख युवाओं को नौकरी देने के लिए शिव उद्योग सेना की शुरुआत की। बाल ठाकरे ने दशहरा रैली में इसका शुभारम्भ किया। उन्होंने 9 अप्रैल 1997 को शिवसेना भवन में इसके मुख्यालय का भी उद्घाटन किया।[77]

राज ठाकरे पहले से ही किणी हत्या विवाद में उलझे हुए थे, उन्होंने अपने आलोचकों को और मसाला दे दिया।

शिव उद्योग सेना के लिए धन जुटाने के लिए उन्होंने मुंबई में विजक्राफ़्ट के साथ मिलकर माइकेल जैक्सन के कन्सर्ट का आयोजन किया। भारत की अपनी एकमात्र यात्रा के दौरान एयरपोर्ट पर उनका स्वागत राज, उनकी पत्नी शर्मिला, बेटे अमित और अभिनेत्री सोनाली बेंद्रे ने लिया। शिवसेना के आलोचकों ने यह सवाल उठाया कि वह पार्टी हिंदू मान्यताओं व मराठी गौरव को ऊँचा उठाए रखने की बात करती है और विदेशी के नाम पर वैलेंटाइन डे का विरोध करती है वह किस तरह से एक पाश्चात्य गायक का कार्यक्रम करवा सकती है?[78]

जैक्सन सेना प्रमुख से मातोश्री में मिले, जहाँ सेना प्रमुख ने कन्सर्ट के आयोजन का श्रेय राज को दिया। बहुत बाद में शेखर गुप्ता से बात करते हुए उन्होंने माइकेल जैक्सन से मुलाक़ात की उस घटना के बारे में बताया था—जैक्सन एक महिला और अनेक बच्चों के साथ आया था, उसके बाद, बालासाहेब के अनुसार उनमें से किसी ने टॉयलेट के बारे में पूछा, और एक के बाद एक सभी बच्चे अंदर चले गए। 'एम.जे. और वह महिला भी अंदर चले गए', उन्होंने कहा। 'उसके बाद उन्होंने अंदर से दरवाज़ा बंद कर लिया और आधे घंटे तक बाहर नहीं निकले', वह बोले, और उनके कहने के अन्दाज़ से ऐसा लग रहा था कि वे सच में हैरान थे कि 'आपको क्या लगता है कि वे अंदर क्या कर रहे थे?'[79]

यह आयोजन अंधेरी स्पोर्ट्स कॉम्पलेक्स में होने वाला था, लेकिन बालासाहेब से अनबन रखने वाले उनके छोटे भाई रमेश, जो *आरोलि* नामक एक पत्रिका निकालते थे, ने किसी कार्यक्रम के लिए उस जगह को बुक करवा रखा था। जैक्सन के शो के लिए वह बुकिंग रद्द कर दी गई थी। रमेश ने यह धमकी दी कि वे आत्मदाह कर लेंगे और उनको गिरफ़्तार कर लिया गया। बाद में पारिवारिक मित्रों ने समझौते का रास्ता निकाला।[80]

हालाँकि पुलिस का आकलन था कि 1 नवम्बर 1996 को आयोजित उस कॉन्सर्ट में क़रीब 70 हज़ार लोग आए थे, जबकि विजक्राफ़्ट का दावा था कि

केवल 16,200 टिकट बेचे गए थे।[81] वैभव पुरंदरे ने अपनी किताब *बाल ठाकरे एंड द राइज़ ऑफ़ शिवसेना* में लिखा है कि शिव उद्योग सेना को उम्मीद थी कि इस आयोजन से चार करोड़ रुपए जुटाए जा सकते थे, लेकिन राज ने यह स्वीकार किया कि उनको आलोचना के अलावा कुछ भी हासिल नहीं हुआ।[82] शिव उद्योग सेना ने उसी स्थान पर 1997 में लता मंगेशकर के एक कॉन्सर्ट का आयोजन किया लेकिन लेकिन मराठी युवाओं को नौकरी और आजीविका दिला पाने का काम पूरा नहीं हो पाया।

जूलिया एम. एकर्ट ने अपनी किताब द *करिश्मा ऑफ़ डायरेक्ट एक्शन : पावर, पॉलिटिक्स एंड द शिवसेना* में लिखा है कि शिव उद्योग सेना वैसे तो स्थानीय लोगों के लिए कामकाज के संदर्भ में बहुत बड़ा बदलाव थी लेकिन वह नौकरी दिलाने के लिए काम नहीं कर रही थी बल्कि वह बेरोज़गार युवाओं को अपना उद्योग शुरू करने के लिए कहती थी। 1960 और 1970 के दशक की राजनीति में यह बहुत बड़ा बदलाव था। इसका कारण यह था कि सेना की अपनी ही सरकार थी जिसमें माँग को पूरा किया जाना चाहिए था। सेना सरकार के सदस्यों को ऐसा लगता था कि सरकारी रोज़गार कार्यालय कुशल नहीं थे, और उन्होंने सरकारी सेवा को बेहतर बनाने के बजाय सेना के स्वतंत्र रोज़गार कार्यालय की शुरुआत की, जिसके माध्यम से 1960 के दशक की स्थानीयता की राजनीति को नए सिरे से शुरू किया जा सकता था।'[83]

शिवसेना के उद्धव खेमे को इस तरह का भारी-भरकम कार्यक्रम अच्छा नहीं लगा क्योंकि यह शिव उद्योग सेना इसके माध्यम से रोज़गार दिलाने का वादा पूरा नहीं कर पाई। दूसरी तरफ़, राज के लोगों को यह अच्छा नहीं लगा कि उनको उद्धव द्वारा चुनौती दी जाए।[84]

1997 में *सामना* को दिए गए इंटरव्यू में बाल ठाकरे ने इस बात का खंडन किया कि राज दुखी थे, बल्कि उन्होंने यह कहा कि 'राज ने अपने आपको शिव उद्योग सेना के लिए समर्पित कर दिया था और वह तब तक आराम नहीं करेगा जब तक कि उसको सफल नहीं बना लेता।' उन्होंने मीडिया पर आरोप लगाया कि वह परिवार के बीच झगड़ा करवाना चाहता था और उन्होंने यह दावा भी किया कि दोनों भाइयों ने यह बात साफ़ कर रखी थी कि अगर भाइयों के बीच में राजनीति आई तो वे राजनीति को छोड़ना पसंद करेंगे[85]—आने वाले सालों में यह बात ग़लत साबित हुई।

राज ने अपने तरीक़े से वार किया। 1998 में उन्होंने सरकार के ऊपर इस बात के लिए हमला बोला कि सरकार बढ़ती बेरोज़गारी को रोक पाने में सफल नहीं हो पा रही थी और उन्होंने यह शिकायत की कि सरकार ने ख़ास तौर पर रोज़गार विभाग की स्थापना की थी जिसके प्रमुख मुख्यमंत्री मनोहर जोशी थे और बाद में

प्रमोद नवलकर बने, लेकिन उन लोगों ने इस बारे में सूचना नहीं दी कि रोज़गार बढ़ाने के लिए उन्होंने क्या उपाय किए। राज को उस विभाग के बारे में जानकारी तब दी गई, जब पार्टी के मंत्री दिवाकर रावते ने इस विभाग का काम सँभाल लिया।[86]

वैसे तो पार्टी में राज को दरकिनार करने का काम चल रहा था लेकिन कई बार वह अपनी बात मज़बूती से रखता था। मराठवाड़ा के बीड में एक रैली में बोलते हुए राज ने कहा कि अगर मनोहर जोशी को केंद्र में भेज दिया गया तो वे मुख्यमंत्री बनेंगे। हालाँकि बाद में बाल ठाकरे ने कहा कि मनोहर जोशी को हटाने का कोई सवाल ही नहीं उठता था तो राज ने तत्काल स्पष्टीकरण दिया कि उनकी बात को गम्भीरता से नहीं लिया जाना चाहिए।[87]

दोपहर का सामना के पूर्व संपादक प्रेम शुक्ला का यह कहना था कि जब दत्ताजी सालवी को दरकिनार किया गया तो राज बीकेएस को क़ाबू में करना चाहते थे लेकिन जब वे असफल हुए तो उन्होंने शिव उद्योग सेना का गठन किया।[88]

शिव उद्योग सेना मराठी युवाओं के लिए जिस एजेंडा को लागू करना चाहती थी उसके लिए उसको शिव सेना-भाजपा सरकार से किसी तरह का समर्थन नहीं मिला। शिव उद्योग सेना को पेशेवर प्रशिक्षण के लिए राज्य सरकार से अनुमति 1999 में कांग्रेस-एनसीपी की सरकार आने के बाद मिली। उस समय राज साहेब ने विभाग के प्रभारी मंत्री स्वर्गीय पतंगराव क़दम से निजी तौर पर बात की', यशवंत किल्लेदार ने बताया जो शिव उद्योग सेना के प्रशासनिक इकाई के अध्यक्ष थे।[89]

किल्लेदार का आरोप यह था कि शिवसेना की अंदरूनी राजनीति एवं भगवा गठबंधन सरकार से समर्थन न मिल पाने के कारण शिव उद्योग सेना का एजेंडा सफल नहीं हो पाया।

'शिव उद्योग सेना ने कॉन्सर्ट आयोजित करके धन कमाया और उसका ख़र्च बैंक में जमा राशि के ब्याज से चलता था। 'शिवसेना के नेता हम लोगों से युवाओं के सहयोग से करियर काउन्सलिंग सेमिनार और नौकरी मेले आयोजित करवाने के लिए कहते थे और इस बात का वादा भी करते थे कि वे ख़र्च वापस कर देंगे। पैसे शायद ही कभी हमारे पास आते थे। जिसकी वजह से शिव उद्योग सेना आर्थिक संकट में रहता था', किल्लेदार ने कहा।[90]

भरतकुमार राउत ने कहा कि करिश्मा और आभामंडल के बावजूद राज अपने अधिकतर अभियानों और बड़ी-बड़ी योजनाओं को आगे बढ़ा पाने में असफल ही रहे, जिसमें शिव उद्योग सेना भी शामिल थी। 'वह सामाजिक, सांस्कृतिक और आर्थिक प्रभाव पैदा कर पाने में असफल ही रहे...राज का पूरा ज़ोर बोलने पर रहता था। वह अच्छा बोलते हैं, लेकिन शायद ही कभी उन बातों को काम में आज़मा पाते हैं', उन्होंने कहा।[91]

समानांतर सत्ता केंद्र

मीनाताई के निधन के बाद ठाकरे परिवार में सत्ता का एक नया केंद्र उभर आया—बाल ठाकरे के दूसरे बेटे जयदेव की पत्नी स्मिता।

जयदेव के साथ ठाकरे का संबंध उतार-चढ़ाव से भरा था, यहाँ तक कि *सामना* में एक इंटरव्यू में उन्होंने यहाँ तक कह दिया था : 'यह लड़का एक त्रासदी है।' यह ख़बर *टाइम्स ऑफ़ इंडिया* में छपी थी।[92] रपट में कहा गया था कि परेशानी की शुरुआत 1990 के दशक के आरम्भ में हुई जब जयदेव अपनी पहली पत्नी जयश्री कालेलकर से अलग हो गए, जो प्रसिद्ध मराठी लेखक मधुसूदन कालेलकर की बेटी थी। दोनों का एक लड़का था, और बाल ठाकरे को ऐसा लगता था कि इस अलगाव से परिवार को चोट पहुँची थी।[93]

जयदेव ने बाद में स्मिता चित्रे से विवाह किया जो रिसेप्शनिस्ट का काम करती थी और उसका जन्म एक मध्यवर्गीय महाराष्ट्रियन परिवार में हुआ था। यह प्रेम विवाह था, लेकिन घर में मतभेद बढ़ने के कारण वह उससे अलग हो गए और मातोश्री से बाहर रहने लगे। मीनाताई की मृत्यु के बाद बाप-बेटे में मतभेद बढ़ गए।[94] जब शिव सेना-भाजपा की सरकार सत्ता में आई तो सेना से जुड़े अंदरूनी सूत्रों का कहना है कि जयदेव ने कुछ समय के लिए सत्ता केंद्र के रूप में अपनी जगह बनानी चाही थी लेकिन जल्दी दरकिनार कर दिए गए।

जयदेव पहले रुइया कॉलेज में पढ़ते थे। वे उस समय विवादों में घिर गए थे जब शिव सेना-भाजपा के शासन काल में उन्होंने संजय गांधी राष्ट्रीय उद्यान में हिरण का शिकार किया था। जयदेव आजकल अपनी तीसरी पत्नी अनुराधा और बेटी माधुरी के साथ कलनागर में मातोश्री के पास ही रहते हैं, स्मोकिंग पाइप जमा करते हैं, काले कैनवास पर पेंटिंग करते हैं और उन्होंने लकड़ी पर नक्काशी करने का काम भी सीख रखा है।[95]

जब स्मिता का क़द शक्तिशाली हो गया तो शिवसेना के पुराने नेताओं का कहना है कि खेमे फिर बन गए। तत्कालीन मुख्यमंत्री मनोहर जोशी, उद्धव और शिवसेना के पुराने नेता एक तरफ़ थे तो राज, स्मिता और नारायण राणे दूसरी तरफ़।[96]

हालाँकि मनोहर जोशी के बेटे उन्मेश के साथ राज की दोस्ती बरकरार रही, जिसके साथ उन्होंने 2005 में शिवाजी पार्क के पास शिवसेना भवन के सामने कोहिनूर मिल नम्बर 3 की 4.8 एकड़ ज़मीन ख़रीदी थी। तब एनटीसी ने 421 करोड़ रुपए में उसकी नीलामी की थी। 2009 में राज ने इस सौदे से अलग होते हुए अपना हिस्सा 62 करोड़ रुपए अधिक भुगतान लेकर बेच दिया था, जबकि मीडिया रिपोर्ट का यह कहना था कि यह रक़म कम से कम पाँच गुना अधिक थी।[97]

जनवरी 2019 में *मुंबई मिरर* में एक स्टोरी आई थी जिसमें यह बताया गया था उन्मेश का कोहिनूर स्क्वायर परियोजना के ऊपर से नियंत्रण ख़त्म हो गया था और जो संदीप शिर्के को चली गई थी, जिनकी प्रमादेवी में विनिर्माण कम्पनी थी, जिसमें दो ग्लास टावर थे, एक आवासीय परिसर, एक पाँच सितारा होटल तथा व्यावसायिक और अन्य तरह के आवासीय परिसर थे। इसके बाद यह अलग-अलग बैंकों के 900 करोड़ रुपए के ऋण को चुका पाने में असफल साबित हुआ।[98]

स्मिता के बारे में जुलाई 1999 में *इंडिया टुडे* में छपा था कि फ़िल्म निर्माता के रूप में उनका नाटकीय उभार हुआ था। उनकी पहली फ़िल्म का निर्माण हीरा व्यापारी भरत शाह ने किया था। उसमें यह भी लिखा गया था कि जब उनकी फ़िल्म *हसीना मान जाएगी* 25 जून को रिलीज होने वाली थी तो पता चला कि आमिर खान की फ़िल्म *मन* 2 जुलाई को रिलीज होने वाली थी। उसमें लिखा था कि स्मिता ने बड़े प्यार से निर्माताओं को इसके लिए तैयार कर लिया कि वे उस फ़िल्म की रिलीज़ को 9 जुलाई तक के लिए टाल दें, जिससे उनकी फ़िल्म के साथ उसका मुक़ाबला टल गया।[99]

जोशी को शिवसेना का सबसे बड़ा खिलाड़ी माना जाता था। अपने मुख्यमंत्रित्व काल में भी उन्होंने अपने इस रूप को बनाए रखा। गठबंधन की सरकार के तनाव का प्रबंधन में अच्छी तरह करते रहे, सबसे बढ़कर अप्रत्याशित स्वभाव के बाल ठाकरे को सँभाले रहे, जो इस बात को जताने का कोई मौक़ा नहीं छोड़ते थे कि असल में बॉस कौन था।

ठाकरे की समांतर सत्ता तथा सरकार (जोशी) और शिवसेना के बीच सत्ता के दो केंद्र के होने के अपने तनाव थे।

नवम्बर 1995 में विवादास्पद एनरोन कॉरपोरेशन की सीईओ रेबेका मार्क भारत आई थी, रत्नागिरि में जिसके पावर प्रोजेक्ट को शिवसेना और भाजपा ने यह वादा किया था कि अगर वे चुनाव जीत गए तो अरब सागर में फेंक देंगे। वह मनोहर जोशी के मिलने उनके दफ़्तर आने वाली थी। जोशी समय के बहुत पाबंद थे। जब उसको आने में देरी हुई तो जोशी ने मुलाक़ात रद्द कर दी, लेकिन उनको इस बात का पता नहीं था कि मार्क पार्टी प्रमुख के साथ मातोश्री में थी। ठाकरे को यह बताया गया कि जोशी को इस बात का ग़ुस्सा था कि मार्क पहले ठाकरे से क्यों मिली लेकिन जोशी सर ठाकरे को ठंडा कर पाने में कामयाब रहे।

जब एयरपोर्ट बनाने के लिए सरकार ने हिंदुजा समूह के साथ एमओयू का प्रस्ताव रखा तो ठाकरे ने फिर सार्वजनिक रूप से जोशी के ऊपर हमला किया तथा *सामना* अख़बार अक्सर शिव सैनिक-भाजपा सरकार के कामकाज को लेकर

तीखी टिप्पणियाँ करता रहता था। वैभव पुरंदरे ने ध्यान दिलाया है कि ठाकरे ने जोशी के ऊपर भ्रष्टाचार का आरोप भी लगाया, और शायद वे किसी सत्तारूढ़ पार्टी के अकेले ऐसे सर्वेसर्वा थे जिन्होंने अपने ही मुख्यमंत्री के ऊपर भ्रष्टाचार का आरोप लगाया हो।[100]

1998 के लोकसभा चुनाव में जब शिवसेना का प्रदर्शन बहुत बुरा रहा तो ठाकरे ने राज्य सरकार के ऊपर अकुशलता का आरोप लगाया और सक्रिय राजनीति से संन्यास की घोषणा कर दी। उन्हें अपनी घोषणा को वापस लेना पड़ा क्योंकि गुस्साए शिवसैनिक मातोश्री के सामने जमा हो गए और वहाँ मौजूद सेना के कुछ मंत्रियों और विधायकों के साथ धक्का-मुक्की भी की।[101]

जोशी को अपने संबंधों में भाजपा और शरद पवार के साथ संतुलन बनाए रखना पड़ता था। उस काल में जिन पत्रकारों ने राज्य सरकार के कामकाज को कवर किया था उनका कहना था कि उन दिनों यह अफ़वाह उड़ती रहती थी कि जोशी के दिन गिनती के रह गए थे, जिसके बाद अगले दिन मुख्यमंत्री जाकर शिवसेना प्रमुख को मना लेते थे।

अपनी आत्मकथा में मनोहर जोशी के उत्तराधिकारी नारायण राणे ने लिखा है कि जबकि बाल ठाकरे ने यह दावा किया था कि वह रिमोट कंट्रोल से सरकार चलाएँगे, लेकिन ऐसा लगता था कि जोशी का अपना एजेंडा था और रिमोट कंट्रोल में जो बटन दबाया जाता था वे उसका ठीक से जवाब नहीं देते थे।[102]

इतने झंझावातों को सहन कर लेने के बाद लगता है जोशी के भाग्य ने उनका साथ छोड़ दिया। 'जोशी के ख़िलाफ़ ग़ुस्सा तो था ही यह भावना भी काम कर रही थी कि यह सम्भव नहीं था कि 1999 के चुनाव में एक ब्राह्मण मुख्यमंत्री के साथ उतरा जाए (अन्य समुदायों के मुक़ाबले ब्राह्मणों की संख्या कम थी और राजनीतिक रूप से उनका कोई महत्त्व नहीं था)। इस बात को लेकर भाजपा भी असहज महसूस कर रही थी', जैसा कि शिवसेना के एक पूर्व नेता ने बताया।[103]

मुंबई हाई कोर्ट में एक मुकदमा दायर किया गया जिसमें यह आरोप लगाया गया था कि पुणे के प्रभात रोड पर एक बहुत अच्छी संपत्ति जिसको एक प्राथमिक विद्यालय के लिए सुरक्षित रखा गया था, को अनारक्षित कर दिया गया ताकि वह जोशी के दामाद और बिल्डर गिरीश व्यास के हित में हो सके। जोशी के ऊपर यह आरोप था कि उन्होंने ज़मीन की प्रकृति को बदलने में हामी भरी थी। यह विवाद मुख्यमंत्री के पद से जोशी की विदाई का प्रमुख कारण बना। 2011 में उच्चतम न्यायालय ने इस मामले में जोशी को दोषी पाया।[104]

मनोहर जोशी सरकार आंतरिक संघर्षों में भी उलझी रही, जिसके मंत्री गणेश नाइक, गुलाबराव गवांडे और सुरेश नवले ने नेतृत्व से विद्रोह कर दिया।[105]

30 जनवरी 1999 को शिवसेना का एक कार्यकर्ता आशीष कुलकर्णी जोशी से मिलने के लिए गया। जोशी उस समय दोपहर की नींद से जगे थे। उसने जोशी के हाथ में बाल ठाकरे का पत्र दिया जिसमें उन्होंने उनके इस्तीफ़े की माँग की थी। जोशी ने दो पंक्ति का अपना इस्तीफ़ा पत्र राज्यपाल पी.सी. अलेक्ज़ेंडर को सौंप दिया। कुलकर्णी, जिसने वाधिवकर और वरिष्ठ नेता सुभाष देसाई के साथ उस पत्र को लिखने में ठाकरे की मदद की थी, ने 2005 में राज के साथ शिवसेना छोड़ दी। बाद में कुलकर्णी कांग्रेस में शामिल हो गए।[106]

जूलिया एम. एकर्ट ने लिखा कि शिव उद्योग सेना ने इस बात का दावा किया कि उसने महाराष्ट्र के 3.79 मिलियन बेरोज़गार युवाओं के लिए 2.7 मिलियन नौकरियों का सृजन किया था, जबकि पूर्व मुख्यमंत्री मनोहर जोशी ने 732 करोड़ की रोज़गार संबंधी जिन योजनाओं की शुरुआत की थी उनका कोई असर नहीं पड़ा। *सामना* ने मनोहर जोशी को मुख्यमंत्री पद से हटाने संबंधी निर्णय को उचित ठहराने के लिए उसका उपयोग किया।[107]

1952 में जन्मे नारायण राणे शिवसेना के ऐसे नेता थे जिन्होंने मुंबई पूर्वी उपनगर चेम्बूर में सड़क पर संघर्ष करने वाले शिव सैनिक के रूप में अपनी अच्छी छवि बनाई थी। उनको मनोहर जोशी के स्थान पर मुख्यमंत्री बनाया गया। उनके पक्ष में निर्णय होने वाले पहलुओं में एक पहलू यह भी था कि बाल ठाकरे की शक्तिशाली बहू स्मिता ने उनको समर्थन दिया था।

दूसरे कार्यकाल की विफलता

जब शिव सेना-भाजपा सरकार का गठन हुआ था तब राणे पशुपालन और डेयरी विकास मंत्री थे। राजस्व मंत्री सुधीर जोशी जब दुर्घटना में घायल हो गए तो वह महत्त्वपूर्ण मंत्रालय नारायण राणे को दिया गया। शिवसेना के अंदरूनी सूत्रों का यह दावा है कि जोशी के हटने के बाद के महीनों में राणे ने अपने पत्ते ठीक तरह से फेंटे जिससे कि यह संदेश जाए कि किस तरह बदलाव की ज़रूरत थी और वह इसके लिए सबसे उचित उम्मीदवार थे।[108]

'शिवसेना जोशी के स्थान पर एक मराठा को लाना चाहती थी', शिवसेना के एक सूत्र का कहना था। मराठा-कुनबी महाराष्ट्र की आबादी के तीस प्रतिशत हैं और वे बहुत प्रभावी हैं वहाँ की राजनीति में। 'हालाँकि, विधानसभा अध्यक्ष दत्ताजी नलवाड़े के नाम के ऊपर भी विचार किया गया लेकिन लेकिन चुनाव राणे का किया गया क्योंकि उनको एक ऐसे नेता के रूप में देखा जाता था जो काम भी करवा सकते थे और चुनाव के लिए धन भी जुटा सकते थे।'[109]

सबसे बढ़कर उनकी छवि आक्रामक योद्धा की थी, जो सफ़ेदपोश मनोहर जोशी के विपरीत शिवसेना की छवि से अधिक मेल खाती थी। मनोहर जोशी के

बारे में 7 फ़रवरी 1999 को *सामना* में कार्यकारी संपादक संजय राउत ने लिखा कि उन्होंने व्यवसाय प्रबंधक के रूप में अधिक काम किया।[110]

'उद्धव को ऐसा नहीं लगता था कि मनोहर जोशी को उस समय बदला जाना चाहिए। इसके बाद उद्धव, जोशी और देसाई एक गुट में आ गए जबकि दूसरी तरफ़ थे राज, राणे और स्मिता। उद्धव मृदुभाषी थे और राणे को वे पसंद नहीं करते थे। राणे आक्रामक और मुखर थे, लेकिन उद्धव अंततः जोशी को हटाए जाने के फ़ैसले के साथ रहे', एक पुराने शिवसेना नेता ने बताया।[111] 1999 के बाद से उद्धव और राज के बीच संबंध लगातार बिगड़ते रहे। हालात और इस वजह से बिगड़ते रहे क्योंकि भाजपा और एनसीपी के लोग भी इस झगड़े में शामिल होते रहे', उन्होंने कहा।

उनका कहना था कि मीनाताई की मृत्यु के कारण भी परिवार में हालात जटिल हो गए थे और उद्धव, रश्मि तथा उसकी भाभी स्मिता उस कमी को भरने की कोशिश कर रहे थे। इस घरेलू राजनीति के कारण घर में राज और स्मिता एक तरफ़ आ गए तो उद्धव दूसरी तरफ़।

'महाराष्ट्र में सत्ता में आना ठाकरे परिवार के लिए अशुभ साबित हुआ', एक पारिवारिक मित्र का कहना था। 'माँ और बिंदा की मृत्यु हो गई, उसके बाद परिवार में मतभेद उभर आए। 1995 से 1999 के दौरान जब महाराष्ट्र में शिवसेना सत्ता में थी तो उनका परिवार बिखरने लगा', उन्होंने आगे बताया।[112]

उद्धव ने धीरे-धीरे स्मिता को शिवसेना की अंदरूनी राजनीति में बाहर कर दिया। स्मिता 2008 में राज्यसभा में आने के लिए कोशिश कर रही थीं, लेकिन वह सीट भरतकुमार राउत के हिस्से में चली गई। 2009 में स्मिता ने राज्यसभा में जाने के लिए कांग्रेस की तरफ़ भी हाथ बढ़ाने की कोशिश की लेकिन वहाँ उनको कोई भाव नहीं मिला।

'राणे के मुख्यमंत्री बन जाने के बाद राज की स्थिति अधिक सहज हो गई। शिवसेना भाजपा के ज़ोर देने पर छह महीने पहले ही लोकसभा चुनावों के साथ विधानसभा चुनाव करवाने के लिए तैयार हो गई। हालाँकि उन्होंने इस बात के ऊपर ध्यान नहीं दिया कि शरद पवार के नेतृत्व में एनसीपी का उभार हुआ था। 1999 में शरद पवार ने जब सोनिया गांधी के विदेशी मूल के मुद्दे को उठाया तो उनको कांग्रेस से निलम्बित कर दिया गया और फिर उन्होंने कांग्रेस के अनेक विधायकों को अपने पाले में किया और नई पार्टी बना ली।[113]

1999 में मुंबई के उत्तरी इलाक़े उत्तन में रामभाऊ म्हालगी प्रबोधिनि (आरएमपी) में शिवसेना के सम्मेलन के दौरान पत्रकार वागीश सारस्वत का यह दावा है कि राणे ने उनको उद्धव से उनके मुख्यमंत्री बनने की सम्भावनाओं के बारे में पूछने के लिए कहा। 'तब पहली बार उद्धव ने इस बात को स्वीकार किया कि वह मुख्यमंत्री बनना चाहते थे', उन्होंने कहा।[114]

उसी साल लोकसभा में विश्वास मत हारने के बाद भाजपा नए सिरे से चुनाव में जा रही थी। भाजपा ने ज़ोर दिया कि लोकसभा चुनाव के साथ ही विधानसभा चुनाव करवाए जाएँ। बाल ठाकरे शुरू में इसके पक्ष में नहीं थे लेकिन बाद में वे तैयार हो गए।

राज ने राणे के लिए जमकर प्रचार किया। उद्धव ने भी राज्यव्यापी दौरा किया, सार्वजनिक सभाओं को संबोधित किया। इस अभियान के दौरान दोनों भाइयों के मतभेद उभरकर सामने आ गए। बहुत सोच-समझकर बोलने वाले मनोहर जोशी की शिवसेना की आधिकारिक जीवनी कई मामलों में बहुत खुलकर बात रखती है। जोशी ने 1999 में चुनाव प्रचार के दौरान दोनों भाइयों के बीच हुई बड़ी लड़ाई के बारे में बताया है। बीवीएस के कार्यकर्ताओं ने शिवसेना नेता सुभाष देसाई को फ़ोन पर धमकी दी। बाद में शिवसेना प्रमुख ने बीच-बचाव करके मामले को सुलझाया।[115]

केंद्र में वाजपेयी सरकार तो चुनकर वापस आ गई लेकिन महाराष्ट्र में सेना और भाजपा के बीच के मतभेद के कारण विधानसभा चुनाव पर उसका प्रभाव पड़ा। उनको 288 सीटों की विधानसभा में क्रमश: 69 और 56 सीटें मिलीं, जबकि कांग्रेस को 75 सीटें और एनसीपी को 58 सीटें मिलीं।[116]

नारायण राणे ने इसका दोष उद्धव के माथे मढ़ दिया। अपनी आत्मकथा में राणे ने दावा किया है कि जब सेना ने अपने उम्मीदवारों की सूची को अंतिम रूप दे दिया था तब उद्धव ने उनमें से 15 लोगों के टिकट बदलकर अपनी पसंद के लोगों को दे दिए, जिसके लिए कोई तैयार नहीं था। उन्होंने आगे यह कहा कि जिन उम्मीदवारों को उद्धव ने बदल दिया वे इतने नाराज़ हो गए कि उन्होंने या तो स्वतंत्र रूप से या चुनाव लड़ा या दूसरी पार्टियों के टिकट पर। उनमें से 11 उम्मीदवार चुनाव जीत गए। अगर ये उम्मीदवार शिवसेना के साथ रहे होते तो शिवसेना के सीटों की संख्या 80 हो जाती, और वे सत्ता में वापस आ जाते।[117]

बहुत से स्वतंत्र उम्मीदवार जो पहले कांग्रेस में थे और जिन्होंने बाद में भगवा गठबंधन को समर्थन दिया था, अब एनसीपी में शामिल हो गए। जोशी का यह कहना है कि शिवसेना ने भाजपा से बिना पूछे मुख्यमंत्री के रूप में राणे का नाम तय कर लिया, जिसके कारण सहयोगी दल नाराज़ हो गया और गठबंधन का उसका असर पड़ा।[118] भाजपा नेता गोपीनाथ मुंडे वंजारी समुदाय के एक शक्तिशाली नेता थे और उन्होंने महाराष्ट्र में भाजपा का सामाजिक और राजनीतिक विस्तार में योगदान किया था। वे जोशी और राणे दोनों के कार्यकाल के दौरान उप मुख्यमंत्री थे। अब वे राज्य के सर्वोच्च पद की माँग कर रहे थे।

राणे का कहना था कि सदन में उनकी 136 सीटें थीं, जो बहुमत से 11 कम थीं, इसलिए उन्होंने छोटी पार्टियों तथा अन्य निर्दलीय विधायकों से बात शुरू कर दी और उन्होंने 145 विधायकों तक इस समर्थन को पहुँचा दिया। आगे उन्होंने

कहा कि इस बीच मुंडे अपनी राजनीति में लगे हुए थे, और वे मुख्यमंत्री बनने के लिए एनसीपी तथा अन्य के साथ बातचीत में लगे हुए थे। मुंडे की पत्नी के भाई क़द्दावर भाजपा नेता प्रमोद महाजन ने राणे से कहा कि वे इतने सारे निर्दलीय उम्मीदवारों के साथ सरकार का गठन नहीं कर सकते। यह सब इसके बावजूद था कि 1995 में भगवा गठबंधन निर्दलीय विधायकों के समर्थन से ही सरकार बना पाई थी। भाजपा के राज्य प्रमुख सूर्यभान वाहदने पाटिल ने विधायकों के समर्थन वाली सूची पर हस्ताक्षर करने से इनकार कर दिया क्योंकि उनको मुंडे और महाजन की तरफ़ से हरी झंडी नहीं मिली थी।[119]

शिवसेना के एक पूर्व नेता ने बताया कि भाजपा मुख्यमंत्री का पद चाहती थी या यह चाहती थी उस पद पर बारी-बारी से दोनों दलों के नेता आएँ।[120]

बाल ठाकरे ने चिढ़ कर बाद में एक प्रेस कॉन्फ्रेंस में कहा कि बेहतर यही होगा कि भाजपा संख्या जुटाकर सरकार बना ले और शिवसेना उसको बाहर से समर्थन देगी।[121]

महाराष्ट्र के तत्कालीन राज्यपाल पीसी अलेक्ज़ेंडर ने अपनी आत्मकथा *थ्रू द कॉरिडोर्स ऑफ़ पावर : ऐन इनाइडर्स स्टोरी* में लिखा है कि शिव सेना-भाजपा गठबंधन के बीच मुख्यमंत्री के पद को लेकर मुश्किल खड़ी हो गई, क्योंकि भाजपा उस पद को मुंडे के लिए चाहती थी और सेना ने 1995-1999 के दौरान सरकार का नेतृत्व किया था।[122]

अलेक्ज़ेंडर ने यह भी लिखा है कि इस तरह की अफ़वाहें भी थीं कि भाजपा और एनसीपी किसी तटस्थ अराजनीतिक व्यक्ति को मुख्यमंत्री बनाकर सरकार बनाने के बारे में गुपचुप चर्चा में लगी हुई थीं। इस तरह के क़यास भी लगाए जा रहे थे कि अगर एक निश्चित तिथि तक उपयुक्त सरकार का गठन नहीं हो पाया तो केंद्र सरकार राज्यपाल शासन लागू करने के बारे में सोच रही थी।[123]

बाद में राज ने कहा कि इस घटना के कारण बाद में दोनों दलों के बीच की दरार बढ़ने लगी।[124]

1999 के चुनाव के बाद की इस अनिश्चितता के दौरान खानदेश के एक ग़ैर महाराष्ट्रीय नेता ने शिवसेना को यह प्रस्ताव दिया कि अगर उसको मुख्यमंत्री का पद दिया जाए तो वह निर्दलीय तथा छोटे दलों के समर्थन से सरकार बना सकते थे। सेना प्रमुख ने तत्काल इस बात को परे कर दिया।[125]

बाद में, भाजपा नेता और मुंडे के साले प्रमोद महाजन ने शिवसेना प्रमुख बाल ठाकरे के साथ अपने विशेष संबंधों के आधार पर शांति दूत की भूमिका निभाई जिसके अनुसार मुख्यमंत्री का पद शिवसेना के पास ही रहने वाला था।[126] हालाँकि तब तक बहुत देर हो चुकी थी। पवार ने कांग्रेस के साथ अपनी कड़वाहट को दरकिनार किया और कांग्रेस-एनसीपी ने पी.सी. अलेक्ज़ेंडर से मिलकर 151 विधायकों के साथ मिलकर सरकार बनाने का दावा पेश कर दिया।[127]

18 अक्टूबर 1999 को कांग्रेस के विलासराव देशमुख ने महाराष्ट्र के मुख्यमंत्री पद की शपथ ली। शिवसेना के पुराने आलोचक छगन भुजबल को उप मुख्यमंत्री का पद दिया गया। भुजबल को महत्त्वपूर्ण गृह मंत्रालय भी दिया गया। राणे नेता प्रतिपक्ष बनकर ही संतुष्ट रहे।

1999 में कांग्रेस के उम्मीदवार मर्ज़बान पत्रावला मुंबई के दक्षिणी सिरे के कोलाबा से विधायक निर्वाचित हुए थे। पत्रावला वक़ील थे और 52 साल की उम्र में शपथ ग्रहण से पहले ही हृदयाघात के कारण उनका निधन हो गया। उनकी विधवा दीनाज ने कांग्रेस और एनसीपी से टिकट लेने का प्रयास किया लेकिन आख़िरकार शिवसेना ने उनको अपना उम्मीदवार बनाया।

उपचुनाव के माध्यम से शिवसेना विधानसभा में अपनी संख्या बढ़ाना चाहती थी ताकि उसके उत्साह में वृद्धि हो। सबसे बढ़कर पार्टी की छवि भी अच्छी हो जाती। दीनाज पारसी थी तो अल्पसंख्यक लेकिन प्रभावशाली समुदाय उनका था। दीनाज को कांग्रेस के निगम पार्षद ऐनी शेखर के ख़िलाफ़ उतारा गया।

'बालासाहेब चाहते थे कि उद्धव और राज दोनों दीनाज के चुनाव प्रचार में हिस्सा लें। लेकिन अंतिम समय में राज ने अपने क़दम पीछे खींच लिए। इसको अनादर के रूप में देखा गया', एक वरिष्ठ राजनीतिक पत्रकार ने कहा। आख़िरकार, दीनाज अपने पति की सीट को 2,500 से अधिक मतों से जीतने में सफल रहीं।[128]

राज ने अंततः क़रीब एक साल तक शिवसेना की गतिविधियों से दूर रहने के बाद, अमरावती में नवम्बर 2000 में आयोजित पार्टी के सम्मेलन में शामिल होकर अपनी ताक़त दिखाने का फ़ैसला किया, जिसमें उनके समर्थक चालीस गाड़ियों के क़ाफ़िले में बैठकर मुंबई से अमरावती पहुँचे। उन्होंने मुंबई के बोरिवली में आयोजित पार्टी की गतिविधि में हिस्सा लेकर भी अपनी उपस्थिति दर्ज करवाई।[129]

राणे की असफल कोशिश

राणे राजनीति में शक्ति प्रदर्शन के लिए जाने जाते थे लेकिन उनको अपने ही इलाक़े में बहुत शर्मिंदगी का सामना करना पड़ा। दिसम्बर 2002 में अपनी पार्टी के कार्यकर्ता सत्यविजय भिसे की कथित तौर पर शिवसेना के कार्यकर्ताओं द्वारा हत्या किए जाने के बाद एनसीपी के क्रुद्ध कार्यकर्ताओं ने सिंधुदुर्ग के कणकवली इलाक़े में उनके घर में आग लगा दी। एक अख़बार ने यह लिखा कि एनसीपी द्वारा अपने कार्यकर्ता की हत्या किए जाने की 'हिंसक प्रतिक्रिया थी बंगले में आग लगाना...।'[130]

प्रकाश अकोलकर ने लिखा है कि राणे पर हमले के बावजूद शिवसेना के बाक़ी नेता ख़ामोश ही रहे और न तो किसी बड़े नेता ने उनको दिलासा दिया, न ही

उनके समर्थन में कुछ कहा। इससे यह संदेश गया कि जब से उद्धव ने शिवसेना का ज़िम्मा सँभाला है तब से राणे को अलग-थलग कर दिया गया है।[131]

राणे के सहयोगियों ने यह आरोप लगाया कि सेना के जो नेता समर्थन में कणकवली की तरफ़ जा रहे थे, उनको उद्धव के इशारे पर पार्टी के नेताओं द्वारा रोक दिया गया। इसके बाद उद्धव और राणे के बीच तलवारें खिंच गईं।[132]

2002 में, राणे ने विलासराव देशमुख की सरकार को गिराकर महाराष्ट्र की सत्ता में दुबारा क़ाबिज़ होने का प्रयास किया।

पीडब्ल्यूपी राज्य में कांग्रेस की प्रमुख विरोधियों में एक थी और इसके नेतागण केशवराव जेधे, शंकरराव मोरे, प्रभाकर पाटिल और माधवराव बाग़ल ग़ैर ब्राह्मण आंदोलन से निकले थे। हालाँकि बरसों से इसके नेताओं के टूट-टूट कर कांग्रेस में जाने के कारण इसका आधार सिमट गया था। मुंबई के पास रायगढ़ ज़िले में इसका आधार रह गया था, जहाँ स्थानीय आगरी और कोली समुदाय में इसका समर्थन रह गया था। यह पार्टी अपने आपको मार्क्सवादी कहती थी और ज़िले में इसका नेतृत्व जयंत पाटिल कर रहे थे, जो वरिष्ठ पीडब्ल्यूपी नेता प्रभाकर पाटिल के बेटे थे और व्यवसायी भी थे। दुबई और आस्ट्रेलिया में उनका शिपयार्ड था, वे फेरी बोट सेवा चलाते थे और मराठी में उनका एक स्थानीय अख़बार भी था।[133]

2002 में, देशमुख कैबिनेट में राज्य मंत्री एनसीपी नेता सुनील तटकरे ने पीडब्ल्यूपी के साथ अपनी पार्टी का तालमेल तोड़ते हुए शिवसेना के उम्मीदवार अपेक्षा कारेकर को रायगढ़ ज़िला परिषद का अध्यक्ष निर्वाचित करवाया और एनसीपी को उपाध्यक्ष का पद मिला। कारेकर ने जयंत पाटिल की पत्नी सुप्रिया को हरा दिया था। ग़ुस्साए जयंत पाटिल ने तटकरे को हटाए जाने की माँग की जिसमें सफल नहीं होने के कारण उसने पाँच विधायकों को सरकार से बाहर कर लिया।

अपनी पार्टी द्वारा किनारा किए जाने के कारण तटकरे ने मार्च में मंत्री पद से इस्तीफ़ा दे दिया, लेकिन इससे पहले विधानसभा में उन्होंने पीडब्ल्यूपी पर गुंडागर्दी का आरोप लगाया।[134]

जून में, तटकरे को शरद पवार के भतीजे और जल संसाधन मंत्री तथा उनके गुरु अजित पवार के कहने पर वापस मंत्रिमंडल में शामिल कर लिया गया। ग़ुस्से में पीडब्ल्यूपी ने सरकार से समर्थन वापस ले लिया, जिसके कारण संकट खड़ा हो गया। कुल मिलाकर दस विधायकों ने देशमुख सरकार से अपना समर्थन वापस ले लिया, जिसमें पीडब्ल्यूपी, सी.पी.एम. और निर्दलीय विधायक शामिल थे, जिसके कारण सदन में जनतांत्रिक मोर्चे की ग्यारह महीने पुरानी सरकार के विधायकों की संख्या 145 रह गई।[135]

इसके कारण शिवसेना और भाजपा को एक मौक़ा मिल गया। राणे ने यह कहा कि चाँदी की तश्तरी में रखकर दिए गए इस मौक़े को वे जाने नहीं दे सकते थे।[136]

संकट को टालने के लिए तीन निर्दलीय विधायकों को मंत्री पद की शपथ दिलाई जानी थी, उससे पहले ही राणे और मुंडे ने एनसीपी के तीन असंतुष्ट विधायकों को राज्यपाल के सामने हाज़िर करवाया। अगले दिन तक उन लोगों ने एनसीपी के पाँच, जनता दल (एस) के एक और कांग्रेस के एक विधायक का समर्थन अपने पक्ष में जुटा लिया। राणे ने दावा किया कि 11 जून तक उनके पास 25 विधायकों का समर्थन आ चुका था। इसके अलावा एक वरिष्ठ कांग्रेस नेता का खुला समर्थन भी उनके साथ था।[137] असंतुष्ट विधायकों को जोगेश्वरी के मातोश्री स्पोर्ट्स कॉम्प्लेक्स में रखा गया था, जिसका कामकाज शिवसेना के रविंद्र वायकर देखते थे। एनसीपी की नेता शालिनीताई पाटिल, जो पूर्व मुख्यमंत्री वसंतदादा पाटिल की विधवा थीं, ने भी अपना समर्थन वापस ले लिया।[138]

'इस कार्रवाई को बालासाहेब और उद्धव का समर्थन हासिल था। इसका कारण यह था कि एनसीपी के अंदर बड़े नेताओं में छगन भुजबल के सिरचढ़े व्यवहार को लेकर असंतोष था। एनसीपी के कुछ नेता कांग्रेस से इस बात से भी दुखी थे क्योंकि वह उनके चुनाव क्षेत्र में उनको महत्त्व नहीं दे रही थी, इसलिए उनको यह अधिक राहत देने वाला लग रहा था कि सत्ता में भगवा गठबंधन आ जाए', पश्चिमी महाराष्ट्र के एक नेता का कहना था, जो राजनीति की इस रस्साकशी में बड़े खिलाड़ियों में शामिल थे।[139]

उस राजनेता का दावा यह था कि बड़े पैमाने पर पैसा लगाया गया था। लेकिन यह कार्रवाई असफल रही क्योंकि कुछ नेताओं ने अपने कहे का पालन नहीं किया और पीडब्ल्यूपी के पाटिल जिन्होंने इस कार्रवाई को हवा दी थी पार्टी के पुराने नेताओं के दबाव में आ गए जो हिन्दुत्व पार्टी के साथ जाने में ख़ुद को असहज महसूस कर रहे थे।[140]

'बहुत से विधायक पाला बदलना चाहते थे लेकिन वे सशंकित थे। उन लोगों ने शिवसेना के राजनीतिक प्रबंधकों से कहा कि वे अन्य विधायकों के पत्र दिखाएँ जिनमें लिखा हो कि उन लोगों ने समर्थन वापस ले लिया है तो वे भी समर्थन वापस ले लेंगे। इस *पहले आप पहले आप* वाले बर्ताव के कारण यह योजना सफल नहीं हो पाई', उनका दावा था।

भुजबल उस समय गृह मंत्री थे। उन्होंने याद करते हुए बताया कि किस तरह उन्होंने अपने समर्थक विधायकों को हवाई जहाज़ से इंदौर भेज दिया था ताकि उनको तोड़ा न जा सके। 'हालाँकि उस राज्य में भाजपा का शासन था और होटल के बाहर उनके समर्थक कार्यकर्ता नारे लगा रहे थे। हम अपने विधायकों को वापस मुंबई लेकर आए, वहाँ उतरते ही उनको बगल में खड़े एक जहाज़ में चढ़ने के लिए कहा गया जो उनको लेकर बैंगलोर चला गया।' इस बीच कांग्रेस और एनसीपी पार्टी के नेता अपने असंतुष्ट विधायकों को मनाने में लगे हुए थे।[141]

संकट को टालने में भूमिका निभाने वाले कांग्रेस के एक वरिष्ठ नेता ने बताया कि किस तरह राजनीतिक रूप से निष्ठावान लोग अपनी अपनी निष्ठाओं को बदल रहे थे। 'एक निर्दलीय विधायक को राज्य मंत्री की शपथ दिलवाई गई थी लेकिन वह अपने चुनाव क्षेत्र में बैठा हुआ था और विश्वास मत के लिए मुंबई आने से इनकार कर रहा था। उसका कहना था कि शिवसेना के लोग उसका पीछा कर रहे थे। बहुत समझाने-बुझाने के बाद वह विश्वास मत वाले दिन आने के लिए तैयार हो गया। इसी तरह, हम कुछ निर्दलीय नेताओं को दिल्ली में कांग्रेस के वरिष्ठ नेताओं से मिलवाने के लिए ले गए ताकि उनका विश्वास हासिल किया जा सके।'[142]

भगवा खेमे का मिज़ाज बहुत उत्साह से भरपूर था। ऐसा लग रहा था कि राणे का मुख्यमंत्री बनना पक्का था। राज मातोश्री क्लब गए और वहाँ जाकर वे असंतुष्ट विधायकों से मिले।[143]

राणे ने बताया कि उद्धव केवल एक बार 8 अगस्त को क्लब गए जब संयोग से राणे वहाँ मौजूद नहीं थे। उद्धव ने इस बात से ख़ुद को अपमानित महसूस किया कि राणे वहाँ नहीं थे और वे ग़ुस्से में वहाँ से चले गए।[144]

नासिक से एनसीपी के विधायक प्रशांत हीरे जब क्लब की तरफ़ जा रहे थे तो रास्ते में उनको उल्हासनगर से एनसीपी के बाहुबली नेता पप्पू कलानी ने उठा लिया और शरद पवार से मिलवाने के लिए ले गए। राणे का कहना था कि इस बात से यह साबित हो गया कि उनके बीच कोई जासूस था जो जनतांत्रिक गठबंधन के नेताओं को सूचनाएँ पहुँचा रहा था।[145]

सत्ता हथियाने के शिवसेना के प्रयास को तब झटका लगा जब नंदूरबार से कांग्रेस के आदिवासी विधायक पद्माकर वळवी जो उस क्लब में मौजूद थे, वहाँ से निकल भागने में सफल रहे। उन्होंने पत्रकारों से यह बताया कि उनसे झूठ बोलकर भाजपा विधायक गिरीश महाजन उन्हें मातोश्री क्लब ले गए थे और वह पहले दिन से ही वहाँ से भागने के फिराक में थे।[146]

कांग्रेस पार्टी के रणनीतिकार के अनुसार वळवी के कांग्रेस के खेमे में वापस लौट आने के कारण विपक्ष के षड्यंत्र की हवा निकल गई और जिसकी वजह से भाजपा को इसके ऊपर पुनर्विचार करना पड़ा।[147]

नारायण राणे का दावा है कि वे 11 जून को रक्षा मंत्री जॉर्ज फ़र्नांडीज़ और मुंडे बाल ठाकरे से मिलने उनके निवास पर गए, जिससे उनको महसूस हुआ कि कुछ तो गड़बड़ था। अगले दिन, ठाकरे ने निजी तौर पर यह संकेत दे दिया कि वे सरकार गिराने की इस योजना का अब समर्थन नहीं कर रहे थे और इसकी सफलता या असफलता का पूरा ज़िम्मा नारायण राणे के ऊपर ही था।[148]

बेहतर रणनीति के कारण 13 जून को विधानसभा में जनतांत्रिक गठबंधन की सरकार बच गई। विधानसभा के अध्यक्ष ने दलबदल विरोधी क़ानून के तहत

सात विधायकों को विपक्ष के साथ हाथ मिलाने के कारण अयोग्य क़रार दे दिया। एनसीपी के इस आश्वासन के बाद कि वह तटकरे को मंत्रिमंडल से हटा देगी पीडब्ल्यूपी के पाँच विधायक ने मतदान नहीं किया। पीडब्ल्यूपी और सीपीएम के नेताओं ने देशमुख को आश्वासन दिया कि वह शिवसेना और भाजपा के साथ नहीं जाएँगे।[149] जिसके कारण सत्तारूढ़ दल के पक्ष में 143 मत पड़े जबकि विपक्ष के 133 मत रहे।[150]

वैसे तो बाल ठाकरे ने जनतांत्रिक गठबंधन की जीत के बारे में कहा कि यह बलात्कार के कारण हासिल की गई थी।[151] शिवसेना नेता का दावा था कि शिवसेना के पुराने नेता और उद्धव धीरे-धीरे इस नज़रिए पर पहुँचे कि अगर राणे ने देशमुख की सरकार को गिरा दिया तो वह पूरी तरह से हावी हो जाएगा।[152]

राणे ने कहा, साहेब ने जिस तरह से उनको मझधार में छोड़ दिया वह उनके लिए हैरानी की बात थी। 'मैं इस बारे में जितना ही सोचता था उतना ही मुझे यह लगता था कि इस अभियान को असफल करवाने में उद्धव की भूमिका थी', उन्होंने आगे कहा। उनका कहना था कि उद्धव क्लब में उनको न पाकर जिस तरह से अपमानित महसूस कर रहे थे उन्होंने उसी बात का बदला लिया था। राणे का कहना था कि उद्धव ने मुंडे के साथ मिलकर षड्यंत्र किया था, जिनके बारे में राणे को पक्का लगता था कि वही जासूस था और वह फ़र्नांडीज़ को लेकर ठाकरे के पास गए कि वह सरकार गिराने के इस अभियान से अपना समर्थन वापस ले लें।[153] सबसे बढ़कर, अगर अभियान सफल हो जाता तो उद्धव मुख्यमंत्री पद के लिए दावा ठोंक सकता था, उनको ऐसा लगता था। उन्होंने कहा कि इसके बाद उनके दिल में शिवसेना के लिए कोई जगह नहीं रह गई।[154]

हालाँकि उद्धव के विश्वस्तों का कहना था कि नारायण राणे की बहादुरी के बावजूद उद्धव को ऐसा लगता था कि इस अभियान की राह में इतनी बाधाएँ थीं कि इसके अपने मुक़ाम तक पहुँच पाने की कम ही संभावना लगती थी।[155]

नया कार्यकारी अध्यक्ष

'प्रस्तावित किया जाता है कि शिवसेना की राष्ट्रीय कार्यकारिणी का उद्धव ठाकरे को नया कार्यकारी अध्यक्ष नियुक्त किया जाए', राज ठाकरे ने 30 जनवरी 2003 की ठंड भरी सुबह के वक़्त महाबलेश्वर में घोषणा की।

उसके बाद मुस्कुराते हुए राज ने कार्यकारिणी से इस प्रस्ताव के ऊपर सहमति जताने के लिए कहा। यह कहने की ज़रूरत नहीं है कि तालियों की गड़गड़ाहट के बीच वह सर्वसम्मति से पारित हो गया। राज ने उसके बाद उद्धव को मंच पर आमंत्रित किया और 'छत्रपति शिवाजी महाराज की जय'

तथा 'शिवसेना प्रमुख बालासाहेब ठाकरे विजय असो' के नारों की गूँज के बीच उनको माला पहना दी।[156]

पहाड़ी पर्यटन स्थल पर आयोजित सम्मेलन में शिवसेना के उत्तराधिकार के लिए चल रहा संघर्ष अंततः उद्धव के पक्ष में गया, जहाँ राज ने कार्यकारी अध्यक्ष के लिए उद्धव के नाम का प्रस्ताव रखा। इसका मतलब यह था कि उद्धव को औपचारिक रूप से अपने पिता का उत्तराधिकारी नियुक्त कर दिया गया।

बाद में, राज से मतभेद के बाद बाल ठाकरे ने ध्यान दिलाया कि किस तरह उनके भतीजे ने उद्धव का नाम कार्यकारी अध्यक्ष के रूप में प्रस्तावित किया था और उनका यह कहना था कि उनको इस बारे में कुछ भी नहीं पता था कि ऐसा कुछ होने वाला था।

'प्रस्ताव उसी ने रखा', बाल ठाकरे ने कहा। उनका कहना था कि जब यह हुआ उस वक़्त वे वहाँ थे भी नहीं। 'मैं उस समय महाबलेश्वर में अपने एक दोस्त के बंगले में था और मैंने उनसे कहा था कि जब भाषण ख़त्म हो जाएँ तो मुझे फ़ोन किया जाए। जब मैं वहाँ पहुँचा, तो मैंने पाया कि वहाँ मालाओं और फूलों के ढेर लगे हुए थे। जब मैंने पूछा तो मुझे बताया गया कि उद्धव को कार्यकारी अध्यक्ष बना दिया गया था। मुझे ग़ुस्सा आ गया और मैंने कहा कि जो भी हुआ उस बात से मैं सहमत नहीं हो सकता था। मैंने वहाँ मौजूद प्रतिभागियों से पूछा कि अगर वे इस निर्णय के पक्ष में नहीं हैं तो खुलकर अपनी राय व्यक्त करें, मैं तत्काल इस फ़ैसले को रद्द कर दूँगा', उन्होंने कहते हुए बताया कि वहाँ मौजूद सभी लोगों ने इस फ़ैसले पर सहमति जताई।[157]

हालाँकि बाद में राज ने यह कहा कि यह सब ज़बरदस्ती हुआ था। 'शाखा प्रमुख को नियुक्त करने का अधिकार भी मुझे नहीं था और मैंने कार्यकारी अध्यक्ष को नियुक्त कर दिया। यहाँ तक कि महाबलेश्वर सम्मेलन के पहले बालासाहेब यह करना चाहते थे लेकिन उनको ऐसा लगता था कि इसमें मैं बाधा बन सकता था। इस बात को मैं समझ सकता था', 2010 में डोंबिवली में एक रैली में बोलते हुए राज ने कहा। 'इसलिए मैंने कहा कि अगर आप चाहते हैं तो इस बात की घोषणा मैं कर दूँगा... यह आपकी पार्टी है।'[158]

1989 में शिवसेना ने अपना पहला संविधान बनाया था जिसमें शिवसेना प्रमुख को सर्वोच्च ताक़त सौंपी गई थी।[159] 1997 में भारत के चुनाव आयोग ने इस संविधान के ऊपर आपत्ति जताई थी जिसमें सभी शक्तियाँ आजीवन बाल ठाकरे को दे दी गई थीं और चुनाव आयोग ने यह धमकी दी कि अगर संगठनात्मक चुनाव नहीं करवाए गए तो वह राजनीतिक दल के रूप में शिवसेना की मान्यता रद्द कर दे सकता था।[160]

इसके बाद शिवसेना में जल्दी-जल्दी नए संविधान के ऊपर काम होने लगा और कार्यकारी अध्यक्ष का नया पद बनाया गया, जिस पर कार्यसमिति द्वारा किसी

को पाँच साल के लिए नियुक्त किया जाना था। कार्यकारी अध्यक्ष पार्टी के रोज़मर्रा के कामों और रोज़मर्रा के मामले का प्रभारी होता।[161]

हालाँकि कुछ वरिष्ठ नेताओं को ऐसा लगता था कि सेना प्रमुख के समांतर सत्ता केंद्र नहीं बनाया जाना चाहिए इसलिए वे इस प्रस्ताव के पक्ष में नहीं थे।[162]

'पार्टी का नया संविधान बनाते हुए हम लोग इस बात पर विचार कर रहे थे कि बालासाहेब को पार्टी का आजीवन अध्यक्ष बनाए रखा जाए तथा कार्यकारी अध्यक्ष का एक नया पद बनाया जाए, जिसका प्रत्येक पाँच साल में पुनर्निर्वाचन किया जाए। उद्धव उनकी स्वाभाविक पसंद थे। इसके बाद वे औपचारिक रूप से अपने पिता के राजनीतिक वारिस हो गए। राज शुरू में इस विचार के ख़िलाफ़ थे लेकिन उनको अंत में मानना पड़ा', शिवसेना के एक पूर्व नेता ने बताया जो इस सारी प्रक्रिया का हिस्सा थे।[163] 'तर्क बहुत साफ़ है। मेरा एक बेटा और एक भतीजा है और मैं दोनों को प्यार करता हूँ। लेकिन जहाँ तक मेरे लिए अपनी सम्पत्ति के उत्तराधिकार की बात आएगी तो स्वाभाविक है कि मैं अपने बेटे को चुनूँगा न कि अपने भतीजे को।'[164]

राज के क़रीबी एक भाषायी पत्रकार ने बताया कि इस घटना के सामने आने के पहले तक वह राज जो अपनी पार्टी बनाने के बाद भी अपने चाचा को बहुत आदर और प्यार देते थे, अचानक उनको लेकर थोड़े कड़वे हो गए।[165]

हालाँकि राज तो मान गए लेकिन नारायण राणे ने उद्धव के कार्यकारी अध्यक्ष बनाने का विरोध किया। 'जब मैं महाबलेश्वर पहुँचा तो बैठक शुरू हो गई थी। मैं सीधे बालासाहेब के पास गया जो सम्मेलन में मौजूद नहीं थे और उनसे कहा कि यह निर्णय पार्टी के हित में नहीं था और इससे उनकी सत्ता जाती रहेगी। हालाँकि साहेब ने कहा, नारायण, फ़ैसला हो चुका है', राणे ने 2010 में कहा।[166]

राज को नासिक और पुणे जैसे इलाक़ों का प्रभार दिया गया जबकि उद्धव को मुंबई और ठाणे का। 'लेकिन उद्धव अक्सर राज को बिना बताए पुणे और नासिक के कार्यकर्ताओं के साथ बैठक करते रहते थे। अपने मामले में दख़ल देने के कारण राज को घुटन महसूस होती थी', वरिष्ठ पत्रकार संदीप प्रधान ने याद करते हुए बताया।[167]

2002 के बीएमसी चुनाव के ऊपर पूरी तरह से उद्धव का प्रभाव था। उन्होंने नारायण राणे और राज को दरकिनार कर दिया और नामांकन की प्रक्रिया का पूरी तरह से भार ले लिया। कांग्रेस और एनसीपी के अलावा, शिवसेना को तात्कालिक रूप से अरुण गवळी की अखिल भारतीय सेना और अपने दल के विद्रोहियों से से चुनौती मिल रही थी।

राज पहले आपसी बातचीत में अपने चाचा और नज़दीकी लोगों से यह शिकायत करते रहते थे कि पार्टी के मामलों में उनसे किसी तरह की राय नहीं ली जाती

थी, लेकिन उन्होंने पहली बार यह कहा कि मुंबई नगर निगम चुनाव में टिकटों के बँटवारे में उनकी कोई भूमिका नहीं थी।[168]

227 सदस्यों वाले निगम में शिवसेना को 98 सीटें मिलीं तो भाजपा को 35 और उनकी सत्ता बरक़रार रही। कांग्रेस को साठ सीटें मिलीं जबकि एनसीपी तथा समाजवादी पार्टी को बारह और दस सीटें मिलीं। 1997 में सेना को मिलीं 104 सीटों से इस बार तादाद कुछ कम हो गई थी लेकिन इस जीत से पार्टी के ऊपर उद्धव की पकड़ कुछ मज़बूत हो गई।

उद्धव ने केवल 'मराठी मानुस' के मतदाताओं से पार जाकर शिवसेना के विस्तार का ख़तरा उठाया था। 2003 में कार्यकारी अध्यक्ष नियुक्त होने के कुछ समय बाद जब वे यूनिवर्सिटी ऑफ़ मुंबई के मराठी विभाग में अपने दादा की पोर्ट्रेट का अनावरण करने गए तो उन्होंने बौद्ध दलितों की तरफ़ हाथ बढ़ाया। उन्होंने शरद पवार के गढ़ बारामती में 'शिव शक्ति-भीम शक्ति' रैली का आयोजन किया जिसमें उन्होंने दलितों से यह आग्रह किया कि वे कांग्रेस के लिए मतदान करना छोड़ दें।[169]

यह संकेत मायने रखता था क्योंकि अतीत में शिवसेना की तलवार बौद्ध दलितों के साथ खिंची रहती थी। वर्ली में 1974 के दंगों के दौरान सेना का संघर्ष आक्रामक दलित पैंथर समूह के साथ हुआ था और जब 1978-1994 के दौरान चले नामांतरण आंदोलन ने मराठवाड़ा विश्वविद्यालय का नाम बदलकर डॉक्टर भीमराव आंबेडकर विश्वविद्यालय रखने का सुझाव दिया था तब सेना ने इसका विरोध किया था। जब महाराष्ट्र सरकार ने आंबेडकर की किताब *रिडल्स इन हिंदुइज़्म* का प्रकाशन किया तब भी शिवसेना ने इसका विरोध किया। इस किताब में हिंदू देवी-देवताओं को लेकर विवादास्पद बातें लिखी गई थीं (1987)।[170]

हिंदू दलितों के बीच शिवसेना का अपना आधार था, जिसने व्यापक दलित आंदोलन में बौद्ध दलितों के वर्चस्व का विरोध किया। मराठों एवं अन्य मध्यवर्ती जातियों द्वारा भी विरोध किया जा रहा था जिनको समाज में उनका उभार उन्हें पच नहीं पा रहा था। बौद्ध दलितों में उनको यह दिखाई देता था वे शिवसेना के साथ सड़कों में उसी तरह ताक़त के साथ मुक़ाबला कर सकते थे इसलिए वे उनको लेकर कटु थे।

दलित पैंथर के नेता नामदेव ढसाल से उद्धव के अभियान से जुड़ गए। महाराष्ट्र के सबसे करिश्माई नेताओं में एक नामदेव ढसाल ने दलित पैंथर को अमेरिका के ब्लैक पैंथर के अनुरूप साँचे में ढालने का काम किया। 1972 में स्थापित दलित पैंथर का ज़ोर इस बात पर था कि सर्वहारा अनुभव के रूप में दलित की पहचान को सार्वभौम बनाया जाए, और विद्वान गेल ओमवेदट के अनुसार इसके बाद देश भर में इस तरह का प्रतिरोध उभरने लगा।[171]

ढसाल को कविता के लिए साहित्य अकादेमी का पुरस्कार मिला था और अवाँ गार्द लेखक थे। किसी ज़माने में उन्होंने इस तरह की क्रोधित कविताएँ लिखी थीं कि 'दया का उनका प्राचीन भाव देह व्यापार से जुड़े दलाल के भाव से बड़ा नहीं था।' अब वे अपने पुराने रूप की छायाएँ भर रह गए थे।

इन दोनों के बीच एकता की कोशिश पहले भी की गई थी जो असफल साबित हुई थी। 26 फ़रवरी 1978 को बाल ठाकरे ने *मार्मिक* के आमुख पर शिवसेना के शेर और ब्लैक पैंथर का रेखाचित्र बनाया था। वह चाहते थे कि आगामी विधानसभा चुनावों के लिए दोनों ताक़तें एक हो जाएँ। हालाँकि इमरजेंसी के बाद आई जनता लहर में सारा सामाजिक समर्थन धरा का धरा रह गया। पैंथर समूह के जे. पी. घाटगे बाद में सेना के साथ गठबंधन करके भांडुप से बीएमसी के लिए निर्वाचित हुए।[172] अपनी पार्टी की आधिकारिक जीवनी में जोशी ने यह माना है कि अगर शिवशक्ति और भीमशक्ति ने हाथ मिला लिया होता तो महाराष्ट्र की फ़िज़ा बदल जाती।[173]

उद्धव ने जो एक और प्रयास किया वह बहुत दुस्साहसी था। मुंबई और उसके आसपास हिंदी भाषी लोग बड़ी तादाद में आ गए थे और शिवसेना के स्वाभाविक समर्थकों मराठी लोगों से उनकी संख्या अधिक हो गई।

'उद्धव हो सकता है करिश्माई नेता न हों और ख़राब वक्ता रहे हों लेकिन वे खुले दिमाग़ के, उदार और समावेशी राजनीति में यक़ीन रखने वाले थे', संजय निरुपम ने बताया।[174] मैं चाहता था कि *बेरजेचे राजकरण* (यह मुहावरा कांग्रेस के दिग्गज नेता स्वर्गीय यशवंतराव चव्हाण ने लोकप्रिय बनाया था, जिसका मतलब होता था समावेशी राजनीति) की दिशा में काम करूँ। शिवसेना ने मुसलमानों, दलितों के एक वर्ग को और उत्तर भारतीयों को अलग-थलग कर रखा था। लेकिन अब इस बात की ज़रूरत महसूस की जा रही थी कि मतदाताओं के दायरे का विस्तार किया जाए क्योंकि मुंबई में मराठीभाषी लोगों से बाहरी लोगों की संख्या अधिक होती जा रही थी। ग़ैर मराठी लोगों के कारण जनसंख्या में भी वृद्धि हुई थी।

'उत्तर भारतीय, गुजराती और जैन मुंबई में पीढ़ियों से रह रहे थे और इस बात की कोई संभावना नहीं थी कि वे लोग केवल इस कारण शहर से चले जाएँ क्योंकि शिवसेना ने उनको अपनी राजनीति के कारण ख़ारिज कर दिया था', निरुपम ने कहा।

जब 2004 के विधानसभा चुनाव में एक साल रह गया तो उद्धव ने 'मी मुंबईकर' अभियान की शुरुआत की ताकि भाषायी सीमाओं से आगे बढ़कर लोगों के साथ जुड़ा जाए। इसका मक़सद उत्तर भारतीय लोगों तक पहुँचना था, जो नौकरियों तथा संसाधनों के मामले में मराठीभाषी लोगों के सबसे बड़े प्रतिद्वंद्वी थे, इसलिए इस बात का भय था कि कहीं इसके कारण शिवसेना के जो मूल मतदाता थे, वे न छिटक जाएँ।

'मुंबई में जो भी आता है मुंबई उसको कुछ देता है...इसलिए धर्म और जाति के ऊपर आधारित संकीर्ण पहचानों के दायरे से बाहर निकल कर मुंबई के लिए काम किया जाए ताकि इसके अतीत के गौरव को फिर से हासिल किया जा सके', उद्धव ने कहा। बाल ठाकरे ने भी आह्वान किया कि मुंबई को बचाने के संघर्ष में सभी मिलकर काम करें।[175]

1980 के दशक के अंतिम वर्षों में जब शिवसेना ने कट्टर हिंदुत्व को अपना लिया तथा राम मंदिर आंदोलन के दौरान उग्र रुख़ अपनाया और मुंबई धमाकों के बाद उसका रुख़ जिस तरह से उग्र रहा, उसके कारण बाल ठाकरे को हिंदू हृदय सम्राट कहा जाने लगा था। जिसके कारण पार्टी के लिए यह ज़रूरी हो गया कि वह ग़ैर मराठी भाषी समुदाय के हिंदुओं में भी अपना आधार तैयार करे। शिवसेना ने 1993 में हिंदी में *दोपहर का सामना* नामक एक हिंदी सांध्य की शुरुआत की, जिसके कार्यकारी संपादक के रूप में एक्सप्रेस समूह के *जनसत्ता* से संजय निरुपम को लाया गया।

इसके लिए यह भी ज़रूरी था कि मराठी भाषी मतदाताओं तथा हिंदू और गुजराती भाषी मतदाताओं के हितों में संतुलन बनाया जाए।

हालाँकि घनश्याम दुबे पहले उत्तर भारतीय थे जो 1990 के दशक में एमएलसी बने थे लेकिन बिहार और यूपी से आए उत्तर भारतीयों के बीच आधार बनाने की दिशा में हाथ बढ़ाने का काम उद्धव ठाकरे के कार्यकारी अध्यक्ष बनने के बाद हुआ।

सचिन परब इस काल में पत्रकार के रूप में शिवसेना को कवर करते थे। उनका कहना है कि उद्धव 'शिव शक्ति-भीम शक्ति' तथा 'मी मुंबईकर' अभियानों के माध्यम से अपनी उदारवादी छवि पेश कर रहे थे।[176]

बांद्रा में जब 'मी मुंबईकर' की शुरुआत हुई तो बहुत अच्छी प्रतिक्रिया देखने में आई। मुंबई और ठाणे में शिवसेना की शाखाओं में कम से कम एक ग़ैर मराठी को उप शाखा प्रमुख बनाया गया। 'आख़िरकार शिवसेना वह कर रही थी जिसकी दरकार लम्बे समय से थी', परब ने कहा।[177]

परब ने बताया कि किस तरह एक शिवसेना नेता ने उनको बताया था कि पार्टी के चुनाव प्रचार अभियान के ऊपर काफ़ी प्रभाव पड़ रहा था क्योंकि बड़ी संख्या में अल्पसंख्यक 'यानी उत्तर भारतीय, मुसलमान और बौद्ध दलित योजनाबद्ध ढंग से उनको हराने के लिए मतदान करते थे।' सेना नेता ने कहा कि उनको इस बात से समस्या नहीं थी कि ये लोग उनके लिए मतदान नहीं कर रहे थे। लेकिन इस तरह से सुनियोजित मतदान से उनको तकलीफ़ होती थी। 'जबकि 'मी मुंबईकर' उद्धव की रणनीति थी भाषायी और धार्मिक अल्पसंख्यकों के विरोध को शांत करने के लिए', उन्होंने बताया।[178]

कमलेश राय शिवसेना के पहले उत्तर भारतीय शाखा प्रमुख थे और पश्चिमी उपनगर में अंधेरी से निगम पार्षद भी बने थे। उन्होंने याद करते हुए बताया कि किस तरह वे लोग गाड़ियों पर 'मी मुंबईकर' के स्टिकर चिपकाया करते थे। 'इसके पीछे विचार यह था कि 1995 तक जो लोग मुंबई आ चुके थे उनको स्वाभाविक मुंबईकर मान लिया जाए। इस अभियान के प्रति उत्तर भारतीयों की प्रतिक्रिया धीरे-धीरे अच्छी होने लगी', राय ने कहा, जो अंधेरी के एक वार्ड से पार्षद बने थे जो उत्तर भारतीय बहुल इलाक़ा था और कांग्रेस का गढ़ था।[179]

हालाँकि शिवसेना में कुछ कट्टरपंथी इस बात को हज़म नहीं कर पा रहे थे कि पार्टी अपने मूल मराठी मानुस एजेंडा से हट रही थी। संजय निरुपम ने यह माना कि उद्धव के सामने पार्टी की एक बैठक में 'मी मुंबईकर' अभियान की एक वरिष्ठ नेता ने निंदा की। उन्होंने कहा कि इस विचार का विरोध राज ने भी किया।[180]

शिवसेना और बाद में मनसे का प्रमुख आरोप यह था कि भारत के सबसे बड़े रोज़गार प्रदाता रेलवे और केंद्र सरकार की अन्य इकाइयों में नौकरियाँ उत्तर भारतीयों को दे दी जाती थीं। उनका आरोप था कि रेलवे के अधिकारी स्थानीय मीडिया में विज्ञापन नहीं देते थे जिससे महाराष्ट्र के लोगों को अपने ही क्षेत्र में होने वाली बहाली के बारे में पता ही नहीं चल पाता था।[181]

राज को पार्टी में बाज़ की तरह देखा जाता था। ऐसा लगता था वह इस अभियान के साथ सहज नहीं थे, और जब बांद्रा के रंगशारदा हॉल में अभियान की शुरुआत हुई तो लोगों का ध्यान उनकी अनुपस्थिति की तरफ़ गया।

18 नवम्बर 2003 को राज के बीवीएस के कार्यकर्ताओं ने रेलवे भर्ती बोर्ड के दफ़्तर पर हमला कर दिया। उनकी माँग थी कि भर्ती में स्थानीय लोगों को प्रधानता दी जाए। पुलिस ने उनके ऊपर लाठी चार्ज किया। उस भीड़ में शामिल हाजी अशरफ़ शेख़ का कहना था कि आंदोलनकारी इमारत की ऊपरी मंज़िलों से अलमारियाँ नीचे फेंक रहे थे।[182]

उसी महीने बीवीएस ने सबको हैरान कर दिया। उन्होंने कल्याण में रेलवे भर्ती की परीक्षा में शामिल होने आए उत्तर भारतीयों के ऊपर हमला बोल दिया। राज ने चेतावनी दी कि वे किसी बाहरी की नियुक्ति की हर कोशिश का विरोध करेंगे।[183] इस हमले से उत्तर भारतीय सदमे में आ गए। उन लोगों ने कल्याण रेलवे स्टेशन पर विरोध प्रदर्शन किया और शिवसेना के ख़िलाफ़ कार्रवाई की माँग करते हुए यह माँग भी की कि बाहर से आने वाले अभ्यर्थियों को सुरक्षा प्रदान की जाय। बदले में शिवसेना ने चेतावनी दी कि मुक़ाबले की किसी भी तरह की बात का जवाब दुगुनी ताक़त से दिया जाएगा। वसई में बीवीएस के कार्यकर्ताओं ने रेलवे बोर्ड परीक्षाओं के कॉल लेटर फाड़ दिए।[184]

राज ने बाद में यह दावा किया कि हमला इसलिए हुए क्योंकि रेलवे के अधिकारियों ने मराठी मानुस को गाली दी थी।

इस हिंसा के बाद राष्ट्रीय जनता दल के प्रमुख लालू प्रसाद यादव और बाल ठाकरे के बीच ज़ुबानी जंग छिड़ गई।[185] उद्धव को मजबूर होकर 'मी मुंबईकर' अभियान को लेकर नरम पड़ना पड़ा।

वैसे तो इस तरह के हमले पहले भी होते रहे थे लेकिन कल्याण में हुआ हमला इसलिए मायने रखता था क्योंकि यह ऐसे समय में हुआ था जब 2004 के विधानसभा चुनावों से पहले उद्धव हिंदीभाषियों की तरफ़ हाथ बढ़ा रहे थे। इससे इस बात का खुलासा भी हो गया कि संगठन में इस बात को लेकर ग़ुस्सा था कि पार्टी अपने आधार के विस्तार में लगी हुई थी, जो इसको आख़िरकार इसके एजेंडा तथा सामाजिक राजनीतिक आधार से दूर कर सकता था।

जोशी ने शिवसेना की आधिकारिक जीवनी में लिखा है कि इन घटनाओं के कारण मराठी मानुस तथा उत्तर भारतीयों को क़रीब लाने की कोशिश को झटका लगा और जिसके कारण 'मी मुंबईकर' अभियान ठंडा पड़ गया। शिवसेना फिर से अपने पुराने रास्ते पर चल पड़ी, उसने मराठी तथा ग़ैर मराठी लोगों को एक करने के प्रयासों का त्याग कर दिया।[186]

उत्तेजित भावनाएँ

5 जनवरी 2004 की सुबह एक गुमनाम मराठा समूह 'संभाजी ब्रिगेड' के लोगों ने पुणे में भंडारकर ओरियंटल रिसर्च इंस्टिट्यूट में तोड़फोड़ कर दी। इसका नामकरण रामकृष्ण गोपाल भंडारकर के नाम पर किया गया था जो प्राच्यविद और समाज सुधारक थे। संस्थान में बड़ी तादाद में दुर्लभ पांडुलिपियाँ रखी हुई थीं। पुणे पुलिस ने 72 लोगों को गिरफ़्तार किया।

यह समूह ब्राह्मण विरोधी संगठन मराठा सेवा संघ की युवा शाखा था, जिसकी स्थापना राज्य पीडबल्यूडी विभाग के इंजीनियर पुरुषोत्तम खेड़ेकर द्वारा की गई थी। इसको ग़ुस्सा इस बात का था कि अमेरिकी लेखक जेम्स लेन की किताब *शिवाजी : ए हिंदू किंग इन इस्लामिक इंडिया* में शिवाजी महाराज और उनकी माता राजमाता जीजाबाई के बारे में कुछ अपमानजनक संदर्भ दिए गए थे। किताब में लिखा गया था कि कुछ मराठी शिवाजी के पिता को लेकर मज़ाक़ किया करते थे।[187]

शिवाजी के ब्राह्मण अभिभावक दादोजी कोंडदेव की तरफ़ भी संकेत किया गया था और इसको ब्राह्मणों की साज़िश के रूप में देखा गया ताकि उनको अपने में शामिल किया जा सके और उनकी विरासत को धुँधला किया जा सके। इसकी

वजह से बड़े पैमाने पर ग़ुस्सा था। हालाँकि विवाद के बाद जेम्स लेन ने लेखक मार्था सी. नुसबौम से कहा कि उनके नोट के मुताबिक़ उसने यह चुटकुला 1987 में सुना था लेकिन उसने इसको स्वीकार नहीं किया था और इसको उसने 'दुर्भावनापूर्ण चुटकुला' कहा था।[188]

भंडारकर इंस्टिट्यूट के ऊपर हमले से राज्य भर में खलबली मच गई। मराठी पत्रिका *चित्रलेखा* के संपादक ज्ञानेश महाराव ने सबसे पहले इस संदर्भ के बारे में लिखा था। उन्होंने बताया कि उन्होंने राज्य भर में सामान्य जागरूकता के प्रसार के लिए बहुत सी जनसभाओं में जाकर भाषण दिया, जिसके कारण 'शिवभक्त आंदोलन समिति' का गठन हुआ।

'इस तरह की बातें लोकमान्य बाल गंगाधर तिलक जैसे ब्राह्मणों के बारे में क्यों नहीं कही जाती थीं? लोगों के चरित्र के बारे में घटिया बातें करना और उनकी उपलब्धियों के बारे में बात न करना घृणित बात थी', उनका कहना था।

ज्ञानेश महाराव ने इस तरफ़ ध्यान दिलाया कि इतिहास की ब्राह्मण व्याख्या में बहुजन समाज की विभूतियों के बारे में ग़लत बयानी की गई। उनका कहना था कि लेन की किताब में आया संदर्भ एक बड़ी बीमारी का लक्षण था। महाराव ने यह सवाल उठाया कि लेन ने अपनी किताब में जिन लोगों का आभार दिया था उनमें भंडारकर संस्थान और उसके वरिष्ठ पुस्तकालयाध्यक्ष वाई.एल. मंजुल का नाम भी था। इन लोगों ने इस बात के ऊपर आपत्ति क्यों नहीं उठाई, और इतिहास की किताब लिखने में घटिया चुटकुलों का उपयोग किस तरह किया जा सकता था?[189]

22 दिसम्बर 2003 को रामभाऊ पारिख के नेतृत्व में शिव सैनिकों का एक समूह, जो उस समय पुणे में शिव सेना के प्रमुख थे, ने संस्कृत के विद्वान श्रीकांत बहुलकर के चेहरे पर कालिख पोत दी। एक सप्ताह बाद राज निजी तौर पर पुणे गए और उन्होंने बहुलकर से माफ़ी माँग ली जिन्होंने लेन के साथ द *एपिक ऑफ़ शिवाजी : ए ट्रांसलेशन एंड स्टडी ऑफ़ कवीन्द्र*, का सह लेखन किया था, जो कवीन्द्र परमानंद की संस्कृत कृति *शिवभारत* का अनुवाद था।[190]

'मैं सोच रहा था कि बालासाहेब के साथ शिवसेना शिवाजी महाराज के अपमान के ख़िलाफ़ बोलेगी क्योंकि सेना शिवाजी के नाम की ही राजनीति करती थी। हालाँकि 16 जनवरी 2003 को एक कार्यक्रम में जब अटल बिहारी वाजपेयी ने इस विवाद पर बोलते हुए कहा कि किसी किताब में प्रकट विचारों का विरोध एक और किताब लिखकर करना समझ में आता है, तब भी बालासाहेब ने चुप्पी साधे रखी। लेकिन उस अपमानजनक वाक्य में किसी तरह का बौद्धिक संदर्भ नहीं था। विडंबना की बात यह थी कि वाजपेयी मुंबई के छत्रपति शिवाजी हवाई अड्डे पर शिवाजी की प्रतिमा का अनावरण करते हुए बोल रहे थे', महाराव ने कहा।[191]

राज्य सरकार ने कहा कि वह इस टिप्पणी के लिए लेन की गिरफ़्तारी की माँग करेगी।[192]

हालाँकि उच्चतम न्यायालय ने लेन की किताब के ऊपर से प्रतिबंध हटा दिया था, लेकिन प्रकाशक ऑक्सफोर्ड यूनिवर्सिटी प्रेस ने यह घोषणा की कि वह इस किताब का प्रकाशन अब नहीं करेगी।[193]

दिसम्बर 2010 में पुलिस ने उद्धव ठाकरे के विवादास्पद निजी सचिव मिलिंद नारवेकर और शिवसेना के एमएलसी तथा विधान परिषद के उपाध्यक्ष नीलाम गोर्हे के बीच की बातचीत को रिकॉर्ड किया जिसमें नारवेकर गोर्हे को यह निर्देश दे रहे थे कि पुणे बंद के दौरान हिंसा की जाए। बंद की घोषणा वापस ले ली गई जब पुणे नगर निगम द्वारा दादोजी कोंडदेव की मूर्ति को मराठा समूहों के विरोध के बाद लाल महल से हटा दिया गया (लाल महल उस महल की नक़ल में बनाया गया था जिसमें छत्रपति शिवाजी महाराज बचपन के दिनों में रहते थे)।[194]

भारतीय क़ानून की धारा 153 और 120 बी के तहत गोढ़े और नारवेकर को गिरफ़्तार कर लिया गया। अक्टूबर 2017 में पुणे की अदालत ने केस वापस लेने की सरकार की याचिका को स्वीकार कर लिया।[195]

विवाद और भंडारकर संस्थान पर हमले के बाद एनसीपी ने इस मौक़े का फ़ायदा उठाते हुए अपने स्टार वक्ता आर.आर. पाटिल को इस काम में लगा दिया, वे इस मुद्दे को आधार बनाकर पार्टी के लिए समर्थन जुटाने में लग गए।

शिवसेना घिर चुकी थी और उसने एक काँटे को निकालने के लिए दूसरे काँटे का प्रयोग किया। ठाकरे ने मराठी लेखक आर.आर. बोराडे के ऊपर हमला बोला, जो मराठा थे और साहित्य तथा संस्कृति से संबंधित राज्य बोर्ड के अध्यक्ष थे। बोरादे ने 2003 में मराठों की प्रशासनिक व्यवस्था के ऊपर एक किताब का मराठी में अनुवाद किया था जिसमें तथाकथित रूप से शिवाजी के अपमानजनक संदर्भ थे। इसके कारण शिवसेना के कार्यकर्ताओं ने औरंगाबाद में बोराडे के घर पर हमला बोल दिया।[196] हालाँकि लेन विवाद के कारण यह मामला दब गया।

इसमें ग़ैर ब्राह्मण भावना अंतर्निहित थी और मराठा समाज के प्रमुख लोगों ने इस आंदोलन को चलाया जिसके कारण यह मराठों के पक्ष में हो गया। इसको मदद महाराष्ट्र के जाति आंदोलन से मिली जो ब्राह्मण विरोधी आंदोलन की कोख थी, ब्राह्मणों की तादाद कम थी लेकिन वे मुखर सांस्कृतिक अभिजन थे जिनका प्रभाव उनकी संख्या से बहुत अधिक था और अन्य जातियों द्वारा उनको सदियों से जातिगत शोषण के प्रवर्तक के रूप में देखा जाता था।

भगवा राजनीति को झटका

2004 के लोकसभा चुनाव में अटल बिहारी वाजपेयी सरकार की आश्चर्यजनक तरीक़े से हार हो गई। शिवसेना और भाजपा गठबंधन को मुंबई में 6 में से 5 सीटों पर हार का सामना करना पड़ा। केवल दक्षिण मध्य मुंबई सीट से मोहन रावले की जीत हुई। तत्कालीन लोकसभा के सभापति मनोहर जोशी को कांग्रेस के एकनाथ गायकवाड़ ने बुरी तरह हराया। कहा जाता है कि अपनी पार्टी के भीतराघात के कारण उनकी हार हुई।

2004 में राज्य विधानसभा के चुनाव में एनसीपी जो कमज़ोर ज़मीन पर थी मराठा एकता के कारण सबसे बड़ी पार्टी के रूप में उभरकर आई। उसको 71 सीटें मिलीं, जबकि उसके गठबंधन सहयोगी को 69।

मराठा समाज के ध्रुवीकरण तथा शिवसेना एवं भाजपा में गुटबंदी के कारण भगवा गठबंधन को महज़ 116 सीटें मिलीं (शिवसेना को 62 सीटें तथा भाजपा को 54 सीटें)। मराठा कांग्रेस ने हिंदू दलित सुशील कुमार शिंदे के स्थान पर मराठा विलासराव देशमुख को मुख्यमंत्री बनाने का फ़ैसला किया। जनवरी 2003 में देशमुख ने सुशील कुमार शिंदे के लिए अपना पद त्याग दिया।

अंदरूनी सूत्रों का कहना है कि शिवसेना अपने दल की आंतरिक गुटबंदी को रोक नहीं पाई क्योंकि उद्धव के विश्वस्तों की कोशिश यह थी कि जो उनके पक्ष में नहीं थे या जो राज और राणे खेमे के क़रीबी थे उनको टिकट न मिल पाए।

राज ठाकरे के क़रीबी और दो बार से विधायक दीपक पायगुडे (जो बाद में मनसे में शामिल हो गए) पुणे में भवानी पेठ सीट से एनसीपी के उम्मीदवार कमल डोल पाटिल से महज़ 300 मतों से चुनाव हार गए। उनके समर्थकों का कहना था कि इसका कारण यह था कि उद्धव के क़रीबी लोगों ने उनके चुनाव प्रचार में हिस्सा नहीं लिया। पेज 106 पर पश्चिमी महाराष्ट्र के जिस नेता को उद्धृत किया गया था उनके अनुसार नारायण राणे ने एनसीपी के बाग़ी विधायकों से जो क़रार किया था उसका सम्मान किया जाए क्योंकि उन विधायकों के साथ मिलकर उन्होंने 2002 में कांग्रेस-एनसीपी सरकार को गिराने का प्रयास किया था। उदाहरण के लिए, कोल्हापुर के चंदगड से नरसिंह गुरुनाथ पाटिल शिवसेना में शामिल होना चाहते थे, सहकारिता कुबेर विनय कोरे सावकर यह चाहते थे कि शिवसेना सिंधुदुर्ग के वैभववाड़ी तालुक़ा के मतदाताओं को उनके पक्ष में लाने में मदद करे जो कोल्हापुर में उनके पन्हाला चुनाव क्षेत्र का हिस्सा था।[197]

'शायद उद्धव राणे के नेतृत्व से असुरक्षित थे इसलिए उन्होंने इन माँगों को मानने से इनकार कर दिया क्योंकि उनको इस बात का डर था कि कहीं इसके कारण राणे विधायक मंडल में मज़बूत न हो जाएँ। इसकी वजह से भाजपा-शिवसेना

को 12 से 20 सीटों तक का नुक़सान हुआ। अगर इसको टाल दिया गया होता तो भाजपा-शिव सेना गठबंधन सत्ता में आ गई होती', उन्होंने कहा।[198]

कांग्रेस नेताओं का कहना था कि पहले लेन विवाद और उसके बाद राज के लोगों द्वारा हमला किए जाने के कारण उत्तर भारतीयों के फ़ैसले ने भी कांग्रेस-एनसीपी को सत्ता में आने में मदद की।

'अगर राज के लोगों ने उत्तर भारतीयों के ऊपर हमला नहीं किया होता तो 'मी मुंबईकर' अभियान के कारण शायद उनके मत भी भाजपा शिवसेना को गए होते। शिवसेना और भाजपा सत्ता से बहुत दूर रहे गए' पूर्व कांग्रेस नेता कृपाशंकर सिंह ने माना, जो यूपी के जौनपुर से विस्थापित होकर आए थे और जब विलासराव देशमुख पहली बार मुख्यमंत्री बने थे वे उस काल में शक्तिशाली गृह राज्य मंत्री थे।[199]

विधानसभा चुनावों के पहले बाल ठाकरे ने मुख्यमंत्री पद के लिए शिवसेना के उम्मीदवार का नाम बताने से मना कर दिया। उन्होंने कहा था कि वह नाम गुप्त था।[200] संयोग से, मराठी अख़बार *लोकसत्ता* ने पाठकों का सर्वेक्षण किया जिसके आधार पर राज को मुख्यमंत्री पद का सबसे लोकप्रिय उम्मीदवार माना गया था, जबकि अन्य उम्मीदवार थे शरद पवार, मनोहर जोशी और गांधीवादी सामाजिक कार्यकर्ता अन्ना हज़ारे। शिवसेना प्रमुख अपनी बीमारी के कारण महज़ दो सभाओं को संबोधित कर पाए—मुंबई और ठाणे में, तथा उद्धव और राज ने पार्टी के प्रचार का नेतृत्व सँभाला।[201]

एक सभा में बोलते हुए राज ने कहा कि वे निश्चित रूप से मुख्यमंत्री बनना चाहेंगे।[202]

इस हार का असर एक आदमी पर पड़ा—नारायण राणे पर—जिन्होंने बड़ी कड़वाहट के साथ अगले साल शिवसेना का साथ छोड़ दिया।

1999 और 2004 में शिवसेना को तो लगातार झटके खाने पड़े। शिवसेना के अंदर गुटबंदी थी और भाजपा के साथ इसकी अनबन के कारण भी भगवा गठबंधन की ऐसी हार हुई। राणे को यह बात समझ में आ गई कि उनकी तमाम कोशिशों के बावजूद शिवसेना सत्ता में नहीं आ पाई। इसलिए उनको पार्टी में अपना कोई भविष्य नहीं दिखाई दे रहा था', शिवसेना के एक पूर्व नेता ने कहा।[203]

उद्धव के सितारे चमक रहे थे, और उनकी अच्छी तरह बनाई योजना भी काम नहीं आ रही थी। तब नारायण राणे और राज ने पार्टी में धमाका कर दिया।

6

राज की अनबन और मनसे का जन्म

बीत गया जो, जो है चल रहा
दोनों आनेवाले पल में हैं शायद
समय समाहित हैं सब आज के इस पल में
शाश्वतरूपा काल अब हाथ नहीं आनेवाला
जो भी रूप काल का था वह अब निराकार
बस अटकल के संसार में शाश्वत सम्भावित
वह तो है मौजूद हमेशा हर पल में
एक सिरे पर दोनों के धड़ मिलते हैं
जो था या कि जो हो सकता था कल में।

—टी.एस. इलियट

2004 आते-आते उद्धव के पिता स्वास्थ्य कारणों से सक्रिय भूमिका से दूर होने लगे और राज को किनारे किया जाने लगा, उद्धव ने पूरी तरह कमान सँभाल रखी थी। धीरे-धीरे इस तरह की बातें सुनाई देने लगीं कि उद्धव पार्टी के नेताओं और कार्यकर्ताओं की पहुँच से बाहर रहते थे। भाजपा के वरिष्ठ नेताओं और पत्रकारों का तो यह भी कहना था कि यहाँ तक कि प्रमोद महाजन और गोपीनाथ मुंडे जैसे नेताओं के लिए भी शिवसेना के कार्यकारी अध्यक्ष तक पहुँच पाना मुश्किल हो जाता था। उद्धव और राणे के बीच के रिश्ते पहले से भी अच्छे नहीं थे लेकिन अब और ख़राब हो गए थे। अंदरूनी सूत्रों का यह कहना था कि राणे को हल्के-फुल्के तरीक़े से यह जता दिया जाता था कि उनका महत्त्व नहीं रह गया था। जैसे, पार्टी अध्यक्ष या उनके बेटे से मिलने के पहले उनको इंतज़ार करने के लिए कहा जाता था या उनका फ़ोन नहीं उठाया जाता था। वागीश सारस्वत उस समय संवाददाता थे और उनका कहना है कि शिवसेना के कार्यकर्ताओं को अलिखित निर्देश था कि वे किसी कार्यक्रम में नारायण राणे या राज ठाकरे को न बुलाएँ।[1]

शिवसेना की संरचना इतनी एकायामी थी कि पार्टी प्रमुख पार्टी को चलाने के लिए क्षेत्रीय और उप क्षेत्रीय क्षत्रपों के ऊपर निर्भर रहते थे। मातोश्री के वफ़ादार नेताओं को ऐसा लगता था कि राणे इतने ताकतवर होते जा रहे थे कि पार्टी के ऊपर पारिवारिक नियंत्रण के लिए ख़तरा बनते जा रहे थे, और इसलिए उन लोगों ने उनके पंख काटने की कोशिश की।[2] कांग्रेस के नेता विजय वडेट्टीवार, जो उस समय राणे के ख़ास थे और उन्होंने राणे के साथ शिवसेना छोड़ी थी, उनका कहना था कि उद्धव के विश्वस्तों को इस बात का डर था कि राणे और राज कहीं सेना के ऊपर क़ब्ज़ा न कर लें।[3]

अपनी आत्मकथा में राणे ने इस बात को स्वीकार किया है कि पार्टी के ऊपर सरकार गिराने के अभियान के पहले से ही नियंत्रण ख़त्म हो गया था और उनको महत्त्वपूर्ण बैठकों में बुलाया नहीं जाता था। उनका आरोप था कि उद्धव, मनोहर और सुभाष देसाई की तिकड़ी उनको नीचा दिखाना चाहती थी।[4]

उद्धव के निजी सचिव मिलिंद नारवेकर लोगों को मिलने का समय देने न देने को लेकर मातोश्री में सत्ता केंद्र के रूप में उभर कर आए थे। उद्धव जल्दी ऐसे लोगों के साथ नहीं मिलते-जुलते थे जो उनके आसपास के नहीं होते थे, इसलिए नारवेकर उनके लिए दीवार की तरह से हो गए।

लम्बे और दुबले-पतले नारवेकर लिबर्टी गार्डेंस, मलाड में *गटप्रमुख* थे जो पार्टी संगठन में सबसे नीचे का पद होता था। उनके बारे में कहा जाता था कि वे अपने बॉस से 1990 के दशक के आरंभिक वर्षों में शाखा प्रमुख बनाए जाने की माँग को लेकर मिलने गए थे। हालाँकि उनको उद्धव ने अपना निजी सहायक बना लिया।[5]

चूँकि कई बार उनके बॉस सिर्फ़ अपने साथ यानी अकेले रहना ही पसंद करते थे, इसलिए पार्टी में नारवेकर का दबदबा बढ़ता गया। भास्कर जाधव (2004), नारायण राणे (2005) और मोहन रावले (2014) जैसे नेताओं का तो यह भी कहना था कि नारवेकर के कारण ही उन लोगों ने पार्टी छोड़ने का निर्णय लिया।

नारवेकर आज भी सार्वजनिक रूप से उद्धव के पीछे-पीछे रहते हैं लेकिन सेना के अंदरूनी सूत्रों का यह कहना है कि अब उनकी शक्ति वैसी नहीं रह गई है, जैसी कि एक दशक पहले तक थी। इसका कारण यह है कि मातोश्री में सत्ता के कई केंद्र और उभर आए हैं।

कहा जाता है कि नारवेकर राज्यसभा या राज्य विधानपरिषद की सदस्यता की होड़ में थे लेकिन जनवरी 2018 में उनको पार्टी का सचिव बना दिया गया।

राणे ने पार्टी छोड़ी

शिवसेना के बहुत से नेताओं के विपरीत नारायण राणे (जिनको दादा या एनटीआर बुलाया जाता था, जो उनके पूरे नाम नारायण तातू राणे का संक्षिप्त रूप था) का सिंधुदुर्ग में जनाधार था और सेना के कुछ विधायक उनके प्रति निष्ठा भी रखते थे।

14 अगस्त 2005 को पार्टी के पदाधिकारियों की बंद कमरे में बैठक हुई जिसमें राणे का ग़ुस्सा भड़क उठा। उन्होंने आरोप लगाया कि 'शिवसेना में पद ख़रीदे जाते हैं। पार्टी में इन पदों के लिए बाज़ार लगता है'। साफ़ था कि वे उद्धव और उनके दरबारियों के ऊपर उँगली उठा रहे थे।[6]

बाल ठाकरे और उद्धव उस बैठक में मौजूद नहीं थे। ठाकरे को जब यह बताया गया कि राणे ने क्या आरोप लगाया है तो वे बैठक में आए और उन्होंने मनोहर जोशी, राणे आदि नेताओं से पूछा कि जब उनको अपने पद पर बिठाया गया तो क्या किसी ने पैसों की माँग की थी? 'अगर यह बात साबित हो जाती है कि उद्धव या राज ने पैसों की माँग की थी, तो मैं उनको शिवसेना में नहीं रहने दूँगा और अगर मेरे ख़िलाफ़ इस तरह के आरोप सिद्ध हो जाते हैं तो मैं भी शिवसेना छोड़ कर संन्यास ले लूँगा', उन्होंने कहा।[7]

जून 2005 में मुंबई से 900 किलोमीटर दूर भंडारा ज़िले में शिवसेना के ज़िला प्रमुख शेषराव गिरहेपुंजे बहुत परेशान थे। संगठित प्रदर्शन के क़रीब चालीस मामलों में उनको स्थानीय सबडिविजनल पुलिस अफ़सर ने नोटिस भेजा कि वे भंडारा, नागपुर, गढ़चिरौली, चंद्रपुर और गोंदिया से दो साल के लिए दूर रहें।

साम्प्रदायिक रूप से संवेदनशील भंडारा के सड़क अर्जुनी के निवासी गिरहेपुंजे शिवसेना के लिए 1987 से काम कर रहे थे। उन्होंने फ़ैसला किया कि मुंबई जाकर नारायण राणे से मिलेंगे और मदद की माँग करेंगे। राणे उस समय नेता प्रतिपक्ष थे। लेकिन उस समय वे विदेश जा रहे थे इसलिए उन्होंने उनको उद्धव से मिलने की सलाह दी।

'पुलिस मुझे फँसाना चाह रही थी। ये सभी मामले राजनीतिक थे। जब मैं मातोश्री गया तो मुझे बताया गया कि उद्धव एक मीटिंग में थे। कुछ दिन बाद जब मैं दुबारा मिलने के लिए गया तो वहाँ मौजूद एक पुलिस वाले ने बताया कि उद्धव ने विदेश से 1.25 लाख की मछलियाँ मंगावाई थीं जो मर गई थीं और इस कारण वे इतने दुखी थे कि किसी से मिलना नहीं चाहते थे', गिरहेपुंजे ने आरोप लगाते हुए कहा।[8]

वापस आने पर राणे ने गिरहेपुंजे से यह कहानी सुनी। उस वक़्त मराठी दैनिक *लोकसत्ता* के लिए काम करने वाले पत्रकार संदीप प्रधान ने बताया कि राणे ने पत्रकारों को इस घटना के बारे में बताया और इस आधार पर यह कहा कि किस

तरह से सामान्य कार्यकर्ताओं की पार्टी नेतृत्व द्वारा अनदेखी की जाती थी।[9] उद्धव ने इस तरह की किसी घटना से इनकार किया और कहा कि यह उनको बदनाम करने के लिए किया जा रहा था।

'आम तौर पर यह माना जाता था कि मिलिंद नारवेकर लोगों को भगा देते थे लेकिन मुझे उन्होंने जाने के लिए नहीं कहा', गिरहेपुंजे ने कहा। बाद में वे राणे के साथ कांग्रेस में चले गए और अभी भारतीय जनता पार्टी में हैं। गिरहेपुंजे यह मानते हैं कि उनके अंदर भगवा के कुछ लक्षण अभी भी हैं, लेकिन उनका यह कहना था कि उनके पास इस बात की पुष्टि का कोई माध्यम नहीं था कि मछली के बारे में उनको जो बताया गया था वह बात सही थी या नहीं। गिरहेपुंजे का कहना है कि इस घटना के बाद राणे ने पार्टी छोड़ने का फ़ैसला कर लिया।[10]

राणे का कहना है कि उद्धव और उनकी पत्नी रश्मि बहुत अच्छे इनसान हैं। उनका कहना है कि उनको इस बात के लिए अपराधबोध होता था कि उनके लिए उद्धव और उनके पिता में लड़ाई होती थी। उनका कहना है कि शिवसेना छोड़ने के पीछे उनका यह अपराधबोध बड़ा कारण था। राणे ने बताया कि उन्होंने शिवसेना प्रमुख को एक अनौपचारिक पत्र लिखा कि वे शिवसेना छोड़कर अपने घर बैठ जाएँगे।[11]

राणे का कहना है कि चिट्ठी लिखने के बाद वे पन्द्रह दिनों के लिए विदेश चले गए। जब वे लौट कर आए तो उनको इस बात की बहुत हैरानी हुई कि नारवेकर, जोशी और देसाई के माध्यम से मीडिया में इस तरह की ख़बरें आ रही थीं कि वह शिवसेना छोड़कर कांग्रेस-एनसीपी गठबंधन में शामिल होने वाले थे।[12]

बाद में, राणे पार्टी प्रमुख से मिले और उनको शिवसेना, नेता प्रतिपक्ष और विधानसभा से अपना इस्तीफ़ा सौंप दिया। राणे का कहना है कि जब उद्धव को इस बारे में पता चला कि उनके पिता राणे के साथ समझौता करने की कोशिश कर रहे थे तो उद्धव ने धमकी दी कि वह अपनी पत्नी रश्मि के साथ मातोश्री छोड़ देंगे। इसके कारण सेना प्रमुख का संकल्प कमजोर पड़ गया क्योंकि वे एक बेटे को पहले ही खो चुके थे और एक उनसे अलग रहता था।[13]

28 जून 2005 को राणे अपने चुनाव क्षेत्र सिंधुदुर्ग जाने के लिए गोवा गए। क़रीब 250 गाड़ियों के क़ाफ़िले में उनके समर्थकों ने शक्ति प्रदर्शन किया। वे नारे लगा रहे थे, 'नारायण राणे अंगार है, बाक़ी सब भंगार है'।[14] कहा जाता है कि राणे ने अपने समर्थकों को संबोधित किया और उद्धव के कामकाज के तरीक़ों को लेकर अपना ग़ुस्सा प्रकट किया।

इस बीच, पार्टी कार्यकर्ताओं से बाल ठाकरे ने कहा कि वे ऐसी अफ़वाहों के ऊपर ध्यान न दें जो पार्टी को तोड़ने वाली हों, और उन्होंने कहा कि राणे पक्के शिवसैनिक हैं जो शिवसेना को कभी धोखा नहीं देंगे।[15]

2 जुलाई को राणे ने मुंबई में प्रेस कॉन्फ्रेंस बुलाई और शिवसेना से इस्तीफ़े की घोषणा कर दी। उन्होंने कहा कि वे इसलिए पार्टी छोड़ रहे हैं क्योंकि पार्टी के वरिष्ठजन उनसे ख़ुश नहीं हैं, और यह कि वे इसके बावजूद शिव सैनिक ही बने रहेंगे।[16]

उसी शाम बाल ठाकरे ने बांद्रा के रंगशारदा हॉल में राणे को पार्टी से निकाले जाने की घोषणा की। शिवसेना प्रमुख ने आरोप लगाया कि राणे ने पार्टी के साथ धोखा किया था। उन्होंने राणे को चुनौती दी कि अगर उनके अंदर आत्मसम्मान है तो वे विधायक पद का त्याग करके दिखाएँ, और कहा कि वे इस तरह की गुंडागर्दी बर्दाश्त नहीं करेंगे।[17]

एक वरिष्ठ कांग्रेस नेता के अनुसार राणे नेता प्रतिपक्ष के रूप में इस बात से सहज महसूस नहीं कर रहे थे कि पार्टी के विधायक दल में गोरेगाँव के विधायक सुभाष देसाई का दबदबा बढ़ता जा रहा था। ऐसी अफ़वाह थी कि उद्धव अंत में राणे के स्थान पर देसाई को नेता प्रतिपक्ष बनाने वाले थे।[18]

मीडिया की रपटों के अनुसार बाल ठाकरे ने 6 जुलाई को एक आपातकालीन बैठक बुलाई, जिसमें 52 विधायक मौजूद थे। राज ने सुझाव दिया कि पार्टी में असंतोष को कम करने के लिए उद्धव को कार्यकारी अध्यक्ष पद से इस्तीफ़ा दे देना चाहिए। कुछ विधायकों ने यह भी सुझाव दिया कि दोनों भाइयों के बीच शांति स्थापित करने के लिए मनोहर जोशी को कार्यकारी अध्यक्ष बना दिया जाए।[19]

राणे ने यह दावा किया कि पार्टी के सम्मेलनों में बोलने के कारण उद्धव उनको परेशान करते थे और यह कि वे ऐसे लोगों को पेश कर सकते थे जिन लोगों ने पिछले चुनाव में पार्टी के टिकट के लिए पैसे दिए थे। उन्होंने आरोप लगाया कि उद्धव का निजी सचिव सौदेबाज़ी किया करता था। *आउटलुक* में लिखते हुए स्मृति कोप्पिकर ने कहा कि जब बाल ठाकरे ने उद्धव को शिवसेना का कार्यकारी अध्यक्ष बनाने का फ़ैसला लिया तो राणे और उसके समर्थकों ने सार्वजनिक रूप से इसका मखौल उड़ाया।[20]

'राज ठाकरे के जन्मदिन के दिन उनके कट आउट लगाए गए तो उनको निकालना पड़ा...राज ठाकरे को भी मेरी तरह ही सताया जाता रहा है', राणे ने बताया। उन्होंने बाल ठाकरे के ऊपर यह आरोप भी लगाया कि उनके लिए पुत्र मोह सबसे ऊपर है।[21]

राणे ने अपने समर्थकों से कहा कि वे किसी राजनीतिक दल में नहीं जाएँगे और राजनीति से संन्यास ले लेंगे। लेकिन राज ठाकरे के सहयोगी बाला नांदगांवकर के नेतृत्व में 38 विधायकों ने राणे से अनुरोध किया कि वे अपने फ़ैसले पर पुनर्विचार करें।[22] अंत में, राणे को शिवसेना के दस विधायकों का समर्थन हासिल हुआ।

राणे को एनसीपी, कांग्रेस और यहाँ तक कि भाजपा ने भी लुभाने की कोशिश की लेकिन राणे कांग्रेस पार्टी में शामिल हो गए। कांग्रेस में जाने का कारण यह

था कि पार्टी के पास मुख्यमंत्री का पद था और पार्टी का आलाकमान विलासराव देशमुख को मुख्यमंत्री पद से हटाना चाहता था।[23]

राणे ने एक सनसनीख़ेज़ बयान दिया कि जुलाई 2005 में उनके पार्टी छोड़ने के बाद एक रात राज उनके घर आए और बोले कि वह भी पार्टी छोड़ना चाहते थे। राज ने उनको सुझाव दिया कि उनको मिलकर काम करना चाहिए और एक नई पार्टी शुरू करनी चाहिए, जिसमें उनके जो वफ़ादार शिव सैनिक हैं वे भी शामिल हो जाएँगे। हालाँकि राणे ने मना कर दिया, क्योंकि वह जानते थे कि ठाकरे परिवार के लोग किस तरह से काम करते थे और वह अब उनमें से किसी के साथ काम नहीं करना चाहते थे।[24]

हालाँकि फ़िलहाल भाजपा में शामिल राज ठाकरे के एक सहयोगी ने कुछ और ही दावा किया। 'राणे राज के संपर्क में थे, वे ज़ोर दे रहे थे कि दोनों को शिवसेना साथ छोड़ देनी चाहिए। जबकि राज चाहते थे कि पार्टी में रहकर संघर्ष किया जाए। राणे ने शिवसेना में बने रहने से इनकार कर दिया क्योंकि पानी उनके सिर के ऊपर आ चुका था।'[25]

राज भी पार्टी में अलग-थलग महसूस कर रहे थे, लेकिन वे राणे के साथ नहीं जा सकते थे जिनको पार्टी के विश्वस्तों द्वारा ग़द्दार बुलाया जाता था। इससे ठाकरे की विरासत का उनका दावा कमज़ोर पड़ जाता।[26] न ही वे किसी के मातहत रहकर काम कर सकते थे।[27]

विजय वदेत्तिवार उद्धव ठाकरे के नेतृत्व वाली सरकार में मंत्री हैं। उनका कहना था कि राज और राणे संपर्क में तो थे लेकिन यह कहना मुश्किल है कि दोनों में पहल किसने की थी। 'दोनों ख़ुश नहीं थे, दोनों के दुख का कारण भी एक था। हालाँकि दोनों के पास यह कहने के अपने-अपने कारण थे कि दूसरे ने पहले हाथ बढ़ाया, जो ज़ाहिर है कुछ समय के लिए ही रहा।'[28]

उद्धव के मीडिया सलाहकार हर्षल प्रधान ने सह लेखन में प्रकाशित किताब में यह लिखा है कि यह महज़ संयोग नहीं था कि राज और राणे दोनों ने कुछ महीने के भीतर ही पार्टी छोड़ दी।[29] 'दोनों को यह बात समझ में आ गई थी कि 2003 में उद्धव के कार्यकारी अध्यक्ष बनाए जाने के बाद से पार्टी में उनकी अधिक चल नहीं सकती थी और वे अपनी अपनी राजनीतिक महत्त्वाकांक्षाओं को पूरा नहीं कर सकते थे', प्रधान का दावा था।[30]

एक और बड़े असंतुष्ट नेता छगन भुजबल के विपरीत जिनको शिवसेना के ग़ुस्से का सामना करना पड़ा था, राणे ने ही इस दिशा में पहल की।

सालों तक मुंबई में यह नारा चलता था *आवाज़ कुनाचा? शिव सेनेचा!* (किसकी आवाज़ का शासन है? शिवसेना की), जिससे पता चलता था कि मुंबई में किसका दबदबा था, ख़ासकर जब ज़ोर आज़माइश की बात आती थी। लेकिन उस समय ऐसा लग रहा था कि शिवसेना दबी हुई थी, राणे के लोग पार्टी के दफ़्तरों पर हमला

कर रहे थे। सेना अपने द्वारा ही आगे बढ़ाए गए लोगों के निशाने पर आ गई थी। एक लेख में कहा गया था कि ऐसा लग रहा था कि पार्टी भस्मासुर बन गई थी।[31]

महाराष्ट्र के एक पूर्व कैबिनेट मंत्री ने याद करते हुए बताया कि जब राज्य विधानसभा के परिसर में दो विधायक राणे के ख़िलाफ़ नारेबाज़ी कर रहे थे, वे दोनों पर पिल पड़े थे लेकिन विदर्भ से कांग्रेस के एक विधायक ने उनको रोका।[32]

शिवसेना के नेता याद करते हुए बताते हैं कि अविश्वास का माहौल बन गया था, जिसमें एक आदमी दूसरे पर इस वजह से भरोसा नहीं करता था कि कहीं वह राणे का आदमी न हो।[33] राणे ने मीडिया के सामने शेखी बघारते हुए बताया कि बांद्रा के रंगशारदा हॉल में जब शिवसेना की बैठक हो रही थी तो कुछ लोग राणे के समर्थन में नारेबाज़ी कर रहे थे।[34] राणे के समर्थकों ने पाँच सितारा होटलों में, बृहनमुंबई विद्युत आपूर्ति तथा बी.ई.एस.टी. के मज़दूर संघों के ऊपर भी क़ब्ज़ा ज़माने की कोशिश की, जहाँ शिवसेना की संघें थीं और जिन दिनों राणे बी.एम.सी. के पार्षद थे तो वे इनके अध्यक्ष रह चुके थे। उन्होंने प्रभादेवी में *सामना* के दफ़्तर के सामने जनसभा करके शिवसेना को उसके गढ़ में ही चुनौती दी।

पार्टी में और टूट न हो इसलिए शिवसेना ने अपने विधायकों को एक उपनगरीय पाँच सितारा होटल में रखा। उनकी रखवाली में पुलिस के अलावा शिवसेना के कार्यकर्ताओं का एक घेरा भी लगाया गया कि कहीं वे भाग न जाएँ या उनकी ख़रीद-फ़रोख़्त न हो जाए।

राणे जब नेता प्रतिपक्ष थे तो विधायकों को बड़ी सख़्ती से क़ाबू में रखते थे। उन्होंने अपनी पूर्व पार्टी को झटका देने के लिए 25 विधायकों की सदस्यता अयोग्य कहे जाने की माँग की।[35]

बाद में, राणे ने नेता प्रतिपक्ष के पद से इस्तीफ़ा दे दिया और रत्नागिरी में खेड़ से विधायक रामदास क़दम को उनके स्थान पर नेता प्रतिपक्ष बनाया गया। 1991 की तरह भाजपा यह देख रही थी कि राणे के जाने से शिवसेना के विधायकों की संख्या उसके विधायकों से कम तो नहीं हो गई थी।[36]

सेना इसको लेकर भी कड़ी मेहनत कर रही थी कि बीएमसी के पार्षद राणे के पक्ष में न जाएँ। बाल ठाकरे और उद्धव ठाकरे दोनों अपने कुनबे को बचाए रखने के लिए भावनात्मक अपील कर रहे थे।

जनवरी 2006 में *सामना* को दिए एक इंटरव्यू में बाल ठाकरे ने यह दावा किया कि राणे ने एक बार यह माना था कि अगर वह शिवसेना में शामिल नहीं हुआ होता तो पुलिस इनकाउंटर में मारा गया होता।[37]

26 जुलाई 2005 को मुंबई में भयानक बारिश हुई, शहर जैसे थम गया। रेल और सड़क दोनों मार्ग से आवागमन प्रभावित हुआ। शहर में रिकॉर्ड 944 मिलीमीटर बारिश होने के कारण लोग या तो दफ़्तरों में फँसे हुए थे या सड़कों पर। बिजली गुल

हो गई थी और बाढ़ के कारण से मुंबई से आने जाने वाली हवाई सेवाएँ प्रभावित हुई थीं। 500 से अधिक लोगों की मृत्यु हुई।[38]

कलानगर, जहाँ मातोश्री था, नीचा इलाक़ा था, और वहाँ भी बाढ़ आ गई थी। बाल ठाकरे रहने के लिए राज ठाकरे के घर दादर चले गए। नागरिक सुविधाओं की कमी के लिए शिवसेना के नियंत्रण वाली बीएमसी को आलोचनाओं का सामना करना पड़ा।

'राज को कहीं हल्की सी उम्मीद यह थी कि जब अपने उत्तराधिकारी के चुनाव की बात आएगी तो शायद बालासाहेब उसे ही चुनेंगे। हालाँकि जिस दौरान बालासाहेब उनके घर में थे उस दौरान उनको यह समझ में आ गया कि उसको बहुत ग़लतफ़हमी हो गई थी। शायद इस वजह से ही उन्होंने शिवसेना छोड़ने का निर्णय लिया', वागीश सारस्वत ने कहा। वागीश शिवसेना के बीट पर पत्रकारिता करते थे और धीरे-धीरे वे राज के क़रीब आ गए थे।[39]

आख़िरकार, 2005 में राणे कांग्रेस में शामिल हुए और उनको राजस्व मंत्री बनाया गया। उनके समर्थकों का दावा था कि उनको केंद्रीय नेतृत्व की तरफ़ से वादा किया गया था कि छह महीने के अंदर उनको मुख्यमंत्री बनाया जाएगा।

एक वरिष्ठ कांग्रेस नेता ने बताया कि शिवसेना के ख़िलाफ़ अपने ग़ुस्से को सार्वजनिक तौर पर ज़ाहिर करने के पहले राणे एनसीपी नेता और केंद्रीय मंत्री शरद पवार से मिले थे और उनकी पार्टी में शामिल होने की इच्छा ज़ाहिर की थी। 'हालाँकि राणे चाहते थे कि उनको मुख्यमंत्री का पद मिले या कोई महत्त्वपूर्ण मंत्रालय, लेकिन एनसीपी के पदासीन मंत्रियों में कोई उनके लिए पद छोड़ना नहीं चाहता था। अंत में, कांग्रेस के नेता स्वर्गीय बालासाहेब विखे पाटिल ने पहल की और उनको कांग्रेस में लेकर आए। जबकि राज्य कांग्रेस के प्रमुख प्रभा राऊ और महाराष्ट्र की प्रभारी महासचिव मागरेट अल्वा दोनों चाहते थे कि राणे कांग्रेस में शामिल हो जाएँ लेकिन तत्कालीन मुख्यमंत्री विलासराव देशमुख इस बात से असहज महसूस कर रहे थे क्योंकि उनको राणे से अपनी कुर्सी को ख़तरा लगता था।[40]

कोंकण क्षेत्र के मराठी मानुसों की तादाद मुंबई में बहुत अधिक है। कोंकण क्षेत्र के बारे में कभी कहा जाता था कि वहाँ मनीऑर्डर अर्थव्यवस्था थी क्योंकि वहाँ का जीवन रायगढ़, रत्नागिरी और सिंधुदुर्ग के विस्थापितों के सहारे चल रहा था, जिनमें से अधिकतर मुंबई में बड़ी-बड़ी नौकरियों में थे। हालाँकि पर्यटन, प्रसिद्ध अलफाँसो आम और समुद्री मछली पालन के कारण वहाँ के हालात बदल गए, वहाँ की समुद्री रेखा का मुंबई के साथ गहरा भावनात्मक नाता रहा है।

मुंबई में रहने वाले कोंकणी लोगों का अपनी मिट्टी के प्रति गहरा लगाव रहा है। जैसा कि कोंकण के लोग गर्व से बताते हैं कि जिस तरह का फ़ैशन मुंबई में आता है तुरंत उनके कोंकण में भी पहुँच जाता है।

इसलिए शिवसेना का राणे के लिए कोंकण छोड़ने का मतलब था कि मुंबई में भी उसका असर पड़ता।

उस इलाक़े के ऊपर नियंत्रण रखने के ख़याल से पार्टी ने राज ठाकरे का सहारा लिया। उन्होंने वहाँ आई बाढ़ के दौरान 9 अगस्त 2005 से कोंकण क्षेत्र का दौरा शुरू कर दिया। लेकिन सिंधुदुर्ग के पुलिस अधीक्षक के.एम.एम. प्रसन्ना के कहने पर उनको बीच में ही वापस आ जाना पड़ा क्योंकि क़ानून व्यवस्था का संकट खड़ा हो सकता था।[41]

'वह शिवसेना का मुश्किल दौर था और हम गाड़ियों में भर-भर के कोंकण की तरफ़ चल पड़े। हमारे क़ाफ़िले में मुस्लिम इलाक़ों जैसे बहरामपाड़ा, भेंडि बाज़ार और गोवंदी के समर्थक भी शामिल थे। हम मुख्य क़ाफ़िले से कुछ किलोमीटर आगे यह देखने के लिए चल रहे थे कि सब कुछ ठीक-ठाक है या नहीं। हालाँकि हम सिंधुदुर्ग से वापस आ गए क्योंकि पुलिस का कहना था कि इसकी प्रतिक्रिया ज़बरदस्त हो सकती थी', हाजी अशरफ़ शेख़ ने बताया।[42]

दोनों भाइयों के बीच मतभेद की ख़बरों के बीच बालासाहेब ठाकरे ने मनोहर जोशी और संजय राउत की उपस्थिति में 17 अगस्त को राज और उद्धव ठाकरे से भेंट की। *सामना* के पहले पन्ने पर तस्वीर छपी थी जिसका शीर्षक था *हम साथ-साथ हैं*। बाल ठाकरे ने बयान जारी किया कि अच्छी बातचीत के बीच आपसी ग़लतफ़हमी दूर हो गई, और इसके बाद से राज, उद्धव तथा अन्य नेता मिल-जुलकर फ़ैसले लेंगे। उन्होंने गुटबंदी के ख़िलाफ़ चेतावनी दी।[43]

26 अगस्त को उद्धव और राज ने संयुक्त बयान जारी किया जिसमें यह कहा गया था कि शिव सैनिक अलगाव की आधारहीन ख़बरों के ऊपर विश्वास नहीं करेंगे।[44]

शिवसेना के लिए परीक्षा की घड़ी तब आई जब राणे ने शिवसेना के विधायक के रूप में मालवन विधानसभा क्षेत्र से इस्तीफ़ा दे दिया और वहाँ से उप चुनाव की घोषणा हुई। शिवसेना ने परशुराम उपरकर को उम्मीदवार बनाया जो पहले राणे के ही साथी थे, और चुनाव अभियान में शिवसेना ने अपने सबसे धारदार हथियार को लगा दिया—शिवसेना प्रमुख बाल ठाकरे को, जो अपनी ढलती उम्र तथा ख़राब स्वास्थ्य के बावजूद चुनाव क्षेत्र में आए।

'वे बहुत मुश्किल दिन थे क्योंकि राणे के लोगों को जो जी में आए करने की छूट थी। उन लोगों ने इस बात को पक्का किया कि शिवसेना के नेताओं को कोई होटल न मिले या यहाँ तक कहीं रहने-खाने का कोई ठिकाना भी न मिले। मराठवाडा के चार शिवसेना विधायकों की पहचान के बारे में जैसे ही पता चला अगले ही दिन उनको होटल ख़ाली करने के लिए कहा गया। पेट्रोल पम्प पर शिवसेना के नेताओं की गाड़ियों में पेट्रोल भी नहीं दिया जाता था', राज ठाकरे के एक पूर्व सहयोगी ने बताया।[45]

सिंधुदुर्ग ज़िले के एक वरिष्ठ पत्रकार का यह दावा था कि जब राज प्रचार के लिए आए तो सड़क के किनारे खड़े राणे के समर्थक नारा लगते थे *ये अंदर की बात है राज हमारे साथ है।*[46]

राज ने प्रचार किया और कणकवली में एक जनसभा को संबोधित भी किया लेकिन उन्होंने अपनी यात्रा बीच में ही छोड़ दी। उनका कहना था कि उनकी पीठ में दर्द हो गया था। बाल ठाकरे ने कहा कि वे अब सलाहकार की भूमिका में थे, अधिकतर फ़ैसले उद्धव ही लेते थे।[47]

मालवन के एएसडी टोपीवाला हाई स्कूल मैदान में बाल ठाकरे ने जनसभा में मतदाताओं से अपील की कि वे शिवसेना के साथ बने रहें, लेकिन कोई असर नहीं हुआ। 22 नवम्बर 2005 को जब चुनाव परिणामों की घोषणा की गई तो राणे ने उपरकर को 78,616 मतों से पराजित किया। राणे के विरोधी को महज़ 15,224 मत आए थे। और भी अपमानजनक यह था कि शिवसेना के उम्मीदवार की ज़मानत भी ज़ब्त हो गई।[48]

शिवसेना छोड़ने के दो साल बाद राज ने एक सनसनीखेज़ दावा किया।

29 अक्टूबर 2007 को थाने में एक जनसभा में बोलते हुए राज ने दावा किया कि उप चुनाव के दौरान उनको मारने की योजना बनाई गई थी। राज का कहना था कि उनको पुलिस अधिकारी ने यह चेतावनी दी थी कि उनकी जान को ख़तरा था, जिसके कारण वे प्रचार अभियान बीच में ही छोड़कर वापस मुंबई लौट गए थे।[49] बाल ठाकरे ने इस दावे को बेबुनियाद बताया, उन्होंने इसको दुर्भाग्यपूर्ण बताया और यह सवाल उठाया कि राज इस तरह की घटिया बात कैसे कर सकता था।[50] उन्होंने याद दिलाया कि किस तरह रमेश किणी कांड के दौरान शिवसेना और उद्धव ठाकरे व राज एक साथ खड़े रहे थे।[51] उप मुख्यमंत्री और गृह मंत्री आर.आर. पाटिल ने भी राज के आरोपों को ग़लत बताया।[52] हालाँकि राज के सहयोगियों का कहना था कि यह घटना शिवसेना के साथ राज के रिश्तों की आख़िरी कड़ी साबित हुई। इसके बाद उन्होंने शिवसेना छोड़ने का फ़ैसला लिया।[53]

अंतिम टूट

27 नवम्बर 2005 को राज ठाकरे ने शिवाजी पार्क स्थित अपने घर कृष्णकुंज के बाहर अपने समर्थकों को संबोधित किया।

'मेरा झगड़ा विट्ठल से नहीं उनके आसपास के पुजारियों से है' जब उन्होंने कहा तो उनके हज़ारों समर्थक तालियाँ बजाते हुए नारा लगाने लगे, *राज साहब आगे बढ़ो हम तुम्हारे साथ हैं।*

'कुछ लोग हैं जो राजनीति का एक अक्षर नहीं समझते हैं इसलिए मैं शिवसेना से इस्तीफ़ा दे रहा हूँ। बालासाहेब ठाकरे में मेरे देवता थे, हैं और बने रहेंगे', उन्होंने घोषणा की।[54]

इससे पहले शिवसेना के नेताओं की एक बैठक जो बाल ठाकरे ने बुलाई थी राज उसमें शामिल नहीं हुए थे। अपने समर्थकों को संबोधित करने से पहले उन्होंने अपने चाचा को फ़ैक्स से एक पत्र भेज दिया जिसमें उन्होंने पार्टी के पदों से इस्तीफ़ा दिया था और पिछले तीन साल के दौरान चुनावों में पार्टी के प्रदर्शन पर सवाल उठाया था।[55]

राज के एक निजी दोस्त और बाद में उनके साथ मनसे में शामिल होने वाले व्यक्ति ने बताया कि शिवसेना छोड़ने के बाद राज बहुत भावुक हो गए थे, यहाँ तक कि बंद दरवाज़ों के पीछे होने वाली बैठकों में वे रोने भी लगते थे।[56] उनका कहना था कि राज ने पिछले सालों में मतभेदों को दूर करने की जितनी कोशिशें की थीं सब बेअसर रहीं। 'राज के लिए वह दौर बहुत दुखदायी था, उसके दुख का एक प्रतिशत कारण शिवसेना से उनका अलग होना था लेकिन 99 प्रतिशत कारण अपने चाचा से हुई अनबन थी', राज के क़रीबी एक वरिष्ठ संपादक ने बताया।[57]

कहा जाता है कि राज का इस्तीफ़ा पत्र संजय राउत ने तैयार किया था। 'पत्र की भाषा संतुलित थी और उसने पार्टी छोड़ने संबंधी कारणों को बताया था। बालासाहेब ने पत्र पर एक नज़र डाली और संजय राउत से बोले कि यह तुम्हारा काम है!' शिवसेना के एक वरिष्ठ नेता ने बताया।[58] संजय राउत 1990 में *सामना* से कार्यकारी संपादक के रूप में जुड़े थे, सेना प्रमुख के पसंदीदा लोगों में थे और अख़बार में आक्रामक संपादकीय और लेख लिखने के कारण उनको एक तरह से बाल ठाकरे का दूसरा रूप कहा जाता था। राउत, राज के पिताजी श्रीकांत के करीबी थे। राज और राउत में दोस्ती बरकरार थी।

दुर्भाग्य से, जब संजय राउत और मनोहर जोशी को बाल ठाकरे ने अपना दूत बनाकर राज के पास भेजा तो राज के समर्थकों ने उनकी कार तोड़ दी।[59] जिस दिन राज ने पार्टी छोड़ने के बारे में औपचारिक घोषणा की उस दिन टाइम्स समूह के मराठी दैनिक *महाराष्ट्र टाइम्स* में पहले पन्ने पर यह ख़बर छपी थी कि राज शिवसेना छोड़ना चाहते थे।[60]

'मैं पार्टी दफ़्तर में शिवसेना के एक वरिष्ठ नेता से मिला था जो राज के क़रीबी थे। बातचीत के दौरान वह उद्धव के क़रीबी सुभाष देसाई के बारे में बहुत भला-बुरा कहते रहे। इससे मुझे लगा कि राज की नाराज़गी बहुत ज़ाहिर थी तो क्या ऐसे में वह राणे के रास्ते जाने वाले थे? बाद में, मैंने राज को फ़ोन किया और सीधे पूछ लिया कि क्या वह शिवसेना छोड़ने वाले थे? उन्होंने जिस तरह से गोलमोल जवाब दिया उससे बहुत कुछ समझ में आ जाता था। राज ने इस बात का खंडन नहीं किया, बस यही कहा कि इस विषय में बाद में बात करते हैं', सचिन परब

ने बताया। उसने अपने स्रोतों से बात करके स्टोरी लिखी। उसके स्रोतों ने भी यही कहा कि उसका अनुमान सही था।[61]

जब *महाराष्ट्र टाइम्स* और *टाइम्स ऑफ़ इंडिया* में ख़बर छपी तो ग़ुस्साए शिव सैनिकों ने उसकी प्रतियाँ जला दीं।[62] जबकि राज के समर्थक उनके दादर स्थित घर के बाहर जमा होने लगे।

बहुत बाद में, 2018 में अपने दोस्त और अभिनेता अतुल पारचूरे से बात करते हुए राज ने अपने प्रिय पटकथा लेखकों सलीम-जावेद से जुड़ा एक वाक़या याद किया। 'मैंने सलीम साहेब से एक बार पूछा कि आपकी जोड़ी किस तरह टूट गई? तो उन्होंने कहा, हर उत्पाद की एक एक्सपायरी डेट भी होती है', राज ने कहा।[63]

शायद सलीम-जावेद की जोड़ी की तरह ही शिवसेना के साथ राज के रिश्तों की भी मियाद पूरी हो गई थी।

निखिल वागले ने पहले कहा था कि उनके मामा चंद्रकांत वैद्य, इतिहासकार बाबासाहेब पुरंदरे तथा ज्योतिषी और व्यवसायी जयंत सालगाँवकर दोनों भाइयों में मेलमिलाप की कोशिश करते रहे, लेकिन कोई फ़ायदा नहीं हुआ।[64]

इन दुखी करने वाली ख़बरों के बीच छगन भुजबल भी व्यथित थे। इसके बावजूद कि उनको काफ़ी कड़वाहट के साथ शिवसेना से अलग होना पड़ा था उनका शिवसेना के साथ भावनात्मक रिश्ता था। 'मैंने सेना छोड़ने के बाद सेना प्रमुख, उद्धव या राज से कभी बात नहीं की थी। लेकिन उनके बीच झगड़े की ख़बरें आईं तो मैंने राज और उद्धव दोनों को फ़ोन किया और अपने-अपने फ़ैसले के ऊपर फिर से विचार करने के लिए कहा। लेकिन जो होना था वही हुआ', वह बोले।[65] आज भी भुजबल को ऐसा लगता है कि दोनों भाई अगर साथ रहे होते तो अपने बूते पर पूरे महाराष्ट्र पर राज करते। 'राज बालासाहेब की तरह आक्रामक वक्ता हैं जबकि उद्धव हालात को समझते हुए बहुत अच्छी तरह से योजनाएँ बनाते हैं।'[66]

राज के एक पूर्व सहयोगी ने बताया कि उसके नेता इस बात के ऊपर भी विचार कर रहे थे कि राजनीति छोड़कर व्यवसाय किया जाए और कार्टून बनाकर अपने प्रिय शौक़ को पूरा किया जाए। कॉलेज के दिनों से राज के मन में यह सपना था कि वह वाल्ट डिज़्नी के स्टूडियो में काम करें। उन्होंने अपने समर्थकों के कहने पर राजनीति में बने रहने का फ़ैसला किया। उनके समर्थक भी शिवसेना से निकलना चाहते थे।[67]

उद्धव और राज दोनों के क़रीबी एक वरिष्ठ शिवसेना नेता ने बताया कि ठाकरे बंधुओं में जो छोटा था वह अक्सर अपने चाचा से राजनीति छोड़ने के बारे में कहता रहता था। 'राज ने इसके बारे में विचार करके कम से कम दो या तीन बार बालासाहेब से कहा कि अगर वह पार्टी और घर में कलह का कारण बन गया है तो वह इसे छोड़ना चाहेगा', उन्होंने आगे बताया।[68]

उनके पुराने व्यवसायी सहयोगी ने यह बताया कि 'राज के पास पार्टी छोड़ने के अलावा उस समय कोई विकल्प नहीं रह गया था। एक तो इसलिए कि शिवसेना कमज़ोर होती जा रही थी और राज ने सोचा कि इससे पहले पार्टी और नीचे जाए अपने समर्थकों के साथ पार्टी छोड़ देनी चाहिए।'[69] 'कुछ फ़ैसले सही समय पर ले लेने चाहिए। राज के पक्ष में उसकी आयु थी और वह इस लाभ को गँवाना नहीं चाहता था। उसने बालासाहेब को पार्टी छोड़ने के अपने फ़ैसले के बारे में बता दिया था। बालासाहेब को शायद यह पता था कि इस तरह के हालात आने वाले थे लेकिन शायद अपना ख़ून ज़्यादा प्यारा होता है।'[70]

राज पार्टी संगठन में बड़े बदलावों के लिए कह रहे थे, और उनका ग़ुस्सा सुभाष देसाई पर था जिनके बारे में उनको लगता था कि वह उसके ख़िलाफ़ षड्यंत्र रचता रहता था। जनवरी 2006 में *सामना* को दिए एक इंटरव्यू में बाल ठाकरे ने इसे स्वीकार किया था। बाद में सेना प्रमुख ने आरोप लगाया कि आज के आसपास के लोगों ने उसके कान भर दिए थे।[71]

देसाई फडणवीस सरकार में उद्योग मंत्री थे और बाल ठाकरे के ज़माने के एकमात्र नेता हैं जो उद्धव ठाकरे के अंदरूनी दायरे में शामिल हैं। देसाई उद्धव ठाकरे सरकार में भी मंत्री हैं। 'पहले राज शायद ही कभी पार्टी छोड़ने की बात करते थे या जब उनके सहयोगी उनको ऐसा करने के लिए कहते थे तो वे शायद ही कोई जवाब देते थे। लेकिन जब मालवन उप चुनाव में आधे रास्ते से लौटकर आने के बाद उन्होंने अपने कुछ बेहद क़रीबियों के साथ बैठक की, उसमें उन्होंने कहा कि अब सब ख़त्म हो गया। वह सही समय आने पर शिवसेना छोड़ देंगे', एक पत्रकार ने दावा किया, जो राज के अंदरूनी दायरे के आदमी रहे हैं।[72]

सचिन परब ने दर्ज किया है कि राणे शिवसेना के पहले ऐसे बाग़ी थे जिन्होंने शिवसेना को पीछे हटने पर मजबूर कर दिया था। उन्होंने ऐसा माहौल बना दिया था कि जिसमें पार्टी के भविष्य को लेकर सवाल उठाए जा रहे थे। 'सेना के लिए हालात इतने बुरे हो गए थे कि कई बार मुंबई में राणे के लोगों का मुक़ाबला करने के लिए इनको ठाणे से आदमी बुलाने पड़ते थे। इस तरह की चर्चाएँ थीं कि राणे विलासराव देशमुख के स्थान पर मुख्यमंत्री बनाए जा सकते थे', उन्होंने कहा।[73]

राज के खेमे में केवल एक ही सवाल था कि पार्टी छोड़ी कब जाए। 'कुछ लोग तो तत्काल छोड़ देना चाहते थे, जबकि कुछ लोगों का यह मत था कि जब तक बाल ठाकरे ज़िंदा थे तब तक उनको इंतज़ार करना चाहिए। अंत में, पहली तरह के सोच वाले हावी हो गए', परब ने बताया।[74]

लोकसत्ता अख़बार के साथ बातचीत में 2012 में राज ने कहा कि शिवसेना छोड़ने का ख़याल लगभग एक दशक से था। उन्होंने यह माना कि उनके पास दो विकल्प थे कि या तो राजनीति ही छोड़ दें या अपना राजनीतिक दल बना लें।[75]

वागीश सारस्वत की पैदाइश उत्तर प्रदेश की थी और उन्होंने बाद में मनसे की सदस्यता ली। उन्होंने याद करते हुए बताया कि उन्होंने 21 जुलाई 2005 को राज को अपने कविता संग्रह *एकलव्य का अँगूठा* का लोकार्पण करने के लिए आईएमसी ऑडिटोरियम में आमंत्रित किया।

इसकी शीर्षक कविता महाभारत की एक कहानी से ली गई थी। एकलव्य एक आदिवासी राजकुमार था जिसने स्वाध्याय से धनुष चलाना सीखा था लेकिन वह कौरव-पांडवों के गुरु द्रोण को अपना गुरु मानता था, जबकि उस ब्राह्मण योद्धा ने उसके कुल के कारण उसको सिखाने से इनकार कर दिया था। लेकिन इस कविता में एकलव्य अपने गुरु के यह कहने पर कि वह अपना दाहिना अँगूठा गुरुदक्षिणा में दे दे, विद्रोह कर देता है।

'राज साहेब ने किताब माँगी और कविता पढ़ी। बाद में पुस्तक के लोकार्पण में वे आए और उन्होंने हिंदी में बोलते हुए कहा कि उनको भाषा से कोई दिक्कत नहीं थी। शिवसेना छोड़ने के बाद राज ने कहा कि मेरी कविता में एकलव्य ने जिस तरह से विद्रोह किया था उसने उनके निर्णय को प्रभावित किया था', सारस्वत ने कहा।[76]

'बालासाहेब को अंत तक ऐसा लगता रहा, चाहे यह उनका भोलापन रहा हो या चालाकी कि उद्धव और राज एक होकर उनके उत्तराधिकार को सँभालेंगे, आधुनिक लव-कुश की तरह', एक वरिष्ठ पत्रकार का कहना था, 'उनको शायद ऐसा नहीं लगता था कि दोनों के बीच का झगड़ा इस हद तक बढ़ जाएगा।' उनका कहना था कि बाल ठाकरे शायद चाहते थे कि राज का करिश्मा तो रहे लेकिन सेना का अगला प्रमुख उद्धव ही बने।[77]

'बालासाहेब उद्धव के ऊपर बहुत अधिक निर्भर करते थे और यह ज़ाहिर बात थी कि राजनीतिक उत्तराधिकारी के रूप में वह उनकी पसंद थे। शायद बालासाहेब को ऐसा लगता था कि जिस तरह से उनके छोटे भाई श्रीकांत बेहद प्रतिभाशाली होने के बावजूद हमेशा उनकी छाया में रहे, उसी तरह से राज भी रहेंगे', राज के एक दोस्त का कहना था।[78]

बाल ठाकरे के नज़दीकी बताते हैं कि जब राज ने पार्टी छोड़ने का फ़ैसला किया था तो बाल ठाकरे को कितनी तकलीफ़ पहुँची थी। 2012 में आईबीएन लोकमत के लिए निखिल वागले से बात करते हुए उन्होंने कहा था, 'मैं उसको कैसे भूल सकता हूँ कि वह हमारे परिवार का है। वह इसी मातोश्री में पला-बढ़ा। मीनाताई उसको अपने हाथ से खाना खिलाती थी। वह मेरे साथ खेलता था, मैं उसको मातोश्री की छत से हवाई जहाज़ की बत्ती दिखाता था। रिश्ते की बात तो एक तरफ़ रहने दो, वह जो कर रहा था मैं तो इस बात से हैरान था कि उसने ऐसा किया क्यों?'[79]

बाल ठाकरे की मृत्यु के एक साल बाद *आईबीएन लोकमत* को दिए गए एक इंटरव्यू में उनके दूसरे बेटे जयदेव ने यह दावा किया था कि उन्होंने अपने

पिता बाल ठाकरे को यह सलाह दी थी कि कार्यकारी अध्यक्ष के दो पद बनाए जाने चाहिए—एक शहरी और एक ग्रामीण महाराष्ट्र के लिए। उद्धव शहरी क्षेत्रों का काम देखता और राज ग्रामीण महाराष्ट्र का कामकाज देख सकता था। जयदेव का कहना था कि बाल ठाकरे और दोनों भाइयों में से एक इस बात के लिए तैयार हो गया था लेकिन दूसरा भाई नहीं माना। हालाँकि उन्होंने यह बताने से इनकार कर दिया कि राज और उद्धव में वह कौन था जिसने इस सलाह को नहीं माना।[80]

18 दिसंबर 2005 को मनोहर जोशी के साथ अपने चाचा से मिलने के तीन दिन बाद राज ने आख़िरकार अपना निर्णय सुना दिया कि वह शिवसेना छोड़कर अपनी नई पार्टी का गठन करेंगे। शिवाजी पार्क जिमखाना में एक भीड़ भरे प्रेस कॉन्फ्रेंस में राज ने कहा कि वह वह 17 जनवरी 2006 से सिद्धिविनायक के दर्शन के बाद महाराष्ट्र का दौरा करेंगे।[81] तत्कालीन केंद्रीय कृषि मंत्री और एनसीपी के अध्यक्ष शरद पवार ने राज पर चुटकी लेते हुए कहा कि राजनीति में सक्रिय रहने के लिए नींद से ज़रा जल्दी जागना होता है।

19 मार्च 2006 को ऐसा लग रहा था जैसे इतिहास ख़ुद को दोहरा रहा था।

ठीक चालीस साल पहले राज के चाचा ने शिवाजी पार्क में रैली की थी। वहीं राज अपने राजनीतिक दल की पहली जनसभा का आयोजन कर रहे थे—यानी महाराष्ट्र नवनिर्माण सेना की पहली रैली।

राज ने कुछ दिन पहले 9 मार्च को मनसे के गठन की घोषणा कर दी थी। नाम से ही साफ़ था कि उनकी आकांक्षा अखिल भारतीय नहीं थी और यह क्षेत्रीय पार्टी के रूप में ही रहना चाहती थी। पार्टी के झंडे में तीन रंग थे—केसरिया, हरा और नीला—जिससे इसी आकांक्षा का पता चलता था कि यह हिंदू, मुसलमानों और दलितों का एक वृहत आधार तैयार करना चाहती थी। 2020 में यह झंडा बदलकर उसे भगवा रंग दिया गया। इसका मतलब सरल था। मनसे मराठी के मुद्दे से लेकर हिंदुत्व की तरफ़ जा रही थी। उस समय शिवसेना ने सेक्युलर कही जानेवाली कांग्रेस और राष्ट्रवादी कांग्रेस पार्टी के साथ मेलजोल से सरकार बनाई थी। इस वजह से शिवसेना को हिंदुत्व के मुद्दे पर समझौता करना होगा, यह जाहिर था। मनसे इस स्पेस को अपनी तरफ़ लाना चाहती थी। पर ये सारी बातें बाद में हुई बातें हैं।

राज के एक दोस्त ने बताया कि शिवसेना छोड़ने के बाद वह यह तय नहीं कर पा रहे थे कि अपनी पार्टी बनानी चाहिए या नहीं। 'जब योजना तैयार हो गई तो तो लोक सेना के नाम पर विचार हुआ। लेकिन तय महाराष्ट्र नवनिर्माण सेना नाम हुआ क्योंकि राज का कहना था कि वह चाहते थे कि पार्टी महाराष्ट्र तक ही सीमित हो और नाम में सेना ज़रूर हो। नवनिर्माण नाम का चयन उन्होंने इसलिए किया क्योंकि जयप्रकाश नारायण ने नवनिर्माण आंदोलन चलाया था, जिसको वह महाराष्ट्र में दोहराना चाहते थे', उन्होंने बताया। पार्टी का झंडा जिसमें केसरिया,

नीला और हरा रंग था, उसके बीच में सफ़ेद रंग की धारियाँ थीं, और उसको बनाया था उनके बचपन के सहपाठी जय कोवली ने, जो एक चित्रकार हैं।[82]

अपनी पहली रैली में उन्होंने यह याद दिलाया कि 1966 में इसी मैदान में शिवसेना की पहली रैली हुई थी जिसमें उनके दादा प्रबोधनकार ने यह घोषणा की थी कि वे अपने बेटे बाल को महाराष्ट्र को सौंप रहे थे। उसी तरह राज ने कहा कि वे स्वयं को 'उसी पल से महाराष्ट्र को समर्पित कर रहे थे'।[83]

मार्च के उमस भरे दिन में राज ने भाषण में घर, भोजन, रोज़गार, शिक्षा के ख़राब स्तर और महाराष्ट्र की ख़राब सड़कों की बात की। उन्होंने यह सवाल पूछा कि जो लोग टैक्स देते हैं उनके लिए आधारभूत संरचना का काम कितना हो पाता है और उन्होंने इस बात की घोषणा भी की कि वह राज्य के विकास का एक ख़ाका तैयार कर रहे थे।[84]

सबसे बढ़कर, राज उस तरह के भावनात्मक मुद्दों पर बात नहीं कर रहे थे जिस तरह की बातें शिवसेना समेत तमाम राजनीतिक दल करते हैं। उन्होंने सवाल उठाया कि मराठवाड़ा विश्वविद्यालय का नाम डॉक्टर आंबेडकर के नाम पर रखने का क्या फ़ायदा हुआ और वी.टी. स्टेशन का नाम शिवाजी महाराज के नाम पर रखने से कौन सा बड़ा उद्देश्य पूरा हुआ?

'मेरे साथ काम करने वाले हर कार्यकर्ता के परिवार को इस बात के ऊपर गर्व होना चाहिए कि वह राज ठाकरे के साथ काम करता है', राज ने कहा, उन्होंने आगे यह कहा कि अन्य लोगों की तरह वे निराश नहीं करेंगे। उन्होंने यह घोषणा भी कि कि आज के बाद कोई उनके पैर नहीं छुएगा और केवल हाथ जोड़कर नमस्कार करना ही काफ़ी होगा।

अगर हिन्दुत्व राष्ट्रवाद था तो वह राष्ट्रवाद से और अधिक सहमति जताते थे। उन्होंने घोषणा की इसके बावजूद कि वे राज्यव्यापी दौरे के दौरान सांगली ज़िले में मिरज की दरगाह पर गए थे, वे उस तरह की छद्म धर्मनिरपेक्षता के ख़िलाफ़ थे जो कांग्रेस ने अपनाई हुई थी। उन्होंने यह बताया कि उन्होंने मुसलमानों के एक प्रतिनिधिमंडल से यह कहा था कि धर्म का अपमान करने के इरादे से पैग़म्बर मोहम्मद का कार्टून बनाया जाना ग़लत था लेकिन मुसलमानों को इसका भी विरोध करना चाहिए था कि एम.एफ़. हुसैन ने हिंदू देवियों की नग्न तस्वीर क्यों बनाई थी।

यूनिवर्सिटी ऑफ़ मुंबई के राजनीतिशास्त्र विभाग के सहायक प्राध्यापक डॉक्टर दीपक पवार ने यह लिखा कि किस तरंग से राज का पहला भाषण महत्त्वपूर्ण मुद्दों से हटकर था और उसमें लटकों-झटकों का किस तरह इस्तेमाल किया गया था। 'अपनी रैली में राज ने यह रखा कि वह किस तरह यह चाहते थे कि किसान टी शर्ट और जींस पहनकर ट्रैक्टर चलाते हुए काम करें। लेकिन उन्होंने खेती के संकटों

की चर्चा नहीं की कि किस तरह उत्पाद की क़ीमत कम मिलती है और मौसम की मार के कारण फ़सल तबाह हो जाती है।'[85]

सेना के लिए एक के बाद एक झटके

एक तरफ़ राज अपनी राह पर निकल पड़े थे तो दूसरी तरफ़ उद्धव अपने सबसे बड़े दुश्मन नारायण राणे की चुनौतियों का सामना करने में लगे हुए थे। 4 नवम्बर 2005 को शिवसेना के तीन राणे समर्थक विधायकों सुभाष बने, गणपत क़दम और शंकर कांबली ने अपने पद से इस्तीफ़ा दे दिया और कांग्रेस में शामिल हो गए। जनवरी 2006 में जब उनकी सीटों पर उप चुनाव हुए तो तीनों ने आराम से शिवसेना के उम्मीदवारों को हरा दिया।[86]

अगले महीने, राणे के विश्वस्त कालिदास कोलंबकर ने मुंबई की नायगाँव सीट पर शिवसेना के उम्मीदवार श्रद्धा जाधव को हराकर अपनी सीट पर क़ब्ज़ा बरक़रार रखा। हालाँकि शिवसेना के लिए राहत की बात यह रही कि रायगढ़ से उसके उम्मीदवार तुकाराम सुर्वे ने श्याम सावंत को बुरी तरह हरा दिया, जो अन्य कई नेताओं के साथ शिवसेना छोड़कर राणे के साथ कांग्रेस में चले गए थे।[87] इसी तरह जीत की ख़ुशी तब भी महसूस हुई जब 2007 में शिवसेना के प्रकाश जाधव ने शिवसेना के पूर्व सांसद और पूर्व केंद्रीय मंत्री सुबोध मोहिते को हरा दिया, जिन्होंने नागपुर के पास रामटेक सीट से इस्तीफ़ा दे दिया था और कांग्रेस में शामिल हो गए थे, जिसके कारण वहाँ उप चुनाव हुए थे।[88]

जून 2006 में शिवसेना को एक और झटका तब लगा जब उसके बारह विधायकों ने क्रॉस वोटिंग की। जिसके कारण विधान परिषद में उसके उम्मीदवार विजय लोके की हार हो गई। नारायण राणे के विश्वस्त राजन तेली (जो 2014 में उनसे अलग हो गए) का नामांकन उच्च सदन में हुआ।[89]

उद्धव के सहयोगियों का कहना है कि उस दौर में जब उद्धव और राणे दोनों ने शिवसेना को छोड़ दिया था, वह समय उनके लिए कड़ी परीक्षा का समय था। पार्टी के अस्तित्व को लेकर कई सवाल उठाए जाने लगे थे और यह कहा जाने लगा था कि बाल ठाकरे के बाद के दौर में इसका आधार बहुत हद तक राज ठाकरे के साथ चला जाएगा।[90]

शिवसेना के एक वरिष्ठ नेता ने बताया कि जब बाल ठाकरे ने उद्धव से कहा कि अगर वे चाहते हैं कि पार्टी बची रहे तो उनको अपने तौर-तरीक़ों में बड़े पैमाने पर बदलाव लाने की ज़रूरत है तो इस बात को उन्होंने दिल से लगा लिया।[91]

'जब राज ने शिवसेना छोड़ने का फ़ैसला लिया तब उनके चाचा पार्टी के प्रमुख थे और अपने ख़राब स्वास्थ्य के बावजूद वे पूरी तरह से सक्रिय थे। ऐसे

में पार्टी छोड़कर बाल ठाकरे का मुक़ाबला करने के लिए बड़े स्तर पर संगठन क्षमता, साहस तथा आत्मविश्वास की आवश्यकता थी', वरिष्ठ संपादक और शिवसेना के उस आलोचक ने बताया जिनको पहले उद्धृत किया जा चुका है।[92]

'उद्धव को पार्टी में हुए विद्रोह से उबर कर धैर्य दिखाने की ज़रूरत थी और उस विरोध का सामना करना था जिसके कारण पार्टी टूट गई थी। राज की मीडिया में लोकप्रियता थी जिसके कारण मीडिया ने शिवसेना का नहीं उनका साथ दिया था। उद्धव की ताक़त केवल उनके पिता थे लेकिन 2005 में मालवन उप चुनाव में हार के बाद उनका अंत क़रीब दिखने लगा था। इस समय तक उद्धव अपनी पार्टी का पप्पू था', उन्होंने कहा लेकिन यह भी जोड़ा कि उद्धव ने धीरे-धीरे अपने व्यक्तित्व में बदलाव लाना शुरू किया और वे अधिक मिलनसार हो गए।

22 अप्रैल 2006 को शिवसेना और भाजपा गठबंधन को एक और झटका लगा, जब वरिष्ठ भाजपा नेता और पूर्व केंद्रीय मंत्री प्रमोद महाजन के छोटे भाई प्रवीण महाजन ने वर्ली में उनके घर में उनको गोली मार दी।[93] गोली प्रमोद महाजन को लगी तो उनके प्रमुख अंगों ने काम करना बंद कर दिया।[94] उनको माहिम में हिंदुजा अस्पताल ले जाया गया जहाँ 3 मई को उनका देहान्त हो गया।[95]

1989 में शिव सेना-भाजपा गठबंधन के वास्तुकार प्रमोद महाजन थे और वे संकटमोचक की तरह थे। 'बालासाहेब प्रमोद को बहुत पसंद करते थे। उनके बीच आपसी विश्वास का रिश्ता था। जब शिवसेना और भाजपा का कोई साझा बयान जारी होता था और उससे प्रमोद जुड़े रहते थे तो बालासाहेब दुबारा उसको देखते भी नहीं थे', शिवसेना के एक वरिष्ठ नेता ने याद करते हुए बताया।[96]

चूँकि शिवसेना और भाजपा का हिन्दुत्व का सामान्य एजेंडा था इसलिए वे स्वाभाविक रूप से सहयोगी थे, लेकिन उनके गठबंधन में अपने तरह के अंदरूनी तनाव थे। दोनों राजनीतिक दलों का आधार एक समान था और भाजपा को इसके कारण महाराष्ट्र में अपने सामाजिक विस्तार में बाधा महसूस होती थी और उसको जहाँ मौक़ा मिलता था वह अपने विस्तार में लगी रहती थी।

दोनों दलों के बीच के मतभेद 2006 में चंद्रपुर ज़िले में चिमुर विधानसभा के उप चुनाव में उभर कर सामने आ गए। शिवसेना के विधायक विजय वडेट्टीवार पार्टी छोड़कर कांग्रेस में शामिल हो गए थे और उन्होंने अपनी सीट से इस्तीफ़ा दे दिया। और उस सीट पर भाजपा ने अपना दावा पेश कर दिया। भाजपा का कहना था कि वडेट्टीवार के साथ शिवसेना के बहुत से कार्यकर्ता कांग्रेस में चले गए थे। भाजपा ने सेना के संभावित उम्मीदवार डॉक्टर रमेश ग़ज़बे को अपने दल में मिला लिया था और अब उसका दावा था कि शिवसेना वदेत्तिवार का मज़बूती से मुक़ाबला नहीं कर सकती थी।[97]

गुस्से में शिवसेना ने कहा कि वह गठबंधन से बाहर निकल आएगी, लेकिन आख़िरकार वह मान गई। लेकिन 4 दिसंबर 2006 को हुए उप चुनाव में वडेट्टीवार ने ग़ज़बे को बुरी तरह हरा दिया और पार्टी में उनके सहयोगी प्रकाश पाटिल भरसखले ने अमरावती के दरियापुर क्षेत्र से बालासाहेब हिंगणकर को हरा दिया। प्रकाश राणे के साथ कांग्रेस में गए थे।[98]

राणे बहुत ख़ुश थे, मुख्यमंत्री बनने की उनकी ख़्वाहिश किसी से छिपी नहीं थी। अब इस नई पार्टी में वह कई गुना बढ़ गई, विधानसभा में पार्टी के सदस्यों की संख्या एनसीपी के 71 से अधिक ही गई। उसकी संख्या 75 हो गई।[99]

सत्ता का समीकरण

2007 में कांग्रेस-नीत यूपीए गठबंधन ने महाराष्ट्र की अपेक्षाकृत कम जानी-मानी कांग्रेस नेत्री प्रतिभा पाटिल को राष्ट्रपति पद का उम्मीदवार बना दिया।

पाटिल एक राजपूत परिवार से संबंध रखती थीं और उत्तर महाराष्ट्र के जलगांव में बस गई थीं। 1978 के 1980 के दौरान जब शरद पवार पहली बार मुख्यमंत्री बने थे तब वह नेता प्रतिपक्ष थीं। जब उन्होंने यह बयान दिया था कि जिन लोगों को डायबिटीज़ जैसी आनुवंशिक बीमारियाँ हैं उन लोगों को बधिया कर दिया जाना चाहिए।[100] वह राज्य सभा में उप सभापति भी रह चुकी थीं और लोकसभा की सांसद भी। पाटिल विवादों में भी रही थीं, उनके भाई पर हत्या और सहकारिता बैंक में कुप्रबंधन के आरोप थे।[101] जिस समय उन्होंने नामांकन कराया था उस समय वह राजस्थान की राज्यपाल थीं। ऐसा लगता था कि उनकी सबसे बड़ी योग्यता यह थी कि वह गांधी परिवार की वफ़ादार थीं।

वैसे तो महाराष्ट्र के एक और गांधी परिवार के वफ़ादार शिवराज पाटिल का नाम भी चर्चा में था लेकिन कांग्रेस आलाकमान ने पाटिल के पक्ष में फ़ैसला लिया क्योंकि वामपंथी दल शिवराज पाटिल की उम्मीदवारी का विरोध कर रहे थे। इस घोषणा के कारण शिवसेना उलझन में पड़ गई। एक तरफ़ बाल ठाकरे भाजपा के उम्मीदवार तत्कालीन उप राष्ट्रपति भैरों सिंह शेखावत के दोस्त थे लेकिन शिवसेना को कांग्रेस के उम्मीदवार के लिए मतदान करना था क्योंकि वह एक महिला थीं और महाराष्ट्र की थीं।

शिवसेना ने आख़िरकार कांग्रेस को समर्थन देने का फ़ैसला लिया और 1997 के राष्ट्रपति चुनाव की तरह उसने भाजपा से अलग अपना रुख़ दिखाया था, जब इसने के. आर. नारायण के स्थान पर पूर्व मुख्य चुनाव आयुक्त टी. एन. शेषन को समर्थन दिया था।

उसी साल 2007 में शिवसेना के लिए एक और परीक्षा थी—बीएमसी चुनाव।

बीएमसी बहुत समृद्ध नगर निगम था और उसके कारण शिवसेना अपने विस्तार कर पाती थी और मुंबई में लोगों को संरक्षण देने का काम करती थी। संकट के ऐसे दौर में उनके लिए बीएमसी का चुनाव जीतना बहुत ज़रूरी था क्योंकि इससे पार्टी बची रह जाती। चुनाव 1 फ़रवरी को होने वाले थे और कांग्रेस तथा एनसीपी चुनाव पूर्व गठबंधन के रास्ते तलाश रहे थे। एनसीपी के एक वरिष्ठ नेता के अनुसार समझौता इसलिए नहीं हो पाया क्योंकि कांग्रेस एक धड़ा जीत की संभावनाओं को लेकर आते आत्मविश्वास में था।[102]

इस समझौते के लिए काम करने वाले एनसीपी के एक नेता ने बताया कि 'हम लोगों में गठबंधन की बात हो रही थी लेकिन अंतिम समय में यह नहीं हो पाया क्योंकि कांग्रेस ने सभी 227 सीटों से अपने उम्मीदवार घोषित कर दिए। 2004 के लोकसभा चुनाव में कांग्रेस ने पाँच सीटों पर जीत हासिल की थी और मुंबई में उसके 15 विधायक भी थे। राणे और राज के जाने से शिवसेना कमज़ोर हो गई थी इसलिए कांग्रेस को पूरा विश्वास था कि वह बीएमसी में चुनाव जीत सकती थी।'[103]

सेना शासित बीएमसी में काम करने वाले एक वरिष्ठ आईएएस का मत कुछ अलग था। उनका कहना था कि महाराष्ट्र में कांग्रेस के कुछ नेता शिवसेना के प्रति नरम रुख़ रखते थे। इस गुट से अपने विरोधी गुट को शांत करने के लिए भी शिवसेना की मदद ली जा सकती थी। इसी तरह से 1985 में बीएमसी के चुनाव में हुआ था। 'शिवसेना सत्ता के बाहर रहकर ज़्यादा ख़तरनाक हो सकती थी', उस अधिकारी ने बताया। उन्होंने याद करते हुए बताया कि किस तरह एक पूर्व मुख्यमंत्री जो अब इस दुनिया में नहीं हैं, हमेशा कहते थे 'त्यान्ना ख़ुश ठेवा (शिवसेना को ख़ुश रखो)।'[104]

चुनाव प्रचार के दौरान उद्धव ने उन्हीं मुद्दों को उठाया जिनके कारण 1985 में शिवसेना की बीएमसी में जीत हुई थी कि अगर सेना हार गई तो इस बात का ख़तरा बढ़ जाएगा कि केंद्र की कांग्रेस सरकार मुंबई को महाराष्ट्र से अलग कर दे।[105] मुंबई के एक वरिष्ठ कांग्रेस नेता ने बताया कि मनसे के नेताओं ने 2007 के चुनावों में तालमेल करने के लिए संपर्क किया था जो उनके लिए पहला चुनाव था।[106]

'मनसे ने मुझे संदेश भिजवाए', वह बोले, 'उनका प्रस्ताव यह था कि हम लोग उनको महाराष्ट्रीय बहुल दादर माहिम में शिवसेना से मुक़ाबला करने में मदद करें, बदले में वे अन्य स्थानों पर सहयोग देंगे। राज के कुछ क़रीबी लोगों ने बेंगलुरु और पुणे की यात्रा भी की थी ताकि कांग्रेस पार्टी के महाराष्ट्र प्रभारी से मिलकर बात की जा सके। लेकिन हम लोगों का कुनबा बिखरा हुआ था और कांग्रेस के एक वरिष्ठ नेता ने इस समझौते को होने नहीं दिया, जिनका अब देहांत हो चुका है।'[107]

जब राज ने अपनी पार्टी मनसे का गठन किया तो शिवसेना के नेताओं को यह डर था कि उसके साथ बड़ी तादाद में पार्टी के मध्यम स्तर के नेता और कार्यकर्ता जा सकते थे। लेकिन यह हो नहीं पाया। शिवसेना को कवर करने वाले एक वरिष्ठ पत्रकार का कहना था कि इसका कारण आम भारतीय मानसिकता थी कि लोग यथास्थिति को तोड़ना नहीं चाहते। राज की उम्र उस समय 38-39 साल थी और उनको युवा, अनुभवहीन और ऐसे नेता के रूप में देखा जाता था जिसकी परीक्षा हो नहीं पाई थी। सबसे बढ़कर राज ने शिवसेना को तोड़ने के लिए अधिक प्रयास भी नहीं किया क्योंकि वह नए सिरे से शुरुआत करना चाहते थे।[108]

जब नतीजों की घोषणा हुई तो शिवसेना को 83 सीटें मिलीं और भाजपा को 28। कांग्रेस के सीटों में थोड़ी बढ़ोतरी हुई और उसकी संख्या 71 पहुँच गई, जबकि एनसीपी की संख्या 14 थी। राज की नई-नवेली मनसे पार्टी ने सात सीटों पर जीत दर्ज की।[109]

7

मनसे को ख़ून का पहला स्वाद शिवसेना ढलान पर

बड़े होते जाते घेरे में चक्कर काटता बाज़
अपने मालिक की आवाज़ को सुन नहीं सकता;
परिधि पर चीज़ें बिखरती हैं, केंद्र के वश के बाहर;
केवल अराजकता छा गई है संसार में,
ख़ूनआलूद ज्वार उमड़ आया है,और जिसमें
निश्छलता का नाटक घुलमिल गया है,
हर तरफ़
जो अच्छे हैं वे दिशाहीन हैं, और जो बुरे हैं
वे भरपूर आवेग से भरे हैं।

—डब्ल्यू.बी. यीट्स, द *सेकेंड कमिंग*

2007 के बीएमसी चुनाव में जिस तरह से आशा के विपरीत परिणाम आया उससे राज को झटका लगा। 2012 में *लोकसत्ता* को दिए एक इंटरव्यू में उन्होंने याद किया कि अंग्रेज़ी अख़बारों में मनसे को लेकर जिस तरह की हेडलाइन छपी थी उससे वे हैरान रह गए। हेडलाइन थी 'The Party is Over' 'पार्टी का अंत'।[1]

'शायद ही विकास के एजेंडे पर चुनाव जीता जा सकता हो। उसके लिए आपको कुछ और चाहिए', शिशिर शिंदे ने कहा (इन्होंने राज के साथ शिवसेना को छोड़ा और मनसे में शामिल हो गए। उन्होंने बताया कि प्रांतीयता से हटकर मनसे ने अपना एजेंडा शिवसेना की पहचान के मुद्दे को बना लिया था और इसका उपयोग वह उत्तर भारतीयों के ख़िलाफ़ कर रही थी।[2]

1980 के दशक में बाल ठाकरे को हिंदू हृदय सम्राट कहा जाता था, जिसके माध्यम से शिवसेना मराठी मानुस के अलावा शहर में बाहर से बसे लोगों का

विश्वास जीतने में लगी हुई थी। इसने अन्य भाषाओं के लोगों को अपने साथ जोड़ा। इसके कारण मराठी भाषी लोगों में ग़ुस्सा था, जिनको यह लगता था कि उनकी चिंताओं को दरकिनार कर दिया गया। छगन भुजबल के अनुसार राज को उनके समर्थक द्वारा मराठा हृदय सम्राट कहा जाता था और उन्होंने मराठी भाषी लोगों के ग़ुस्से का फायदा उठाया। वह मराठी भाषी लोगों के ग़ुस्से का शिकार बन गया।[3]

वागीश सारस्वत मनसे का उत्तर भारतीय चेहरा थे, उनका दावा था कि राज्यव्यापी दौरे के बाद राज को पूरा आत्मविश्वास था कि वह शिवसेना को हरा देंगे लेकिन ज़मीनी हक़ीक़त देखकर वह हैरान रह गए।

9 मार्च 2007 को मनसे पार्टी का पहला स्थापना दिवस मनाया गया। राज ने शण्मुखानंद हॉल में बोलते हुए शिवसेना पर बड़े पैमाने पर हमला बोला। 'लेकिन उसने 2003 में कल्याण में हुए हमलों का ज़िक्र करते हुए कहा कि अगर बिहारियों ने मराठियों का अपमान किया तो उनको सुबह-शाम मार ही खानी पड़ती', सारस्वत ने बताया। उन्होंने कहा कि यह मनसे के रुख़ में बहुत बड़ा बदलाव था, क्योंकि उस समय तक मनसे का एजेंडा मुख्य रूप से विकास आधारित था।[4]

उनके इस बयान को मीडिया ने उछाला और कांग्रेस पार्टी, एनसीपी आदि दलों ने ख़ूब आलोचना की तथा लालू प्रसाद यादव ने भी आलोचना की जो उस समय रेलवे मंत्री थे। बिहार के मुख्यमंत्री नीतीश कुमार ने तो यहाँ तक कहा कि अगर राज ने देश की अखंडता को तोड़ने का प्रयास किया तो उनके ऊपर देशद्रोह का मुकदमा चलाया जाना चाहिए।[5]

उद्धव ठाकरे ने अपने द्रोही भाई का मज़ाक़ उड़ाते हुए कहा कि राज ने ही सेना छोड़कर अपनी पार्टी का गठन किया और मराठी एकता को खण्डित करने का प्रयास किया।[6]

सारस्वत को लगता है कि इस तरह की कटु प्रतिक्रिया के कारण मनसे ने बाद में बाहरी लोगों के ख़िलाफ़ अभियान चलाया, क्योंकि उनको यह समझ में आ गया था शिवसेना के राजनीतिक रूप से जागरूक मतदाताओं को ध्रुवीकृत करने के लिए यह मुद्दा कितने काम का था।[7] सबसे बढ़कर, जैसा कि राज के एक सहयोगी ने दावा किया, यह मनसे के विकास के एजेंडा का स्वाभाविक परिणाम था। मुंबई में होने वाला विस्थापन इसलिए उसको नियंत्रित करने की ज़रूरत थी। 'शहर में आबादी बढ़ती जा रही थी। शहर के तीन तरफ़ समुद्र था, जिसके कारण आधारभूत संरचना के विस्तार संबंधी कोई काम नहीं हो सकता था। इसके कारण मुंबई में जनसंख्या की वृद्धि को रोकना बहुत ज़रूरी था', उनके सहयोगी ने सुझाव दिया।[8]

राज राजनीति के मंच पर धमाके के साथ आना चाहते थे और उन्होंने लक्ष्य बहुत बड़ा बनाया। यह एक ऐसी रणनीति थी जो कभी असफल नहीं हो पाएगी।

जाँच-परख कर नई रणनीति का निर्माण

2 फ़रवरी 2008 को एक रैली में मुंबई के मराठी कामगार बहुल विक्रोली में बोलते हुए राज ने ठाकरे परिवार के पारिवारिक दोस्त और अपने प्रिय अभिनेता अमिताभ बच्चन के ऊपर हमला बोल दिया।

इससे एक दिन पहले, धारावी में एक आयोजन में बोलते हुए राज ने अमिताभ बच्चन की आलोचना की थी कि वे महाराष्ट्र या मुंबई से अधिक रुचि अपने गृह राज्य उत्तर प्रदेश में लेते हैं, जबकि इसी शहर ने उनको सितारा बनाया।[9] विक्रोली में राज ने एक बार फिर 'छोरा गंगा किनारे वाला' की आलोचना की। कन्नमवार नगर में हुई जनसभा में जनता से अधिक टीवी वाले थे।

राज ने कहा कि अमिताभ का भाग्य मुंबई और महाराष्ट्र ने बनाया। लेकिन महानायक ने 1984 में लोकसभा का चुनाव अपने गृह राज्य में इलाहाबाद से लड़ा, बजाय उस राज्य के जिसने उनको वह बनाया जो वह आज हैं। साथ ही, अमिताभ महाराष्ट्र के नहीं यूपी के ब्राण्ड ऐंबेसेडर बनने के लिए तैयार हो गए।[10] राज ने यह भी कहा कि जब अमिताभ की बातों में इतना वज़न है तो उन्होंने महाराष्ट्र में किसानों की आत्महत्या को लेकर क्यों नहीं बोला? इसके अलावा, अमिताभ ने अपनी बहू के नाम पर लड़कियों के लिए एक स्कूल की शुरुआत करने के लिए उत्तर प्रदेश को चुना न कि महाराष्ट्र को।[11]

'क्या महाराष्ट्र, गुजरात या तमिलनाडु में लड़कियाँ नहीं हैं?...मेरा तो बस यही कहना है कि अगर अमिताभ बच्चन जैसा महानायक अपने राज्य को प्यार कर सकता है तो राज ठाकरे जैसा छोटा आदमी महाराष्ट्र और मराठी मानुस को क्यों प्यार नहीं कर सकता?' उन्होंने सवाल किया।[12]

राज ने समाजवादी पार्टी के विवादास्पद नेता अबू असीम आज़मी की भी आलोचना की जिन्होंने यह धमकी दी थी कि वे उत्तर भारतीयों को अपनी सुरक्षा के लिए लाठी बाँटेंगे और कृपाशंकर सिंह, लालू प्रसाद यादव और समाजवादी पार्टी के ताक़तवर महासचिव अमर सिंह जैसे उत्तर भारतीय नेताओं की भी आलोचना की।[13]

'अगर अबू आज़मी मुंबई में लाठी बाँटेंगे तो मैं पूरे महाराष्ट्र में तलवार बाँटूँगा', राज ने गरजते हुए कहा। उन्होंने आज़मी को चेतावनी देते हुए कहा कि '2000 मील से आकर हमें धमकाते हैं।'[14]

छठ पूजा का विरोध करते हुए राज ने कहा वे केवल धर्म के नाम पर होने वाली इस नौटंकी का विरोध कर रहे थे और उनका दावा था कि छठ पूजा के बहाने उत्तर भारतीय शक्ति का प्रदर्शन करते हैं। मुंबई में उत्तर प्रदेश के स्थापना दिवस को मनाए जाने का विरोध भी राज ने किया और उन्होंने यह सवाल उछाला

कि अपने राज्य के हित की बात करने पर उनको संकीर्ण मानसिकता का किस तरह कहा जा सकता था।[15]

'...आप मराठी मानुस की अनुमति के बग़ैर महाराष्ट्र नहीं आ पाएँगे', उन्होंने अमर सिंह को धमकाते हुए कहा। उन्होंने कहा कि महाराष्ट्र को राष्ट्रवाद का सबक सीखने की ज़रूरत नहीं है क्योंकि अन्य राज्यों के विपरीत इसने सदा देश के हितों को सर्वोपरि रखा है। मनसे ने महाराष्ट्र में रहने वाले अन्य राज्यों के लोगों से कहा कि वे स्थानीय संस्कृति में घुल-मिल जाएँ।[16]

दो दिन बाद, कम समय के लिए बने गठबंधन यूनाइटेड नेशनल प्रोग्रेसिव अलायंस की रैली में मनसे के कार्यकर्ता समाजवादी पार्टी के कार्यकर्ताओं से भिड़ गए। शिवाजी पार्क के क्षेत्र में तनाव की स्थिति थी जहाँ आयोजित सार्वजनिक सभा को मुलायम सिंह यादव, फ़ारूक़ अब्दुल्ला, चंद्रबाबू नायडू और बाबूलाल मरांडी ने संबोधित किया था। रैली में ओछी राजनीति के लिए राज के ऊपर ज़ुबानी हमले किए गए।[17] उस दिन मुंबई के पास डोंबिवली में लालू प्रसाद यादव से ख़ूब सवाल किए गए।[18]

'राज साहब के कुछ दोस्तों ने इस बात पर ज़ोर दिया कि हमें आक्रामक, कट्टर और मराठी हित में बोलना चाहिए क्योंकि केवल विकास के नाम पर वोट नहीं मिलेंगे। ठाकरे ने अपने निशानों का चुनाव बहुत सावधानी के साथ किया। अमिताभ के क़द के एक इनसान के चुनाव का लाभ तो मिलना ही था', मनसे के एक पूर्व विधायक का कहना था।[19]

उस समय राज के सलाहकारों में से एक ने कहा, 'इस बात का ख़तरा था कि मुंबई के लिए बगीचों, खुले स्थानों की माँग करने के कारण मनसे को एक और एनजीओ न समझ लिया जाए इसलिए उन्होंने आक्रामक, स्थानीयता का एजेंडा अपनाया जिसका लाभ तत्काल मिला।'[20]

राज के ग़ुस्से का निशाना अमिताभ के साथ आज़मी भी थे जो बहुत अधिक ध्रुवीकृत व्यक्तित्व वाले थे। उत्तर प्रदेश के आज़मगढ़ में उसका जन्म मंजीर पट्टी में हुआ था। 1973 में वे अपने बीमार पिता हाजी नियाज़ अहमद आज़मी की मदद करने के लिए आए जो एक्सपोर्ट के कपड़ों में कशीदाकारी का काम करते थे। आज़मी के एक सहयोगी ने एक बार कहा था कि उनके नेता मुंबई कुछ सौ रुपए लेकर आए थे, और धीरे-धीरे उन्होंने कई होटल खड़े कर दिए, मध्य पूर्व में कुशल मज़दूरों को भेजने का काम करने लगे, निर्माण का काम, जूते की दुकानें और एक्सपोर्ट की कम्पनी भी उन्होंने खोल ली।[21]

आज़मी को कथित तौर पर 1993 के दंगों में शामिल लोगों के लिए हवाई टिकट बुक करने के आरोप में गिरफ़्तार किया गया, लेकिन कुछ समय जेल में बिताने के बाद उनको शीर्ष अदालत ने छोड़ दिया। आज़मी ने एक बार इस लेखक

से कहा था कि यह उनके जीवन के लिए बदलाव का मोड़ था, क्योंकि उनको समझ में आया कि किस तरह इस देश में अल्पसंख्यकों को फँसाया जा सकता है।

बाद में वे मुलायम सिंह यादव की पार्टी में शामिल हुए और धीरे-धीरे उन्होंने राज्य में अन्य नेताओं को पीछे छोड़ते हुए 2004 में इशरत जहाँ मुठभेड़ तथा 2006 में मालेगांव बम धमाके के मामलों पर महाराष्ट्र सरकार से लोहा लिया।

2000 में आज़मी जो ख़ुद को महाराष्ट्र में रह रहे उत्तर भारतीय मुसलमानों के नेता के तौर पर देखते थे, ने मुंबई में मस्तान तलाव में एक भड़काऊ भाषण दिया जिसमें उन्होंने चेतावनी दी कि अगर धर्म के मामले में किसी तरह का हस्तक्षेप किया गया तो ख़ून की नदियाँ बह जाएँगी। 2012 में आज़मी को इस मामले में सज़ा सुनाई गई लेकिन सत्र न्यायालय ने 2014 में उनकी सज़ा पर रोक लगा दी।[22]

2004 में आज़मी ने सांप्रदायिक रूप से संवेदनशील शहर भिवंडी से विधानसभा का चुनाव लड़ा जिसमें वे शिवसेना के योगेश पाटिल से चुनाव हार गए। चुनाव क्षेत्र के कुछ लोगों का तो यहाँ तक कहना है कि कुछ स्थानीय मुसलमानों ने भी पाटिल के लिए मतदान किया ताकि शहर में आज़मी को आने से रोका जा सके, क्योंकि पहले यह शहर सांप्रदायिक दंगों के लिए जाना जाता था।[23]

राज द्वारा आज़मी के ऊपर निशाना साधने के कारण यह पक्का लग रहा था कि हिंदू और मराठी मतदाता मनसे के पक्ष में मतदान करें। दूसरी तरफ़, आज़मी अपने आपको मुसलमानों और हिंदीभाषी लोगों के हितैषी के रूप में पेश कर रहे थे जिसका उनको निश्चित ही फ़ायदा होता।

उद्धव 2008 में उत्तर प्रदेश दिवस की रैली में शामिल हुए थे और वे कोशिश में थे कि सेना का विस्तार स्थानीय मुद्दों से बाहर निकलकर किया जाए, जो दुर्भाग्य से उस समय मनसे की राजनीति की दिशा हो गई थी। 2003 में उद्धव ने 'मी मुंबईकर' अभियान चलाया था जो बीवीएस के कार्यकर्ताओं द्वारा कल्याण में उत्तर भारतीयों के ऊपर हमला करने के कारण असफल हो गया था। राज के शिवसेना छोड़ देने के बाद उद्धव ने नए सिरे से एक बार फिर से इस अभियान की शुरुआत की।

सेना के अख़बार *दोपहर का सामना* के पूर्व संपादक प्रेम शुक्ला ने बताया कि 2006 में शिवसेना ने ठाणे में एक भोजपुरी सम्मेलन का आयोजन किया जिसमें मुंबई और आसपास से डेढ़ लाख लोग शामिल हुए थे। इसके बाद अगले साल लाई-चना सम्मेलन का आयोजन किया गया।[24]

उद्धव ने शिवसेना के शहर केंद्रित एजेंडा के विस्तार के लिए कृषि संकट, बिजली कटौती और ग्रामीण क़र्ज़ आदि मुद्दों को शामिल किया। शुक्ला ने बताया कि 2007 में मुंबई और ठाणे के निकाय चुनाव में उत्तर भारतीयों ने अनेक क्षेत्रों में शिवसेना के लिए मतदान किया और राज तथा राणे के जाने के कारण जो नुक़सान हुआ था उसकी भरपाई भी कर दी।

हालाँकि 2003 की तरह राज ने एक बार फिर अपने भाई के लिए बाधा खड़ी कर दी और मुंबई तथा आसपास के इलाक़ों में शिवसेना के मूल महाराष्ट्रीय मतदाताओं को खाने की कोशिश की।

एनसीपी के एक कार्यकर्ता मंगलेश्वर (मुन्ना) त्रिपाठी ने बाल ठाकरे तथा अन्य लोगों पर इसलिए केस कर दिया क्योंकि उन्होंने सियोन में शण्मुखानंद हॉल में 2006 में आयोजित शिवसेना के स्थापना दिवस सम्मेलन में सांप्रदायिक रूप से भड़काऊ भाषण दिए थे और जो *सामना* में प्रकाशित किये गये थे। यह केस अँधेरी कोर्ट में दर्ज किया गया और सेना प्रमुख को कुछ समय के लिए गिरफ़्तार किया गया तथा मिनटों में उनको ज़मानत भी दे दी गई।

त्रिपाठी उत्तर भारतीय विकास परिषद के अध्यक्ष थे, जब 24 जनवरी 2008 को उत्तर प्रदेश के स्थापना दिवस के कार्यक्रम में उद्धव शामिल हुए और उन्होंने त्रिपाठी को भाई कहकर संबोधित किया तो उन्होंने केस वापस ले लिया।[25] प्रेम शुक्ला ने कहा कि उन्होंने उद्धव को इसके लिए मना लिया कि वे उनके और भाजपा नेता अमरजीत मिश्रा द्वारा आयोजित कार्यक्रम में हिस्सा लेने के लिए आएँ जो उसी दिन विले पार्ले में आयोजित किया गया था।

इसने राज को शिवसेना तथा उद्धव के ऊपर हमला करने का मौक़ा दे दिया। उनका कहना था कि पार्टी की मूल मराठी पहचान और एजेंडा इससे प्रभावित हुआ था। राज ने यह सवाल उठाया कि उत्तर प्रदेश *स्थापना दिवस* का आयोजन जब यूपी में नहीं किया जा रहा था तो मुंबई में उसका आयोजन क्यों किया गया?

मनसे की स्थापना के बाद पहली बार राज को उसी महीने दो समुदायों के बीच नफ़रत फैलाने के कारण गिरफ़्तार कर लिया गया, क्योंकि उनकी टिप्पणी के बाद हिंसा फैल गई थी।[26] उनके गिरफ़्तार होने के बाद नासिक जैसे शहर में लोग सड़कों पर निकल आए क्योंकि वहाँ उनका आधार था। शिवसेना के ज़माने से ही राज को नासिक का प्रभार दिया गया था, वह अक्सर नासिक जाते रहते थे जो मुंबई से 180 किलोमीटर दूर था।

2007 में जब नासिक नगर निकाय के चुनाव हुए तो 108 सदस्यों वाले सदन में मनसे को 12 सीटें मिलीं, शिवसेना के सदस्यों की संख्या 36 से घटकर 35 रह गई, उसको मेयर बनवाने के लिए मजबूर होकर अलग-अलग दलों से समर्थन लेना पड़ा।

'महाराष्ट्र में पार्टी द्वारा सबसे बड़ा आंदोलन नासिक में चलाया गया', राज के पूर्व सहयोगी वसंत गीते ने बताया जो 2009 में नासिक से मनसे के विधायक चुने गए थे। 'परप्रांतीय लोगों की तादाद धीरे-धीरे अंबड, सिन्नर और इगतपुरी जैसे औद्योगिक नगरों में बढ़ गई थी। ये लोग न्यूनतम मज़दूरी से कम दर पर काम करते

थे, जिसके कारण स्थानीय लोगों को रोज़गार नहीं मिलता था। युवा हमारे एजेंडा से प्रभावित हुए और बड़ी तादाद में वे हमारे साथ हो गए।'[27]

फ़रवरी 2008 में राज के गिरफ़्तार होने के बाद विनोद सिंह फ़ौजदार सिंह (42 साल), जो इगतपुरी में जिंदल की स्टील इकाई के सुरक्षा गार्ड थे, और अंबादास हरिभाऊ धारराव (56 साल), जो ओझर में हिंदुस्तान ऐरोनॉटिक्स लिमिटेड में काम करते थे, बाहरी विरोधी आंदोलन के पहले शिकार बने।

गोंडे औद्योगिक क्षेत्र में बिहार के औरंगाबाद ज़िले के रहने वाले विनोद सिंह को क़रीब 35 लोगों ने उसके कारख़ाने के बाहर इतना मारा कि बाद में अस्पताल में उनकी मृत्यु हो गई। धारराव अपनी कम्पनी की बस से काम से लौट रहे थे कि प्रदर्शनकारियों द्वारा फेंका गया एक बड़ा सा पत्थर उनके सिर से आकर लग गया, और वे बुरी तरह घायल हो गए।[28]

यह बड़े दुख की बात थी। धारराव मराठी मानुस थे, जो उस राजनीतिक अभियान का शिकार बन गए जिसका दावा था कि वह मिट्टी के मानुसों के हितों के लिए चलाया जा रहा था। वह इसके बहुत अच्छे उदाहरण बन गए कि जब राजनीतिक लड़ाई होती है तो किस तरह उसके कारण आम आदमी को भुगतना पड़ जाता है। उन दिनों मैं *इंडियन एक्सप्रेस* का संवाददाता था। 'मुझे याद है कि मैं मैं धारराव के गाँव निफाड गया था। वह गाँव प्रसिद्ध समाज सुधारक गोविंद रानाडे का पुश्तैनी गाँव भी है। अम्बादास का छोटा भाई जो एक चीनी मिल में काम करता था नफ़रत का अभियान चलाने वालों की बुरी तरह आलोचना कर रहा था। क्या आपने कभी यह सुना है कि हिंसा में कोई नेता घायल हुआ हो? इस तरह के अभियान को रोका जाना ही मेरे भाई के लिए सच्ची श्रद्धांजलि होगी', मधुकर ने कहा।[29]

राज का बढ़ता भाव

2008 और 2009 साफ़ तौर पर राज के नाम रहा। मीडिया में चर्चा तथा उत्तर भारतीयों के ख़िलाफ़ अभियान के कारण शिवसेना के कट्टर समर्थक ख़ासकर युवा समर्थक मनसे की तरफ़ जा रहे थे। हिंदी को थोपे जाने का विरोध, उत्तर भारतीयों की बढ़ती आबादी और इस बात को सुनिश्चित करवाना कि जेट एयरवेज के 1900 बर्ख़ास्त कर्मचारियों की बहाली की जाए, इन मुद्दों के कारण राज ने स्वयं को मराठी मानुस के हितैषी के रूप में स्थापित कर लिया जो मुंबई में ख़ुद को उपेक्षित महसूस कर रहे थे।

अप्रैल 2008 में शिवसेना ने भी लगता है हवा के रुख़ के साथ जाने का निर्णय लिया। *सामना* में पहले पन्ने पर इस बात का उल्लेख किया गया कि कर्नाटक के साथ तमिलनाडु के पानी विवाद में रजनीकांत ने तमिलनाडु का साथ दिया था।

इसमें कहा गया था कि मराठी रजनीकांत, जो कर्नाटक में पले-बढ़े, उन्होंने बाहरी होने के बावजूद तमिलनाडु के साथ अपनी निष्ठा दिखाकर यह साबित कर दिया है कि वे अमिताभ से कितने बड़े थे।

जब मीडिया में हो हल्ला मचा तो ठाकरे ने इस विवाद को सुलझाने की कोशिश की और कहा कि अमिताभ उनके पारिवारिक मित्र हैं।[30] मनसे तेज़ी से शिवसेना की राजनीति को अपनाती जा रही थी और शिवसेना को समझ नहीं आ रहा था कि किस तरह की रणनीति अपनाए।

'मराठी या हिंदुत्व? यह सेना के लिए बहुत बड़ी उलझन थी। उसको डर था कि कहीं उसके मूल मतदाता राज के साथ न चले जाएँ इसलिए उसने लोगों को जोड़ने के लिए मराठी पहचान के मुद्दे का सहारा लिया। अक्सर वह उन्हीं बातों को दोहराया करती थी जिन बातों को मनसे पहले कर चुका होता था', प्रेम शुक्ला ने कहा।[31]

सितम्बर 2008 में अमिताभ की पत्नी और समाजवादी पार्टी की राज्यसभा सांसद जया बच्चन ने राज को अपने ऊपर हमला करने का एक और मौक़ा दे दिया। उनके बेटे अभिषेक की फ़िल्म *द्रोण* का संगीत जारी करने का मौक़ा था, जिसमें उन्होंने कहा, 'हम यूपी के लोग हैं, हिंदी में बात करना चाहेंगे। महाराष्ट्र के लोग हम लोगों को माफ़ करें।'[32]

मनसे के ग़ुस्साए कार्यकर्ता सड़क पर उतर गए। विज्ञापन में अमिताभ के चेहरे को काला करने लगे। बाल ठाकरे ने भी जया को चेतावनी दी कि वह मराठी लोगों को न उकसाएँ, और अमिताभ ने माफ़ी माँग ली।[33] राज ने माफ़ी को स्वीकार कर लिया और बच्चन के ख़िलाफ़ हो रहे आंदोलन को वापस ले लिया। उन्होंने कहा, '*गुड्डी* बूढ़ी हो गई पर अक़्ल नहीं आई।' राज को मुंबई पुलिस की तरफ़ से चुप रहने का आदेश दिया गया। राज ने संयुक्त पुलिस कमिश्नर (क़ानून व्यवस्था) के.एल. प्रसाद पर हमला बोला क्योंकि प्रसाद ने कहा था कि महाराष्ट्र किसी के बाप का नहीं है।[34]

मई 2008 में राज ने बाहरी लोगों के ख़िलाफ़ आंदोलन की शुरुआत फिर से की। एक बार फिर उन्होंने बच्चन की आलोचना की। इस बात की भी आलोचना की कि मुंबई में उत्तर प्रदेश दिवस और बिहार दिवस का आयोजन क्यों किया जाता है? छठ पूजा का आयोजन क्यों किया जाता है? मनसे के दूसरे स्थापना दिवस पर एक रैली में बोलते हुए उन्होंने यह दावा किया कि उन्होंने उत्तर प्रदेश और बिहारी लोगों द्वारा मुंबई पर क़ब्ज़ा करने की योजना की हवा निकाल दी है और इसी कारण उनके ऊपर हमले किए जा रहे हैं। उन्होंने यह सवाल भी उठाया कि जब मणिपुर में उत्तर भारतीय लोगों की हत्या होती है तो मीडिया क्यों शांत रहता है?'[35]

3 मई 2008 को शिवाजी पार्क में एक रैली में बोलते हुए राज ने कहा कि 'लालू आएँ और आकर मेरे घर के बाहर छठ पूजा करें। वह वापस नहीं जा पाएँगे।' लालू ने पहले राज को चुनौती दी थी कि वे छठ में मुंबई आएँगे।[36]

'मुंबई में पंजाबी, सिंधी, पारसी और सभी तरह के लोग हैं। हम लोगों को उनसे ख़तरा क्यों नहीं लगता है? लेकिन ये उत्तर भारतीय छठ पूजा आदि के माध्यम से अपनी ताक़त दिखा रहे हैं', राज ने कहा। उन्होंने यह भी कहा कि मुंबई में अपराधी उत्तर भारतीय हैं। राज ने सरकार से कहा कि वह चाहे तो उनको गिरफ़्तार कर ले लेकिन राज्य में केवल महाराष्ट्र दिवस के आयोजन की अनुमति दी जाएगी।[37]

'मेरे बोलने के बाद महाराष्ट्र एक हो गया है क्योंकि मैं वही बात बोलता हूँ जिसका वे रोज़-रोज़ के जीवन में सामना करते हैं। यह और कुछ नहीं बल्कि उत्तर भारतीयों का मुंबई के ऊपर हमला है', राज ने घोषणा की।

शिवसेना को कुछ समझ में नहीं आ रहा था क्योंकि बड़े पैमाने पर छठ पूजा का आयोजन उसके पूर्व सदस्य संजय निरुपम के बिहारी फ्रंट द्वारा 1998 से किया जा रहा था। निरुपम ने 2005 में शिवसेना छोड़ दी थी। उन्होंने यह स्वीकार किया कि उस समय जुहू पर फ्रंट के झंडे तले छठ पूजा मनाने के लिए जुटने वाले लोग असहज महसूस कर रहे थे, एक बार उनको पार्टी प्रमुख ने भी फटकार लगाई थी।[38]

जब आक्रामक शैली की राजनीति के लिए मंच तैयार हो गया तो राज ने भावनात्मक मुद्दों को उठना शुरू किया, जो इलेक्ट्रॉनिक मीडिया के माध्यम से अच्छी तरह प्रचारित हो रहे थे। इनमें शामिल थे जुलाई 2008 में दुकानदारों के लिए यह घोषणा कि वे अपने दुकान के नाम देवनागरी में ही लिखें, जो शिवसेना की सत्ता वाली बीएमएस के नियमों के अनुसार अनिवार्य था।[39] राज ने यह चेतावनी दी कि जो दुकानदार ऐसा नहीं करेंगे उनको उनकी पार्टी के कार्यकर्ता देख लेंगे। संयोग से, 1966 से शिवसेना भी मराठी में साइन बोर्ड लिखे जाने की माँग कर रही थी, जैसा कि बाल ठाकरे ने 2000 में *सामना* में प्रकाशित एक इंटरव्यू में कहा था।[40]

अक्टूबर 2008 में मनसे के कार्यकर्ताओं द्वारा मुंबई में रेलवे भर्ती बोर्ड के परीक्षा केंद्रों पर आक्रमण किया गया, जहाँ उत्तर भारतीय उम्मीदवार परीक्षा दे रहे थे। तब राज को रत्नागिरी से गिरफ़्तार कर लिया गया, जहाँ उस समय वे दौरे पर गए हुए थे। जिसके बाद मुंबई में हिंसा की छिटपुट घटनाएँ हुईं।[41] राज को बाद में मुंबई और ठाणे में दर्ज अनेक मामलों में रिहा कर दिया गया, जिनमें वह मामला भी था जिसमें उनके कार्यकर्ताओं ने कल्याण रेलवे स्टेशन परिसर में तोड़फोड़ कर दी थी। जब वे लौटकर मुंबई आए तो नायक की तरह उनका स्वागत किया गया।[42]

बाहरी लोगों के ख़िलाफ़ अभियान के कारण मुंबई में मराठी और हिंदीभाषी लोगों के बीच तनाव बढ़ गया था। मुंबई का बहुत पुराना कॉस्मोपॉलिटन रूप धीरे-धीरे बिगड़ रहा था।

परेल, लालबाग, दादर और विले पार्ले (पूर्व) के मराठी बहुल इलाक़ों में टैक्सी चालक सवारी ले जाने के पहले दो बार सोचते थे क्योंकि उनके मन में डर बैठ गया था।

राज के आंदोलन के कारण ऐसा विवाद हुआ कि 23 साल के एक युवक राहुल राज कुंदन प्रसाद सिंह ने बंदूक़ के बल पर मुंबई में कुर्ला स्टेशन से साक़ी नाका जाने वाली एक डबल डेकर बस को अगवा कर लिया। एक सवारी को घायल भी कर दिया और दावा किया कि वह राज ठाकरे के मारना चाहता था। रेलवे भर्ती के लिए परीक्षा के दौरान उत्तर भारतीय अभ्यर्थियों पर हुए हमले का वह विरोध कर रहा था। बाद में मुंबई पुलिस की गोली से वह मारा गया।[43, 44]

राहुल का अंतिम संस्कार गंगा के किनारे गुलबी घाट पर किया गया जहाँ लोग नारे लगा रहे थे—*राज ठाकरे मुर्दाबाद, राहुल राज अमर रहे*। बिहार सरकार ने इस हत्या की न्यायिक जाँच की माँग की।[45]

मनसे ने शिवसेना का एजेंडा भी हड़प लिया और उसने माँग की कि औद्योगिक तथा निजी क्षेत्र की नौकरियों में स्थानीय लोगों को 80 प्रतिशत नौकरियाँ दी जाएँ। राज्य सरकार ने 1964 के इस नियम को अच्छी तरह लागू करने के लिए नए सिरे से सूचना जारी की। मुख्यमंत्री विलासराव देशमुख ने कहा कि इसके लिए वे ऐसे तंत्र का विकास करेंगे कि इसको ठीक तरह से लागू किया जा सके। इसके अनुसार स्थानीय उसी को माना जा सकता था जो महाराष्ट्र में पंद्रह साल से रह रहा हो।[46]

निखिल वागले का मानना है कि मनसे की पहली सभा में बोलते हुए राज ने अलग तरह की बात की थी लेकिन दिल से वे शिव सैनिक ही रहे। 'मुझे हमेशा इस बात के ऊपर शक रहता था कि वे भाषण में जो बोलते थे क्या उन बातों को वे मानते भी थे? पहले उन्होंने अलग तरह का रूप दिखाया था लेकिन चूँकि वे उद्धव और शिवसेना के मुक़ाबले में थे इसलिए वे इससे बड़ा मुद्दा नहीं अपना सकते थे। बालासाहेब की तरह ही उनकी राजनीति भावनात्मक मुद्दों के ऊपर आधारित थी', उन्होंने आगे कहा।[47]

मुंबई में राजनीति शास्त्र विभाग के एसोशिएट प्रोफ़ेसर डॉक्टर दीपक पवार ने इस बात की तरफ़ ध्यान दिलाया कि इस काल में राज ने जो मुद्दे उठाये वे वही थे जो शिवसेना के आरम्भिक दिनों में उठाए गए थे।[48]

'बाल ठाकरे की तरह ही राज ने भी ऐसा रुख़ अपनाया जो हवा हवाई था। उदाहरण के लिए, सेना और मनसे ने इस बात के ऊपर ज़ोर दिया कि दुकानों के साइन बोर्ड पर मराठी में लिखा जाए लेकिन उन्होंने इस बात की परवाह नहीं की कि उन दुकानों के मालिक कौन थे। शिवसेना और मनसे मराठीकरण की ज़रूरत को समझ नहीं पाए, जो एक जटिल विषय था। जिसमें भाषा, समाज और

संस्कृति शामिल थे। इस तरह की राजनीति बिना किसी के ऊपर हमला किए भी की जा सकती थी।'[49]

रेडिफ.कॉम पर एक स्तम्भ में वरिष्ठ पत्रकार महेश वीजापुरकर ने मीडिया के ऊपर यह आरोप लगाया कि वह राज ठाकरे के बयानों को फैलाने का काम करता था। उनका कहना था कि फ़रवरी 2008 में विक्रोली वाले भाषण में राज ने अमिताभ बच्चन की आलोचना नहीं की थी बल्कि उन्होंने अपने राज्य के प्रति प्रेम की शक्ति को दिखाया था। उन्होंने कहा कि अख़बारों ने ख़बर छापी कि मनसे ने बच्चन की आलोचना की है और समाचार चैनलों ने बोल-बोल कर इस बात को बताना शुरू कर दिया। 'इस तरह मीडिया ने अपने आप एक हौवा खड़ा कर दिया', वीजापुरकर ने कहा।[50]

उन्होंने यह भी कहा कि ऐसा लगता था कि राज ने बड़ी सफ़ाई से मीडिया के इस झूठ को अपने राजनीतिक प्रचार का हिस्सा बना लिया। 'यह इस बात का उदाहरण है कि मीडिया किस तरह से झूठ को गढ़कर खड़ा कर देती है। और किसी ने इस बात पर पलक तक नहीं झपकाई।'[51]

विस्थापन का इतिहास

मुंबई में उत्तर भारतीय लोगों को भैया बुलाया जाता है, जिसका शाब्दिक अर्थ बड़ा भाई होता है। हालाँकि इसका उपयोग अपमानजनक तरीक़े से किया जाता है। इसका अपना ऐतिहासिक संदर्भ है। जब मराठों ने उत्तर भारत में अपनी सेना का विस्तार किया तो पूरबिया यानी पूर्वी उत्तर प्रदेश के लोग उनकी सेना में भर्ती हुए—कुछ तो पेशवाओं की राजधानी पुणे भी चले आए।

पेशवा काल में मराठे एक तरह से भारत के स्वामी की तरह उभर कर आए और मराठी भाषी लोग उत्तर और पूर्वी भारत में फैल गए। मल्हारराव होलकर, राणोजी सिंधिया तथा अन्य मराठा सेनापति अपने साथ बहुत से लोगों को लेकर उत्तर भारत में स्थापित हो गए।

अंग्रेज़ों ने जब आख़िरी पेशवा बाज़ीराव 2 को पराजित किया तो उनको कानपुर के पास बिठूर भेज दिया गया। उनके दत्तक पुत्र नानासाहेब ने 1857 में आज़ादी की पहली लड़ाई में अपने साथी मराठों जैसे तात्या टोपे और रानी लक्ष्मीबाई के साथ मिलकर महत्त्वपूर्ण भूमिका निभाई। उत्तर प्रदेश के प्रथम मुख्यमंत्री गोविंद वल्लभ पंत का परिवार महाराष्ट्र के कराड से आया था। हिंदी पत्रकारिता के शिखर पुरुष बाबूराव पराडकर का संबंध सिंधुदुर्ग से था।

1994 में *बम्बई की उत्तर भारतीय* पुस्तक में पत्रकार से राजनेता बने राम मनोहर त्रिपाठी ने, जो महाराष्ट्र में राज्य मंत्री भी बने, लिखा है कि 1857 से पहले

अंग्रेज़ों के कर्मचारी के रूप में सबसे पहले धोबी समुदाय के लोग विस्थापित होकर मुंबई आए। इसी तरह के दावे पूर्वांचल और ब्रज क्षेत्र के लोगों द्वारा भी किए गए।[52] त्रिपाठी ने लिखा है कि 1858 से 1860 के बीच दो उत्तर भारतीयों को दक्षिण मुंबई के आज़ाद मैदान में तोप से उड़ा दिया गया लेकिन किस अपराध में यह इतिहास में दर्ज नहीं है।[53]

1857 के युद्ध के बाद उत्तर भारत के बहुत से लोग, ख़ासकर वाराणसी, इलाहाबाद, जौनपुर, बाराबंकी और फ़तेहपुर के मुसलमान मुंबई तथा महाराष्ट्र के अन्य इलाकों में भागकर आ गए ताकि वे अंग्रेज़ों के कोप से बच सकें।[54]

इंडिया मूविंग : ए हिस्ट्री ऑफ़ माइग्रेशन पुस्तक में चिन्मय तुम्बे ने लिखा है कि 19वीं शताब्दी के आरम्भ में मशीन के बने सस्ते कपड़े जब भारतीय बाज़ार में भर गए तो उसके कारण जो अनौद्योगीकरण हुआ उसके कारण पूर्वी उत्तर प्रदेश के बुनकर समुदाय के लोग महाराष्ट्र में मुंबई, भिवंडी और मालेगांव के इलाक़ों में आकर बस गए।[55]

उत्तर भारत के विस्थापित होकर गए लोगों के लिए कोलकाता ज़्यादा बड़ा ठिकाना था। लेकिन उन्होंने हिजरत के लिए मुंबई का चुनाव इसलिए किया क्योंकि रेलवे की स्थापना के बाद कपड़ा मिलों और इंजीनियरिंग इकाइयों तथा 1869 में स्वेज नहर के खुलने से बंदरगाहों के विकास के कारण वह एक औद्योगिक नगर बन चुका था। वहाँ की बढ़ती आबादी की दूध की ज़रूरतों को पूरा करने के लिए ग्वाले विस्थापित होकर मुंबई आए और उन्होंने ग्रांट रोड, पीला हाउस, परेल, कोलाबा, ताड़देव और अग्रीपाड़ा में तबेले बनाए।[56]

त्रिपाठी ने लिखा है कि किस तरह उत्तर भारत के विस्थापितों ने आरम्भ में ऐसे व्यवसायों की शुरुआत की जिसमें पूँजी कम लगती थी। जैसे, चने बेचना, पान और कोयला बेचना। धीरे-धीरे वे अन्य क्षेत्रों में भी फैल गए। जैसे, आटा मिलों की स्थापना, टैक्सी चलाना। उत्तर प्रदेश के ब्रज क्षेत्र जैसे मथुरा, हाथरस, अलीगढ़ से आए विस्थापितों ने भेलपूरी बनाना शुरू कर दिया, जिसके लिए मुंबई को जाना जाता है। उन्होंने खान-पान में मुंबई को एक और तोहफ़ा दिया—क़ुल्फ़ी का।

1930 के बाद से मुंबई में उत्तर भारतीयों की, ख़ासकर उत्तर प्रदेश से आए लोगों की तादाद बढ़ गई। उत्तर प्रदेश, बिहार, उत्तराखंड, हिमाचल प्रदेश से आए विस्थापित धीरे-धीरे अपने-अपने राज्यों के नाम पर संगठित होने लगे या अपनी अपनी जातियों के नाम पर। जैसे, भूमिहार, यादव, पासी और पाल।[57]

आज जबकि जौनपुर से आए विस्थापित दूध और सुरक्षा के व्यवसाय में हैं, आज़मगढ़, देवरिया और प्रतापगढ़ के ज़्यादातर विस्थापित सिक्योरिटी गार्ड का काम, सब्ज़ी बेचने का काम और टैक्सी चलाने का काम करते हैं। दूध के धंधे में वाराणसी के बहुत से लोग तो पान की दुकान चलाने वालों में मथुरा के बहुत से लोग हैं।[58]

राम मनोहर त्रिपाठी के अनुसार समाजवादी नेता अशोक मेहता ने प्रजा सोशलिस्ट पार्टी में उत्तर भारतीयों को बढ़ावा दिया क्योंकि वे एस.के. पाटिल का मुक़ाबला करना चाहते थे जो मुंबई में कांग्रेस के निर्विवाद प्रमुख थे। कारण यह था कि उत्तर भारत के युवा समाजवादी नेताओं—जयप्रकाश नारायण, राम मनोहर लोहिया और आचार्य नरेंद्र देव के नेतृत्व से बहुत प्रभावित थे। इन मतदाताओं तक पाटिल ने भी पहुँच बनाई।

1951 में समाजवादी पार्टी के पंडित भगीरथ झा मुंबई विधानसभा में पहले उत्तर भारतीय विधायक निर्वाचित हुए। वे चिंचपोकली लोअर परेल क्षेत्र से चुनाव जीते थे, जिसके कारण उस भाषायी समूह की राजनीतिक महत्त्वाकांक्षा में वृद्धि हुई।[59] धीरे-धीरे शैतान चौकी, अंधेरी, कुर्ला और मलाड में बड़ी तादाद में उत्तर भारतीय आबादी रहने लगी। त्रिपाठी और रमेश दुबे (अंधेरी से महाराष्ट्र विधानसभा में जीतकर गए और मंत्री बने) जैसे हिंदी भाषी राजनीति में आए।[60]

मिल अर्थव्यवस्था

भारत के बारे में यह कहा जाता है कि कपास की पैदावार इसी देश में शुरू हुई थी। सूती कपड़े की मिलों के कारण पश्चिम में औद्योगिक क्रांति आई और उसने भारत के उद्योगीकरण में भी महत्त्वपूर्ण भूमिका निभाई। मुंबई, अहमदाबाद, भिवंडी, कोयम्बतूर, मालेगांव को भारत का मैन्चेस्टर कहा जाने लगा। जैसा कि पिछले अध्याय में लिखा गया है कि कपड़े की मिलों के कारण मुंबई का उद्योगीकरण हुआ।

1970 के बाद से मुंबई में भारी आर्थिक मंदी आई क्योंकि साठ मिलों में, जिनमें ढाई लाख मज़दूर काम करते थे, उत्पादन में कमी आ गई, जिसका कारण था आधुनिकता की कमी। कांग्रेस पार्टी के मज़दूर संघ-राष्ट्रीय मिल मज़दूर संघ में मज़दूरों का विश्वास जाता रहा, जो बम्बई औद्योगिक संबंध अधिनियम 1946 के अंतर्गत मज़दूरों की एकमात्र प्रतिनिधि इकाई थी। इसके बाद आक्रामक मज़दूर नेता डॉक्टर दत्ता सामंत ने नेतृत्व सम्भाला। 1982 में वेतन और बोनस की माँगों को लेकर दत्ता सामंत ने अनिश्चितकालीन हड़ताल की।[61]

धीरे-धीरे इन मिलों के मालिकों ने मिलों को बंद करना शुरू कर दिया क्योंकि उनको मिलों की ज़मीन बेचने में अधिक लाभ लगता था। जिन *गिरनी मज़दूरों* ने इस बात को पक्का किया था कि मुंबई महाराष्ट्र में बना रहे वही बेकार होने लगे। यही हाल अन्य इंजीनियरिंग इकाइयों और कारख़ानों का हुआ।

लेकिन शहर के ऊपर किताब लिखने वाले गिलियन टिंडल का यह कहना है कि समय के साथ मुंबई से उद्योग-धंधे शहर के बाहरी इलाकों या अन्य शहरों में

चले गए, जैसे पुणे और नासिक।[62] लेकिन यह बदलाव इतना आकस्मिक था कि इससे जुड़े लोगों को तैयारी करने का समय ही नहीं मिल पाया।

जैसा कि डेरिल दे मोंटे ने लिखा है कि कपड़ा उद्योगों में आई गिरावट के कारण मुंबई के उद्योग-धंधे बंद होने लगे।[63]

उसके बाद मुंबई में सेवा और वित्त क्षेत्र से जुड़ी जो इकाइयाँ आईं उनमें निर्माण क्षेत्र के बेकार हुए मज़दूरों को काम नहीं मिल पाया क्योंकि इन उद्योगों में अलग तरह के कौशल की ज़रूरत थी। बेकार मज़दूर फिर काम के लिए अन्य तरह के अनौपचारिक क्षेत्रों में जाने लगे, जैसे रेहड़ी लगाना, टैक्सी चलाना और रिक्शा चलाना तथा राज मज़दूर का काम करना, जहाँ उनको उत्तर भारतीय मज़दूरों से मुक़ाबला करना पड़ता था जो कम मज़दूरी पर काम करते थे।

परेल और लालबाग में मिल में काम करने वाले मज़दूर रहते थे। उनमें बड़े-बड़े गेट वाले शानदार आवासीय परिसर बन गए, जिनमें से कुछ के बाहर लिखा रहता था कि 'केवल शाकाहारियों के लिए'। सांस्कृतिक बदलाव और उच्च स्तरीय आवासीय परिसर के बनने का मतलब यह था कि दूसरे लोगों के लिए भी रहने का ख़र्च बढ़ गया।

जन ब्रेनन जैसे समाजशास्त्री ने इस बात का अध्ययन किया है कि 1985 के बाद अहमदाबाद में कपड़ा मिलों के बंद का प्रभाव सामाजिक ढाँचे पर किस प्रकार पड़ा और किस कारण शहर का संप्रदायीकरण हुआ।[64] पत्रकार से नेता बने कपिल पाटिल ने दर्ज किया है कि किस तरह से कपड़ा मिलों की हड़ताल और मिलों की बंदी के कारण एक शून्य पैदा हुआ जिसको शिवसेना ने भरा। 'मज़दूर बेरोज़गार थे और हताशा बढ़ रही थी। युवा निराश हो रहे थे। सेना आई और उसने उन लोगों में अपनी पहचान का भाव पैदा किया, उनको हिंदुत्व की विचारधारा के सहारे जोड़े रखने का काम किया', उन्होंने कहा।[65] उदाहरण के लिए, 1992-93 के मुंबई दंगों में यह दिखाई दिया।

शिवसेना द्वारा हिंदुत्व को अपनाए जाने के कारण इसने ग़ैर महाराष्ट्रीय लोगों को भी प्रभावित करना शुरू कर दिया और मुंबई के बाहर भी इसका विस्तार हुआ, जिसको कुछ लोग शिवसेना का कांग्रेसीकरण भी कहते हैं। इसके कारण यथास्थिति बन गई और इसका मराठी समर्थक एजेंडा कुछ धूमिल भी हुआ। बदलते हुए आर्थिक, सामाजिक और सांस्कृतिक माहौल में यह मज़दूर वर्ग के मराठियों की हताशा का निराकरण नहीं कर पा रहा था, जिसके बारे में उनको लगता था कि उनके अस्तित्व और पहचान के लिए संकट खड़ा होता जा रहा था। इस शून्य को मनसे ने भरा। यह वैश्वीकरण के बाद के दौर की पैदाइश थी जब मुंबई आर्थिक, राजनीतिक और सांस्कृतिक रूप से बदल रहा था।

'जिन मुद्दों के कारण 1960 के दशक में शिवसेना का उभार हुआ था, जब राज ने बाहरी लोगों के विरोध में आंदोलन छेड़ा तो वे मुद्दे तब भी प्रासंगिक थे।

विस्थापन के कारण नौकरियों और संसाधन को लेकर बहुत प्रतिस्पर्धा थी। गुजरात, असम और दक्षिण भारत में भी इसी तरह का प्रतिरोध दिखाई दे रहा था। लेकिन इन नेताओं को कभी कट्टर नेता के रूप में नहीं देखा गया। राज जब यह बात कहते थे कि मुंबई में स्थानीय लोगों को प्राथमिकता दी जानी चाहिए तो उनकी बात में दम था', *लोकसत्ता* के संपादक गिरीश कुबेर ने कहा।[66]

'शिवसेना ने जब हिंदुत्व का मुद्दा उठाया तो उसने अपने मूल चरित्र को खो दिया। यही राज का भी संकल्प था', कुबेर ने समझाते हुए कहा। उन्होंने कहा कि अगर कोई राजनीतिक दल यह चाहता है कि उसके राज्य के हितों की रक्षा होनी चाहिए तो इसमें कुछ ग़लत भी नहीं है।[67]

कुबेर का कहना था कि इस तरह के आरोप भी थे कि शिवसेना और भाजपा को कमज़ोर करने के लिए कांग्रेस और एनसीपी मनसे का उपयोग कर रही थी। जब शिवसेना अपने शिखर पर थी तब इस तरह के आरोप उसके ऊपर भी लगाए जाते थे। 'महाराष्ट्र में कांग्रेस नेतृत्व ने आलाकमान से लड़ाई में शिवसेना को रणनीतिक हथियार के रूप में इस्तेमाल किया। शिवसेना को मज़ाक़ में वसंत सेना भी कहा जाता था (तत्कालीन कांग्रेसी मुख्यमंत्री वसंतराव नाइक के नाम पर), तथा विलासराव देशमुख एवं अशोक चव्हाण जैसे कांग्रेसी मुख्यमंत्रियों ने राज को आगे बढ़ाने का काम किया। पृथ्वीराज चव्हाण के काल में इसमें कुछ हद तक बदलाव आया', उन्होंने बताया।[68]

अकादमिक विद्वान और राजनीतिक विश्लेषक डॉक्टर दीपक पवार ने ध्यान दिलाया है कि शिवसेना का हिंदुत्व के मुद्दे की तरफ़ बढ़ने का संकेत यह था कि अब उसका मूल मराठी एजेंडा बहुत उपयोगी नहीं रह गया था। 'हिंदुत्व और मराठी मानुस राजनीति साथ-साथ नहीं चल सकती है। जिसके कारण गुजराती, मारवाड़ी और उत्तर भारतीय भाषायी समूह के बढ़ने और उनके हावी होते जाने को नज़रअन्दाज़ करना पड़ा,' उन्होंने बताया।[69]

मनसे ने इस मुद्दे को उठाया और मराठी लोगों की संस्कृति के कमज़ोर होने की बात की[70], जिनको ऐसा लगता था कि तेज़ी से बदलते इस शहर में वे हाशिए पर जा रहे थे।

पवार का कहना था कि अन्य क्षेत्रीय भाषाओं के स्थान पर हिंदी को तरजीह देने के कारण ग़ुस्सा बढ़ता जा रहा था। 'वैश्वीकरण के बाद के दौर में बहुत से मराठी भाषी मज़दूरों की नौकरी संगठित क्षेत्र में ख़त्म हो गई थी। अब उनको भैया लोगों के साथ होड़ में रहना पड़ता था, जो अनौपचारिक अर्थव्यवस्था में हर कहीं थे। उत्तर भारतीय लोगों का प्रभाव बढ़ता जा रहा था तथा उत्तर भारत की उच्च जातियों, जैसे ब्राह्मणों और ठाकुरों का अहंकार झुग्गी-झोंपड़ियों तथा कम आय वाले आवासीय इलाक़ों में दिखाई देने लगा था, जिसके कारण असंतोष बढ़ रहा था।'[71]

'या बहुत कुछ *दीवार* जैसा था', पवार ने कहा, उनका इशारा इस तरफ़ था कि किस तरह से मज़दूर अमिताभ बच्चन के लिए तालियाँ बजाते हैं जब वह गोदाम में गुंडों की पिटाई करके थका हुआ बाहर निकलता है—लेकिन वे उसके साथ उस लड़ाई में शामिल नहीं होते हैं। 'बड़ी तादाद में मराठी चाहते हैं कि क्रांति हो लेकिन उसमें उनकी भागीदारी न हो और न ही उसका तनाव उनको महसूस करना पड़े। इसमें मध्य वर्ग तथा बुद्धिजीवी तबक़ा भी शामिल है', उन्होंने हँसते हुए बताया, उन्होंने आगे बताया कि अगर राज आक्रामक तरीक़े से कुछ करते तो यह तबक़ा ख़ुश हो जाता।[72]

'सामान्य, निम्न तथा निम्न मध्यवर्गीय मराठी मानुस को इस बात का ग़ुस्सा था कि उत्तर भारतीय उनकी नौकरियों और आजीविका के मौक़ों को उनसे छीन रहे थे। उनके अंदर भैया लोगों को लेकर बहुत ग़ुस्सा था जो शहर के तबेलों में काम करने के लिए आए थे लेकिन धीरे-धीरे उन्होंने आर्थिक ताक़त बना ली और उनको किनारे कर दिया', कांग्रेस के नेता कृपाशंकर सिंह का कहना है।[73]

मनसे ने शिवसेना की किताब से एक पन्ना फाड़ लिया, जो टी.बी. हांसेन के शब्दों में 1970 के दशक में शहर के सार्वजनिक स्थलों पर मराठी नामों, पोस्टरों को लेकर था...यह भाषायी लोगों की आकांक्षा की अभिव्यक्ति थी—एक ऐसे स्थल का निर्माण था जो शहर की कॉस्मोपॉलिटन संस्कृति को मराठी भाषी लोगों के लिए कम अजनबी, और अधिक अपना बनाने वाला था।[74] हांसेन का कहना है कि 'सेना अपनी शैली में भारत के सभी लोकप्रिय आंदोलनों में सबसे अधिक शहरी है...।'[75]

राजनीतिक विश्लेषक महेश गावस्कर ने लिखा है कि शिखर पर पहुँचने के बाद शिवसेना को एक सांस्कृतिक जातीय भाषायी राजनीति की कमी समझ में आ गई और 1990 के दशक में उसने सत्ता का जो स्वाद चख लिया था उसके कारण वह उसी तरह से आत्ममुग्धता के दौर में आ गई थी, जिस तरह से 1960 के दशक में कांग्रेस आ गई थी।[76]

इससे यह बात समझ में आ जाती है कि जब मनसे ने उत्तर भारतीय लोगों को निशाना बनाना शुरू किया, उनको अन्य के रूप में देखना शुरू किया और इस बात के ऊपर ज़ोर देना शुरू किया कि दुकानों के साइनबोर्ड मराठी भाषा में लिखे जाने चाहिए तो उसको समर्थन क्यों मिला।

विस्थापित बनाम मराठी

जनगणना के आँकड़ों के अनुसार महाराष्ट्र में 2001 में शहरीकरण 42.4 प्रतिशत था जो 2011 में बढ़कर 45.2 प्रतिशत हो गया। मुंबई में बहुत अधिक आबादी हो जाने के कारण बहुत से उत्तर भारतीय छोटे-छोटे शहरों, क़स्बों

और यहाँ तक कि गाँवों में भी जाकर बसने लगे, जहाँ वे खेती के मौसम में मज़दूरी का काम करते थे।

इंडियन एक्सप्रेस की एक ख़बर के अनुसार 2011 की जनसंख्या में मुंबई में हिंदी भाषियों की तादाद क़रीब 40 प्रतिशत बढ़ गई। 2001 में यह तादाद 25.82 लाख थी जो 2011 में बढ़कर 35.98 लाख हो गई।[77]

रिपोर्ट में यह भी कहा गया था कि मुंबई में मराठी सबसे बड़ा भाषा समूह था, उसके बाद हिंदी, उर्दू और गुजराती भाषियों की तादाद थी। लेकिन 2001 में मराठीभाषियों की तादाद 45.24 लाख थी जो 2011 में घटकर 44.04 लाख रह गई। इसी काल में गुजराती भाषियों की तादाद 2001 के 14.34 लाख के मुक़ाबले कुछ घटकर 14.28 लाख रह गई। उर्दू बोलने वालों की तादाद 2001 में 15.87 लाख थी जो घटकर 2011 में 14.59 लाख रह गई। जनसंख्या में यह बदलाव मुंबई और उसके आसपास के इलाक़ों में भी दिखाई देने लगा, ठाणे और रायगढ़ ज़िलों में हिंदी बोलने वाले लोगों की आबादी में 80 प्रतिशत से अधिक की बढ़ोतरी हुई।[78]

पॉपुलेशन चेंज एण्ड माइग्रेशन इन मुंबई मेट्रोपॉलिटन रीज़न : इम्पिलिकेशंस फ़ॉर प्लानिंग एण्ड गवर्नेंस में राम बी. भगत, *डिपार्टमेंट ऑफ़ माइग्रेशन एंड अर्बन स्टडीज़, इंटरनेशनल इंस्टीट्यूट ऑफ़ पॉपुलेशन साइंसेज़,* भारत और गोविन डब्ल्यू जोन्स, जे. वाई. पिल्लई *कंपेरेटिव एशिया रिसर्च सेंटर, ग्लोबल एशिया इंस्टीट्यूट नेशनल यूनिवर्सिटी ऑफ़ सिंगापुर* ने मुंबई में विस्थापितों की आबादी के स्रोत में एक बड़ा बदलाव देखा है।

'पिछले पचास साल के दौरान सबसे उल्लेखनीय बदलाव है उत्तर प्रदेश से आने वाले विस्थपितों की आबादी में बढ़ोतरी, जो 1961 के आधार पर 12 प्रतिशत की बढ़ोतरी थी तो 2001 के आधार पर 24 प्रतिशत, बिहार से आने वाले लोगों की आबादी में बढ़ोतरी 0.2 प्रतिशत से 3.5 प्रतिशत हो गई', इसमें कहा गया है। लेकिन बाहर से आने वाले विस्थापितों की संख्या में वृद्धि हुई तो मुंबई में महाराष्ट्र के अंदर से आने वाले लोगों की संख्या में कमी आई—1961 में यह 41.6 प्रतिशत थी जो 2001 में घटकर 37.4 प्रतिशत रह गयी। इस लेख में यह दर्ज किया गया है कि मनसे के उभार के बाद बाहरी लोगों के ख़िलाफ़ आंदोलन में वृद्धि का कारण यह नहीं था कि मुंबई में विस्थापन बढ़ रहा था बल्कि यह था कि मुंबई में दूसरे राज्यों के लोग बड़ी तादाद में आ रहे थे।[79]

शिवसेना के निशाने पर दक्षिण भारतीय थे, लेकिन उन राज्यों से विस्थापन वहाँ आर्थिक विकास होने के कारण कम हो गया। मनसे प्रमुख अक्सर कहते थे कि जब अपने राज्य के ऊपर गर्व करने की बात आती थी तो दक्षिण भारत के राज्य इसके बहुत अच्छे उदाहरण थे।

दिसम्बर 2018 में उत्तर भारतीय संगठन द्वारा आयोजित एक कार्यक्रम में राज ठाकरे ने यूपी और बिहार के लोगों के सामने बोलते हुए यूपी और बिहार के नेताओं को वहाँ विकास न होने के लिए ज़िम्मेदार ठहराया, जिसके कारण नौकरियों की तलाश में लोग दूसरे राज्यों में जाते थे। राज ने अपने साहजात्य के मुद्दे को उचित ठहराया और मुंबई में होने वाले विस्थपान के लिए शिव सेना-भाजपा की सरकार की उस नीति को ज़िम्मेदार ठहराया जिसके तहत झुग्गी पुनर्वास प्राधिकार के माध्यम से झुग्गी में रहने वाले लोगों को मुफ़्त में घर दिया जाने लगा।[80]

प्रेम शुक्ला के मुताबिक़, उत्तर प्रदेश और बिहार से मुंबई विस्थापन 1980 के दशक से बढ़ने लगा, जब यूपी में धीरे-धीरे निर्माण से जुड़ी इकाइयों में कमी आने लगी, विशेषकर कानपुर में चमड़े के कारख़ानों और कपड़े की मिलों में। मुंबई और मुंबई मेट्रोपॉलिटिन रीज़न में होने वाले विकास के कारण वे यहाँ आकर पुरानी झुग्गियों और चालों में रहने लगे, जो मुंबई की विशिष्ट पहचान है, जिनमें यहाँ की 60 प्रतिशत आबादी रहती है। कुछ नए आने वालों के सिर पर छत भी नहीं होती थी, वे फुटपाथों पर और दुकानों के सामने सोकर जीवन बिताने लगे।[81]

1980 के दशक से हिंदी पट्टी में अपराध बढ़ गए, जिसके कारण मुंबई और महाराष्ट्र में बड़े पैमाने पर लोग आजीविका के लिए आने लगे।

'1980 के दशक के पहले बहुत कम उत्तर भारतीय मुंबई में घर ख़रीदते थे, वे अपने गाँव में घर या ज़मीन ख़रीदना चाहते थे। मुंबई में एक कमरे में क़रीब 35 से 40 लोग रहते थे और बारी-बारी से सोते थे। लेकिन धीरे-धीरे इसमें बदलाव आने लगा', शुक्ला ने बताया। उन्होंने बताया कि जौनपुर, आज़मगढ़, सुल्तानपुर और भदोही में एक भी ऐसा गाँव नहीं था जिसके हर परिवार का कम से कम एक व्यक्ति काम करने के लिए किसी न किसी शहर में न गया हो।

सरकार के लोगों का भी यह कहना है कि महाराष्ट्र एक विकसित राज्य था जिसके कारण इसको उत्तर भारत के राज्यों के पिछड़ेपन का नुक़सान उठाना पड़ा। मई 2008 में, वित्त मंत्री और एनसीपी नेता जयंत पाटिल ने यह माँग की थी कि महाराष्ट्र जैसे विकसित राज्यों को केंद्र सरकार से करों का और बड़ा हिस्सा और अधिक धन दिया जाना चाहिए। पाटिल की शिकायत थी औसत से कम प्रदर्शन के बावजूद उत्तर प्रदेश और बिहार को अधिक धन दिया जा रहा था।[82]

'मज़दूरी और सार्वजनिक परिवहन में दिखाई देने वाली मौजूदगी के कारण तथा भाषायी एवं सांस्कृतिक रूप से घुल-मिल न पाने के कारण हिंदी बोलने वाले लोग अलग से पहचान में आ जाते थे। कामकाजी महिलाओं को सड़क के किनारे रेहड़ी लगाने वाले भैया लोगों द्वारा परेशान किया जाता था या नौजवानों को रिक्शा चलाने वालों की मनमानी का शिकार बनना पड़ता था, इसलिए वे इस बात से ख़ुश

थे कि राज़ उनके लिए खड़े होते थे। मनसे के सबसे अधिक मतदाता यही लोग थे', शिवसेना के एक नेता ने बताया।[83]

वैसे तो शिवसेना ने अपने आरंभिक दिनों में दक्षिण भारतीय लोगों के ऊपर हमला किया था, लेकिन जैसा कि भरतकुमार राउत ने लिखा है कि दक्षिण भारतीय लोगों और उत्तर भारतीय लोगों के बीच बाद अंतर यह था कि उत्तर भारतीय लोगों की राजनीतिक महत्त्वाकांक्षा भी थी। मराठी भाषी लोगों के ग़ुस्से का कारण यह भी था।[84] राज यह भी कहते रहते थे कि किस तरह से विस्थापितों ने मुंबई में अपना राजनीतिक आधार तैयार कर लिया था।

अपनी किताब में राम मनोहर त्रिपाठी ने यह माना है कि पंजाब और राजस्थान से भी लोग मुंबई गए और धीरे-धीरे वहीं के होकर रह गए, लेकिन उत्तर प्रदेश के लोग दोहरी नागरिकता रखते थे। गाँव की मतदाता सूची और मुंबई की मतदाता सूची में दोनों स्थानों पर उनका नाम रहता था।[85]

छगन भुजबल का यह कहना है कि उत्तर भारतीय स्थानीय लोगों के मुक़ाबले आर्थिक रूप से बढ़त की स्थिति में रहते थे। 'उनके ऊपर किसी तरह की पारिवारिक जिम्मेदारियाँ नहीं होती थीं और उनको स्थानीय लोगों की तरह त्योहार में घर नहीं जाना होता था।' उन्होंने यह भी कहा कि चूँकि ये सभी लोग अलग-अलग तरह की पृष्ठभूमियों से आते थे इसलिए वे कम मज़दूरी पर भी काम करने के लिए तैयार रहते थे।[86] मनसे ने जब उनको अपना निशाना बनाया तो वे अपने-अपने राज्यों में वापस लौट गए, जिसके कारण निर्माण क्षेत्र और उद्योग क्षेत्र में कामकाज ठप पड़ गया।

'ट्रेनें ऐसे मज़दूरों से भरी होती थीं जो काम के सिलसिले में नासिक और आसपास के क्षेत्रों से भाग रहे होते थे। उसके बाद हम लोगों ने यह पक्का किया कि हमारे बच्चों को ये नौकरियाँ मिलें, जो उनके और कारख़ाने के मालिकों दोनों के हित में रहता था क्योंकि उनको भी यह डर रहता था कि मज़दूरों की कमी के कारण उनको कहीं अपने कारख़ाने न बंद करने पड़ जाएँ', वसंत गीते ने बताया।[87]

'राज माहौल को बख़ूबी समझते हैं। शिव सैनिकों की औसत आयु 40 से 45 साल के बीच है, जबकि मनसे के कार्यकर्ता युवा हैं। जब राज ने अपनी पार्टी बनाई तो शिवसेना के बहुत से नेताओं के बच्चे उनके साथ चले गए। राज इस बात को समझते थे कि उनको इसका फ़ायदा उठाने के लिए ऐसे मुद्दों को उठाना चाहिए जो युवाओं को आकर्षित करने वाले हों', उनके पुराने व्यवसायी सहयोगी ने बताया।[88]

इस बात को देखते हुए कि मुंबई में निम्न और निम्न मध्यवर्ग के लोग आर्थिक रूप से उत्तर भारतीय लोगों के मुक़ाबले में थे उनको अन्य के रूप में बताना स्वाभाविक था।

अक्टूबर 2006 में दादर में शिवसेना और मनसे में झड़प हो गई, जिसमें राज ठाकरे की पार्टी के कार्यकर्ताओं को शिव सैनिकों ने पीट दिया। मनसे के नेता वागीश सारस्वत ने यह बताया कि इससे यह बात समझ में आई कि उन लोगों को भी निम्न वर्ग के मराठी मानुस को अपनी पार्टी से जोड़ना चाहिए, जो शिवसेना के समर्थन का आधार थे। उत्तर भारतीय लोगों के ख़िलाफ़ माहौल बनाकर इसको संभव बनाया गया।

जब मनसे ने बाहरी लोगों के ख़िलाफ़ आंदोलन शुरू किया तो अंदर ही अंदर व्यापारी वर्ग के लिए ग़ुस्सा था, जैसे गुजराती और मारवाड़ी, जिनमें जो अधिक समृद्ध होते थे वे 'केवल शाकाहारियों के लिए' का बोर्ड लगाकर गेटबंद कॉलोनियों में रहते थे, जो पारम्परिक रूप से मराठी बहुल इलाक़ों में होते थे। शिवसेना और मनसे के लोग इस तरह की बात भी करते थे कि इन कॉलोनियों में फ़्लैट केवल उनके समुदाय के लिए ही होते थे। सबसे बढ़कर, मनसे और शिवसेना के कई नेताओं पर यह आरोप था कि इन नेताओं का धन इस निर्माण में लगा हुआ था।

जब कामकाजी मराठी लोगों के इलाक़ों में इस तरह का भाषायी और खानपान का भेदभाव शुरू हुआ तो शिवसेना के नेता भी हतप्रभ रह गए। शिवसेना के पूर्व पार्षद पराग चव्हाण, जो बाद में कांग्रेस में शामिल हो गए, और जो परेल के शिवसेना के स्वर्गीय विधायक विट्ठल चव्हाण के बेटे थे, ने अपना एक अनुभव बताया कि जब वे अपने इलाक़े के एक टावर में फ़्लैट ख़रीदने की कोशिश कर रहे थे तो शुरू में तो जो डेवलपर था वह हिचका और उसने बहुत ऊँची क़ीमत बता दी। जब मैंने कहा कि मैं पैसों का इंतज़ाम कर लूँगा तब पैसों की बात छोड़कर उसने कहा कि वे फ़्लैट उनके अपने समुदाय के लोगों के लिए ही बनाए गए थे।[89] सबसे दुर्भाग्य की बात यह थी कि पराग को तथाकथित रूप से उस सड़क पर बनी इमारत में भी फ़्लैट नहीं दिया गया जिस सड़क का नामकरण उनके पिता के नाम पर था!

एक प्रसिद्ध मसाला दुकान के मराठी मालिक का भी ऐसा ही कुछ कहना था। 'मिल की ज़मीनों को विकसित करने से ज़मीन की क़ीमतें आसमान छूने लगीं। यहाँ तक कि जो मराठी फ़्लैट ख़रीद सकते थे उनको भी देने से इनकार कर दिया गया। यह कहने की कोई ज़रूरत नहीं है कि शिवसेना और मनसे के लोग कुछ भी नहीं कर पाए', उसने शिकायत करते हुए कहा।[90]

'उत्तर भारतीय आसान निशाना थे। वे ग़रीब थे और शायद ही कभी पलटवार करते थे। गुजराती और मारवाड़ी अधिक संगठित तरीक़े से रहते थे, वे व्यवसाय को चलाते थे और अगर चाहते तो राजनीतिक दलों को चंदे के लाले भी पड़ सकते थे', उत्तर प्रदेश में पैदा हुए और हरियाणा में पढ़े-लिखे वागीश सारस्वत

ने स्वीकार करते हुए कहा। 1991 में वे कामकाज के चक्कर में मुंबई आए और बहुत अच्छी मराठी बोलते हैं।[91]

जब उत्तर भारतीयों के ख़िलाफ़ आंदोलन ज़ोर पकड़ने लगा तो राज ने यह माँग भी की कि मुंबई में बाहरी लोगों के आने को वश में करने के लिए परमिट की व्यवस्था को अपनाया जाना चाहिए।[92] संयोग से, शिवसेना 1966 में अपनी पहली रैली से ही यह माँग करती आई थी।[93]

'बौद्धिक लोगों को यह अधिकार किसने दिया कि वे कहें कि मुंबई आर्थिक राजधानी है। यह पहले महाराष्ट्र की राजधानी है', राज ने पत्रकार मनु जोसेफ़ से कहा, साथ ही यह कहा कि ग़ैर मराठी लोग यहाँ रह सकते हैं लेकिन उनको मराठी विरासत का सम्मान करना चाहिए।[94]

शिवसेना के नेताओं ने यह माना कि 2008 से 2014 के बीच के साल पार्टी के लिए बेहद मुश्किल साल थे क्योंकि मनसे बहुत आक्रामक तरीक़े से मतदाताओंको लुभाने में लगी हुई थी। शिवसेना के मूल एजेंडा को अपना बनाकर मनसे शिवसेना के लिए एजेंडा भी निर्धारित कर रही थी।

2008 में मनसे को उसी की चाल में पछाड़ने के लिए शायद *सामना* ने संपादकीय छापा *एक बिहारी सौ बीमारी*, जो टेक्स्ट मैसेज के हिस्से के रूप में छपा था, जिसमें बिहारी को महामारी की तरह बताया गया था। तत्काल आरजेडी और जेडीयू की ओर से इसकी निंदा की गई।[95]

जब मैं अम्बादास धारराव के घर गया, जिनकी नासिक के प्रदर्शन में जान चली गई थी, तो लासलगाँव में चिकित्सक का काम करने वाले उनके भतीजे डॉ. संजय ने यह सवाल उठाया कि जो नेता यहाँ विस्थापितों के ख़िलाफ़ अभियान चला रहे हैं वे क्या महाराष्ट्र के बाहर रहने वाले मराठियों के ख़िलाफ़ अगर कुछ हुआ तो उसकी ज़िम्मेदारी लेंगे?[96] नवंबर 2008 में *टाइम्स ऑफ़ इंडिया* में ख़बर छपी कि हरियाणा के करनाल में हथियारबंद लोगों का जत्था एक मराठी परिवार के घर में घुस गया और उनसे बोला कि वे या तो अपने राज्य लौट चले जाएँ या मरने के लिए तैयार रहें।[97] उत्तर महाराष्ट्र के जलगांव के निवासी विजय सिंह सूर्यवंशी और उनकी पत्नी कल्पना 15 साल पहले करनाल आ गए थे। उनके बच्चे हरियाणा में पैदा हुए थे जहाँ 15 हज़ार मराठी रहते हैं।[98] बाद में हरियाणा सरकार और स्थानीय लोगों के बीच-बचाव के कारण मराठी परिवार वहाँ रह पाए।[99]

इसी तरह जमशेदपुर में टाटा मोटर्स के एक अधिकारी एस.बी. बोरवानकर के घर में एक अल्पज्ञात संगठन भारतीय भोजपुरी संघ ने तोड़फोड़ कर डाली।[100] महाराष्ट्र की एक महिला आई.ए.एस. अधिकारी के दफ़्तर को पूर्णिया के लोगों ने घेर कर नारेबाज़ी की। कारण था अश्विनी ठाकरे का उपनाम।[101]

गड़बड़ गठबंधन बनता हुआ

जब मनसे शिवसेना की जड़ खोदने में लगी हुई थी तो शिवसेना और एनसीपी हाथ मिलाने के बारे में सोच रहे थे। शिवसेना को भाजपा के साथ और एनसीपी को कांग्रेस के साथ अपने गठबंधन को लेकर लगने लगा था कि उनकी आयु पूरी हो गई थी।

सेना के इन नेताओं को ऐसा लगता था कि अगर 2009 के लोकसभा चुनावों में अगर किसी को बहुमत नहीं मिला तो वे एनसीपी के नेता मराठी मानुस शरद पवार को प्रधानमंत्री पद के सर्वसम्मत उम्मीदवार के रूप में समर्थन दे सकते थे। शिवसेना के राज्यसभा सांसद और पार्टी के अख़बार *सामना* के कार्यकारी संपादक संजय राउत के बारे में कहा जाता था कि वे शरद पवार के नज़दीकी थे। 2019 के विधानसभा चुनाव के बाद शिवसेना ने भारतीय जनता पार्टी से नाता तोड़कर कांग्रेस और एनसीपी के साथ गठबंधन करके महाराष्ट्र में उद्धव ठाकरे के नेतृत्व में सरकार बनाई। इसके पीछे राउत एक ड्राइविंग फोर्स की तरह थे।

'प्रधानमंत्री बनने की तमन्ना शरद पवार के अंदर 1990 के दशक से ही थी। हालाँकि लोकसभा में एनसीपी के सदस्यों की संख्या कभी भी दो अंकों में नहीं पहुँची, लेकिन उनको लगता था कि क्षेत्रीय दलों के गठबंधन में उनके अनुभव के कारण उनको नेता बनाया जाएगा', पश्चिमी महाराष्ट्र के गन्ना किसानों वाले इलाक़े के एक वरिष्ठ नेता ने बताया, जो एनसीपी का गढ़ माना जाता रहा है।[102]

उनका दावा था कि पवार साहब केंद्र में प्रगतिशील जनतांत्रिक गठबंधन के प्रयोग को दोहराना चाहते थे। 1978 में 38 साल की उम्र में शरद पवार ने महाराष्ट्र में वसंत दादा पाटिल की सरकार को गिरा दिया था और कांग्रेस पार्टी के असंतुष्टों तथा जनता पार्टी के साथ मिलकर बनी सरकार का नेतृत्व किया और वे राज्य के एक सबसे कम उमर के मुख्यमंत्री बने।

शिवसेना भाजपा से दुखी थी कि राज और राणे के पार्टी छोड़ने के बाद से भाजपा 2006 में चिमुर उप चुनाव की तरह उसको घेरने का कोई भी मौक़ा नहीं छोड़ती थी। इस तरह, एनसीपी और शिवसेना के कुछ नेता अपने गठबंधन साथी को छोड़ 2009 का लोकसभा चुनाव साथ मिलकर लड़ने की योजना बना रहे थे। 'लेकिन इस विचार को त्याग देना पड़ा क्योंकि इसमें एक ख़तरा था। शिवसेना के साथ गठबंधन करने से धर्मनिरपेक्ष दल उससे दूर हो जाते। मुस्लिम और दलित भी पवार से दूर हो जाते क्योंकि पवार साहब ने ख़ुद को हमेशा धर्मनिरपेक्ष नेता के रूप में देखा था', उस नेता ने कहा।[103]

एनसीपी के एक नेता ने यह स्वीकार किया कि इस क़दम का उलटा असर भी पड़ सकता था क्योंकि शिवसेना और एनसीपी के कार्यकर्ता स्थानीय राजनीति में एक-दूसरे के ख़िलाफ़ रहते थे।[104]

कनाडा में रहने वाले विजय धवले ने *वाघाचे पांजे* नाम से बाल ठाकरे को लेकर एक पुस्तक निकाली जिसमें शिरुर से तीन बार सांसद रहे शिवसेना नेता शिवाजीराव आढलराव पाटिल ने शिवसेना और एनसीपी के बीच नहीं हो पाए गठबंधन की कहानी लिखी।

पुणे के पास मंचार के एक गाँव लांदेवाडी में सीमांत किसान परिवार में पैदा हुए आढलराव मुंबई आ गए जहाँ उनके पिता सब्ज़ी बेचने का काम करते थे। वे घाटकोपर की झुग्गी में रहते थे, कार धोते थे, मज़दूरी करते थे, सिनेमा हॉल में काम करते थे और रात के स्कूल में पढ़ाई के लिए जाते थे।[105] बाद में वे व्यवसायी हो गए। उन्होंने डायनालॉग नामक एक कम्पनी बनाई, जो भारत के मिसाइल कार्यक्रम के लिए सामानों की आपूर्ति करने का काम करती थी। एनसीपी के एक वरिष्ठ नेता दिलीप वालसे पाटिल के साथ उनकी दोस्ती हो गई। पुणे में अम्बेगाँव के विधायक वालसे पाटिल के साथ सत्ता संघर्ष के बाद आढलराव शिवसेना में शामिल हो गए और 2004 में खेड़ चुनाव क्षेत्र से लोकसभा के सांसद निर्वाचित हुए।

चुनाव क्षेत्र का नाम और उसकी सीमाओं को परिसीमन के कारण बदल दिया गया। आढलराव ने लिखा कि उन्होंने उद्धव से कहा कि वे उनके चुनाव क्षेत्र में चुनाव सभा करके नये मतदाताओं को संदेश दें। 8 अक्टूबर 2008 की तारीख़ निर्धारित की गई थी, लेकिन उनको अचानक मिलिंद नारवेकर ने सूचित किया कि उद्धव नहीं आ पाएँगे और उनसे कहा कि वे संजय राउत से बात कर लें।[106]

आढलराव ने लिखा कि संजय राउत ने कहा कि शिवसेना एनसीपी के साथ गठबंधन के लिए बात कर रही है। इसलिए शरद पवार को अपने लिए शिरूर चुनाव क्षेत्र चाहिए क्योंकि इसके अंतर्गत वे इलाक़े भी आ गए हैं जो पहले बारामती चुनाव क्षेत्र में पड़ते थे। 'आप कोई और चुनाव क्षेत्र ले लीजिए। शिरूर को लेकर कुछ संशय बना हुआ है इसलिए उद्धव जी आ नहीं सकते', राउत ने कहा।[107]

आढलराव ने लिखा है कि इस तरह की ख़बरों को सुनकर उनके कार्यकर्ता बेचैन हो गए। दोनों दलों के बीच गठबंधन को लेकर आगे बातचीत किसी नतीजे पर नहीं पहुँची। आख़िरकार, उनको यह बताया गया कि उद्धव रैली में आएँगे, रैली में बोलते हुए उद्धव ठाकरे ने एनसीपी का नाम तक नहीं लिया और कांग्रेस को ख़ूब भला-बुरा कहा, जबकि शिवसेना का मुक़ाबला वहाँ एनसीपी से ही था।[108]

अपने लेख में आढलराव ने लिखा है कि पवार ने अपने आप कुछ सर्वेक्षण करवाए थे, उनसे यह पता चला था कि वे आढलराव से उस सीट का चुनाव हार सकते थे। उन्होंने लिखा कि पवार ने उनको 24 नवम्बर 2008 को ताज होटल में बुलाया। यह ताज पर हुए पाकिस्तानी हमले से दो दिन पहले की बात है। उन्होंने कहा कि वह शिरूर क्षेत्र चाहते थे। पवार ने आढलराव से कहा कि

वे चाहें तो बीड से लड़ लें या उनकी बेटी सुप्रिया सुले की राज्यसभा सीट ले लें। बजाय उनके प्रस्ताव को साफ़ तौर पर ठुकराने के अदलराव ने उनसे कहा कि वे अपनी पत्नी से बात करके उनको बताएँगे, जो उस समय अमेरिका में थीं। 'एनसीपी को समझ में आ गया कि मैं अपनी जगह से नहीं हिलूँगा, पवार ने शिवसेना के साथ समझौते का इरादा और शिरूर की माँग को त्याग दिया', आढलराव ने लिखा।[109]

भाजपा के साथ शिवसेना का गठबंधन चलता रहा, पवार साहब माढा चुनाव क्षेत्र से लड़े और जीत गए, बारामती क्षेत्र उन्होंने अपनी बेटी के लिए छोड़ दिया।

आढलराव ने एनसीपी के विधायक विलास लांडे के ख़िलाफ़ चुनाव लड़ा और 1 लाख 80 हज़ार मतों से जीत दर्ज की जो महाराष्ट्र में पाँचवीं सबसे बड़ी जीत थी।

राज के पूर्व व्यवसायी सहयोगी ने यह दावा किया कि राज के विरोध प्रदर्शन सत्तारूढ़ कांग्रेस और एनसीपी गठबंधन के लिए स्वर्ग से भेजे तोहफ़े की तरह थे, क्योंकि उनको लगता था कि मनसे शिव सेना-भाजपा के मतों को विभाजित कर सकती थी। 'सरकार ने आगे बढ़-बढ़ कर राज को सहयोग दिया। उनकी रैलियों के लिए अनुमति आसानी से मिल जाया करती थी और जब उनके कार्यकर्ता क़ानून व्यवस्था को अपने हाथ में लेते थे तो पुलिस उनके साथ नरमी से पेश आती', उनका दावा था।[110]

लोकसभा और विधानसभा क्षेत्रों की सीमाओं का परिसीमन आयोग द्वारा पुनर्निर्धारण किया गया। विधानसभा सीटों के परिसीमन के कारण तेज़ी से शहरीकृत होते मुंबई-ठाणे क्षेत्र में विधानसभा सीटों की संख्या 47 से बढ़कर 60 हो गई। लोकसभा सीटों की संख्या भी 8 से बढ़कर 10 हो गई। इसी क्षेत्र में मनसे के आंदोलन का सबसे अधिक प्रभाव पड़ा था। शिवसेना के लिए यह दुख की बात थी कि उसकी अनेक पारम्परिक सीटें, जैसे ओपेरा हाउस या तो ख़त्म हो गईं या उनको मिला दिया गया, जैसे माहिम और दादर।

शिवसेना को मनसे अस्तित्व का ख़तरा हो गया था इसलिए उसने आरोप लगाया कि सत्तारूढ़ गठबंधन द्वारा मनसे को बढ़ावा दिया जा रहा है। महाराष्ट्र के एक पूर्व कैबिनेट मंत्री ने कहा कि जहाँ तक हो सकता था सरकार ने मनसे की मदद की, और कुछ शक्तिशाली तालमेल भी इस बीच हुआ था।[111]

'इसमें कुछ भी ग़लत नहीं है कि अपने विरोधी के मतों का विभाजन करवाया जाए। शिवसेना की ज़मीन पर मनसे बढ़त ले रही थी और यह स्वाभाविक था कि हम उसके प्रति नरम रुख़ अपनाएँ', एनसीपी के एक वरिष्ठ नेता ने बताया।[112]

26/11 के आतंकी हमलों के बाद जब पाकिस्तान से आए आतंकियों ने मुंबई में 160 से अधिक लोगों को मार डाला था, विलासराव देशमुख विवादों के घेरे में आ गए। वे तहस-नहस किए गए ताज होटेल में गए तो उनके साथ उनके बेटे

रीतेश देशमुख और फ़िल्म निर्देशक राम गोपाल वर्मा भी थे और उनके ऊपर आरोप लगाया गया कि वे आतंकी पर्यटन को बढ़ावा दे रहे थे।

कांग्रेस के ऊपर देशमुख को हटाने के लिए दबाव और अधिक बढ़ाने के लिए एनसीपी प्रमुख शरद पवार ने राज्य के उप मुख्यमंत्री और गृह मंत्री एनसीपी नेता आर.आर. पाटिल को अपने पद का त्याग करने के लिए कहा।[113] मनसे के सूत्रों ने इस बात को स्वीकार किया कि देशमुख ऐसे नेताओं में थे जो शिवसेना और भाजपा के वोट बैंक में सेंध लगाने के लिए मनसे की मदद कर रहे थे।[114]

अपने पदत्याग के ठीक बाद एक अनौपचारिक बातचीत में उन्होंने यह माना कि जिस वजह से उनको इस्तीफ़ा देना पड़ा, उसमें लालू प्रसाद जैसे नेताओं का इस बात को लेकर किया गया विरोध भी था कि राज्य सरकार मनसे को वश में कर पाने में सफल नहीं हो पाई थी, जिसके कारण उनके अपने राज्य में चुनावी प्रदर्शन पर प्रभाव पड़ता।[115]

देशमुख के राजनीतिक गुरु और पूर्व केंद्रीय मंत्री शंकरराव चव्हाण के बेटे अशोक चव्हाण को उनके स्थान पर महाराष्ट्र का मुख्यमंत्री बनाया गया। देशमुख को बाद में मनमोहन सिंह सरकार में मंत्री बना दिया गया। देशमुख का 2012 में देहांत हो गया।

लोकसभा 2009

2009 के लोकसभा चुनाव के लिए मनसे ने 12 उम्मीदवार मैदान में उतारे और यहाँ तक कि शिवसेना और भाजपा ने भी इसको ज़रूरत से ज़्यादा आँक लिया क्योंकि उनको ऐसा लगता था कि यह मराठी मतों के विभाजन तथा सत्ता विरोधी मतों को बाँटे जाने के लिए चली गई चाल थी।

जो राजनीतिक विश्लेषक चुनाव को कवर कर रहे थे वे भी इस बात से हैरान थे कि महाराष्ट्र में मनसे के लिए युवाओं और महिलाओं में बहुत अच्छा समर्थन था।

पत्रकार सचिन परब ने कहा कि राज को उनकी मर्दानी छवि के कारण पहली बार मतदान करने वाले मतदाताओं और महिलाओं में समर्थन मिला, और ऊँची जातियों का साथ भी मिला जिनके लिए भाजपा और उसके उस वक़्त के नेतृत्व का कोई आकर्षण नहीं रह गया था। उनका कहना था कि आरएसएस में ज़बरदस्त आधार वाले एक वरिष्ठ भाजपा नेता की बहन ने यह बताया कि वह भाजपा के बजाय मनसे को वोट देंगी।[116]

एक मनसे उम्मीदवार ने बताया कि उनको किस तरह से गुजराती और सिखों का समर्थन भी मिल रहा था। 'उत्तर भारतीयों के ख़िलाफ़ आंदोलन चलाने के कारण उनका उन लोगों के साथ तार जुड़ गया था। हमारे साथ उच्च मध्य वर्ग के मराठी

मानुस थे, जो पारंपरिक रूप से शिवसेना के समर्थक नहीं थे, वे हमारा उत्साह बढ़ा रहे थे। शिव सेना-भाजपा गठबंधन के लिए मतदाताओं की ऊब साफ़ दिखाई दे रही थी। उनका विरोधी मत मनसे को मिला, जिसको स्थापित राजनीतिक दलों के विकल्प के रूप में देखा जाता था और जिसके ऊपर किसी तरह की विरासत का बोझ नहीं था।'[117]

जब परिणामों की घोषणा हुई तो यह बात साफ़ हो गई कि मनसे के कारण कांग्रेस-एनसीपी गठबंधन मुंबई की सभी यानी छह लोकसभा सीटों को जीतने में कामयाब रहा। मनसे जिन 11 सीटों पर लड़ी थी उनमें से नौ सीटों पर मनसे के उम्मीदवारों को एनसीपी और कांग्रेस की जीत के अंतर से अधिक वोट मिले थे, साफ़ था कि उसने खेल बिगाड़ दिया था।

उदाहरण के लिए मुंबई ईस्ट चुनाव क्षेत्र में एनसीपी के संजय दीना पाटिल भाजपा के किरीट सोमिया से महज़ 2933 वोटों के अंतर से विजयी रहे। मनसे के शिशिर शिंदे को क़रीब 1.95 लाख वोट मिले। दक्षिणी मुंबई में शिवसेना के सांसद मोहन रावले को महज़ 1.46 लाख वोट मिले और क्योंकि मनसे के बाला नांदगांवकर के कारण वे कांग्रेस के मिलिंद देवड़ा से चुनाव हार गए। उत्तरी मुंबई में भाजपा के वरिष्ठ नेता राम नाइक कांग्रेस के संजय निरुपम से 5,779 वोटों से चुनाव हार गए, जहाँ मनसे के शिरीष पारकर को 1.47 लाख वोट मिले। लेखक से बाद में बात करते हुए नाइक ने यह माना कि उन लोगों ने मनसे को कम करके आँका था। महाराष्ट्र में कांग्रेस और एनसीपी को क्रमशः 17 और आठ सीटें मिलीं जबकि भाजपा और शिवसेना को क्रमशः 9 और 11 सीटें मिलीं। निर्दलीय और क्षेत्रीय दलों को मिलाकर 3 सीटें आईं। जहाँ तक अलग-अलग विधानसभाओं में मिली बढ़त की बात थी तो नतीजे और भी चौंकाने वाले थे।

मुंबई में कांग्रेस के पास जो 23 विधानसभा सीटें थीं, उनमें शिव सेना-भाजपा के मज़बूत गढ़ वर्ली, मालाबार हिल्स, विले पार्ले और गोरेगाँव शामिल थे, एनसीपी केवल एक सीट पर बढ़त बना पाई थी। शिवसेना और भाजपा बड़ी मुश्किल से क्रमशः 2 और 5 सीटों पर बढ़त बना पाई थीं। मनसे ने 5 सीटों पर बढ़त बनाई थी। भगवा गठबंधन के लिए 2004 के विधानसभा चुनावों के मुक़ाबले यह गिरावट थी क्योंकि तब कांग्रेस और एनसीपी ने 15 और चार सीटों पर जीत दर्ज की थी, उसके बाद शिवसेना को 9, भाजपा को 5 तथा अरुण गवली को 1 सीट पर जीत हासिल हुई थी।

सिनेमा के शौक़ीन राज ने ख़ुशी मनाते हुए *अमर अकबर एंथोनी* का एक संवाद दुहराया। 'उसने अपुन को मारा...अपुन ने सिर्फ़ दो मारा, लेकिन सॉलिड मारा कि नहीं।'[118] विडंबना की बात यह थी कि यह संवाद फ़िल्म में एंथोनी की भूमिका निभाने वाले अमिताभ बच्चन ने बोला था।

2009 का विधानसभा चुनाव

आने वाले कुछ महीनों में महाराष्ट्र में विधानसभा के चुनाव होने वाले थे, मनसे की रणनीति बहुत साफ़ थी।

'हमारा लक्ष्य शिवसेना थी। हम लोगों ने विधानसभा सीटों को ए, बी और सी तीन वर्गों में बाँट दिया, हम लोगों ने स्थानीय कार्यकर्ताओं में उत्साह भरने के लिए चुनाव लड़ने का निर्णय लिया', मनसे नेता वागीश सारस्वत ने कहा।[119]

शिवसेना और भाजपा ने क्रमश: 160 और 119 उम्मीदवार उतारे, मनसे ने महज़ 143 सीटों पर उम्मीदवार उतारे थे।

दलित पैंथर्स आंदोलन के एक वरिष्ठ कार्यकर्ता ने याद करते हुए बताया कि उसने देखा था कि कुछ बौद्ध दलित युवा भी मनसे के लिए मतदान करने गए थे। 'मैंने उनसे पूछा कि वे मनसे को वोट क्यों देने गए थे, जिनके साथ उनकी विचारधारा भी नहीं मिलती। उनका जवाब था कि राज के आंदोलन के कारण उनके जैसे मराठी युवाओं को रेलवे में नौकरी मिलेगी। इससे पता चलता है कि राज के आंदोलन के लोकप्रिय प्रचार के कारण उनसे उम्मीदें बहुत अधिक थीं।'[120]

एसपी के एक नेता ने ध्यान दिलाया कि कुख्यात माफ़िया का जन्मस्थल होने के कारण चर्चित डोंगरी के कुछ मुसलमान युवाओं ने भी मनसे के साथ हाथ मिला लिया और उन्होंने वहाँ पार्टी शाखा भी खोल ली। 'जो मुसलमान मुंबई में पीढ़ियों से रह रहे थे उनको ऐसा लगने लगा था कि उत्तर भारत से आने वाली नई मुसलमान आबादी के कारण उनको नुक़सान उठाना पड़ रहा था। डोंगरी जैसे इलाक़े में मनसे की शाखा की स्थापना ऐसी उपलब्धि थी जो इतने सालों में शिवसेना भी हासिल नहीं कर पाई थी', उन्होंने कहा।[121]

इकोनॉमिक एंड पॉलिटिकल वीकली, मुंबई में लिखते हुए 3 अक्टूबर 2009 को माया लालवानी ने अपने लेख *महाराष्ट्र में परिसीमन के क्षेत्रीय अंतर और प्रभाव* में यह बताया कि किस तरह सेना के लिए मनसे ने ख़तरा उपस्थित कर दिया था। लालवानी के अनुसार, मुंबई,नासिक और पुणे को मिलाकर मुंबई के आसपास के इलाक़ों में सीटों की संख्या पहले 52 थी जो अब बढ़कर 73 हो गई थी, जो गन्ना उत्पादक क्षेत्र से अलग स्थिति थी, जहाँ 75 सीटों से यह संख्या घटकर 63 रह गई थी।

महाराष्ट्र की 288 सीटों में से क़रीब 100 सीटें प्रधान रूप से शहरी सीटें थीं, इसलिए शिव सेना-भाजपा गठबंधन को कांग्रेस-एनसीपी गठबंधन के मुक़ाबले बढ़त हासिल थी, कम से कम काग़ज़ पर तो थी ही। लेकिन उनका यह भी कहना था कि सब कुछ इस बात के ऊपर निर्भर करता था कि हर दल अपने पत्ते किस तरह फेंकता है, क्योंकि एक नया खेल बिगाड़ने वाला आ चुका था।

लालवानी का कहना था कि यह कांग्रेस के लिए आशा की किरण थी, क्योंकि उपनगर की अधिकतर सीटों पर उत्तर भारतीयों की आबादी अच्छी-ख़ासी थी, कम से कम हर सीट पर एक तिहाई, जिसके कारण शिव सेना-भाजपा के लिए वहाँ जीत पाना मुश्किल था। सबसे बढ़कर, 2009 के लोकसभा चुनावों के परिणाम को देखते हुए इस बात का संकेत मिलता था कि कांग्रेस के पक्ष में जो बात सबसे मज़बूत थी वह यह कि उसके साथ मनसे पार्टी थी।

मनसे ने विधानसभा में 13 सीटें जीतीं, जिनमें से छह मुंबई से थीं। अपने गठन के बाद हुए पहले विधानसभा चुनावों में ही यह प्रदर्शन शिवसेना के चुनावी प्रदर्शन से कहीं आगे था—शिवसेना को तो दो अंकों में सीटें 1990 के बाद ही मिलीं। मुंबई में मनसे के उम्मीदवार जैसे बाला नांदगांवकर (शिवदी), शिशिर शिंदे (भांडुप पश्चिम), राम क़दम (घाटकोपर, पश्चिम), प्रवीण दारेकर (मागाथाने), नितिन सरदेसाई (माहिम) तथा मंगेश सांगले (विक्रोली) ने शिवसेना और भाजपा के अपने प्रतिद्वंद्वियों को हराया।

हारने वालों में प्रमोद महाजन की बेटी पूनम महाजन थीं, जिनको राम क़दम ने हराया था। शिवसेना के लिए सबसे शर्मनाक हार थी माहिम की, जिसमें दादर सीट भी शामिल थी, जो शिवसेना की गतिविधियों का केंद्र था, और शिवदी, जिसके अंतर्गत गिरणगाँव क्षेत्र भी आता था, जहाँ से 1970 में शिवसेना का पहला विधायक जीता था।

मनसे के उम्मीदवार वसंत गीते, नितिन भोंसले और उत्तमराव ढिकले ने नासिक की चार में से तीन सीटों पर जीत दर्ज की, केवल बाबनराव घोलाप (देवलाली) ही शिवसेना की इज़्ज़त बचा पाने में कामयाब हुए थे।

2009 में राज्य विधानसभा में राज की सफलता के बाद कहा गया कि उनके चाचा ने उनके लिए गुलदस्ता और बधाई का पत्र भिजवाया था।[123]

मुंबई क्षेत्रीय कांग्रेस समिति के एक वरिष्ठ नेता का कहना था कि जिस तरह मनसे की मौजूदगी के कारण कांग्रेस-एनसीपी गठबंधन मुंबई में छह लोकसभा सीटें जीत पाने में कामयाब रहा था, उसी तरह उसी साल बाद में हुए विधानसभा चुनावों में उसको मुंबई की विधानसभा सीटों को जीतने में मदद मिली थी।[124] जिन सीटों पर मनसे के जीत की संभावना थी उन सीटों पर हम लोगों ने कमज़ोर उम्मीदवार उतारे और बदले में मनसे ने भी वही किया। 'कांग्रेस-एनसीपी तथा मनसे के बीच वोटों के आदान-प्रदान के कारण भाजपा-शिवसेना पीछे रह गई', उन्होंने कहा।[125]

शिशिर शिंदे भांडुप से शिवसेना नेता संजय राउत के छोटे भाई सुनील राउत को हराकर विधायक बने। उनका कहना था कि मुंबई में मनसे की सफलता ने यह बता दिया कि केवल मराठी मतदाताओं की बदौलत चुनाव जीते जा सकते

थे। 'राज की यह उम्मीद पूरी नहीं हो पाई कि वह शिवसेना की आधी सीटों के ऊपर क़ब्ज़ा कर लेंगे। लेकिन उनके साथ मराठी लोगों की भावनाएँ थीं। सबसे बढ़कर, एक विद्रोही को हमेशा सहानुभूति मिलती रही है', उन्होंने आगे कहा।[126]

मनसे ने 143 सीटों पर चुनाव लड़ा और उसको 11.88 प्रतिशत मत मिले जबकि भाजपा को 119 सीटों पर 33.56 प्रतिशत वोट मिले, जबकि शिवसेना को 160 सीटों पर लड़ने के बाद 29.90 वोट मिले।

शिवसेना को 44 सीटें मिलीं और भाजपा को 46। इसकी वजह से शिवसेना, जो विधानसभा में सदस्यों की संख्या के आधार पर चौथे नंबर की पार्टी हो गई थी, उसके पास से नेता प्रतिपक्ष का पद जाता रहा और सबसे बड़ी विपक्षी पार्टी का दर्जा भाजपा को चला गया।

उत्तर महाराष्ट्र के जलगांव ज़िले के मुक्ताइनगर से भाजपा के विधायक एकनाथ खड़से नए नेता प्रतिपक्ष बनाए गए। शिवसेना के सुभाष देसाई को अपनी पार्टी के विधायक दल के नेता के पद से ही संतुष्ट होना पड़ा।

दो साल बाद औरंगाबाद में हुए पार्टी के सम्मेलन में भाजपा नेता स्वर्गीय गोपीनाथ मुंडे ने कहा कि मनसे ने भले 13 सीटें जीती हों लेकिन उसने 53 सीटों पर भगवा गठबंधन का खेल ख़राब किया था। अगर भाजपा-शिवसेना की सम्मिलित सीटों की संख्या 90 में उन 66 सीटों को भी जोड़ दिया जाए तो यह संख्या कांग्रेस-एनसीपी गठबंधन की सीटों से अधिक हुई होती।[127]

'ये नतीजे हम लोगों के लिए बहुत बड़ा झटका थे। बहुत से लोग शिवसेना की राजनीतिक मृत्यु पर लेख लिख रहे थे। हमारा प्रदर्शन 1990 से भी ख़राब रहा', शिवसेना के एक योजनाकार ने बताया।[128]

जहाँ तक राज और मनसे के नेताओं की बात थी तो उन लोगों ने इस बात का खंडन किया कि कांग्रेस और एनसीपी को सत्ता तक पहुँचाने के लिए उन्होंने मराठी वोटों का बँटवारा किया। उन्होंने इस बात की तरफ़ इशारा किया कि भगवा गठबंधन की 1999 और 2004 में भी हार हुई थी जब मनसे कहीं था भी नहीं।

सबसे बढ़कर, 1999 में शिवसेना और भाजपा का गठबंधन सत्ता में आया निर्दलीय विधायकों के समर्थन के कारण। 'क्या महाराष्ट्र के मराठी मानुस को इतनी समझ नहीं है कि किसको मतदान किया जाए?' राज ने *लोकसत्ता* के एक इंटरव्यू में पूछा।[129]

समाजवादी पार्टी को राज्य विधानसभा में चार सीटें मिली। आज़मी को दो सीटों पर जीत हासिल हुई—मुंबई में मनख़ुर्द शिवाजीनगर से तथा भिवंडी पूर्व से। बाद में आज़मी ने भिवंडी की सीट छोड़ दी और अपने बेटे फ़रहान को मैदान में उतारा, जिसको शिवसेना के रूपेश म्हात्रे ने हरा दिया।

आज़मी ख़ुद को केवल मुसलमानों का ही नहीं बल्कि उत्तर भारतीयों का नेता मानते थे। राज अक्सर कहते थे कि आज़मी के जैसे ग़ैर मराठी नेता महाराष्ट्र में अपना राजनीतिक आधार तैयार कर रहे थे।

शिवसेना को जवाब देते नहीं बन रहा था। ऐसे में *सामना* के एक संपादकीय से पता चलता है कि उस समय पार्टी किस तरह से अस्थिर चित्त में थी। उसमें आरोप लगाया गया कि मराठी मानुस ने मनसे को मतदान करके शिवसेना की पीठ में छुरा घोंपा है।[130] काफ़ी हो-हल्ला मचने के बाद बाल ठाकरे ने पार्टी के विधायकों की बैठक में ख़ुद को इस बयान से अलग कर लिया।[131]

शिवसेना फँस गई थी।

8

मनसे का पतन : शिवसेना ने अपनी पकड़ वापस बना ली

विश्व ऐसे नष्ट होता है
विश्व ऐसे नष्ट होता है
विश्व ऐसे नष्ट होता है
धमाके के साथ नहीं, एक ढुलमुल कराह के साथ।

—टी. एस. इलियट, *द हॉलो मेन*

2009 के विधानसभा चुनावों के बाद मनसे के पुराने प्रतिद्वंद्वी अबू असीम आज़मी ने यह घोषणा की कि वह हिंदी में शपथ लेंगे। राजनैतिक माहौल पहले से ही गरम था। ऐसे में आज़मी ने जैसे साँड़ को लाल कपड़ा दिखा दिया हो। आज़मी ने माँग की कि उनको एजेंडा और बाक़ी काग़ज़ात हिंदी में दिए जाएँ।

राज ने तत्काल इसका प्रतिवाद किया। 'प्रत्येक एमएलए को मराठी में शपथ लेनी होगी। अगर वे किसी और भाषा में शपथ लेते हैं तो मेरे विधायक उनको सबक सिखाएँगे', उन्होंने चेतावनी देते हुए कहा।[1]

9 नवम्बर 2009 को नव निर्वाचित विधायकों को शपथ दिलवाई जा रही थी, सदन का पहला दिन था। आज़मी शपथ लेने के लिए आगे बढ़े। जब उन्होंने हिंदी में शपथ लेना शुरू किया तो खड़कवासला, पुणे के मनसे के विधायक रमेश वांजले सदन के शपथ स्थल की तरफ बढ़े। सदन में सब सन्न भाव से देख रहे थे। हट्टे-कट्टे और पहलवान वांजले ने शपथ मंच को खींच दिया। हाथ में तख़्तियाँ लिए मनसे के अन्य विधायक भी सदन के बीच में आ गए। सत्ता पक्ष के विधायक आज़मी को बचाने के लिए दौड़े, जो सभापति गणपतराव देशमुख के बग़ल में खड़े होकर शपथ ग्रहण कर रहे थे।

शिवसेना के विधायकों को शायद यह लगा हो कि मनसे उनसे मराठी मानुस का एजेंडा न छीन ले इसलिए उन लोगों ने भी आज़मी के ख़िलाफ़ नारेबाज़ी शुरू कर दी। कुछ के हाथ में मराठी के समर्थन में लिखी गई तख़्तियाँ थीं।

मंच से उतरकर आज़मी मनसे के विधायकों के साथ बहस में उलझ गए। इसे पहले कि उनको सुरक्षित घेरे में लिया जाता मनसे के विधायक राम क़दम ने उनको थप्पड़ मार दिया। मनसे के चार विधायकों—वांजले (जो इतना सोना पहनते थे कि उनको गोल्ड मैन कहा जाता था), क़दम, शिशिर शिंदे और वसंत गीते को इस मारपीट के लिए सदन से निलम्बित कर दिया गया, जिसकी व्यापक निंदा हुई।[2]

प्रसंगवश, आज़मी मनसे के गुस्से के निशाने पर थे लेकिन मुंबई से कांग्रेस के विधायकों बाबा सिद्दीक़ी, रमेश सिंह ठाकुर और अमीन पटेल ने हिंदी और अंग्रेज़ी में शपथ लिए लेकिन मनसे ने कुछ नहीं कहा। मारपीट के बाद राम क़दम ने मीडिया को अपनी बाइट हिंदी में दी।[3]

सामना में साप्ताहिक स्तम्भ में 15 नवम्बर 2009 को संजय राउत ने आरोप लगाया कि आज़मी और मनसे में साँठगाँठ थी, और उनका कहना था कि यह दुख की बात थी कि हिंदुओं में हिंदी और मराठी भाषा के नाम पर विभाजन हो रहा था।

राउत ने ध्यान दिलाया कि वैसे तो कांग्रेस के तीन विधायकों ने मराठी के अलावा अन्य भाषाओं में शपथ ली लेकिन मनसे के किसी विधायक ने उसके ऊपर आपत्ति नहीं की। 'क्योंकि दोनों दलों में यह तय नहीं हुआ था' राउत ने आरोप लगाया। उन्होंने कहा कि सपा और मनसे के बीच की झड़प मिलीभगत थी।[4]

आज़मी इस बात का खंडन करते रहे कि चुनाव के पहले और बाद में मनसे के साथ उनकी लड़ाई मिलीभगत नहीं थी। 'मैंने जो लाठियाँ बँटवाई थीं वे महात्मा गांधी की लाठियों की प्रतीक थीं। लेकिन यहाँ उनका इस्तेमाल आक्रमणकारियों की पिटाई में किया जा सकता था', उनका दावा था।[5]

आज़मी ने कहा कि उन्होंने हिंदी में इसलिए शपथ ली क्योंकि वह राजभाषा है और देश की बड़ी आबादी उस भाषा को बोलती है। 'यह कोई *नूरा कुश्ती* नहीं थी। अगर कोई इस बात को साबित कर दे कि राज ठाकरे के साथ मेरा व्यावसायिक संबंध है तो मैं उसको अपनी सारी संपत्ति देने को तैयार हूँ', आज़मी ने कहा।

पथ-कर के विरोध में आंदोलन

2009 से 2014 के बीच जिन दो मुद्दों से राज ठाकरे और मनसे ने जनता का ध्यान खींचा उनमें एक तो मुंबई में मुस्लिम समूहों द्वारा की गई हिंसा के ख़िलाफ़ मनसे का मोर्चा था और दूसरा था सड़क पथ-कर के अनुबंध में पारदर्शिता को लेकर उनका आंदोलन। 2012 में *सूचना का अधिकार* क़ानून के कार्यकर्ता संजय शिरोडकर के साथ मिलकर राज ने पथ-कर के अनुबंध में बड़े पैमाने पर भ्रष्टाचार का आरोप लगाया। उन्होंने यह आरोप लगाया कि सड़क की लागत और अपने निवेश पर अनुमानित लाभ वसूल हो जाने के बाद भी ठेकेदार पथ-कर वसूल

करते रहते हैं। मनसे ने इस नीति के विरोध में मुंबई सहित राज्य भर के पथ-कर नाकों पर आक्रमण किए।

निजी सार्वजनिक साझेदारी के आधार पर मध्य प्रदेश में इंदौर को पीतमपुर से जोड़ने वाली 12 किलोमीटर सड़क का निर्माण किया गया, जिसको नवम्बर 1993 में यातायात के लिए खोल दिया गया।[6] इसी समय, महाराष्ट्र में भी निजी साझेदारी के आधार पर सड़क निर्माण का काम शुरू हुआ, और पहली सड़क कोल्हापुर से सांगली के बीच जैसिंघपुर बाईपास बनाई गई जिसके ऊपर पथ-कर वसूल किया जाता था।

धीरे-धीरे साधनों की कमी से जूझ रही राज्य सरकार ने निजी कम्पनियों को सड़क बनाने के लिए जोड़ा और बदले में उनको पथ-कर वसूल करने का अधिकार दिया। मुंबई में आने वाले पाँच प्रवेश स्थानों पर पथ-कर वसूल किया जाता था, जिसकी भी जाँच की गई। महाराष्ट्र राज्य सड़क विकास निगम ने मुंबई-पुणे एक्सप्रेस वे तथा पुराने मुंबई-पुणे हाइवे के रखरखाव के लिए रियायती अनुबंध किया।[7] एनसीपी-कांग्रेस सरकार के एक वरिष्ठ मंत्री का कहना था कि इस तरह के रियायती अनुबंधों और पथ-कर अनुबंधों के अपेक्षित नतीजे नहीं मिले।

'अधिकतर कर की नगद वसूली की जाती थी जिसके कारण जुटाई गई राशि में हेरफेर की जा सकती थी। इस व्यवस्था में जुड़े सभी लोगों की इसमें मिलीभगत होती थी। दो पथ-कर नाके के बीच की न्यूनतम दूरी में हेरफेर की गई थी ताकि कुछ ठेकेदारों को इसका लाभ मिल सके', कांग्रेस के पूर्व मंत्री ने बताया।[8]

2009 से 2014 के बीच पीडबल्यूडी मंत्री रहे छगन भुजबल का दावा था कि इसमें कुछ गड़बड़ नहीं था।[9] पहले जिस कांग्रेस मंत्री को उद्धृत किया गया था उन्होंने यह माना कि ये समझौते ठेकेदारों के लाभ के लिए किए जाते थे और कुछ में तो वापस ख़रीद का प्रावधान भी नहीं होता था।[10]

अपनी किताब *टोल एक झोल आणि* (पथ-कर एक घोटाला) में संजय शिरोडकर ने यह बताया है कि किस तरह सड़क पर यात्रा करने वालों को कर चुकाने के लिए मजबूर किया जाता है जबकि हर यात्री तेरह तरह के कर चुकाता है, जैसे मोटर वाहन कर, पेट्रोल और डीज़ल पर कर तथा यात्री सामान कर।[11] शिरोडकर ने यह दावा किया कि यातायात सर्वेक्षण में गाड़ियों की संख्या ग़लत बताई जाती थी और परियोजना के ख़र्च को बढ़ा-चढ़ा कर बताया जाता था। उनका आरोप था कि नाका चलाने वाले इस नाम पर पैसे अपनी जेब में डाल लेते थे कि उनको वीआईपी गाड़ियों सहित अनेक तरह की गाड़ियों से कर नहीं वसूलने का आदेश होता था।[12]

2017 में सीएजी के ऑडिट में यह बताया गया कि महाराष्ट्र राज्य सड़क विकास निगम द्वारा ठेकेदारों द्वारा दिए गए यातायात संबंधी आँकड़ों का परीक्षण

नहीं किया गया था और इसने मुंबई-बेंगलुरु राष्ट्रीय राजमार्ग के लिए 54.59 करोड़ रुपए अपने हिस्से के रूप में वसूले।[13]

जून 2012 में राज ने मनसे के कार्यकर्ताओं को यह आदेश दिया कि वे 15 दिनों तक सभी 40 प्रमुख नाकों का दिन-रात सर्वेक्षण करके यह देखें कि कितनी गाड़ियों द्वारा कर चुकाया जाता है और ठेकेदारों द्वारा गाड़ियों को लेकर किए गए दावों में कोई अंतर तो नहीं होता है। मनसे नेताओं का यह दावा था कि कर वसूली का अधिकार देने के पहले यातायात का सर्वेक्षण जिस तरह से किया जाता था उसको ठेकदारों के पक्ष में कर दिया जाता था ताकि उनको इसका लाभ हो सके।

मनसे पदाधिकारियों का कहना था कि इस आंदोलन से मध्यवर्ग के साथ एक तार जुड़ गया, गाड़ी से आने-जाने वाले, जिनमें बहुत से ग़ैर मराठी भी होते थे वे रुक कर उन दस हज़ार कार्यकर्ताओं का हौसला बढ़ाते थे जो बारी-बारी से गाड़ियों की संख्या दर्ज करने के काम में लगे हुए थे।[14]

नवम्बर 2008 में राज्य सरकार ने मुंबई प्रवेश के लिए पाँच पथ-कर नाकों (वाशी, मुलुंड, ऐरोली, दहिसर और एलबीएस मार्ग) का परीक्षण किया और उसको 19 नवम्बर 2026 तक के लिए एमईपी इन्फ्रास्ट्रक्चर डेवलपर्स लिमिटेड 2100 करोड़ रुपए में दे दिया गया।[15] परिवहन क्षेत्र के विशेषज्ञों का ऐसा आरोप था कि इसमें गाड़ियों की संख्या कम बताई गई थी और अनुबंध लम्बे समय तक के लिए दिया गया था जिससे राजस्व को 10 हज़ार करोड़ रुपए का घाटा हुआ था।[16]

जुलाई 2012 में जब सर्वेक्षण का काम पूरा हो गया तो राज ने एक सनसनीखेज़ दावा किया कि मुंबई में प्रवेश के पाँच नाकों पर रोज़ 1.37 करोड़ रुपए की चुंगी वसूली जाती थी, जिसको अगर सवा करोड़ भी मान लिया जाए तो इसका मतलब यह हुआ कि सालाना 456.25 करोड़ रुपए जमा होते थे। उनका यह कहना था कि तब तक संचालकों ने 3934.64 करोड़ जमा कर लिए थे, जिससे छूट की इस अवधि के पूरा होने तक कुल वसूली होगी 14,524.79 करोड़ (गाड़ियों की संख्या में होने वाली अनुमानित वार्षिक वृद्धि को देखते हुए)।[17]

राज का यह दावा था कि सर्वेक्षण से यह पता चला कि मुंबई-पुणे एवसप्रेसवे पर रोज़ाना 1.75 करोड़ रुपए की चुंगी वसूली जाती थी जो सालाना 638.75 करोड़ रुपए हुए और पुराने हाइवे पर रोज़ाना 45 लाख रुपए चुंगी वसूली जाती थी जो 164.25 करोड़ रुपए सालाना हुआ। दोनों को साथ जोड़ने से सालाना 803 करोड़ रुपए हो गए।[18]

अगस्त 2004 में एमएसआरडीसी और एमआईपीएल ने मुंबई-पुणे एक्सप्रेसवे और राष्ट्रीय राजमार्ग 4 को विकसित और संचालित करने के लिए 15 साल का अनुबंध किया। इस परियोजना की लागत थी 1301 करोड़।[19] राज ने कहा कि साल में गाड़ियों की संख्या में 5 प्रतिशत की बढ़ोतरी को देखते हुए नाका का प्रबंध करने

वाले 5915 करोड़ रुपए कमा चुके हैं जबकि उन्होंने केवल 1301 करोड़ रुपए ख़र्च किए थे।[20] उन्होंने और मनसे के नेताओं ने आगे यह आरोप भी लगाया कि सड़क का उपयोग करने वालों से कर तो वसूला जाता है लेकिन उनको सर्विस रोड, शौचालय, ब्रेकडाउन वैन और एम्बुलेंस जैसी सुविधाएँ नहीं दी जाती हैं।

राज ने लोगों से कहा कि जब तक राज्य सरकार अनुबंध देने में पारदर्शिता को पक्का नहीं कर देती है तब तक वे कर न चुकाएँ। बाद में वे मुख्यमंत्री पृथ्वीराज चव्हाण से मिले और उनसे इस व्यवस्था कि कमियों और आगे के रास्तों के बारे में चर्चा की।[21]

वैसे तो राज ने इस बात की घोषणा भी की कि मनसे के कार्यकर्ता नाकाओं के ऊपर निगरानी रखें कि लोगों को कर चुकाने के लिए मजबूर न किया जाए लेकिन यह आंदोलन बिखर गया।

मुंबई से मनसे के एक पूर्व विधायक ने कहा कि वह अपने क़रीब 3 हज़ार समर्थकों के साथ नाके पर पहुँचे थे लेकिन उस इलाक़े के अतिरिक्त पुलिस कमिश्नर ने कहा कि इसको ख़त्म करना है क्योंकि उसकी बात राज साहेब से हो गई थी। उस पुलिस अधिकारी ने फिर राज को फ़ोन किया और उन्होंने विधायक से कहा कि आराम से आंदोलन करना है। 'बिना अधिक कहे ही वापस लौटने का संदेश दिया जा चुका था', उनका कहना था।[22]

एक इंटरव्यू में राज ने यह बताया कि जब कोई आंदोलन उस हद तक पहुँच जाता है जहाँ से आगे हालात और बिगड़ सकते थे। उनका यह कहना था कि यह ज़रूरी था कि इस बात का ध्यान रखा जाए कि उनके कार्यकर्ता अहंकारी न हो जाएँ।[23]

फ़रवरी 2014 में राज ने अचानक नाका विरोधी आंदोलन की फिर से शुरुआत कर दी। पार्टी के विधायकों बाला नांदगांवकर और नितिन सरदेसाई के साथ मुंबई के चेम्बूर में गिरफ़्तारी भी दी। लेकिन तब तक इस आंदोलन की विश्वसनीयता ख़त्म हो चुकी थी।[24]

'हम लोगों ने नाकों पर कर वसूलने में होने वाले घोटाले का मुद्दा उठाया जो पहले किसी और राजनीतिक दल ने नहीं उठाया था, लेकिन इस आंदोलन को हम किसी नतीजे तक नहीं ले जा पाए' वसंत गीते ने स्वीकार किया, जो उस समय नासिक से मनसे के विधायक थे और पार्टी के महासचिव थे। आगे चलकर गीते ने राज ठाकरे से मतभेद के बाद मनसे से इस्तीफ़ा दे दिया। उन्होंने बताया कि इसके कारण संदेश यह गया कि पार्टी ने समझौता कर लिया, जिसके कारण चुनावों में पार्टी को भारी नुक़सान उठाना पड़ा।[25]

जून 2012 में सबसे बड़ा हमला उद्धव ने बोला। यह राज द्वारा अभियान शुरू करने से ठीक पहले बोला गया था। उद्धव ने अपने भाई के ऊपर यह आरोप

लगाया कि उन्होंने आंदोलन की शुरुआत इसलिए की थी ताकि नाका संचालकों से धन उगाही की जा सके।[26] हालाँकि मनसे के विरोधी भी यह मानते हैं कि इस मुद्दे को उठाने के कारण पार्टी ने कुछ हासिल ही किया—इसके कारण यह मुद्दा मुख्यधारा की राजनीति में आ गया।

2014 में भाजपा के वरिष्ठ नेता गोपीनाथ मुंडे ने यह कहा कि अगर वे सत्ता में आए तो महाराष्ट्र को नाका-कर से मुक्त कर देंगे, और इस वादे को भाजपा नेताओं ने बार-बार दोहराया। दूसरे नेता, जैसे केंद्रीय परिवहन मंत्री नितिन गडकरी, जिनको भाजपा में मुंडे का विरोधी माना जाता था, ने यह दावा किया कि आर्थिक रूप से ऐसा कर पाना मुश्किल होगा। जब गडकरी महाराष्ट्र में पीडबल्यूडी मंत्री थे तब सड़कों का बड़े पैमाने पर विस्तार हुआ था। लेकिन उन्होंने यह माना कि व्यवस्था में कुछ गड़बड़ियाँ थीं।[27]

महाराष्ट्र में 2014 में सत्ता में आने के बाद देवेंद्र फडणवीस के नेतृत्व में भाजपा सरकार ने 12 कर नाकाओं को बंद कर दिया और 53 स्थानों पर प्राइवेट कारों जैसे हल्के वाहनों को पथ-कर देने से मुक्त कर दिया जिससे राजनीतिक रूप से जाग्रत मध्यवर्ग को बहुत ख़ुशी हुई। यह सब तब हुआ जब महाराष्ट्र के ऊपर 3.33 लाख का क़र्ज़ था और उसको ब्याज के रूप में 27,663 करोड़ रुपए देने पड़ते थे। इस क़दम से 2014 में ही 799 करोड़ रुपए का नुक़सान हुआ।[28] सामाजिक कार्यकर्ता तथा किसान नेता ने इसके दोहरेपन की तरफ़ ध्यान दिलाया—राज्य द्वारा अपने सीमित संसाधनों में से उच्च मध्यवर्ग तथा मध्यवर्ग को अनुदान रियायतें दी जा रही हैं लेकिन क़र्ज़ में डूबे किसानों और सामाजिक क्षेत्र में नगदी की कमी से निपटने के लिए कुछ नहीं किया जा रहा है।[29]

उस समय मनसे के विधायक रहे शिशिर शिंदे का कहना था कि पथ-कर आंदोलन अगर अंतिम मुक़ाम तक नहीं पहुँचा तो इसके लिए पार्टी को दोष नहीं दिया जा सकता है। 'चाहे राजनेता हों, अफ़सर हों और ठेकेदार इसमें सभी लोगों की पूँजी दाँव पर लगी हुई है। इस गठजोड़ को तोड़ पाना आसान नहीं है', उन्होंने कहा।[30] 'हर आंदोलन में एक समय आता है जब आप एक मुक़ाम तक पहुँच जाते हैं। आप कब तक आंदोलन करते रह सकते हैं और लोगों को उलझाए रख सकते हैं? जब कार्यकर्ताओं में थकान आ जाती है तो लोग बड़ी आसानी से यह दावा कर सकते हैं कि मिलीभगत हो गई है', एक बड़े पत्रकार का कहना था जिन्होंने मनसे को बहुत नज़दीक से देखा था।'[31]

राज का कहना यह था कि उन्होंने जो अच्छे काम किए थे उनके बारे में पार्टी जनता तक अपनी बात ठीक तरह से पहुँचा नहीं पाई। 'हम लोगों को यह नहीं समझा पाए कि सरकार द्वारा 65 नाकों को बंद करने संबंधी जो फ़ैसला लिया गया है वह हमारे आंदोलन का नतीजा था', उन्होंने अफ़सोस जताते हुए कहा।[32]

इस बीच, 2012 में शिवसेना को बीएमसी चुनावों में कठिन परीक्षा से गुज़रना पड़ा। राज्य विधानसभा में लगातार तीन बार हार और राज के उभार के बाद पार्टी को बड़ी शिद्दत से इसकी ज़रूरत थी कि वह सम्पन्न बीएमसी पर क़ब्ज़ा जमाये ताकि उसका राजनीतिक अस्तित्व क़ायम रहे।

1985 में जब मुख्यमंत्री वसंतदादा पाटिल ने बीएमसी जीतने का रास्ता दिखाकर शिवसेना की राजनीतिक शुरुआत की थी, राज्य में उनके एक उत्तराधिकारी ने शिवसेना की इसमें मदद की कि वह नगर निकाय के ऊपर अपना क़ब्ज़ा बनाए रखे, जिसको बाद में पार्टी नेताओं द्वारा ग़लत फ़ैसला क़रार दिया गया।

मीडिया से बात करते हुए मुख्यमंत्री पृथ्वीराज चव्हाण ने यह दावा किया कि बीएमसी में हार के बाद शिवसेना अप्रासंगिक हो जाएगी।[33] इसके बाद ज़मीनी स्तर पर शिवसेना ने लोगों को संगठित करना शुरू किया।

227 सदस्यों वाले निगम में शिवसेना और भाजपा के गठबंधन ने क्रमशः 75 और 31 सीटें जीत लीं। बाल ठाकरे के आग्रह पर दलित नेता रामदास आठवाले ने रिपब्लिकन पार्टी ऑफ़ इंडिया के अपने गुट का सहयोग भी भगवा गठबंधन को दिया।

कांग्रेस को महज़ 52 सीटें मिलीं, एनसीपी को 13 सीटें मिलीं। लेकिन असली रंग जमाया मनसे ने, जिसको 28 सीटें मिलीं। उसने शिवसेना के गढ़ दादर और माहिम में सभी छह सीटों पर क़ब्ज़ा जमा लिया, जिसमें शिवसेना के वरिष्ठ नेता और पूर्व मेयर मिलिंद वैद्य को भी हार का मुँह देखना पड़ा।

मुंबई और ठाणे नगर निकाय चुनावों में शिवसेना का हौसला बढ़ा जिसकी उसको बहुत ज़रूरत थी।

मेल-मिलाप के लिए दो होने चाहिएँ

जब से दोनों भाई अलग हुए थे तब से इस तरह के अनुमान लगाए जा रहे थे कि दोनों भाई एक होंगे या नहीं होंगे।

17 जुलाई 2012 को उद्धव को छाती में दर्द की शिकायत हुई और उनकी एंजियोग्राफ़ी के लिए मुंबई में लीलावती अस्पताल में भर्ती करवाया गया। जब राज को इस बारे में बाल ठाकरे ने ख़ुद बताया तो राज, जो उस समय रायगढ़ ज़िले में अलीबाग़ में पार्टी की तीन दिन की कार्यशाला में जा रहे थे, भागकर मुंबई आए। वह थोड़ी देर अपने भाई से मिले और शाम को वापस अस्पताल आए तो उन्हें गाड़ी में अपने साथ लेकर मातोश्री गए।[34] 2008 के बाद राज पहली बार मातोश्री गए थे, तब वे चाचा से मिले और कुछ किताबें लौटाई थी, जिनमें डेविड लो की कार्टून की किताब भी थी।

राज गाड़ी में भाई को लेकर ठाकरे परिवार के घर जा रहे हैं, यह छवि टेलिविज़न के परदों पर छाई हुई थी। एक बार फिर इस तरह के अनुमान लगाए

जाने लगे कि क्या वे अपने मतभेदों को भुलाकर एक हो जाएँगे? जब उद्धव की धमनियों से तीन ब्लॉकेज निकालने के लिए उनकी एंजियोप्लास्टी हो रही थी तब राज वहाँ मौजूद थे।

एक वरिष्ठ शिवसेना नेता ने मुझे उस समय यह बताया था कि दोनों भाइयों और उनके परिवारों में कड़वाहट इतनी अधिक है कि उसको अब पाटा नहीं जा सकता है। बाद में महाराष्ट्र में कैबिनेट मंत्री बनने वाले एक भाजपा नेता ने समझाते हुए कहा कि 'जब मतभेद राजनीतिक होते हैं तो समझौते हो सकते हैं। यहाँ तो बहुत अधिक निजी विवाद हैं।'[35]

अप्रैल 2014 में *हिंदुस्तान टाइम्स* को दिए एक इंटरव्यू में राज ने उद्धव के बारे में कहा था कि वे राजनीति में 'मिसफ़िट' हैं और उनमें नेता होने की क्षमता नहीं है।[36]

इस तरह की अफ़वाहें कि दोनों भाई एक हो सकते हैं उस समय अपने शिखर पर पहुँच गईं जब बाल ठाकरे की मृत्यु हुई। तब उद्धव ने *सामना* में एक इंटरव्यू में कहा था कि एक हाथ से ताली नहीं बजाई जा सकती है[37], जिसमें यह संकेत था कि वह और राज एक साथ हाथ मिलाने के लिए तैयार थे। लेकिन मनसे और शिवसेना दोनों दलों के नेताओं ने कहा कि 2005 से बहुत पानी भर चुका है। उदाहरण के लिए, दोनों दलों का अपना समांतर संगठन था, दोनों को मिलाना बहुत मुश्किल भरा काम था।

उस समय मराठी न्यूज़ चैनल *आईबीएन लोकमत* के संपादक निखिल वागले भी इस बात से सहमत थे। 2012 के पहले बीएमसी चुनाव से पहले वागले ने बाल ठाकरे का इंटरव्यू लिया जिसमें उन्होंने राज ठाकरे के लिए अपने प्यार के बारे में बोला था। इस सवाल का जवाब भी दिया था कि क्या राज और उद्धव कभी मतभेद भुला सकते थे? 'मेरी भावना का कोई मतलब नहीं रह गया है, इसलिए उनको ऐसे लगना चाहिए', उनका यह कहना था, जब उनसे पूछा गया कि क्या दोनों को अपने मतभेद भुला देने चाहिए और एक हो जाना चाहिए?[38]

'उद्धव मेरे पीछे बैठे हुए थे और जब राज के बारे में सवाल आया तो वह मेरे प्रोड्यूसर को इशारा करने लगे कि इस तरह एक सवाल नहीं पूछे जाएँ। मातोश्री से निकलने के कुछेक मिनट बाद ही मेरे पास उद्धव का फ़ोन आया और उन्होंने कहा कि फ़ुटेज नहीं दिखाया जाए क्योंकि इससे चुनाव परिणामों के ऊपर असर पड़ सकता था। बाद में बालासाहेब ने भी फ़ोन किया। ख़ैर, हम लोगों ने यह तय किया कि मतदान हो जाने के बाद हम राज के बारे में उस फ़ुटेज को दिखाएँ अन्यथा इस बात की संभावना थी कि वे पूरा इंटरव्यू हटाने के लिए कहते जो उनका विशेषाधिकार था', वागले ने बताया।[39]

हालाँकि बाल ठाकरे ने वह तरीक़ा अपनाया कि जनता के दबाव में दोनों भाई अपने मतभेदों को भुला दें।

2006 में जब राज ठाकरे ने अपनी पार्टी की शुरुआत करते हुए शिवाजी पार्क में भाषण दिया था तो उसमें हज़ारों सुनने वालों में एक सतीश वळंजु भी थे। वे

एक सफल व्यवसायी हैं, पेस्ट कंट्रोल से लेकर लॉन्ड्री तक उनके कई तरह के उद्योग हैं, उनकी नमकीन बनानेवाली फ़ैक्ट्री भी है। वळंजु मध्य मुंबई में वर्ली में पले-बढ़े और वे पुराने शिव सैनिक थे।

'जब राज शिवसेना से अलग हुए तो मैं उन लोगों में था जो यह तय नहीं कर पा रहे थे कि किस तरफ़ रहा जाए। मेरे दिमाग़ में तरह-तरह के सवाल चल रहे थे। उदाहरण के लिए, क्या राज के साथ अन्याय हुआ है क्योंकि वह राजनीति में उद्धव के पहले से थे? लोगों को ऐसा लग रहा था कि शिवसेना ने हिंदुत्व को अपनाकर मराठी मानुस के हितों को पीछे छोड़ दिया था', वळंजु ने माहिम के अपने फ़्लैट में मुझसे बातचीत करते हुए कहा।[40]

'मैं मनसे की पहली रैली में गया था लेकिन जल्दी ही मेरा मन उचट गया। यहाँ तक कि पार्टी के झंडे में भगवा, नीला और हरा रंग था जो इस बात का संकेत था कि यह सेना के मराठीवाद से दूर निकल रहा था। मुझे ऐसा महसूस हुआ कि शिवसेना बेहतर थी। इसके अलावा मुझे बालासाहेब के प्रति बहुत आकर्षण था', उन्होंने बताया।

वळंजु अपने पार्टी प्रमुख को अच्छी तरह जानते थे। मातोश्री में वे पेस्ट कंट्रोल भी करते थे। वळंजु जब बाल ठाकरे के बारे में बात करते थे तब उनके चेहरे पर बालासाहेब के लिए आदर और सम्मान दिखाई देता था। 'साहब को बाग़बानी का शौक़ था। कई बार वे मुझे कहते थे छत पर अच्छी तरह से पेस्ट कंट्रोल का काम करने के लिए क्योंकि चूहे पौधों के पत्ते खा जाते थे।'[41]

मनसे ने जब लोकसभा और विधानसभा में अच्छा प्रदर्शन करना शुरू किया तो दोनों दलों के मतदाताओं को लगने लगा कि दोनों को एक हो जाना चाहिए। ऐसा लग रहा था कि उनके बीच के मतभेदों का लाभ कांग्रेस-एनसीपी को मिल रहा था। वळंजु उन लोगों में थे जो यह चाहते थे कि 2012 के बीएमसी चुनावों के पहले यह जनता के दबाव के कारण संभव हो जाए।

अपने छह दोस्तों के साथ वळंजु ने 16 मई 2010 को 'माझी चलवल' (मेरे आंदोलन) की शुरुआत की। वह अक्षय तृतीया का दिन था, जो मराठियों के लिए शुभ दिन होता था। यह जन आंदोलन दोनों भाइयों को एक करने को लेकर था। वैसे तो वळंजु ने इस बात का खंडन किया इस तरह के आंदोलन के पीछे बाल ठाकरे की किसी तरह की कोई भूमिका थी लेकिन उनका यह कहना था कि बाद में शिवसेना प्रमुख ने इसके लिए हामी भर दी थी।

'मेरे इस आंदोलन के बारे में बात फैल गई और 14 मई को मुझे एक मराठी न्यूज़ चैनल पर चर्चा के लिए बुलाया गया। मैंने बालासाहेब को फ़ोन किया और कहा कि अगर संभव हो तो वे इसको देखें। तब तक उनको दूसरे लोगों से मेरी इस योजना के बारे में पता चल चुका था' वळंजु ने बताया।

'बालासाहेब ने कार्यक्रम देखा था और अगले दिन उन्होंने अपने सहायक रवि म्हात्रे के फ़ोन से बात की। यह बोलते हुए वळंजु का गला भर आया था', 'बालासाहेब ने कहा—माँ जगदम्बा तुमको आशीष दें। तुम्हारे साथ मेरा आशीर्वाद हमेशा रहेगा। यह तुम राज या उद्धव के लिए नहीं बल्कि पूरे महाराष्ट्र के लिए कर रहे हो।'

माझी चलवल ने मुंबई, पुणे, नासिक और ठाणे में कई सभाएँ कीं और आम लोगों की तरफ़ से राज और उद्धव के एक होने के लिए दबाव बनाने की कोशिश की। वळंजु ऑस्ट्रेलिया जाने वाले थे कि म्हात्रे का फ़ोन आया कि फ़ोन को बंद मत करना, शायद बाल ठाकरे बात करें।

'20 जून को दामोदर हॉल, मुंबई में मैंने एक जनसभा में मनोहर जोशी और संजय राउत के ऊपर हमला बोला। साहेब ने मुझे बंगले पर बुलाकर झाड़ लगाई। उन्होंने पूछा कि मैं रिश्ते तोड़ना चाहता था या बनाना? मैंने वादा किया कि मैं ऐसी कोई बात नहीं कहूँगा जिससे राज और उद्धव के एक होने में बाधा हो जाए। साहेब इस कोशिश से बहुत ख़ुश थे। वे चाहते थे कि यह हो जाए।'

इस समूह ने एक तस्वीर को ख़ूब लोकप्रिय बनाया जिसमें बीच में बाल ठाकरे थे और दोनों तरफ खड़े राज और उद्धव के कंधे पर उनका हाथ था। नीचे लिखा था : 'मैं एक बार फिर इस तस्वीर को देखना चाहता हूँ।'[42] हालाँकि प्रकट तौर पर शिवसेना के नेता यही कहते रहे कि इस अभियान से पार्टी का कोई लेना-देना नहीं था।

5 सितम्बर 2010 को माझी चलवल ने एक मौन मार्च का आयोजन किया जिसमें 10 हज़ार लोग शामिल हुए थे। यह शुरू हुआ था शिवाजी पार्क में मीनाताई की मूर्ति के सामने से, फिर राज के घर के सामने से होता हुआ यह मार्च मातोश्री पहुँचा।

'राज हम लोगों से नहीं मिले और हम लोगों से उन्होंने गुलदस्ता तथा निवेदन-पत्र लेने से इनकार कर दिया, जिसमें यह लिखा हुआ था कि जनता की भावनाओं को देखते हुए दोनों भाइयों को एक हो जाना चाहिए। हालाँकि हम लोगों को बताया यह गया कि वे पुणे में हैं, लेकिन बाद में पता चला कि वे वहीं थे। मातोश्री में उद्धव हम लोगों से मिले, उन्होंने हमारा निवेदन-पत्र तो स्वीकार नहीं किया लेकिन फूल ले लिए', वळंजु ने बताया।

23 जनवरी 2011 को बाल ठाकरे के जन्मदिन के दिन माझी चलवल को ख़त्म कर दिया गया। '9 मई 2010 को हमारे पहले प्रेस कॉन्फ्रेंस के बाद से ही हम लोगों ने यह तय कर लिया था कि कुछ समय तक इस अभियान को चलाना है। हम लोग साहेब को जन्मदिन का तोहफ़ा देना चाहते थे', वळंजु ने कहा। उन्होंने दुखी होते हुए कहा कि अगर ठाकरे बंधु एक हो गए होते तो रास्ते में आने वाले सभी दल उड़ गए होते।[43]

वळंजु का कहना था कि उनकी सफलता यह थी इन बातों को वे जनता की बहस के बीच लेकर आए। 'हमारे मौन मार्च में 10 हज़ार लोग थे। अगर

एक लाख लोग रहे होते तो शायद हमारा मक़सद पूरा हो गया होता', उन्होंने भर्राई हुई आवाज़ में कहा।[44]

मनसे को शासन का मौक़ा

राज अक्सर कहा करते थे कि 'मेरे हाथ में महाराष्ट्र की सत्ता दे दीजिए और देखिए मैं किस तरह सब कुछ ठीक कर देता हूँ।'

2012 में राज को नासिक में अपने सच को साकार करने का मौक़ा मिल गया। यह वह शहर था जहाँ उनकी मौजूदगी शिवसेना के ज़माने से ही थी। इस तीर्थनगरी में बाहरी लोगों के ख़िलाफ़ आंदोलन चलाने के कारण मनसे ने यहाँ अपना आधार तैयार किया और इसके तेरह में से तीन विधायक यहीं से जीते थे। नासिक नगर निगम का चुनाव फ़रवरी में हुआ और मनसे ने 122 में 40 सीटें जीतीं और सदन में सबसे बड़े दल के रूप में उभर कर आई। एनसीपी की तरफ़ से छगन भुजबल ने मोर्चा सँभाला था, उनकी पार्टी 20 सीटों के साथ दूसरे नम्बर पर थी, शिवसेना को 19, कांग्रेस को 15 और भाजपा को 14 सीटें मिलीं।

भाजपा के राज्य अध्यक्ष सुधीर मुनगंटीवार ने कभी मनसे को शरद पवार का टेस्ट ट्यूब बेबी कहा था, लेकिन उसने मनसे को समर्थन का ऐलान कर सबको हैरान कर दिया। यतिन वाघ मनसे के पहले मेयर बने जबकि उप मेयर भाजपा के सतीश कुलकर्णी बने।

इस समय महाराष्ट्र में मंत्री रहे भाजपा के एक वरिष्ठ नेता ने यह कहा कि हम लोगों ने मनसे को समर्थन इसलिए दिया ताकि उसके बड़े-बड़े दावों की हवा निकाली जा सके। 'यह विचार स्वर्गीय गोपीनाथ मुंडे का था। उन्होंने कहा कि बड़े-बड़े दावे करना तो आसान है लेकिन जब उनको लागू करने की बात आती है तो सब कुछ इतना आसान नहीं रह जाता है। नासिक के नगर निगम में उसके शासन के साथ ही मनसे के अंत की शुरुआत हो गई', उन्होंने दावा किया।[45]

2014 में लोकसभा और विधानसभा चुनावों के प्रचार में राज जवाहरलाल नेहरू जैव उद्यान की बात करते थे। अहिल्याबाई होलकर पुल पर बने 100 फ़ीट लम्बे वाटर कर्टेन, 510 किलोमीटर तक अंदरूनी सड़कें, कचरा से बिजली बनाने की एक इकाई, और गोदावरी में फेंके जाने से पहले कचरा प्रसंस्कृत करने वाली इकाइयों आदि को वे नासिक में अपनी उपलब्धियों में गिनाते थे।

लेकिन मनसे नेता ने यह माना कि लोगों की उनसे जो बड़ी उम्मीदें थीं उनमें से वे किसी को पूरा नहीं कर पाए। सबसे बढ़कर, राजनीतिक आकाओं के बदलने के बावजूद नगर निगम का काम ज़मीनी स्तर पर बदल नहीं पाया।

2014 में मनसे के नेतृत्व ने भाजपा को धोखा दे दिया और एनसीपी तथा कांग्रेस के साथ हाथ मिलाकर अशोक मुर्तडक को मेयर बनवा लिया। वसंत गीते राज की तरफ़ से नासिक का कामकाज देख रहे थे और ख़ुद भी मेयर रह चुके थे। उनका कहना था कि भाजपा को छोड़ने का कारण यह था कि भाजपा यह चाहती थी कि उसके पार्षद को स्थायी समिति का अध्यक्ष बनाया जाए जो नागरिक निविदाओं को आवंटित करने का काम करता था।[46]

मनसे लगातार छगन भुजबल के ऊपर आक्रमण करता रहता था, जो पास में ही येवला से विधायक थे।

'मनसे और एनसीपी के हाथ मिलाने से कुछ दिन पहले राज साहेब ने एक आमसभा में छगन भुजबल के ऊपर हल्ला बोला था। लोग यह बात नहीं भूले थे। हमारी विश्वसनीयता कम होती गई', गीते ने कहा। 2014 के चुनाव के बाद गीते मनसे छोड़कर भाजपा में शामिल हो गए।[47]

2017 में नासिक नगर निगम के चुनाव में मनसे के सदस्यों की संख्या केवल पाँच रह गई जबकि भाजपा ने 122 में से 66 सीटें जीतीं। शिवसेना को 35 सीटें मिलीं और कांग्रेस तथा एनसीपी दोनों को छह-छह सीटें।

शिवसेना की अग्निपरीक्षा

शिवसेना के नेताओं का ऐसा मानना है कि 2009 से 2014 के बीच के साल पार्टी के लिए मुश्किल थे, उसको अग्निपरीक्षा से गुज़रना पड़ा क्योंकि उसको एक के बाद एक झटके लग रहे थे।

जून 2010 में विधान परिषद के लिए चुनाव हुआ जिसमें ख़ूब ख़रीद-फ़रोख़्त हुई। शिवसेना के उम्मीदवार अनिल परब को कांग्रेस समर्थित निर्दलीय उम्मीदवार विजय सावंत ने हरा दिया, जबकि मनसे ने अपने मतों का विभाजन कांग्रेस और एनसीपी के उम्मीदवारों में किया।[48] इससे यह बात साफ़ हुई कि शिवसेना के सदस्य पाला बदल सकते थे। यह उन दिनों से बहुत अलग बात थी जब ठाणे में इसी अपराध के लिए इसके एक पार्षद की हत्या हो गई थी, महाराष्ट्र के एक पूर्व मंत्री ने बताया।[49] मृदुभाषी परब उद्धव के क़रीब थे और पार्टी के प्रमुख योजनाकारों में एक थे, जो बाद में विधान परिषद के लिए निर्वाचित हुए और अब उद्धव ठाकरे सरकार में मंत्री हैं।

राज और राणे को खोने के बाद और महाराष्ट्र में सत्ता में वापस ना आ पाने के बाद शिवसेना इस कोशिश में थी कि महाराष्ट्र की सड़कों पर उसका महत्त्व फिर दिखाई दे। 2010 में शाहरुख़ ख़ान, जो आईपीएल में कोलकाता नाइटराइडर्स की टीम के मालिक थे, ने टीम में पाकिस्तानी खिलाड़ियों को

शामिल किए जाने के पक्ष में बोला। ग़ुस्साए शिव सैनिकों ने धमकी दी कि वे ख़ान की फ़िल्म *माई नेम इज़ ख़ान* के प्रदर्शन में बाधा बनेंगे, लेकिन शाहरुख़ अपने रुख़ पर क़ायम रहे।[50]

राज ने आगे बढ़ते हुए शिवसेना के ऊपर सवाल उठाया कि शिवसेना तब क्यों चुप रही जब अमिताभ बच्चन ने एक मीडिया हाउस द्वारा आयोजित कविता पाठ के एक कार्यक्रम में पाकिस्तान के लोगों के साथ मंच साझा किया था, और कहा कि अगर शाहरुख़ को माफ़ी माँगनी पड़ेगी तो बच्चन को भी माँगनी चाहिए।[51]

जब शिव सैनिकों ने प्रदर्शन शुरू किए और ख़ान की फ़िल्म के पोस्टर फाड़ने लगे, तो महिलाओं समेत बहुत से लोगों की पुलिस ने पिटाई की। मुख्यमंत्री अशोक चव्हाण ने कहा कि वे उद्धव ठाकरे की सुरक्षा को हटा लेंगे और क़रीब 2 हज़ार शिव सैनिकों को एहतियात के ख़याल से बंद कर दिया गया। प्रतीक स्वरूप मुख्यमंत्री चव्हाण और गृह मंत्री आर.आर. पाटिल फ़िल्म देखने गए।[52]

राज्य सत्ता की ताक़त के सामने झुकते हुए शिवसेना ने मजबूर होकर अपना आंदोलन वापस ले लिया। यह पार्टी के लिए एक और झटका था।

शिवसेना ने राहुल गांधी के ख़िलाफ़ युद्ध छेड़ दिया जो उस समय कांग्रेस पार्टी के महासचिव थे। कारण यह था कि उन्होंने बिहार में यह कह दिया कि जब मुंबई में 26/11 की घटनाएँ हुई तो बिहार और यूपी के कमांडो मुंबई को बचाने के लिए संघर्ष कर रहे थे। वैसे तो कांग्रेस के नेताओं ने माना कि सेना में महाराष्ट्र के लोगों की मौजूदगी को देखते हुए यह कथन बेवजह था, लेकिन वे यही कहते रहे कि राहुल केवल इस बात पर बल देना चाहते थे कि देश के हर नागरिक को यह अधिकार है कि वह बेहतर अवसरों के लिए विस्थापन करे।

फ़रवरी 2010 में राहुल महाराष्ट्र का दौरा करने वाले थे। विले पार्ले में विद्यार्थियों से बात करने के बाद वे घाटकोपर में रमाबाई आंबेडकर झुग्गी बस्ती में जाने वाले थे, जहाँ शिव सेना-भाजपा के शासन काल में पुलिस की गोलीबारी में दस दलितों की मौत हो गई थी। यह 1997 की घटना है जब बाबासाहेब आंबेडकर की प्रतिमा को अपवित्र कर दिया गया था, जिसके कारण बड़े पैमाने पर ग़ुस्सा फैला और दलित मत एकजुट हो गए थे।[53]

शिवसेना ने यह घोषणा की कि राहुल का स्वागत काले झंडों से किया जाएगा और इसके बाद पुलिस ने कार्रवाई शुरू कर दी। राहुल गांधी भारी सुरक्षा में विले पार्ले गए, एक एटीएम से नगद पैसे निकाले और दूसरे दर्जे के डिब्बे में सवार होकर लोकल ट्रेन से घाटकोपर गए। सड़क पर प्रदर्शन कर रही शिवसेना इंतज़ार ही करती रह गई।[54]

भाजपा ने मनसे के प्रति शिवसेना के विरोधी रुख़ को अच्छी तरह से इस्तेमाल किया। उन्होंने इस तरह की ख़बरें छपवाईं कि सेना ने अगर एक

सीमा से अधिक उद्धतता दिखाई तो वह राज ठाकरे की पार्टी के साथ समझौता कर सकती थी। लेकिन भाजपा के एक वरिष्ठ नेता ने बताया कि सेना वैसे तो मुश्किल दौर से गुज़र रही थी लेकिन मनसे तो बोझ ही साबित होता और यह बात बाद में साबित हुई। अगर भाजपा ने मनसे से हाथ मिला लिया होता तो राज की विस्थापितों के विरुद्ध जो नीति थी उसके कारण भाजपा को उत्तर भारत में बहुत नुक़सान हुआ होता।[55]

पत्रकार संदीप प्रधान के अनुसार भाजपा के कुछ नेता मनसे का इस्तेमाल शिवसेना की कमज़ोर नस को छेड़ने में करते थे, अपने सहयोगी दल को असहज देखकर उनको बहुत मज़ा आता था।[56]

21 दिसम्बर 2010 को राज नरीमन पॉइंट गए, जहाँ सड़क की दूसरी तरफ़ भाजपा का प्रदेश मुख्यालय था और वहाँ नेताओं के साथ बैठकर एक कप चाय पी। शिवसेना इस बात से ग़ुस्से में आ गई कि उनके सहयोगी दल के नेताओं ने मनसे प्रमुख के साथ दोस्ती का रुख़ दिखाया और उन्होंने यह धमकी दी कि वे एनडीए के रैली में नहीं जाएँगे, जो अगले ही दिन होने वाली थी।[57]

एक दौर का अंत

> 'कम से कम मराठी मानुस को शिवसेना के ख़िलाफ़ खड़ा नहीं होना चाहिए। दादर क्षेत्र में जहाँ शिवसेना का जन्म हुआ था (1966 में), जहाँ शिवसेना भवन गर्व के साथ खड़ा है, उसी दादर में शिवसेना की मिट्टी पलीद हो गई। उन लोगों से जिन्होंने शिवसेना के दो टुकड़े किए। यह क्यों हुआ?...'
>
> —पार्टी की दशहरा रैली में बाल ठाकरे का अंतिम भाषण 2012 में

2012 में इस तरह की ख़बरें आ रही थीं कि बाल ठाकरे की तबीयत बहुत ख़राब हो गई थी। जुलाई में, उद्धव के लीलवती अस्पताल से एंजियोप्लास्टी करवाकर निकलने के बाद उनके पिता को साँस फूलने, जलन और क़ब्ज़ की शिकायत के कारण लीलवती अस्पताल में भर्ती करवाना पड़ा।

इस बात को लेकर क़यास लगाए जा रहे थे कि क्या अक्टूबर में शिवसेना की सालाना दशहरा रैली में बाल ठाकरे शामिल हो पाएँगे। आख़िरकार, सेना प्रमुख एक सार्वजनिक सभा में नहीं जा पाए, जिसमें कार्टून की एक किताब को रिलीज़ किया जाना था, और उन्होंने अपने विश्वस्तों को पहले से रिकॉर्ड किए गए भाषण के माध्यम से संबोधित किया।

ठाकरे देखने में बहुत कमज़ोर लग रहे थे, उन्होंने कहा कि वे आकर कार्यकर्ताओं को संबोधित करना चाहते थे लेकिन ख़राब स्वास्थ्य के कारण आ नहीं पाए।[58]

अपनी पार्टी के वफ़ादार लोगों से भावनात्मक तार जोड़ने वाले उस भाषण में सेना प्रमुख ने कहा कि वे अपने बेटे उद्धव और पोते, युवा सेना प्रमुख आदित्य के साथ खड़े हैं।

राज और मनसे का नाम लिए बिना उन्होंने मराठी मतदाताओं के लिए अफ़सोस जताया कि जिस कारण से महाराष्ट्रियन वोटों का बँटवारा हो गया उसी वजह से उनको मराठी बहुल इलाक़े दादर में हार का सामना करना पड़ा। शिवसेना ने मराठी पहचान को छोड़ा नहीं है, वही हमारा आधार है। शिवसेना प्रमुख ने इस बात का खंडन किया कि हिंदुत्व पर ध्यान देने के कारण शिवसेना मराठी एजेंडा के ऊपर ध्यान नहीं दे पा रही है।[59]

दीवाली के दौरान बाल ठाकरे की बिगड़ती सेहत के बारे में ख़बरें आने लगीं क्योंकि मातोश्री और शिवसेना के अन्य गढ़ों से लालटेन उतार ली गई थीं। मुंबई और ठाणे से शिव सैनिक मातोश्री पहुँचने लगे।

अगले दिनों में बड़ी-बड़ी हस्तियाँ मातोश्री आईं, जिनमें शामिल थे राज ठाकरे, अमिताभ बच्चन, शरद पवार और लता मंगेशकर। जबकि कला नगर के मुख्य गेट के बाहर शिवसेना के सैकड़ों कार्यकर्ता और मीडिया वाले निगरानी करते रहते थे।

जब इस तरह की ख़बरें आईं कि सेना प्रमुख को जीवन रक्षक उपकरणों पर रखा गया था तो 12 नवंबर को *सामना* ने सेना प्रमुख पर संपादकीय लिखा और इस तरह के अफ़वाहों का खंडन किया कि उनकी हालत ख़राब हो रही थी।[60] 17 नवंबर को शिवसेना प्रमुख, महाराष्ट्र की राजनीति के मौलिक ऐंग्री यंग मैन का निधन हो गया।

मुंबई की ख्याति यह थी कि वह कभी सोती नहीं थी। उस दिन वह शहर थम सा गया जब शिव सैनिक सड़कों पर निकल आए और दुकानदारों ने अपनी-अपनी दुकानें बंद कर लीं। पुलिस बल का भारी बंदोबस्त किया गया था ताकि भारी भीड़ के बावजूद शहर की क़ानून व्यवस्था के ऊपर किसी तरह का असर न पड़े। पत्रकारों को कला नगर के सामने म्हाडा के भवन में रखा गया था, ताकि उनको अशांत शिव सैनिकों से बचाया जा सके। मैंने पाया कि मैं बाल ठाकरे के पूर्व अंगरक्षक बाल नरे के साथ खड़ा था। नरे कक्षा दस के छात्र के रूप में परेल में रहते थे, जहाँ कम्युनिस्ट झंडा गर्व के साथ लहराया करता था। वे स्कूल छोड़कर 30 अक्टूबर 1966 को शिवसेना की पहली सार्वजनिक सभा में भाग लेने के लिए गए थे।

'उनका भाषण इतना सम्मोहक था कि उनकी बातें सीधे हमारे दिल को छू रही थीं', नम आँखों से नरे ने कहा, जो सेना प्रमुख के अनौपचारिक अंगरक्षक बन गए थे। 'अगर साहेब ने शिवसेना नहीं बनाई होती तो मुंबई में मराठी मानुस के लिए की जगह नहीं रह जाती। उन्होंने हम लोगों को अन्याय से लड़ना सिखाया', पूर्व पार्षद नरे ने बताया।

नरे ने भावुक होते हुए बताया कि किस तरह बाल ठाकरे अपने कार्यकर्ताओं के साथ हर हाल में खड़े रहते थे। जब उनको किसी तरह की मुश्किल आती थी तो वे उनको उससे बाहर निकालते थे और जब नरे ने एक ख़तरनाक अपराधी के मटका के धंधे को बंद करवा दिया था तो बाल ठाकरे ने उसको चेतावनी भी दी थी कि हिम्मत है तो वे नरे का बाल भी बाँका करके दिखाएँ।[61]

जब मुंबई पुलिस बाल ठाकरे की अंतिम यात्रा की तैयारी में लगी हुई थी कि एक अप्रत्याशित समस्या उभर कर सामने आ गई। पृथ्वीराज चव्हाण के मंत्रिमंडल के एक वरिष्ठ मंत्री ने बताया कि परिवार और शिवसेना के कुछ नेता यह कह रहे थे कि अंतिम संस्कार सार्वजनिक होगा और शिवाजी मैदान में होगा न कि दादर के श्मशान घाट पर।[62]

'क़ानून के अनुसार अंतिम संस्कार उसी स्थान पर होना चाहिए जो उसके लिए नियत की गई हो। पुलिस भी यही कह रही थी कि अंतिम संस्कार निश्चित स्थान पर ही हो। चव्हाण भी यही चाहते थे कि शिवाजी मैदान में अंतिम संस्कार की इजाज़त दिए जाने से एक नज़ीर बन जाती और इस तरह की और भी माँग होती। अब चूँकि यह संवेदनशील मामला था इसलिए यह समझौता किया गया कि शिवाजी पार्क में अस्थायी रूप से उनका अंतिम संस्कार किया जाएगा', मंत्री ने बताया। 18 नवम्बर को ठाकरे के अंतिम अवशेष शीशे के एक बक्से में मातोश्री से शिवाजी पार्क में पहुँचा दिए गए। लोगों की भीड़ इतनी थी कि दो किलोमीटर लम्बी लाइन लग गई थी। कहा जाता है कि महाराष्ट्र भर से दस लाख के क़रीब लोग आए थे।[63]

राज ने यह फ़ैसला किया कि वह, उद्धव तथा बाक़ी परिवार के साथ ट्रक में नहीं सवार होंगे बल्कि वह साथ-साथ पैदल चलेंगे। कुछ घंटे के बाद जब अंतिम यात्रा माहिम चौराहे पर पहुँचने वाली थी वह अंतिम यात्रा से हट गए। इससे यह बात फैली कि उद्धव ने राज को ट्रक में सवार नहीं होने दिया या मनसे प्रमुख इस डर से यात्रा से हट गए क्योंकि जैसा कि पुलिस ने उनको बताया था कि शिव सैनिक उनके ऊपर आक्रमण कर सकते थे।[64] जब अंतिम यात्रा शिवाजी पार्क पहुँची तब राज उद्धव और जयदेव के साथ दिखाई दिए। उस समय देश के गणमान्य लोगों के सामने उनका अंतिम संस्कार संपन्न हुआ। जब चाचा की चिता को अग्नि दी गई तो राज की आँखों में आँसू आ गए।

भीड़ नारे लगा रही थी, 'बाल ठाकरे वापस आइए।' भारत के सबसे विवादास्पद नेताओं में एक बाल ठाकरे का अंतिम संस्कार राजकीय सम्मान के साथ किया गया। उनको 21 बंदूक़ों की सलामी दी गई। अंतिम संस्कार के तत्काल बाद शिवसेना के नेताओं की तरफ़ से यह माँग की जाने लगी कि जिस जगह पर बाल ठाकरे का अंतिम संस्कार हुआ था उस स्थान पर उनकी स्मृति में कुछ बनाया जाए।[65] यह

बात याद रखने वाली है कि संजय राउत ने पत्रकारों से कहा कि वहाँ मंदिर बनेगा, जो संघ परिवार के राम मंदिर आंदोलन की याद दिलाने वाला था।[66]

यह दबाव बढ़ता जा रहा था कि अस्थायी चिता स्थल हटाया जाए। शिवसेना ने पूरा ज़ोर लगा दिया। मुंबई तथा आसपास के शिव सैनिक वहाँ निगरानी करने लगे कि कोई नागरिक संस्था या पुलिस उसको हटाने की कार्रवाई न करे। वह स्थल शिव सैनिकों के लिए तीर्थस्थल की तरह बन गया, जो वहाँ श्रद्धांजलि देने आते थे।

जब गतिरोध बढ़ने लगा तो उद्धव ने संयम बनाए रखने के लिए कहा और यह कहा कि स्मृति स्थल बनाने के लिए शिव सैनिकों की इच्छा को तरजीह दी जानी चाहिए। पार्टी के कार्यकर्ताओं द्वारा जो किया जा रहा था यह एक तरह से उस बात की पुष्टि थी।[67]

विडंबना यह थी कि बीएमसी के ऊपर सेना-भाजपा का शासन था। उसने पुलिस को यह लिखा कि वैसे तो अनुमति एक दिन के लिए ही दी गई थी लेकिन यह ढाँचा उसके बाद भी क़ायम रहेगा।[68] राज्य की शासन व्यवस्था इस बात को समझती थी कि अगर अंतिम संस्कार स्थल को ज़बरदस्ती ढहाया गया तो उसके नतीजे क्या हो सकते थे।

आख़िरकार एक महीने के गतिरोध के बाद शिवसेना हरकत में आई। उसने उस मंच को हटाना शुरू कर दिया जिसे बाँस से घेर कर बनाए रखा गया था, जहाँ शिवसेना का झंडा लगा हुआ था और बालासाहेब की तस्वीर लगी हुई थी। 18 दिसम्बर 2012 को शिवसेना ने उस स्थल को ढहाना शुरू कर दिया।

'इसमें एक तरह से दोनों की जीत थी, सरकार और शिवसेना की। अंतिम संस्कार स्थल को हटा तो दिया गया लेकिन शिवसेना ने उस जगह पर एक छोटा सा बग़ीचा बनवा दिया। लेकिन वे पहले उस स्थान पर स्मृति स्थल बनवाकर बाल ठाकरे की मूर्ति लगवाना चाहते थे। उससे उनका रुख़ अब बदल गया था। हालाँकि यह जब किया तब तक शिवसेना और पुलिस के बीच बातचीत चली। तब जाकर यह समझौता हुआ। शिवसेना ने हो सकता है कि क़ानूनी सलाह भी ली हो, और उसको समझ में आ गया था कि पुलिस किसी भी तरह से पीछे हटने के लिए तैयार नहीं थी', कांग्रेस के पूर्व मंत्री ने बताया। उद्धव के निजी सचिव मिलिंद नारवेकर ने समझौते के लिए राज्य सरकार के साथ बातचीत की।[69]

जनवरी 2019 में जब इस बात को लेकर क़यास लगाए जा रहे थे कि क्या शिवसेना लोकसभा चुनाव के लिए भाजपा के साथ गठबंधन करेगी तो महाराष्ट्र के कैबिनेट ने शिवसेना प्रमुख के स्मारक के लिए 100 करोड़ रुपए आवंटित कर दिए।[70] बालासाहेब ठाकरे स्मारक का निर्माण समुद्र के पास मेयर के बंगले में होना था, जो शिवाजी पार्क दादर के पास है। उस स्थान से कुछ ही दूरी पर जहाँ बाल ठाकरे के अंतिम संस्कार हुआ था। इस स्मारक के प्रशासन के लिए एक

सार्वजनिक ट्रस्ट की स्थापना की गई है, जिसके सेना अध्यक्ष उद्धव ठाकरे और उनके पुत्र आदित्य ठाकरे आजीवन सदस्य हैं। बीएमसी ने इस हेरिटेज बिल्डिंग को नाममात्र के किराए पर पट्टे पर दे दिया है और और उस वक़्त के मेयर विश्वनाथ महादेश्वर भायखला में चिड़ियाघर परिसर में एक बंगले में रहने चले गए।[71] राज्य सरकार द्वारा बनाई गई एक समिति ने मेयर के बंगले का स्मारक स्थल के रूप में चुनाव किया।[72] लेकिन 2015 में राज ने एक सनसनीख़ेज़ आरोप लगाया था कि इस जगह का चयन स्वार्थ और निजी हित से प्रेरित था।[73]

'शिवसेना की नज़र बहुत दिनों से मेयर के बंगले पर थी। वे बालासाहेब के नाम पर इस बंगले में दख़ल करना चाहते थे', उन्होंने इस बात को यह सवाल उठाते हुए कहा कि पास में जो ज़मीन ख़ाली पड़ी हुई थी उसका चयन क्यों नहीं किया गया?

स्मारक स्थल के रूप में मेयर के बंगले के चयन के बहुत पहले से कहा जाता है कि उद्धव अक्सर उस बंगले में जाते रहते थे, जिसमें वे उसके विशाल लॉन में टहलते थे, और पार्टी की बैठकों का आयोजन भी करते थे।

9

ख़रगोश और कछुआ

प्रतिशोध और प्रतिफल में बहुत वक़्त लगता है; यही क़ायदा है।

—चार्ल्स डिकेंस, *ए टेल ऑफ़ टू सिटीज*

2014 तक धीरे-धीरे छोटे भाई बहुत तेज़ी से चल रहे थे लेकिन उनकी चाल ढुलमुल लग रही थी। जिस तरह ऐसोप की कहानी में ख़रगोश को अपनी लापरवाही और अति आत्मविश्वास के कारण भुगतना पड़ता है, राज को भी उसी तरह उद्धव के हाथों मात मिली।

2009 में मनसे ने विधानसभा में 13 सीटें जीत कर शिवसेना के ऐतिहासिक पथ को बहुत पीछे छोड़ दिया था। पीछे देखते हुए मनसे के नेता अब कहते हैं कि इस शानदार प्रदर्शन ने ही शायद पार्टी के अंत की ज़मीन तैयार कर दी।[1]

शिशिर शिंदे के अनुसार जीत के पहले झोंके ने राज को प्रभावित किया। 'ऐसा समय भी था जब दूरदराज़ के अमरावती और अकोला ज़िलों से लोग राज से मिलने के लिए आते थे। राज उनसे घंटों इंतज़ार करवाते थे। आकर हाथ मिलाते थे और कहते कि बाद में आना। लोगों के साथ उनका जो तार जुड़ा था वह टूट गया', शिंदे का कहना था। 'वैसे तो राजनीतिक दल में अपने कार्यकर्ताओं को कुछ हद तक रुतबा देते हैं, लेकिन कार्यकताओं के कारण पार्टी का रुतबा भी तो बढ़ता है।'[2]

'मनसे लिफ़्ट से सबसे ऊपरी मंज़िल पर पहुँची और वहाँ से नीचे छलाँग लगा ली। इसका उभार और पतन दोनों इतना नाटकीय था', हाजी अशरफ़ शेख़ ने कहा।[3]

मनसे के एक और विधायक, जो बाद में भाजपा में शामिल हो गए, ने यह दावा किया कि राज अपने आसपास के एकाध विधायक को छोड़कर शायद ही किसी विधायक से मिलते थे।[4]

राज ने शिवसेना इसलिए छोड़ी थी क्योंकि उनके चाचा के आसपास दरबारी जुट गए थे। उनके सहयोगियों का कहना था कि वे भी उसी तरह के लोगों से घिरे रहते थे।[5]

संगठन का मसला

आरम्भिक सफलता के बाद मनसे के पतन का एक कारण यह भी था कि ज़मीनी स्तर पर इसका संगठन नहीं था। शिवसेना के पास अपनी एक विरासत थी, लेकिन मनसे नई ज़मीन पर खड़ी हुई पार्टी थी। शिवसेना अपने प्रमुख की मृत्यु के बाद भी मोटे तौर पर उनकी छवि से बंधी हुई थी, और मनसे भी अपने प्रमुख की छवि से बंधी हुई पार्टी थी। हालाँकि इसके पास वह नहीं था जो शिवसेना के पास था—दूसरी पीढ़ी का मज़बूत नेतृत्व जिसने छगन भुजबल, मनोहर जोशी और नारायण राणे जैसे नेता दिए थे।

मनसे कमज़ोर थी और वह शिवसेना की तरह शाखा के माध्यम से विस्तार नहीं कर पाई। मेरी फेंसोड कटजेंस्टाइन ने इन शाखाओं के महत्त्व को पहले ही लिखकर दर्शाया है, जो इस तरह की गतिविधियों का आयोजन करती हैं जिसके कारण पार्टी के सदस्यों को ठोस भौतिक लाभ होता है।[6] शाखा सेना और स्थानीय समुदाय के बीच महत्त्वपूर्ण कड़ी का काम करती है, ख़ासकर झुग्गियों और कम आय वर्ग समूह के लोगों के बीच, यह नागरिकों की सहायता करती है तथा पुलिस और जन सेवा से जुड़े अधिकारियों के साथ उनके काम करवाने में मदद करती है।

छगन भुजबल ने बताया कि शिवसेना का जो आरम्भिक शाखा ढाँचा था उसको दत्ता प्रधान ने बदल दिया, जिनकी पृष्ठभूमि आरएसएस की थी और जो कुछ समय के लिए शिवसेना के संगठन प्रमुख भी बने थे। पहले शाखा बहुत बड़े भूभाग में होती थी। उदाहरण के लिए, जब भुजबल पहले दौर में शिवसेना के शाखा प्रमुखों में एक बने थे तो उनका क्षेत्र डोंगरी से लालबाग तक था।

प्रधान ने इस बात को निश्चित किया कि प्रत्येक शाखा के अंतर्गत एक नगर निगम वार्ड आए और एक विभाग के अंतर्गत एक लोकसभा क्षेत्र आए, जिससे यह निश्चित हो गया कि ज़मीनी स्तर पर इसका एक मज़बूत संगठन बने।[7] प्रधान ने 1977 में शिवसेना छोड़ दी क्योंकि कहा जाता है कि उनके अधिकार कम कर दिए गए थे।

मनसे नेताओं को अक्सर यह शिकायत रहती थी कि पार्टी का संगठन ऊपर से चलाया जाता था जिसमें स्थानीय नेताओं को किसी तरह के अधिकार नहीं दिए गए थे। इस कमी को राज का ढीला-ढाला नेतृत्व और उनकी छापामार शैली की राजनीति और भी बढ़ा देती थी, जिसके कारण पथ-कर आंदोलन की तरह बहुत से मुद्दों पर पार्टी को अपने रुख़ से पलटना पड़ गया, जिसके कारण पार्टी की विश्वसनीयता प्रभावित हुई।

उदाहरण के लिए, अगस्त 2012 में मनसे की फ़िल्म शाखा की प्रभारी अमेय खोपकर ने आशा भोंसले तथा दो मनोरंजन चैनलों पर इस बात के लिए निशाना

साधा कि गाने के एक रियलिटी शो में पाकिस्तान के कलाकार और जज दिखाई दे रहे थे। खोपकर ने चेतावनी दी कि अगर शो को वापस नहीं लिया गया तो वे चैनल को महाराष्ट्र में कहीं भी शूटिंग नहीं करने देंगे।

उस शो की जज आशा भोंसले ने जब *अतिथिदेवो भव* के ऊपर ज़ोर दिया[8] तो राज ने यह सवाल उठाया कि यह कहीं *पैसादेवो भव* तो नहीं है।[9] हालाँकि एक सप्ताह के बाद जब चैनल के उच्चाधिकारी राज से मिले तो आंदोलन वापस ले लिया गया। खोपकर ने अपने रुख़ से वापसी करते हुए कहा कि वे इस शो का विरोध नहीं करेंगे क्योंकि इसकी पंद्रह सप्ताह की शूटिंग पूरी हो चुकी है और उनको इस बात का आश्वासन दिया गया है कि चैनल पर ऐसे कार्यक्रम अब नहीं दिखाए जाएँगे जिनमें पाकिस्तान के कलाकार हों।[10]

इस 'पल में रत्ती पल में माशा' वाले रवैए के कारण जनता में मनसे की छवि के ऊपर असर पड़ा, निजी बातचीत में मनसे के एक नेता ने स्वीकार किया।

मनसे के पास वह नहीं था जो इसको चलाने के लिए मायने रखता था—जिसको विश्लेषक डॉक्टर दीपक पवार ने कहा है 'पुरस्कार वाली अर्थव्यवस्था'।[11] जबकि शिवसेना ने बीएमसी पर नियंत्रण बनाकर अपने लिए वह अर्थव्यवस्था बना ली थी। शिवसेना के कार्यकताओं का अपना मज़बूत जाल था जो नगर निगम पर आधारित राजनीतिक लाभ के सहारे चलते थे। जैसा कि बीवीएस के कार्यकर्ता से पत्रकार बने एक व्यक्ति ने कहा शिवसेना के बहुत से नेता मनसे के गठन के बाद उसमें शामिल होना चाहते थे लेकिन इसी कारण से उन लोगों ने अपना इरादा त्याग दिया।[12]

'शिवसेना के लिए एक समांतर अर्थव्यवस्था काम करती थी। शिव सैनिकों को इससे आय होती थी। राज को यह लाभ नहीं था। कम्युनिस्ट और समाजवादी भी इसी वजह से पिछड़ गए क्योंकि उनके पास कार्यकर्ताओं के लिए ऐसी कोई व्यवस्था नहीं थी। उनके नेताओं को लगता था कि संगठन को विचारधारा के आधार पर चलाया जाना चाहिए', पत्रकार निखिल वागले ने कहा।[13]

'राज से बहुत उम्मीदें थीं जो पूरी नहीं हो पाईं। विकास को लेकर उनके जो विचार थे वे उतने ही स्पष्ट थे जितने बग़ीचे बनाना और झीलों को सुंदर बनाना। उनके पास कोई बड़ी दृष्टि नहीं थी', वागले ने कहा। 'जहाँ तक प्रदर्शन की बात है तो मनसे के पास कुछ ख़ास दिखाने के लिए था नहीं। यहाँ तक कि नगरपालिका के स्तर पर भी उन्होंने कोई ऐसा काम नहीं किया जिसे दिखाया जा सके।'[14]

शिवसेना के अंदरूनी सूत्रों का कहना है कि 2008 से 2014 के बीच शिवसेना पिछड़ती हुई लग रही थी क्योंकि मीडिया और कार्यकर्ताओं के एक वर्ग की सहानुभूति राज के साथ थी क्योंकि उनको वह अपने चाचा का स्वाभाविक उत्तराधिकारी लगता था। उद्धव ने संगठन को मज़बूत करने के लिए बहुत काम किया। वह राजनीति

के मामले में अपने पिता से सलाह लेते थे, उनसे बोलने की शैली सीखते थे और उन्होंने अपने कार्यकर्ताओं से कहा कि वे किसानों से जुड़े मुद्दे उठाएँ और इस तरह उन्होंने किसानों को जोड़ने की कोशिश की।

दिसम्बर 2012 में बाल ठाकरे की मृत्यु के एक महीने बाद उद्धव राज्यव्यापी दौरे पर निकल गए। बाल ठाकरे की मृत्यु के बाद उन्होंने शिवसेना प्रमुख नियुक्त किए जाने का विरोध किया, बल्कि उन्होंने पार्टी अध्यक्ष बनना पसंद किया।

सचिन परब ने बताया कि बालासाहेब और राज का करिश्मा दुधारी तलवार की तरह था। 'वे वृहत मुंबई के बाहर अपना संगठन मज़बूत नहीं बना पाए लेकिन वे लोगों तक अपने संदेश को पहुँचाने में यक़ीन रखते थे। इसके विपरीत, उद्धव का व्यक्तित्व उन दोनों से भिन्न था। उन्होंने अपने अंदर की इस कमी को दूर करने के लिए शिवसेना को उन इलाक़ों में मज़बूत बनाने के लिए भी काम किया जो पारम्परिक रूप से उसके इलाक़े नहीं माने जाते थे।'[15]

मोदी इफ़ेक्ट

2011 में राज ने बहुत बड़ी रणनीतिक ग़लती कर दी।

कांग्रेस पार्टी के एक वरिष्ठ नेता के अनुसार, महाराष्ट्र से भाजपा के कुछ नेता शिवसेना को सबक़ सिखाने के लिए राज के साथ बातचीत कर रहे थे। उनसे कह रहे थे कि वे नरेंद्र मोदी से नज़दीकी बनाएँ, जो उस समय गुजरात के मुख्यमंत्री थे।[16] मोदी और राज दोनों में एक बात सामान्य थी—दोनों सत्तावादी विकास में यक़ीन रखते थे।[17]

2007 में जब मनसे की कोई पहचान भी नहीं बनी थी तब शिशिर शिंदे ने कहा कि वे राज के दूत बनकर मोदी से मिलने के लिए गए थे और उनको अपने नेता का शुभकामना पत्र दिया।[18]

अगस्त 2011 में राज ने विशेषज्ञों के दल के साथ राज्य अतिथि के रूप में नौ दिन तक गुजरात का दौरा किया, जिस दौरान वह कई परियोजनाओं को देखने के लिए गए, जिनमें टाटा नैनो की इकाई भी थी और साथ ही उन्होंने बहुत तरह के प्रेजेंटेशन देखे। उन्होंने मोदी के विकास ढाँचे की ख़ूब तारीफ़ की और यह भी कहा कि गुजरात की जनता भाग्यशाली है कि उसको मोदी जैसा मुख्यमंत्री मिला।

सबसे बड़ी बात यह कि राज सबसे पहले नेता थे जिन्होंने यह कहा कि गुजरात के मुख्यमंत्री में प्रधानमंत्री बनने की कूवत है।[19] एक वरिष्ठ भाजपा नेता ने ध्यान दिलाया कि जब राज ने प्रधानमंत्री पद के लिए मोदी का नाम लिया था तब तक भाजपा में भी इसके लिए औपचारिक रूप से इसकी माँग नहीं हुई थी।[20]

संजय निरुपम के अनुसार इसकी वजह से महाराष्ट्रीय मतदाताओं का एक हिस्सा राज की पार्टी से छिटक गया क्योंकि गुजरातियों के बढ़ते प्रभाव से वे ख़ुश नहीं थे।[21]

जब यह साफ़ दिखाई देने लगा कि ऊपरी मध्य वर्ग के जो मतदाता मनसे की तरफ़ चले गए अब उसकी तरफ़ वापस आ गए तो राज ने नरेंद्र मोदी के ऊपर आक्रमण करना शुरू कर दिया, जो तब तक प्रधानमंत्री बन चुके थे। उन्होंने यह कहना शुरू कर दिया कि उन्होंने जो वादे किए थे उन वादों को पूरा नहीं कर पाए तथा वे गुजरात को लेकर पूर्वाग्रही थे।

राज ने नोटबंदी की भी आलोचना की और मुंबई से अहमदाबाद के बीच 500 किलोमीटर की उच्च गति से चलने वाली ट्रेन, जिसे बुलेट ट्रेन भी कहा जाता है, की योजना की निंदा की। उन्होंने यह आरोप लगाया कि बुलेट ट्रेन उनके षड्यंत्र का हिस्सा थी ताकि अहमदाबाद के लोग मुंबई आसानी से आने लगें और मुंबई को महाराष्ट्र से अलग कर दिया जाए।[22]

शिवसेना शायद इस बात को स्वीकार करना पसंद न करे लेकिन यह नरेंद्र मोदी की लहर थी जिसके कारण 2014 के लोकसभा चुनाव में शिवसेना का प्रदर्शन अच्छा हुआ। जब नरेंद्र मोदी गुजरात के मुख्यमंत्री थे, तभी से शिवसेना उनको लेकर असहज रहती थी। शिवसेना की तरह ही हिंदुत्व को लेकर मोदी की आक्रामक छवि थी।

भाजपा के पुराने नेताओं एल. के. आडवाणी और अटल बिहारी वाजपेयी यहाँ तक कि उनके युवा नेताओं में प्रमोद महाजन का बाल ठाकरे के साथ निजी रिश्ता था, और वे उनको महाराष्ट्र में भगवा गठबंधन का नेता मानते थे। ठाकरे भी ख़ुद को राज्य में वरिष्ठ सहयोगी के रूप में देखते थे। सेना के नेतृत्व के साथ मोदी का वैसा रिश्ता नहीं था।

बाल ठाकरे इस बात का दावा करते थे कि गोधरा दंगों के बाद जब उप प्रधानमंत्री लालकृष्ण आडवाणी ने उनसे यह राय ली कि क्या मोदी को हटा दिया जाए तो उन्होंने चेतावनी दी थी: मोदी गया तो गुजरात गया। उन्होंने इस तरह से इस बात को पक्का किया कि गुजरात के मुख्यमंत्री आगे भी संघर्ष करने के लिए बने रहें।[23] 2012 में भाजपा की तरफ़ से जब तक मोदी को प्रधानमंत्री पद का उम्मीदवार नहीं बनाया गया था तब तक बाल ठाकरे नेता प्रतिपक्ष सुषमा स्वराज को अपनी पसंद बताते थे।[24]

मोदी के नेतृत्व में और पार्टी अध्यक्ष अमित शाह की अध्यक्षता में भाजपा अधिक आक्रामक हो चुकी थी और वह शिवसेना की पिछलग्गू बनकर नहीं रहना चाहती थी। 2014 के लोकसभा चुनाव से पहले जब भाजपा कांग्रेस का मुक़ाबला करने की तैयारी कर रही थी तब भाजपा आलाकमान ने राज के पास यह संदेश भिजवाया था

कि वह मतों के बँटवारे को रोकें क्योंकि उनके कारण 2009 की तरह की स्थिति बन सकती थी। भगवा गठबंधन अपने साथ छोटे-छोटे कई नेताओं को जोड़ चुका था, जैसे राजू शेट्टी, विनायक मेटे, जिनका मराठों में कुछ प्रभाव था, और धनगर नेता महादेव जानकर और दलित नेता रामदास आठवले को, जिनका अपना प्रभाव था।

एक वरिष्ठ भाजपा मंत्री ने बताया कि भाजपा चाहती थी कि दोनों भाई राजनीतिक रूप से एक हो जाएँ। 'हालाँकि हम लोगों को अंदर से इस बात को लेकर शंका भी थी क्योंकि दोनों के बीच की कड़वाहट बहुत अधिक थी। गोपीनाथ मुंडे चाहते थे कि यह हो जाए, लेकिन असली गोपीनाथ (भगवान कृष्ण) जब महाभारत नहीं रोक पाए तो यहाँ कैसे कुछ होता? वह भी भाइयों के आपसी मतभेदों के कारण ही हुआ था।'[25]

लोकसभा चुनाव के पहले नितिन गडकरी ने राज से कहा कि वे भगवा गठबंधन के ख़िलाफ़ अपने उम्मीदवार न उतारें। मार्च 2014 में दोनों एक फ़ाइव स्टार होटल में मिले भी। वसंत गीते उस समय पार्टी के महासचिव और विधायक थे, उन्होंने बताया कि भाजपा ने राज को आकर्षक न्योता दिया था : विधानसभा की तीस सीटें और राज्यसभा की दो सीटें।[26]

उद्धव ने मनसे को शामिल किए जाने का विरोध किया और उन्होंने भाजपा को चेतावनी दी कि भाजपा को अगर राज या शरद पवार से किसी तरह का समर्थन मिला तो इसका असर गठबंधन के ऊपर पड़ेगा।[27]

'पीछे मुड़कर देखने पर लगता है कि हम लोगों को प्रस्ताव स्वीकार कर लेना चाहिए था क्योंकि हम क्षेत्रीय पार्टी थे और राष्ट्रीय स्तर पर हमारा कुछ दाँव पर नहीं था। मनसे लोकसभा चुनाव लड़ने से दूर रह सकती थी। हालाँकि हमारे नेताओं का एक गुट ऐसा था जिनके संबंध एनसीपी-कांग्रेस से अच्छे थे, उन्होंने ऐसा नहीं सोचा और उनकी राय मान ली गई', गीते ने कहा।

आख़िरकार, मनसे ने नौ उम्मीदवार मैदान में उतारे। ज़्यादातर शिवसेना के ख़िलाफ़ थे। राज प्रधानमंत्री पद के लिए मोदी का समर्थन कर रहे थे लेकिन उन्होंने पुणे और भिवंडी दो ऐसी सीटों से अपने उम्मीदवार मैदान में उतारे जहाँ से भाजपा चुनाव लड़ रही थी।

'मोदी के साथ फ़्लर्ट करना राज की बहुत बड़ी ग़लती थी। उनको शायद ऐसा लगा कि भाजपा अगर शिवसेना को छोड़ने का मन बनाती तो वह उनके साथ गठबंधन कर सकती थी', राजनीतिक विश्लेषक दीपक पवार का कहना था। उन्होंने आगे कहा कि भाजपा के मतदाताओं और संघ परिवार के समर्थक कुछ नेता मनसे की तरफ खिंच गए थे क्योंकि वे भाजपा से ऊब गए थे लेकिन वे कांग्रेस-एनसीपी गठबंधन के साथ नहीं जा सकते थे।[28]

पुणे और कल्याण-डोंबिवली जैसे शहरों में मनसे की सफलता में यह बात दिखाई भी देती थी क्योंकि वहाँ ब्राह्मण बड़ी संख्या में थे जो भाजपा के

मतदाता माने जाते थे। 'लेकिन जब राष्ट्रीय स्तर पर मोदी जी आ गए तो ये मतदाता वापस भाजपा में चले गए', पवार का कहना था।[29]

शिशिर शिंदे ने माना कि मराठी मानुस इस बात से दुखी था कि राज ने प्रधानमंत्री पद के लिए मोदी का समर्थन कर दिया था लेकिन लोकसभा चुनाव में शिवसेना और भाजपा के ख़िलाफ़ अपने उम्मीदवार भी उतार रहा था।[30]

नतीजे मनसे के लिए बहुत बड़ी आपदा की तरह थे क्योंकि उनके उम्मीदवारों को धूल चाटनी पड़ी। शिवसेना ने 20 सीटों पर चुनाव लड़ा और उसको 18 सीटों पर जीत मिली, जो 2009 से अधिक थी, और भाजपा 23 सीटों पर विजयी रही। उस समय भाजपा-शिवसेना गठबंधन के साथ चुनाव में खड़े होने वाले राजू शेट्टी पश्चिम महाराष्ट्र में अपनी हातकणंगले सीट को बचा पाने में कामयाब रहे। 2010 में अशोक चव्हाण को आदर्श सोसाइटी घोटाले के कारण मुख्यमंत्री पद से इस्तीफ़ा देना पड़ा था लेकिन 2014 के लोकसभा चुनाव में वह और युवा कांग्रेस के अध्यक्ष राजीव सातव ही कांग्रेस की इज़्ज़त बचा पाए। उन्होंने क्रमशः नांडेड और हिंगोली सीटों से जीत दर्ज की।

चार सीटों पर एनसीपी को भी जीत मिली। शरद पवार की बेटी सुप्रिया सुले अपने पारिवारिक गढ़ बारामती से सत्तर हज़ार से भी कम मतों से जीत पाई। उसका मुक़ाबला किया था राष्ट्रीय समाज पार्टी के महादेव जानकर ने। एनसीपी के समर्थक भी यह मान रहे थे कि जानकर को उस चुनाव क्षेत्र में कम ही लोग जानते थे, लेकिन अगर वे भाजपा के टिकट से चुनाव लड़े होते तो शायद बड़ा उलटफेर कर देते।

उस समय महाराष्ट्र की सरकार में मंत्री रहे एनसीपी के एक नेता का कहना था कि मोदी की लहर धीरे-धीरे उठी, धीरे-धीरे ज़ोर पकड़ती गई और देखते-देखते सुनामी बन गई, जो रास्ते में आया सबको उखाड़ती-पछाड़ती।[31] इसके कारण ऐसे लोग भी जीत गए जो नहीं जीत सकते थे।

उदाहरण के लिए, पश्चिमी महाराष्ट्र में भाजपा के एक उम्मीदवार की जीत, जिसको कांग्रेस के एक बड़े नेता के ख़िलाफ़ उतारा गया था। 'वह आदमी समझ रहा था कि वह हारी हुई लड़ाई लड़ रहा था। वह दोपहर के खाने तक प्रचार करता था और फिर शरीर में दर्द का बहाना बनाकर घर जाता और बीयर पीकर सो जाता। लेकिन हैरानी की बात यह रही कि वह चुनाव जीत गया। मोदी लहर में इसी तरह से हो रहा था। लेकिन जो लोग चुनाव हारे उनके लिए नतीजे अप्रत्याशित थे, उसी तरह विजेताओं के लिए भी!'[32]

1984 में राजीव गांधी को मिले बहुमत के बाद पहली बार नरेंद्र मोदी और भाजपा ने 282 सीटों के साथ लोकसभा में स्पष्ट बहुमत प्राप्त किया। कांग्रेस को महज़ 44 सीटें मिलीं।

शिवसेना पार्टी प्रमुख की मृत्यु के बाद अपना पहला चुनाव लड़ रही थी। उसके लिए ये नतीजे जैसे वरदान थे। मुंबई में उसने तीनों सीटों पर जीत दर्ज की, जहाँ मनसे ने उसके उम्मीदवारों के ख़िलाफ़ उम्मीदवार उतारे थे, जिन उम्मीदवारों में मुंबई उत्तर-पश्चिम से फ़िल्म निर्देशक महेश माँजरेकर भी थे।

कॉस्मोपोलिटन मुंबई दक्षिण चुनाव क्षेत्र, जिसके बारे में कहा जाता है कि यहाँ प्रति व्यक्ति आय सबसे अधिक है, से शिवसेना के उम्मीदवार अरविंद सावंत ने सभी अनुमानों को धता बताते हुए कांग्रेस के क़द्दावर उम्मीदवार, केंद्रीय राज्य मंत्री मिलिंद देवड़ा को एक लाख से अधिक मतों के अंतर से पराजित कर दिया। बाला नांदगांवकर ने 2009 में कांग्रेस के मिलिंद देवड़ा के ख़िलाफ़ शिवसेना के उम्मीदवार को पीछे छोड़ते हुए दूसरा स्थान हासिल किया था, और उनको एक लाख साठ हज़ार के करीब मत मिले थे। इस बार उनको महज़ 84 हज़ार मतों से संतोष करना पड़ा।

ऐसा लग रहा था कि कछुआ धीरे-धीरे ख़रगोश के पास आता जा रहा था।

इस समय भाजपा के लिए काम करने वाले शिवसेना के एक नेता ने यह दावा किया कि उद्धव ने काम करने की अपनी शैली में जो बदलाव किए थे और संगठन को मज़बूत बनाने के ऊपर ध्यान दिया था उसके नतीजे अब सामने आ रहे थे।[33]

'कांग्रेस और एनसीपी ने सहकारिता क्षेत्र में संस्थाओं का निर्माण किया जिसके कारण ग्रामीण इलाक़ों पर उनका नियंत्रण बना रहा। इसी तरह शिवसेना ने परिवारों की इसमें मदद की कि मराठी मानुस को बैंकों, बीमा क्षेत्र, पाँच सितारा होटलों में काम मिल सके। सौभाग्य से, ज़मीनी स्तर पर शिवसेना के साथ कार्यकर्ताओं का भावनात्मक जुड़ाव था, जो मनसे के साथ नहीं हो पाया। 'यह ऐसा नहीं है जो रातोरात हो जाता हो, इसमें समय लगता है', उस नेता ने कहा। उन्होंने यह भी कहा कि मतदाताओं की ऊब को दूर करने के लिए शिवसेना ने दिन-रात काम किया, जो नहीं करने के कारण 2009 में उसके परिणाम अच्छे नहीं रहे थे, जबकि मनसे आरंभिक सफलता के बाद ही संतुष्ट हो गया।[34]

संदीप प्रधान के अनुसार राष्ट्रीय स्तर पर नरेंद्र मोदी के उभार का मनसे को नुक़सान हुआ क्योंकि इसके कारण संभ्रांत उच्च और मध्यवर्गीय मतदाता भाजपा की तरफ़ चले गए।

'मनसे के साथ जो युवा पीढ़ी जुड़ी हुई थी वह अधीर थी। वे जल्दी से जल्दी नतीजे चाहते थे और इसके लिए तैयार नहीं थे कि दस साल तक जिंदाबाद और मुर्दाबाद के नारे लगाते रहें। उनको यह लगने लगा था कि शुरू में कुछ उम्मीद जगाने के बाद मनसे अच्छा प्रदर्शन नहीं कर पा रही थी। मनसे के विपरीत शिवसेना का बीएमसी पर शासन था जिसके कारण वह अपने समर्थकों को लाभ पहुँचाती रहती थी', प्रधान ने कहा।[35]

मनसे के नेताओं का दावा था कि बाल ठाकरे के बाद के दौर में शिवसेना के समर्थक और मतदाता राज की तरफ़ आ जाएँगे लेकिन मनसे की योजना साफ़ तौर पर असफल होने लगी। '2012 में हमारे 28 पार्षद निर्वाचित हुए। लेकिन हमारे लोगों को सत्ता और सुविधाओं की आदत बहुत जल्दी पड़ने लगी थी, जिसके कारण कार्यकर्ता और मतदाता उलझन में पड़ गए', मनसे के एक पूर्व विधायक ने कहा।[36]

पूर्व कांग्रेस मंत्री के अनुसार 2014 के विधानसभा चुनावों में उद्धव की सफलता के कई कारण थे। एक, राज का करिश्मा उतार पर था। दूसरे, शिवसेना को जब 2009 में मनसे के कारण नुक़सान उठाना पड़ा था, तब से उसने अपने ज़मीनी कार्यकर्ताओं के बीच काफ़ी काम किया था। मनसे के पास यह नहीं था क्योंकि वह राज के करिश्मे के ऊपर ही निर्भर थी। 'लोगों को राज का भाषण और उनका आक्रामक रुख़ अच्छा लगता था। लेकिन वह भीड़ को वोट में बदल नहीं पाए', उन्होंने कहा।[37]

'उद्धव में एक बहुत अच्छा गुण था कि वह लगातार काम करते रहते थे। राज ऐसा नहीं कर पाते थे। वे कुछ समय के लिए ध्यान खींचते फिर ग़ायब हो जाते, जिसके कारण उद्धव लम्बी रेस का घोड़ा हो गए', शिवसेना के एक सूत्र ने कहा।[38]

2012 में जब बाल ठाकरे का देहांत हो गया तो कांग्रेस नेता कृपाशंकर सिंह के अनुसार मनसे के बुलबुले फूटने लगे थे। यह बात साफ़ हो गई कि वह शिवसेना की जगह नहीं ले सकती थी।[39] 'बाल ठाकरे का अपनी पार्टी के कार्यकर्ताओं पर जादुई प्रभाव था जो उनके मरने के बाद भी क़ायम रहा', शिवसेना के एक पूर्व नेता ने बताया।[40]

बाद में सोचते हुए राज ने यह माना कि लोकसभा चुनाव लड़ने का उनका फ़ैसला बहुत बड़ी ग़लती थी। उन्होंने कहा कि 'कई बार आप ऐसे फ़ैसले भी करते हैं जिनसे आप सहमत नहीं होते। मुझे चुनाव परिणामों से हैरानी नहीं हुई, क्योंकि मुझे लग रहा था कि इस हार से पार्टी उबर कर निकलेगी।[41]

सत्ता का बदलता समीकरण

भारतभूमि पर पाकिस्तान के प्रति अपने नफ़रत के लिए शिवसेना को जाना जाता था, लेकिन जब प्रधानमंत्री मोदी को नवाज़ शरीफ ने अपने शपथ ग्रहण समारोह में आने का न्योता दिया तो शिवसेना की प्रतिक्रिया बहुत नपी-तुली रही। उद्धव ने एक बयान में कहा कि पाकिस्तान के ऊपर भरोसा करना कठिन था।[42]

'मोदी अपने मंत्रालय में शिक्षित मंत्री चाहते थे और इसलिए वे शिवसेना के कोटे से सुरेश प्रभु को चाहते थे', प्रेम शुक्ला ने दावा किया।[43] सुरेश प्रभु चार्टर्ड

अकाउंटेंट थे, जो अपनी शहरी छवि के कारण शिव सैनिकों से भिन्न दिखते थे। वे अटल बिहारी वाजपेयी की सरकार में ऊर्जा मंत्री थे और नदियों को जोड़ने की योजना पर काम करने वाले दल के अध्यक्ष थे। 2009 में प्रभु रत्नागिरी-सिंधुदुर्ग से नारायण राणे के बेटे नीलेश (कांग्रेस) से चुनाव हार गए और 2014 में उनको पार्टी ने टिकट नहीं दिया।

'लेकिन शिवसेना ने अनंत गीते का चुनाव किया था(जो कोंकण क्षेत्र के शक्तिशाली कुनबी समुदाय से आते थे) और नाराज़ मोदी ने उनको भारी उद्योग जैसा हल्का मंत्रालय दे दिया। शिवसेना के लिए यह साफ़ तौर पर नज़रअन्दाज़ किया जाना था। उसके 18 सांसद थे और वह एनडीए में दूसरी सबसे बड़ी पार्टी थी। तेलुगु देशम और लोक जनशक्ति पार्टी जैसे छोटे दलों को अधिक आकर्षक मंत्रालय दिए गए', शुक्ला ने बताया।[44]

नवम्बर 2014 में सुरेश प्रभु भाजपा में शामिल किए गए और उनको रेलवे मंत्रालय का कार्यभार दिया गया।

शिवसेना के साथ प्रधानमंत्री मोदी के रिश्तों की शुरुआत ऊबड़-खाबड़ रही।

जुलाई 2014 में जब एक भारतीय सैनिक सीमा रेखा पर पाकिस्तान की ओर से की गई गोलाबारी में मारा गया तो संजय राउत ने पाकिस्तान के साथ 'साड़ी और शॉल' राजनय की आलोचना की।[45] नवाज़ शरीफ़ ने मोदी की माँ के लिए साड़ी भेजी थी, यह कटाक्ष उसी के ऊपर था। और जब नवाज़ शरीफ़ मोदी के शपथ ग्रहण समारोह में आए थे तो उन्होंने शरीफ़ की माँ के लिए शॉल भेंट किया था। मोदी इस बात से बहुत ग़ुस्सा हुए कि उनकी माँ को राजनीतिक मामले में खींचा गया और कहा जाता है कि उन्होंने उद्धव तक यह बात पहुँचा दी थी।[46]

'उद्धव यह चाहते थे कि भाजपा उनको उसी तरह सम्मान दे जिस तरह से उनके पिता को देती थी, लेकिन भाजपा अक्सर ऐसा नहीं करती थी', भाजपा के एक वरिष्ठ मत्री ने कहा।[47]

1 मई 2014 को महाराष्ट्र के स्थापना दिवस के दिन *सामना* के एक संपादकीय में गुजरातियों के ऊपर इसलिए हमला बोला गया कि वे मोदी के पीछे क्यों खड़े थे, जिस वजह से भाजपा बहुत ग़ुस्से में आ गई।[48] 'महाराष्ट्र में गुजराती तथा अन्य व्यापारी समुदाय के लोग गर्व के साथ मोदी के साथ खड़े थे, जबकि उनको शिवाजी महाराज के महाराष्ट्र के साथ आना चाहिए और महाराष्ट्र के स्थापना दिवस के आयोजन में हिस्सा लेना चाहिए', संपादकीय में लिखा था, जो मतदान के बाद प्रकाशित हुआ था लेकिन तब तक चुनाव परिणाम आए नहीं थे।[49]

संपादकीय में इन समुदायों के ऊपर आरोप लगाया गया था कि इन्होंने मुंबई का दोहन किया और अपने धन की बदौलत देश की सत्ता की राजनीति में दख़ल दे रहे हैं। आगे यह लिखा गया था कि व्यापारी लोग वैसे तो यह कहते हैं कि

राजनीति से उनका कोई लेना-देना नहीं है लेकिन वे इस बात को निश्चित करने के लिए एक हो गए हैं कि उनके राज्य और उनके समुदाय का व्यक्ति प्रधानमंत्री बने।

यह संजय राउत का काम लग रहा था और इसके कारण शिवसेना के अंदर भी खलबली मच गई क्योंकि यह मतदान के ठीक बाद आया था जबकि मतदान में बड़ी तादाद में व्यापारी शिवसेना और मोदी को वोट देने के लिए बाहर निकले थे, और लोकसभा में पार्टी का सबसे अच्छा प्रदर्शन होने वाला था।

जब मोदी लहर में भगवा गठबंधन को महाराष्ट्र में बड़ी सफलता मिल गई तो शिवसेना को ऐसा लगा कि यह सम्भव हो सकता था कि राज्य में वरिष्ठ सहयोगी होने के कारण शिवसेना का मुख्यमंत्री नियुक्त हो।

उद्धव के बड़े बेटे आदित्य युवा सेना का नेतृत्व करते थे, और उन्होंने शिवसेना के मिशन 150 के बारे में बताया, जिसका मतलब यह था कि शिवसेना विधानसभा में आधी सीटों को लक्ष्य बना रही थी।

लोकसभा चुनाव में मिली सफलता के कारण भाजपा सेना को आँखें दिखाने लगी। जुलाई में इसके नेता मधु चव्हाण ने कुछ ऐसा कहा जिसके कारण आगे चलकर पार्टी शिवसेना से अलग हो गई। जुलाई 2014 में पार्टी सम्मेलन में बोलते हुए चव्हाण ने कहा कि भाजपा को तीन टांग की दौड़ से बचने के लिए शिवसेना से अपने रिश्ते तोड़ लेने चाहिए।[50]

भाजपा नेताओं के एक वर्ग को ऐसा लगता था कि महाराष्ट्र में नरेंद्र मोदी की लहर बरक़रार थी, और उस लहर के सहारे शिवसेना बड़ी साझेदार होने के कारण अपने आदमी को मुख्यमंत्री बनवा सकती थी।[51]

मुंबई में एनसीपी के एक वरिष्ठ नेता ने अनौपचारिक रूप से पत्रकारों को बताया कि केंद्र के एक बड़े भाजपा नेता ने बातचीत में बताया कि वह शिवसेना को ख़त्म कर देना चाहते हैं। एनसीपी नेता का कहना था कि भाजपा नेता ने कहा कि 'गुंडा शब्द शिवसेना के लिए ही बना है।' उनका कहना था कि भाजपा शिवसेना से विधानसभा चुनाव से पहले पीछा छुड़ा लेगी।[52]

भाजपा 130 सीटों पर लड़ना चाहती थी, लेकिन सेना ने भाजपा को उतनी ही सीटों की पेशकश की जितनी सीटों पर भाजपा 2009 में लड़ी थी (119)। सीटों के बँटवारे के लिए कई तरह के फ़ार्मूलों को लेकर बातचीत हुई, जिनमें यह भी फ़ॉर्मूला था कि सेना 288 सीटों में से 155 सीटों पर चुनाव लड़ेगी। भाजपा के लिए उसने 125 सीटें छोड़ीं, अन्य सीटें छोटे गठबंधन दलों के लिए।[53] ऐसा लग रहा था कि गठबंधन एक धागे के सहारे टिका हुआ था। आदित्य ठाकरे को भाजपा के चुनाव प्रभारी ओम प्रकाश माथुर से मिलने के लिए भेजा गया ताकि कुछ बात बन सके। लेकिन कुछ भाजपा नेताओं को यह अपमानजनक लगा कि वरिष्ठ नेता ओम प्रकाश माथुर से मिलने के लिए युवा नेता को भेज दिया गया।[54]

अंतत: 25 सितम्बर के दिन नामांकन दाख़िल करने की तिथि समाप्त होने से दो दिन पहले भाजपा ने वह किया जिसके बारे में कोई सोच भी नहीं सकता था। उसने शिवसेना के साथ 25 साल पुराना गठबंधन तोड़ दिया। उस समय नेता प्रतिपक्ष एकनाथ खड़से ने इसकी घोषणा की।

मानो इसमें कोई संकेत रहा हो, एनसीपी नेता प्रफुल्ल पटेल, उप मुख्यमंत्री अजित पवार और राज्य इकाई के प्रमुख सुनील तटकरे ने भी यह घोषणा कर दी कि वे कांग्रेस के साथ अपने गठबंधन को समाप्त कर रहे थे। एनसीपी ने शरद पवार के घोर विरोधी पृथ्वीराज चव्हाण को इसका कारण बताया। एनसीपी कांग्रेस से महाराष्ट्र में 50 प्रतिशत विधानसभा सीटों की माँग कर रही थी, जो पहले के आँकड़े 114 से अधिक थी। कांग्रेस ने एनसीपी की माँग के सामने झुकने से इनकार कर दिया, और हफ़्तों की बातचीत के बाद मानो या जाओ के आधार पर 118 उम्मीदवारों की सूची जारी कर दी। कांग्रेस इस बात के ऊपर अड़ी हुई थी वह 128 से अधिक सीटें एनसीपी को नहीं देगी।[55]

भाजपा के स्रोतों ने माना कि शिवसेना के साथ गठबंधन तोड़ने का फ़ैसला केंद्रीय नेतृत्व का था। कुछ भाजपा नेता यह चाहते थे कि गठबंधन बना रहे ताकि सत्ता विरोधी मतों का बँटवारा न हो पाए, लेकिन शिवसेना ने जिस तरह से अपमानित किया था उसको लेकर ग़ुस्सा था। एक बैठक में जब अमित शाह ने यह पूछा कि क्या उनको शिवसेना के साथ गठबंधन तोड़ लेना चाहिए तो कुछ नेताओं ने इसके ऊपर आपत्ति जताई। शाह ने कहा कि शिवसेना के साथ उनको गठबंधन तोड़ लेना चाहिए और मोदी लहर में चार छोटी पार्टियों के साथ गठबंधन करके चुनाव में जाना चाहिए।[56]

पचीस साल पुराना गठबंधन इन दलों द्वारा लड़ी जाने वाली सीटों की वृद्धि को लेकर बंधन में रहता था। इस घोषणा के लिए शिवसेना तैयार नहीं थी। पार्टी नेताओं ने यह माना कि उनको अंतिम समय में उन चुनाव क्षेत्रों के लिए उम्मीदवार खोजने में मुश्किल आई जहाँ से पहले भाजपा चुनाव लड़ती थी।

एक कांग्रेस नेता का यह दावा था कि भाजपा और एनसीपी ने जिस तरह से अपने-अपने सहयोगी दलों से अलग होने की घोषणा की थी उससे यह लगता था कि उनमें मिलीभगत थी।[57] एनसीपी के एक वरिष्ठ कार्यकर्ता ने यह स्वीकार किया कि दोनों दलों के नेता आपस में संपर्क में थे। 'इस बात के बारे में कुछ समय से विचार चल रहा था। सवाल यह था कि पहल कौन करे। इसलिए जब भाजपा ने पहल की तो हम लोगों ने भी उसका अनुसरण किया', उन्होंने कहा।[58]

जिस दिन गठबंधन टूटा, उद्धव ने ठाकरे परिवार के मित्र बाजीराव दांगट के कहने पर राज को फ़ोन किया और समझौते की पेशकश की। राज्यसभा के सांसद

अनिल देसाई शिवसेना की तरफ़ से बातचीत कर रहे थे जबकि बाला नांदगांवकर और नितिन देसाई मनसे की तरफ़ से।

राज ने पार्टी टिकट बाँटने के काम को रोक दिया लेकिन आख़िरकार जब उनको शिवसेना की तरफ़ से कोई जवाब नहीं मिला तो उन्होंने अगले दिन यह काम फिर से शुरू कर दिया। 'मुझे पता था कि यही होने वाला था', राज ने कहा, साथ ही उन्होंने कहा कि 'इस तरह से आगे-पीछे होना और किसी ठोस नतीजे पर नहीं पहुँचना सेना की पहचान रही है।[59]

प्रस्ताव के बावजूद शिवसेना के अंदर एक विचारधारा ऐसी भी थी जिसका यह मानना था कि मनसे के साथ किसी तरह की बातचीत से उसको खड़े होने में मदद मिल जाएगी। मनसे के बारे में यह कहा जा रहा था कि उसके पास वह जन समर्थन नहीं रह गया था, और अगर शिवसेना ने उसके साथ गठबंधन किया तो इससे मनसे में नई जान आ जाएगी। संगठनीय मुद्दों को लेकर लड़ने वाले दोनों दल एक तरह के मतदाताओं के लिए ही संघर्ष कर रहे थे। विवाद का एक और मुद्दा यह था—ऐसी सीटें जहाँ शिवसेना और मनसे आमने-सामने थीं। मनसे ने माहिम और शिवदी जैसी विधानसभा सीटों पर जीत दर्ज की थी, और सेना को अपने उम्मीदवारों की क़ीमत पर इन लोगों के लिए जगह बनानी पड़ती।[60]

राज्य विधानसभा चुनाव से ऐन पहले राज ने राज्य के विकास के लिए अपनी योजना का खुलासा किया। इसमें महाराष्ट्र के लिए अधिक स्वायत्तता की माँग की गई थी कि अंग्रेज़ी माध्यम में श्रेष्ठ शिक्षा उपलब्ध करवाई जाए जिसमें शिक्षा का मुख्य माध्यम मराठी हो, लाभ का सीधे तौर पर अंतरण हो और विश्वविद्यालयों तथा औद्योगिक संगठनों के लिए विशेष पुलिस बल का गठन किया जाए।[61]

विधानसभा चुनावों के प्रचार के दौरान शिवसेना के नेता उद्धव ने मोदी और भाजपा पर आक्रमण करते हुए उनको अफ़ज़ल ख़ान नामक आदिलशाह के उस सेनापति के साथ जोड़ा जिसने महाराष्ट्र और इसके मंदिरों को तबाह कर दिया। बाद में उसको प्रतापगढ़ के युद्ध में छत्रपति शिवाजी महाराज ने मार डाला (1659)।[62] भाजपा को नीचा दिखाने के लिए भाजपा के ख़िलाफ़ शिवसेना ने इस तरह के पोस्टर लगवाए जिनमें मोदी बाल ठाकरे के सामने हाथ जोड़े खड़े थे।

प्रेम शुक्ला ने *दोपहर का सामना* के माध्यम से मोदी के ऊपर हमला बोला। उनका दावा था : 'मोदी को बहुमत केवल भाजपा के नाम पर नहीं मिला। अगर लोकसभा चुनाव के पहले सेना ने भाजपा की तरह बर्ताव किया होता तो मोदी के पिता दामोदरदास भी 2014 के चुनाव में बहुमत नहीं ला सकते थे।[63]

शुक्ला का दावा था कि उन्होंने उद्धव को बताकर लिखा था लेकिन उद्धव बाद में उससे मुकर गए। शुक्ला ख़ुद को शिवसेना का सदस्य बताते थे, और उसके स्टार

प्रचारकों में एक थे।[64] 31 दिसंबर 2015 तो उन्होंने *दोपहर का सामना* के कार्यकारी संपादक पद से इस्तीफ़ा दिया और भाजपा में शामिल हो गए।

राज्य में भाजपा को छोटी पार्टी के रूप में देखा जाता था लेकिन विधानसभा चुनाव में वह सबसे बड़ी पार्टी के रूप में उभर कर आई। 288 सीटों में उसको 122 सीटें मिलीं और उसके सहयोगी दल आरएसपी को एक सीट मिली। शिवसेना दूसरे नम्बर पर रही लेकिन उसको महज़ 63 सीटें मिलीं। गोरेगाँव और ठाणे को उसका गढ़ कहा जाता था जो भाजपा के खाते में चला गया। कांग्रेस और एनसीपी को कम सीटें मिलीं, क्रमश: 42 और 41।

भाजपा को जिन 122 सीटों पर जीत मिली उनमें शिवसेना 32 सीटों पर नम्बर दो रही और कांग्रेस 45 सीटों पर। सबसे बड़ा झटका मनसे को लगा। 2009 में उसने जो 13 सीटें जीती थीं इस बार वह सभी हार गई। उसको बस एक सीट मिली। शरद सोनावने ने पुणे में जुन्नार सीट से जीत हासिल की (सोनावने मार्च 2019 में शिवसेना में चले गए)। ओवैसी की पार्टी एआईएमआईएम ने भी मनसे से अच्छा प्रदर्शन किया। उसको दो सीटें मिलीं जबकि आज़मी ने मनख़ुर्द-शिवाजीनगर सीट से समाजवादी पार्टी के एकमात्र सदस्य के रूप में जीत दर्ज की।

भाजपा के 260 उम्मीदवारों ने 31.15 प्रतिशत मत हासिल किया। शिवसेना ने 282 सीटों पर 19.80 प्रतिशत मत हासिल किए। 209 सीटों पर लड़ने के बाद मनसे को महज़ 4.18 प्रतिशत मत हासिल हुए।[65] 2009 की तरह मनसे ने राज के दोस्त और पूर्व मंत्री विनय कोरे सावकर की पार्टी जन सुराज्य शक्ति के साथ समझौता किया। कोरे कोल्हापुर में पनहाला-शाहूवाड़ी की सीट को शिवसेना के उम्मीदवार से हार गए।

लोकसभा चुनाव में सफलता के बाद भाजपा ने कांग्रेस और एनसीपी के आउटसोर्सिंग मॉडल को अपनाया, जिसमें अपने-अपने क्षेत्रों में चुनाव जीतने की क्षमता रखने वाले नेताओं का चयन किया गया, जिनको राज्य और राष्ट्रीय स्तर पर मदद की जाती थी।[66] इसके कारण राज्य में भाजपा की सीटों में वृद्धि हुई।

शिवसेना के लिए अच्छी बात यह रही कि वह माहिम, शिवदी, विक्रोली, भांडुप, कल्याण ग्रामीण और मगाथाने सीट से चुनाव जीतने में सफल रही, जो पहले मनसे ने जीती थी।

भाजपा और शिवसेना के बीच राजनीति के ध्रुवीकृत होने के कारण शिवसेना को फ़ायदा यह हुआ कि उसको मराठी वोट मिले जो मनसे को मिल रहे थे। मनसे को मिलने वाले मतों में बहुत गिरावट आई। 'जैसे-जैसे मुंबई में मराठीभाषी लोगों की तादाद काम हो रही थी, मराठी मतदाताओं में अल्पसंख्यक होने का भाव घर कर गया था, जिसके कारण शिवसेना ने बड़ी आसानी से उनको अपने पक्ष में कर लिया', शिवसेना का बीट देखने वाले एक वरिष्ठ पत्रकार ने कहा।[67]

सेना ने अपना बदला भी ले लिया जब उसके उम्मीदवार वैभव नाइक ने सिंधुदुर्ग के कुडाल विधानसभा क्षेत्र से नारायण राणे को हरा दिया। इससे पहले विनायक राउत ने लोकसभा चुनाव में रत्नागिरी-सिंधुदुर्ग लोकसभा क्षेत्र से राणे के बड़े बेटे नीलेश को हरा दिया था। एक साल बाद शिवसेना ने बांद्रा पूर्व सीट से उप चुनाव में नारायण राणे को लगातार दूसरी बार हरा दिया।

हालाँकि भाजपा ने शिवसेना का खेल बिगाड़ने की कोशिश की थी लेकिन उद्धव के राजनीतिक दुश्मन भी इस बात को मानते हैं कि जब मोदी लहर में सभी क्षेत्रीय नेता धूल चाट रहे थे उद्धव ने अपनी ज़मीन बचाए रखी थी। 2009 में सेना की सफलता और बीएमसी में 2007 तथा 2012 की जीत बाल ठाकरे के कारण हुई थी। लेकिन पिता के नहीं होने के बाद इस बार की जीत पूरी तरह से उद्धव के कारण हुई थी।

छगन भुजबल जैसे बड़े नेता भी मनसे की इस चौंका देने वाली हार को समझ नहीं पा रहे थे। 'हो सकता है कि यह इस कारण से हुआ हो क्योंकि बहुत से मुद्दों पर अपने रुख़ को को लेकर मनसे आगे-पीछे करती आई थी', भुजबल का कहना था।[68]

'सलाम है', भुजबल ने कहा जब उनसे पूछा गया कि उद्धव ने किस तरह शिवसेना को संकट से उबारा? आगे उनका कहना था कि 'इस बात के लिए कोई उद्धव की प्रशंसा किए बिना नहीं रह सकता है कि उन्होंने कठिन समय में सेना को उबारा। उद्धव बहुत अच्छे योजनाकार हैं, वे सत्ता का बहुत अच्छा उपयोग करते हैं। यहाँ तक कि तब भी उन्होंने ऐसा किया जब दूसरे लोग यह दावा कर रहे थे कि शिवसेना अस्तित्व के संकट से जूझ रही है। लेकिन मैं हमेशा कहता था कि सेना को कभी भी समाप्त नहीं किया जा सकता है क्योंकि इसकी जड़ें बहुत गहरी हैं।'[69]

'बालासाहेब की मृत्यु के बाद यह पहला चुनाव था और उद्धव ने अपने दम पर इस चुनाव में बालासाहेब के दौर से अच्छे प्रदर्शन के लिए चुनाव लड़ा', संदीप प्रधान ने कहा।[70]

जब मनसे पार्टी का गठन हुआ तो प्रमोद महाजन के छोटे भाई प्रकाश महाजन उससे जुड़ गए, और मतभेद होने के बाद शिवसेना में चले गए। 'कुरुक्षेत्र की लड़ाई में अर्जुन ने कर्ण पर बाण चलाया। उस बाण में इतनी शक्ति थी कि कर्ण का रथ पाँच योजन पीछे चला गया। वह ऐसा शानदार धनुर्धर था। कर्ण ने भी अर्जुन की तरफ़ वैसा ही बाण मारा और अर्जुन का रथ दो योजन पीछे चला गया। इस बात से अर्जुन के रथ के सारथी कृष्ण कर्ण की प्रशंसा करने लगे। अर्जुन को कुछ समझ नहीं आ रहा था—कृष्ण कर्ण की प्रशंसा क्यों कर रहे हैं जबकि उसके बाण का प्रभाव अधिक पड़ा था? इस पर कृष्ण ने जवाब दिया कि कर्ण की उपलब्धि बड़ी थी क्योंकि परिस्थितियाँ उसके पक्ष में नहीं थीं। अर्जुन का रथ उसको इंद्र ने दिया था, देवताओं ने ध्वजस्तम्भ पर हनुमान का बल दिया था और भगवान ख़ुद उसका रथ चला रहे थे।'[71]

लोकसभा चुनाव के पहले राज ने यह दावा किया कि उनके चाचा को तैलीय *बटाटा वड़े* खिलाए गए जो उनके स्वास्थ्य के लिए अच्छे नहीं थे। अप्रैल 2014 में डोंबिवली में एक रैली में बोलते हुए उन्होंने कहा कि वह बाल ठाकरे के अंतिम दिनों में अपने घर से उनके लिए चिकन सूप भेजते थे। 'उनको कभी ऐसा महसूस नहीं हुआ कि मैंने उनकी पीठ में छुरा घोंपा था', राज ने कहा। वह उद्धव के इस आरोप का जवाब दे रहे थे कि उनके छोटे भाई ने अपने स्वर्गीय चाचा सेना प्रमुख की पीठ में छुरा घोंप दिया था।[72]

'महाराष्ट्र के लोगों ने इस बयान को सही ढंग से नहीं लिया क्योंकि ऐसा लगा जैसे राज अपने स्वर्गीय चाचा के नाम का दुरुपयोग कर रहे थे। किसी के गुजर जाने के बाद किसी को यह बात नहीं करनी चाहिए कि उसने उसके लिए क्या किया। इसके अलावा, बालासाहेब के नहीं रहने के बाद होने वाला वह पहला चुनाव था', राज के एक समर्थक ने कहा।[73]

लोकसभा चुनाव में भारी हार के बाद राज ने अपने कार्यकर्ताओं का उत्साह बढ़ाने के लिए यह घोषणा की कि वह विधानसभा का चुनाव लड़ेंगे। मनसे ने राज को मुख्यमंत्री के उम्मीदवार के तौर पर आगे किया और उनको यह उम्मीद थी कि ठाकरे परिवार के किसी व्यक्ति की यह घोषणा कि वह सार्वजनिक पद पर बैठेगा लोगों को उत्साहित करेगा और इससे लोग उसको समर्थन देंगे।

राज माहिम से चुनाव लड़ना चाहते थे लेकिन जब उनको समझ में आया कि मनसे की स्थिति अच्छी नहीं है तो उन्होंने लड़ने का इरादा त्याग दिया।[74] वागीश सारस्वत का कहना है कि वड़ा और चिकेन सूप वाले बयान के कारण महाराष्ट्रीय लोगों में ग़ुस्सा था। 'मैं दादर में घूम रहा था और लोगों से बिना यह बताए कि मैं मनसे का नेता था बात कर रहा था। वे ग़ुस्से में थे क्योंकि उनको लगता था कि राज यह दिखाना चाहते थे कि उन्होंने बालासाहेब की मदद की थी', उन्होंने बताया।[75]

मनसे के एक वरिष्ठ नेता ने यह माना कि 'वड़ा और चिकेन सूप' वाले बयान से लोग दुखी थे, लेकिन राज ने घोषणा करके विधानसभा का चुनाव नहीं लड़ा तो इस बात से स्थिति और बिगड़ गई। 'हमारे सर्वेक्षण से यह पता चला था कि अगर राज माहिम से लड़ते तो आराम से जीत जाते। लेकिन पार्टी के कुछ नेताओं की राय यह थी कि उनको महज़ एक विधानसभा क्षेत्र तक ही सीमित नहीं रहना चाहिए बल्कि सभी चुनाव क्षेत्रों का ध्यान रखना चाहिए। हम यह नहीं कर सकते थे कि हमारे स्टार प्रचारक एक सीट में ही उलझकर रह जाएँ।'[76]

सारस्वत ने कहा कि मनसे की राजनीति में एक बहुत बड़ी कमी यह थी कि बाला नांदगांवकर को छोड़कर उसके किसी नेता को चुनावी राजनीति का अनुभव नहीं था।

2010 में जब आदित्य के नेतृत्व में युवा सेना का गठन किया गया तो इसकी वजह से मनसे का युवा समर्थन भी शिवसेना की तरफ़ जाने लगा। इसने

राजनीतिक रूप से महत्त्वाकांक्षी मराठी युवाओं को पार्टी में ऊपर जाने का एक मंच प्रदान किया।[77]

मनसे कांग्रेस-एनसीपी सरकार के ऊपर हमला बोलने और विपक्षी शिव सेना-भाजपा के मतों में सेंध लगाने के अंतर्विरोध से नहीं उबर पा रही थी। शिवसेना मतदाताओं में यह संदेश दे पाने में सफल रही कि मनसे सरकार का ही प्यादा थी, दोनों दलों के अंदरूनी सूत्रों का यह कहना था।

लेकिन मनसे के नेता इस आरोपों का खंडन करते हैं। 'विस्थापितों के ख़िलाफ़ चलाए गए आंदोलन के कारण पुलिस ने हमारे ऊपर केस दर्ज कर दिया। मनसे के बहुत से नेता और कार्यकर्ता आज भी अदालतों में मुकदमा लड़ रहे हैं और कुछ लोगों को तो सज़ा भी हुई। एक ऐसा भी समय था जब सरकार ने राज साहब की सुरक्षा वापस ले ली थी। मुंबई भर के मनसे कार्यकर्ता बारी-बारी से उनकी सुरक्षा में तैनात रहते थे जबकि उनकी नियमित सुरक्षा में रिटायर्ड फ़ौजी लगे रहते थे जिनके पास लाइसेंसी हथियार होते थे', उन्होंने कहा।[78]

दादर में बंद पड़ी इन्दु मिल की ज़मीन पर सरकार ने बाबासाहेब आंबेडकर की प्रतिमा लगाने की योजना बनाई जिसका राज ने विरोध किया जिससे दलित ग़ुस्से में थे।[79]

11 अगस्त 2012 को दक्षिण मुंबई के आज़ाद मैदान में मुसलमानों ने म्यांमार और असम में उनके समुदाय के ख़िलाफ़ हो रही हिंसा के ख़िलाफ़ विरोध प्रदर्शन किया। उस रैली में हज़ारों लोग जुटे थे और भड़काऊ भाषण के बाद भीड़ ग़ुस्से में आ गई।

भीड़ ने मीडिया और पुलिसवालों के ऊपर हमला बोलना शुरू कर दिया। पुलिस द्वारा गोली चलाने के कारण दो लोग मारे गए और पचास से अधिक लोग घायल हो गए, जिनमें अधिकतर पुलिस वाले थे।[80] महिला पुलिसकर्मियों के साथ छेड़छाड़ भी हुई।[81]

राज ने गिरगांव चौपाटी से आज़ाद मैदान तक इसके विरोध में मोर्चा निकलाने की घोषणा की। उन्होंने गृह मंत्री आर.आर. पाटिल तथा मुंबई के पुलिस कमिश्नर अरूप पटनायक के इस्तीफ़े की माँग भी की।

एक वरिष्ठ पुलिस अधिकारी ने यह माना कि ख़ुफ़िया विभाग की नाकामी के कारण दंगे हुए, लेकिन अगर उनके ऊपर सख़्ती से कार्रवाई की जाती तो इससे सांप्रदायिक दंगे भड़क सकते थे। अब रिटायर हो चुके उस अधिकारी का कहना था कि मनसे का मोर्चा कई अर्थों में एनसीपी के कुछ लोगों के लिए लाभकर था क्योंकि एनसीपी के कुछ नेता पुलिस कमिश्नर को हटवाना चाहते थे। लेकिन उन्होंने यह माना कि इस विरोध प्रदर्शन के कारण पुलिस और अल्पसंख्यक समुदायों के बीच बाद का टकराव टल गया।[82]

21 अगस्त को राज ने विरोध प्रदर्शन और रैली का आयोजन किया जिसमें भारी संख्या में लोग आए। जिसमें ग़ैर मराठी तथा पुलिस वालों के परिजन भी शामिल हुए।

आज़ाद मैदान में हुई जनसभा में राज ने उत्तर प्रदेश और बिहार के मुसलमानों की आलोचना की लेकिन इस बात से इनकार किया कि उनकी रैली की भावना हिन्दूवादी थी। उन्होंने कहा कि उनका एकमात्र धर्म 'महाराष्ट्र धर्म' था। राज ने बड़े नाटकीय ढंग से बांग्लादेश का बना एक पासपोर्ट दिखाया और कहा कि यह पासपोर्ट ज़मीन पर पड़ा हुआ मिला था और यह आरोप लगाया कि इस हिंसा के सूत्र बांग्लादेश से जुड़े हुए थे।

उनका यह विरोध प्रदर्शन उनके वोट बैंक के लिए सही निशाने पर था लेकिन राज ने यह भी कहा कि किसी भी स्मारक या मूर्ति का निर्माण समाज के हित में होना चाहिए, न कि ईंट-गारे का ढाँचा बनकर रह जाए। उन्होंने ऐसे नेताओं की आलोचना की जिनको मूर्तियों और स्मारकों से मोह होता है।

उन्होंने दलित नेताओं का मज़ाक़ उड़ाया कि वे भारत के एक संविधान निर्माता की मूर्ति दादर में समुद्र तट के पास इन्दु मिल में बनवाना चाहते हैं। 'मायावती कहाँ हैं? रामदास अठवाले कहाँ हैं? आर.एस. गवई कहाँ हैं? प्रकाश आंबेडकर कहाँ हैं? सभी ख़ामोश क्यों हैं? सभी इस तरह से सम्मोहित क्यों हैं, मानो उनके ऊपर भूत आ गया हो। वे बार-बार इन्दु मिल इन्दु मिल कहे जा रहे हैं। क्या उनको करने के लिए कुछ और काम नहीं है? इन्दु मिल में वे क्या बनाना चाहते हैं, एक बंगला?' उन्होंने पूछा।[83]

वैसे तो इस मोर्चे के कारण पटनायक का दो दिन बाद ही तबादला कर दिया गया, लेकिन जैसा कि शिशिर शिंदे ने कहा कि इस तरह के भड़काऊ बयान के कारण 2014 के चुनाव में दलित मतदाताओं ने मनसे को सबक़ सिखा दिया।

दादर में रहने वाले उच्चवर्गीय मराठी, जिनमें मनसे के कार्यकर्ता भी शामिल थे, 'लाखों भीम सैनिकों' को देखकर नाक-भौं सिकोड़ते थे जो पास में चैत्यभूमि पर डॉ. बाबासाहेब आंबेडकर के जन्म और मृत्यु दिवस के दिन श्रद्धांजलि देने आते रहते थे, जिसका कारण भी दलितों का ग़ुस्सा था।

सरकार का गठन

विधानसभा में भाजपा के सबसे बड़े दल के रूप में उभरकर आने के बाद जब शिवसेना इस बात को समझते हुए सरकार बनाने को लेकर समझौते में लगी हुई थी, तब एनसीपी ने खेल ख़राब कर दिया। जब मतगणना का काम चल रहा था और स्पष्ट हो रहा था कि भारतीय जनता पार्टी महाराष्ट्र में सबसे बड़ी पार्टी के तौर पर उभरकर आएगी लेकिन बहुमत का आँकड़ा पार नहीं कर पाएगी तब मनमोहन

सिंह सरकार में मंत्री रहे प्रफुल्ल पटेल ने स्थिरता और विकास के नाम पर भाजपा को बाहर से समर्थन देने का प्रस्ताव दिया।[84]

बाद में, पत्रकार से कांग्रेस सांसद बने कुमार केतकर ने एनसीपी को भाजपा की सुरक्षित शक्ति कहा। अगर भाजपा को बहुमत से कम सीटें मिलतीं तो इस शक्ति का प्रयोग किया जा सकता था।[85]

जिस एनसीपी को विधानसभा चुनावों के प्रचार के दौरान मोदी ने नेचुरली करप्ट पार्टी[86] की संज्ञा दी थी उसके बयान ने यह संकेत दे दिया कि अगर शिवसेना भाजपा को समर्थन नहीं करती तो भाजपा एनसीपी का समर्थन ले सकती थी। इस बयान के कारण शिवसेना के मोलभाव की क्षमता जाती रही।

कुछ एनसीपी नेताओं को इस बात की चिंता सता रही थी कि केंद्र सरकार में मंत्री रहते हुए और महाराष्ट्र सरकार में रहते हुए उन्होंने कुछ फ़ैसले लिए थे जिनकी जाँच की जा सकती थी। एक कांग्रेसी नेता का यह कहना था कि भाजपा भी महाराष्ट्र में एनसीपी के साथ गठजोड़ बनाना चाहती थी। उनका कहना था कि इसीलिए प्रधानमंत्री कई बार पवार के गढ़ बारामती गए और मराठा नेता की उन्होंने ख़ूब तारीफ़ भी की।[87]

2018 के मध्य तक भाजपा नेताओं का दावा था कि एनसीपी उसी तरह शादी के मंडप से भागकर उसके साथ गठबंधन के लिए तैयार थी जिस तरह करीना कपूर ने *3 ईडियट्स* में किया था।[88]

महाराष्ट्र भाजपा के अध्यक्ष और नागपुर से विधायक देवेंद्र फडणवीस ने अपनी पार्टी के नितिन गडकरी और एकनाथ खडसे को पीछे छोड़ा और महाराष्ट्र के मुख्यमंत्री बन गए। जब 31 अक्टूबर को देवेंद्र फडणवीस ने शपथ ली तो उद्धव ने मोदी और शाह के साथ मंच साझा किया। जब उद्धव ने यह शिकायत की सरकार के गठन के लिए होने वाली बातचीत में भाजपा ने लगातार उनको अपमानित किया तो अंतिम समय में शाह ने उनको फ़ोन किया।[89]

विधानसभा में फडणवीस सरकार के लिए विश्वास मत बोलकर उसे पारित किया गया जबकि उसके सदस्यों की संख्या आधे से कम थी। शिवसेना और कांग्रेस के विधायक मत विभाजन की बात करते रहे, लेकिन एनसीपी के विधायक शांत बैठे रहे।[90]

शिवसेना ने कहा कि जनतंत्र का गला घोंटा गया और कांग्रेस के पाँच विधायकों को राज्यपाल सी. विद्यासागर राव के कामकाज में बाधा पहुँचाने के आरोप में निलम्बित कर दिया, जिसके कारण कांग्रेस ने उसको काला दिवस कहा।[91]

शिवसेना के एकनाथ शिंदे नेता प्रतिपक्ष बनाए गए। लेकिन एक महीने बाद उद्धव को मजबूर होकर झुकना पड़ गया और दिसम्बर 2014 में शिवसेना सरकार में शामिल हो गई। लेकिन उसकी भूमिका छोटी कर दी गई। सेना के

सूत्रों ने यह बताया कि शिवसेना ने यह निर्णय इस वजह से लिया क्योंकि उसको डर था कि भाजपा अपनी सत्ता और संसाधन के बल पर उसके विधायकों को तोड़ सकती थी।[92] भाजपा के लिए सेना का सरकार में शामिल हो जाना स्थिर सरकार का द्योतक था और उसको समर्थन के लिए एनसीपी के ऊपर निर्भर नहीं रहना पड़ता।[93]

एनसीपी के बिना शर्त समर्थन के कारण शिवसेना मोलभाव की स्थिति में नहीं रह गई थी। लेकिन शिवसेना को आख़िरकार कैबिनेट में 6 सीटें मिलीं और 7 राज्यमंत्री। इसको उप मुख्यमंत्री तथा गृह मंत्री जैसे महत्त्वपूर्ण पद का दावा छोड़ना पड़ा। फडणवीस ने उद्योग तथा पीडबल्यूडी (सार्वजनिक उपक्रम) जैसे कुछ मंत्रालय सेना के मंत्रियों को दिए लेकिन उनके अधिकार सीमित कर दिए।

सरकार में शामिल होने के बावजूद शिवसेना संतुलन बनाने की भूमिका निभाती रही। यानी सत्ता में रहने के बावजूद विपक्ष की भूमिका निभाने में लगी रही। *सामना* भाजपा, मोदी, शाह और फडणवीस के ऊपर हमला बोलने में लगी रही। कांग्रेस ने जब मध्य प्रदेश, गुजरात और राजस्थान में विधानसभा चुनावों में अच्छा प्रदर्शन किया तो संजय राउत ने राहुल गांधी की प्रशंसा करते हुए कहा कि वह पप्पू की छवि से बाहर निकल आए हैं।

यहाँ तक कि शिवसेना के वरिष्ठ नेताओं का भी मानना था कि उसके इस रुख़ के अपने विरोधाभास थे। पार्टी के कार्यकर्ताओं का एक समूह यह चाहता था कि पार्टी विपक्ष में रहे लेकिन ज़्यादातर विधायकों का यह मत था कि सरकार में शामिल हो जाया जाए। विधायकों में इस बात का ग़ुस्सा था कि 5 में से 4 कैबिनेट मंत्री उच्च सदन के सदस्य थे। जून 2019 में शिवसेना के कोटे से 2 और मंत्रियों को शपथ दिलाई गई: जयदत्त क्षीरसागर जो कुछ दिन पहले ही एनसीपी से शिवसेना में आए थे और एनसीपी से सैनिक बने एक और नेता तानाजी सावंत को। स्वास्थ्य मंत्री दीपक सावंत की पार्टी नेतृत्व के साथ अनबन हो गई और उनको उस साल के आरम्भ में अपने पद से त्यागपत्र देना पड़ा क्योंकि उनको उच्च सदन में दुबारा नामांकन नहीं मिला। दिखाने के लिए सेना केवल एक नीतिगत फ़ैसले के बारे में कह सकती थी कि उसके कारण हुआ था वह 2018 में प्लास्टिक के उपयोग पर बैन लगाने का फ़ैसला।[94]

शिवसेना ने आरम्भ में फडणवीस की पसंदीदा योजना 700 किलोमीटर लंबी मुंबई-नागपुर समृद्धि एक्सप्रेसवे का विरोध किया। 46 हज़ार करोड़ रुपए की लागत वाली इस योजना का उद्देश्य दोनों शहरों के बीच आवागमन के समय को 18 घंटे से कम करके 8 घंटे करना था। इसको क्षेत्रीय विकास की योजना के रूप में देखा गया था क्योंकि इस परियोजना से 10 ज़िले, 26 तहसीलें और 392 गाँव आपस में जुड़ जाते।[95]

पहले शिवसेना ने उन किसानों का साथ दिया जो ज़मीन के अधिग्रहण का विरोध कर रहे थे, लेकिन संयोग से इस परियोजना के प्रभारी मंत्री एकनाथ शिंदे शिवसेना के थे, जो सार्वजनिक उपक्रम विभाग के मंत्री थे। इसलिए नवम्बर 2018 में सेना ने यह माँग रखी कि इसका नामकरण उसके स्वर्गीय पार्टी प्रमुख के नाम पर किया जाए।[96] दिसंबर 11 को उद्धव ठाकरे के नेतृत्ववाली राज्य सरकार ने एक प्रस्ताव जारी किया जिसमें इसका नामकरण हिंदू हृदय सम्राट बालासाहेब ठाकरे, महाराष्ट्र समृद्धि महामार्ग किया गया।

'शिवसेना का चरित्र विपक्षी दल का रहा है। हम जब विपक्ष में रहते हैं तो हमारा विस्तार होता है। अब हम सत्ता में हैं लेकिन हमारे पास अधिकार नहीं है। हम लोग फडणवीस और मोदी की सरकार के ख़िलाफ़ पूरी तरह से नहीं जा सकते थे क्योंकि सरकार में हमारा भी दख़ल था। जनता इस विरोधाभास को समझ नहीं पाई', एक पूर्व विधायक ने शिकायत करते हुए कहा।[97]

खुले तौर पर, शिवसेना के नेताओं का यह दावा था कि सरकार में उनकी भूमिका वही थी जो महावत की हाथी को वश में रखने में होती है।

बीएमसी का युद्ध

शिवसेना को ऐसा लगता था कि 2017 के बीएमसी के चुनाव में उसके पास मौक़ा था कि वह भाजपा का खेल बिगाड़ दे, इसलिए उसने चुनाव अपने बूते पर लड़ा और भाजपा के प्रस्ताव के बावजूद गठबंधन करने से इनकार कर दिया। पार्टी को उम्मीद थी कि मराठी बनाम ग़ैर मराठी की हवा उसके पक्ष में काम करेगी और इसके कारण मुंबई में उसको 100 से अधिक सीटों पर जीत मिल जाएगी।

मतदान से पहले भाजपा ने कुछ ऐसा किया जो सोच से परे था—उसने उद्धव के ख़िलाफ़ भ्रष्टाचार के आरोप लगाए। उद्धव का सीधे तौर पर नाम लिए बग़ैर मुंबई उत्तर-पूर्व से सांसद किरीट सोमाया ने यह आरोप लगाया कि बीएमसी शक्तिशाली माफ़िया के हाथों में था, और जिसको बांद्रा से एक साहब और उनका पीए चलाता था।[98] उन्होंने उद्धव को यह चुनौती भी दी कि वह अपने वित्तीय लेन-देन को सार्वजनिक करें।[99] बाद में, लोकसभा चुनावों के लिए भाजपा और शिवसेना के बीच गठबंधन हो गया लेकिन निवर्तमान सांसदों में किरीट सोमाया अकेले ऐसे सांसद थे जिनको टिकट नहीं दिया गया। कहा जाता है उनको टिकट नहीं दिए जाने के कारणों में एक कारण यह भी था कि उन्होंने शिवसेना का खुल्लमखुल्ला विरोध किया था और इस वजह से शिवसेना उनके पक्ष में नहीं थी।

जब बीएमसी चुनाव के नतीजे आए तो उसको टुकड़ों में जीत मिली थी। उसकी सीटें 75 से 84 हो गई थीं, जबकि भाजपा ने बीएमसी में पारदर्शिता को मुद्दा बनाया

था कि इसका बजट कई छोटे-छोटे राज्यों से भी अधिक था, इसलिए उसके सदस्यों की संख्या बढ़कर 31 से 82 हो गई थी। 227 सदस्यों वाले सदन में उसकी संख्या शिवसेना से महज़ 2 कम थी। कांग्रेस को 31 सीटें मिलीं और एनसीपी को 9 सीटें। मनसे के बाला नांदगांवकर ने अपनी पार्टी को मिटने से बचाने[100] के लिए चुनाव से पूर्व शिवसेना की तरफ़ गठबंधन के लिए हाथ बढ़ाया था, लेकिन मनसे भी 2012 के अपने शानदार प्रदर्शन को दोहरा नहीं पाई और उसको केवल 7 सीटें मिलीं। सेना और भाजपा के नेताओं ने यह स्वीकार किया कि उनको भाषा के आधार पर हुए ध्रुवीकरण का लाभ मिला, जबकि कांग्रेस, एनसीपी और मनसे दरकिनार हो गए। लेकिन भाजपा के पक्ष में ग़ैर मराठी मतदाताओं के वोट तो पड़े ही वह उन इलाक़ों में जीतने में भी सफल रही जहाँ महाराष्ट्रीय संभ्रांत रहते थे, जैसे गिरगांव।

2017 में अपनी पार्टी के स्थापना दिवस के मौक़े पर बोलते हुए राज ने यह आरोप लगाया कि उनकी तमाम मेहनत के बावजूद लोगों ने उनको नकार दिया और उन्होंने कहा कि इन मतदाताओं को अपने ग़लत चयन के लिए बाद में पछताना भी पड़ेगा। 'मैं जीतने के लिए उन्हीं तरीक़ों को अपनाऊँगा जो इन दलों द्वारा अपनाए जाते हैं...यह आपकी आख़िरी हार है', उन्होंने कहा। उन्होंने अपने कार्यकर्ताओं से कहा कि लोकसभा चुनाव, विधानसभा चुनाव और अब नगर निकाय चुनाव में हार के बावजूद उनके कार्यकर्ताओं को अपना सिर ऊँचा बनाए रखना है।[101]

मनसे के महासचिव और प्रवक्ता संदीप देशपांडे, जो बीएमसी में पार्टी के समूह के नेता भी थे, का कहना था कि यह बुरी हार नगर निगम के सदन में उनके द्वारा किए गए प्रदर्शन को दिखाने वाली नहीं है। 'सड़क निर्माण में होने वाले घोटाले के पर्दाफ़ाश से लेकर नगर निगम के भ्रष्ट इंजीनियरों को सबक़ सिखाने तक, इस बात को पक्का करने से लेकर कि सड़कों का निर्माण अच्छी तरह से शिवाजी पार्क में सेल्फ़ी पॉइंट बनाने तक, हम लोगों ने लगभग उस तरह से काम किया मानो मुख्य विपक्षी दल हम ही हों।'[102]

देशपांडे ने कहा कि चुनाव क्षेत्रों के परिसीमन के कारण अनेक मनसे पार्षदों के वार्ड महिलाओं तथा अन्य पिछड़े तबके के लिए सुरक्षित कर दिए गए, ताकि वे कभी वहाँ से चुनाव ही न लड़ने पाएँ। राज अपने बेटे अमित की बीमारी के कारण भी चुनाव प्रचार में बहुत हिस्सा नहीं ले पाए।

मनसे और भाजपा दोनों के क़रीबी रहे महाराष्ट्र के एक पूर्व मंत्री ने यह दावा किया कि मुंबई भाजपा के प्रमुख तत्कालीन आशीष शेलर, जो बाद में फडणवीस सरकार में मंत्री भी बने, ने एक तरह से टुकड़े-टुकड़े जोड़कर ज़रूरी संख्या पूरी की। लेकिन भाजपा के सर्वश्रेष्ठ प्रदर्शन के बावजूद पार्टी नेतृत्व द्वारा शेलर को कहा गया कि वह अपने क़दम वापस खींच लें ताकि सेना को और अधिक नाराज़ होने से बचाया जा सके।[103]

शिवसेना ने बाद में निर्दलीय पार्षदों को इकट्ठा कर अपनी सत्ता को क़ायम रखा। भाजपा ने शिवसेना को बिना शर्त समर्थन दे दिया।[104]

अक्टूबर 2017 में शिवसेना ने मनसे के 7 में से 6 पार्षद अपनी तरफ़ मिलाकर सभी को हैरान कर दिया।

पार्टी में इस टूट का नेतृत्व किया था पार्टी के पार्षद समूह के प्रमुख दिलीप लांडे ने, जो इस बात से बहुत नाराज़ थे कि पार्टी में वरिष्ठ होने के बावजूद संदीप देशपांडे द्वारा उनको दरकिनार किया जा रहा था। 6 पार्षद मातोश्री में उद्धव ठाकरे की मौजूदगी में शिवसेना में शामिल हो गए। दुर्भाग्य की बात यह रही कि मनसे नेतृत्व में किसी को भी इस बात की भनक तक नहीं लग पाई कि मामा (लांडे को इस नाम से भी बुलाया जाता था) इतनी बड़ी संख्या में पार्षदों के साथ सदन में पाला बदलने वाले थे। लांडे ने पार्टी छोड़ने का कारण राज के आसपास बने गुट को बताया। यह तब हुआ जब भाजपा एक उप चुनाव में जीत गई और उसके सदस्यों की संख्या 83 हो गई और इस बात का डर फिर से बढ़ गया कि भाजपा शिवसेना से बीएमसी का नेतृत्व ले सकती थी।

राज ने उद्धव और शिवसेना को ख़ूब भला-बुरा कहा। संयोग से उसने कुछ दिन पहले ही चर्चगेट में पश्चिमी रेलवे के दफ़्तर के बाहर एलफिंसटन रोड रेलवे स्टेशन पर मची भगदड़ का विरोध करने के लिए मोर्चा निकाला था, जिसमें तेईस लोगों की जान चली गई थी।

'मैंने बालासाहेब को अपने फ़ैसले के बारे में बताकर शिवसेना को छोड़ दिया...उद्धव और उसके लोगों द्वारा की जा रही इस तरह की घटिया राजनीति से मैं ऊब चुका था', राज ने कहा और दावा करते हुए बताया कि जब उन्होंने पार्टी छोड़ी थी और मनसे का गठन किया था तो उन्होंने शिवसेना के विधायकों को मनसे में शामिल होने के लिए नहीं कहा था, क्योंकि वे इस तरह की राजनीति में विश्वास नहीं रखते। 'इसलिए अब गाल पर थप्पड़ पड़ेगा...' राज से जब यह पूछा गया कि क्या वे कभी शिवसेना से समझौते के बारे में सोचेंगे तो उन्होंने यह जवाब दिया।[105]

उनके राजनीतिक सितारे ज़रूर ख़राब चल रहे थे। उनकी पार्टी प्रत्येक चुनाव में हार चुकी थी और 2009 में उनके जितने विधायक चुनाव जीते थे लगभग सभी पार्टी छोड़कर जा चुके थे। लेकिन राज जनता की नज़रों में बने रहे, मोदी और भाजपा के ऊपर आक्रमण करते रहे, महाराष्ट्र में सितंबर 2018 को आयोजित भारत बंद में उन्होंने विपक्ष का भी साथ दिया।

सितम्बर 2017 में राज ने एक सनसनीख़ेज़ बयान दिया कि अंडरवर्ल्ड डॉन दाऊद इब्राहिम भारत आकर आत्मसमर्पण करना चाहता था और इस संबंध में मोदी सरकार से उसकी बातचीत चल रही थी। उनका यह कहना था कि अगर यह हो गया

तो यह भाजपा और मोदी सरकार के लिए चुनाव जीतने के लिए एक बड़ी उपलब्धि हो सकती है।[106]

एक साल बाद विक्रोली में उसी स्थान पर जहाँ उन्होंने 2008 में अमिताभ बच्चन के ख़िलाफ़ मोर्चा खोला था राज ने यह दावा किया कि भाजपा एआईएमआईएम के नेता ओवैसी के साथ बातचीत कर रही थी ताकि वे राम मंदिर के मुद्दे को लेकर दंगा करवा दें।[107]

राज का आकर्षण अभी ख़त्म नहीं हुआ था। यह 2017 में तब दिखाई दिया जब शिवाजी पार्क में शिवसेना की दशहरा रैली में उद्धव को सुनकर वापस लौट रहे शिव सैनिकों ने उनके घर के बाहर नारेबाजी की और उनकी एक झलक देखने के लिए खड़े रहे![108]

गठबंधन को लेकर द्वंद्व

18 फ़रवरी 2019 की शाम उद्धव ठाकरे, अमित शाह और देवेंद्र फडणवीस ने मीडिया के सामने आकर यह कहा कि लोकसभा और विधानसभा चुनाव के लिए शिवसेना और भाजपा का गठबंधन होगा। इस घोषणा के साथ ही शिवसेना ने अपने इस विचार को त्याग दिया कि वह भविष्य में सभी चुनाव अपने बूते ही लड़ेगी।

शिवसेना को महाराष्ट्र में जूनियर सहयोगी के रूप में मजबूर कर दिया गया था, लेकिन उसको ऐसा लगता था कि भाजपा की सफलता अस्थायी थी और एक बार मोदी लहर ख़त्म हो जाने के बाद यह उससे दूर चली जाएगी। शिवसेना के नेताओं में इस तरह के सोच के नेता भी थे जिनको ऐसा लगता था कि सेना को अपने बूते पूरे महाराष्ट्र में चुनाव लड़कर एक प्रांतीय शक्ति बनाया जाए।

23 जनवरी 2018 को शिवसेना पार्टी की राष्ट्रीय कार्यकारिणी में संजय राउत ने प्रस्ताव प्रस्तुत किया कि पार्टी भविष्य में अपने बूते ही चुनाव लड़ेगी। कार्यकर्ताओं को ऐसा लगता था कि वे सत्ता विरोधी मतों को हासिल कर सकते थे जो कांग्रेस-एनसीपी को जाते। लेकिन शिवसेना के कुछ सांसद इस बात को लेकर सशंकित थे कि इस तरह के विचार का उनकी अपनी राजनीति के ऊपर किस तरह का असर पड़ेगा।

जब-जब सरकार से शिवसेना के समर्थन की बात उठती तो संजय राउत कहते कि उद्धव उचित समय पर फ़ैसला लेंगे।[109] भाजपा के एक मंत्री का दावा था कि इस तरह की बहादुरी के प्रदर्शन के बावजूद शिवसेना के मंत्री और विधायक उनके संपर्क में रहते थे कि दोनों दलों में मेल का कोई रास्ता निकाला जाए।[110]

कुछ लोग इस मत को मानने वाले थे कि अगर शिवसेना और भाजपा अपने-अपने बूते चुनाव लड़े तो चुनाव दो दलों के बीच ध्रुवीकृत हो जाएगा। उदाहरण के लिए, मुंबई के पास पालघर लोकसभा उप चुनाव में, जो बाद में भाजपा बनाम

शिवसेना मुक़ाबले की भूमिका हो सकती थी, भाजपा ने शिवसेना को 29,000 से अधिक मतों से पराजित कर दिया।

गठबंधन की घोषणा के बाद शिवसेना के लिए लाज रखने वाली बात यह हुई कि लोकसभा चुनाव में उसके हिस्से के सीटों की संख्या 22 से 23 हो गई। शिवसेना ने पालघर और सांसद राजेंद्र गावित को अपने पाले में ले लिया।

शिवसेना के एक नेता, जो दुबारा चुनाव लड़ रहे थे, का यह कहना था कि पार्टी में इस बात को लेकर घबराहट थी कि अगर वे भाजपा के साथ गठबंधन न करे तो क्या वे दुबारा सांसद बन पाएँगे या नहीं? 'असल में भाजपा को भी महाराष्ट्र जैसे महत्त्वपूर्ण राज्य में हमारी ज़रूरत थी। इसलिए हमरी सोच एक हो गई', उनका कहना था।[111]

शिवसेना के टालमटोल के बाद भाजपा गठबंधन के लिए ज़ोर दे रही थी। जून 2018 में अमित शाह और चुनाव योजनाकार और जनता दल यू के उपाध्यक्ष प्रशांत किशोर ने फ़रवरी 2019 में उद्धव ठाकरे से मिलकर उन पर गठबंधन के लिए दबाव डाला। इसका कारण समझना कोई मुश्किल काम नहीं था: केंद्र में भाजपा की सत्ता वापसी के लिए महाराष्ट्र की 48 सीटें मायने रखती थीं। भाजपा ने पीछे से भी कई तरह से शिवसेना के ऊपर दबाव डाला, जिसमें कहा जाता है आरएसएस को भी शामिल किया गया। तब जाकर शिवसेना के रुख़ में बदलाव हुआ।

हालाँकि संजय राउत इस बात का दावा करते रहे कि सेना-भाजपा के बीच गठबंधन की बात अफ़वाह थी और यहाँ तक कि उन्होंने भाजपा के ऊपर यह आरोप भी लगाया कि वह किसी हताश प्रेमी की तरह इस बात के पीछे-पीछे भाग रही थी।[112] राफ़ेल सौदे को निशाना बनाकर शिवसेना भाजपा के ऊपर हमला बोलती रही।[113] और कांग्रेस अध्यक्ष राहुल गांधी के इस नारे को दोहराती रही—चौकीदार चोर है![114] उद्धव ने अयोध्या जाकर भाजपा को उसके चुनावी वादे की याद दिलाई। राम मंदिर बनवाने की माँग की।

जब यह बात स्पष्ट हो गई कि सेना और भाजपा मिलकर लड़ेंगे तो सेना के कार्यकर्ता ग़ुस्से में आ गए। कई महीने तक शिवसेना के ऊपर लगातार हमले के कारण दोनों दलों के कार्यकर्ताओं और निचले स्तर के नेताओं के बीच खिंचाव पैदा हो गया था, जिसके कारण मतों के हस्तांतरण में दिक्कत आ सकती थी। सबसे बढ़कर, जिन उम्मीदवारों को उन सीटों से चुनाव लड़ने के लिए तैयारी करने के लिए कहा था उनको ऐसा लगा जैसे मँझधार में छोड़ दिया गया हो।

फडणवीस का यह दावा था कि यह गठबंधन हिंदुत्व, राम मंदिर, किसानों के कल्याण की योजनाओं और राज्य भर में बराबर-बराबर सीटों पर चुनाव लड़ने के आधार पर हुआ था, लेकिन शिवसेना को लगता था कि उसने आत्मसमर्पण कर दिया है। शिवसेना का दावा यह था कि विधानसभा चुनाव के

बाद उसको मुख्यमंत्री का पद मिलेगा लेकिन भाजपा के नेता कुछ और कहते थे। शिवसेना में बहुत लोगों को ऐसा मानना था कि पार्टी को इस जोखिम का नुक़सान उठाना पड़ेगा। शिवसेना के एक वरिष्ठ नेता ने यह माना कि उनके आंतरिक सर्वेक्षण में यह पता चला था कि पार्टी 8 से 10 लोकसभा सीटों पर चुनाव जीत सकती थी।[115]

दूसरी तरफ़, मनसे नेता ऊपर से इस बात का खंडन करते रहे लेकिन अंदर ही अंदर वे एनसीपी के साथ इस बात को लेकर समझ बनाने में लगे रहे कि मुंबई, ठाणे या नासिक से उनको एक लोकसभा सीट के लिए लड़ने दिया जाए। महाराष्ट्र के पूर्व मुख्यमंत्री अशोक चव्हाण उस समय राज्य कांग्रेस के अध्यक्ष थे। उनका कहना था कि जब सीटों के बँटवारे की बात होती थी तो एनसीपी इस बात पर ज़ोर देती थी कि मनसे के लिए भी सीट दी जाए। 'लेकिन मुंबई के कांग्रेस नेताओं ने इसका विरोध किया क्योंकि मनसे उत्तर भारतीयों का विरोध करती थी।...यह हमारी विचारधारा से अलग बात थी।'[116]

आख़िरकार राज की पार्टी ने चुनाव नहीं लड़ा लेकिन उन्होंने मोदी, शाह और भाजपा के ऊपर अपनी रैलियों में ऑडिओ विज़ुअल माध्यमों का प्रयोग करते हुए आक्रमण किए और छद्म रूप से चुनाव में एनसीपी और कांग्रेस के समर्थन में अभियान चलाया। इस तरह की सभाओं की अपनी विशिष्ट शैली के कारण लोगों में चर्चा होने लगी, जिनमें मोदी के झूठे वीडियो दिखाए जाते थे, जैसे किस तरह शरद पवार को लेकर उनकी राय बदलती रही। राज मराठी में कहते 'ऐ लाव रे तो वीडियो।'

लेकिन जब चुनाव के परिणाम आए तो यह बात स्पष्ट हो गई कि भाजपा और शिवसेना के गठबंधन ने अपना रंग दिखाया था। भगवा गठबंधन ने एक बार फिर से महाराष्ट्र में भारी जीत दर्ज की, उसको 48 में 41 सीटें मिलीं। लेकिन शिवसेना के बड़े नेताओं में अनंत गीते (रायगढ़), चंद्रकांत खैरे (औरंगाबाद), आनंदराव अडसुल (अमरावती), और शिवाजीराव आढलराव पाटिल (शिरूर) चुनाव हार गए और पार्टी के सदस्यों की संख्या 18 रह गई।

अडसुल और खैरे की हार क्रमशः एनसीपी समर्थित निर्दलीय उम्मीदवार नवनीत कौर राणा (जिनके पति और निर्दलीय विधायक रवि राणा मुख्यमंत्री फडणवीस के क़रीबी हैं) के हाथों और एआईएमआईएम के इम्तियाज़ जलील के हाथों हुई लेकिन उन्होंने भाजपा को अपनी हार का ज़िम्मेदार बताया।[117]

जिस तरह से 2009 में मनसे ने भगवा गठबंधन को नुक़सान पहुँचाया था उसी तरह डॉक्टर आंबेडकर के पोते प्रकाश आंबेडकर के नेतृत्व वाले नवगठित वंचित बहुजन अघड़ी ने कांग्रेस-एनसीपी का खेल बिगाड़ने का काम किया। वंचित बहुजन अघड़ी ने एआईएमआईएम के साथ मिलकर चुनाव लड़ा था। औरंगाबाद

से जलील की जीत के अलावा उस गठबंधन को विपक्ष को कम से कम 8 सीटों पर मिली हार का ज़िम्मेदार बताया गया।

राज ठाकरे ने नरेंद्र मोदी और भाजपा के ख़िलाफ़ प्रचार किया था लेकिन अशोक चव्हाण का कहना था कि 'इस बात का आकलन बहुत मुश्किल था कि उनके वोट कांग्रेस-एनसीपी के साथ गए थे या नहीं। ऐसा लगता तो नहीं है।' अशोक चव्हाण की अपने गढ़ नांडेड से हार बहुत बड़ा झटका थी।

एक वरिष्ठ भाजपा नेता ने यह कहा कि चुनावी रणनीतिकार प्रशांत किशोर जैसे स्रोतों से मिली जानकारी के आधार पर शिवसेना को ऐसा लगता था कि 2019 के लोकसभा चुनाव में शायद किसी को बहुमत नहीं आए।

'ऐसे हालात में, शिवसेना तथा जदयू ने तेवर दिखाए होते। शिवसेना को ऐसा लगता था कि केंद्र में नरेंद्र मोदी को समर्थन देने के बदले वे महाराष्ट्र में मुख्यमंत्री की कुर्सी के लिए मोलभाव कर सकते थे। लेकिन जब भाजपा को 303 सीटें मिलीं तो सारी उम्मीदें धराशायी हो गईं', उन्होंने आगे बताया।

भाजपा नेता, जो महाराष्ट्र में मंत्री थे, ने शिवसेना के इस दावे का खंडन किया कि राज्य में विधानसभा चुनावों के बाद भाजपा और उनकी पार्टी के मुख्यमंत्री बारी-बारी से ढाई-ढाई साल के लिए पद पर रहेंगे।

लोकसभा चुनाव के बाद भाजपा ने महाराष्ट्र में विपक्षी दलों कांग्रेस-एनसीपी खेमे के नेताओं को अपने दल में शामिल करके अपनी स्थिति को मज़बूत बनाया, उसके बाद भाजपा ने सेना के इस दावे का खंडन किया कि गठबंधन होने की स्थिति में महाराष्ट्र की 288 विधानसभा सीटों का सहयोगी दलों में बराबर बँटवारा किया जाएगा।

राज्य विधानसभा चुनाव के ठीक बाद शिवसेना ने युवा सेना के प्रमुख आदित्य ठाकरे को मुख्यमंत्री उम्मीदवार के लिए आगे कर दिया। शिवसेना के स्रोतों का यह कहना था कि अगर मुख्यमंत्री नहीं तो मुंबई में वर्ली से चुनाव लड़ने वाले आदित्य को कम से कम उप-मुख्यमंत्री बनाया जाए और ठाकरे परिवार से पहली बार किसी को सार्वजनिक पद पर बैठने का मौक़ा दिया जाए। आदित्य ने राज्यव्यापी यात्रा की भी शुरुआत की।

तत्कालीन राजस्व मंत्री चंद्रकांत दादा पाटिल, जो बाद में भाजपा की राज्य इकाई के प्रमुख बने, ने कहा कि सेना और भाजपा राज्य विधानसभा के 288 सीटों में से 135-135 सीटों पर चुनाव लड़ेंगी, गठबंधन के छोटे दलों को बाक़ी 18 सीटें मिलने वाली थीं। बहुल सीट साझा करने का फ़ॉर्मूला भी भाजपा के नेताओं ने दिया था, जिसमें सेना को कनिष्ठ सहयोगी के रूप में कम सीटें देने की बात थी, जबकि शिवसेना की नाराज़गी साफ़ दिखाई दे रही थी। आख़िरकार, शिवसेना को मजबूर होकर 288 सीटों में से 124 सीटों पर समझौता करना पड़ा।

शिवसेना के एक नेता ने बताया कि पार्टी के भीतर भाजपा के साथ गठबंधन को लेकर दो तरह की राय थी। एक पक्ष का यह कहना था कि गठबंधन से बाहर निकल जाया जाए जबकि दूसरा पक्ष गठबंधन के पक्ष में था। इस बात की संभावना बहुत गहरी थी कि अगर दोनों अलग-अलग चुनाव लड़ते तो पार्टी के कुछ लोग पार्टी छोड़कर गठबंधन दल में जा सकते थे।

लोकसभा चुनाव के बाद राज ठाकरे ने कांग्रेस अध्यक्ष सोनिया गांधी तथा पश्चिम बंगाल की मुख्यमंत्री एवं तृणमूल कांग्रेस की अध्यक्ष ममता बनर्जी से मुलाक़ात की ताकि राजनीतिक दलों का एक बड़ा मोर्चा बनाकर यह माँग की जाए कि ईवीएम के स्थान पर मतपत्र से चुनाव करवाए जाएँ। उन्होंने भारत के चुनाव आयुक्त से भी मुलाक़ात कर यह माँग की कि ईवीएम के स्थान पर फिर से मतपत्र से चुनाव करवाए जाएँ, जिसके बारे में विपक्षी दलों का यह कहना था कि उसमें हेरफेर हो सकती थी।

बाद में, ईडी ने राज को 2005 में कोहिनूर मिल ज़मीन सौदे में तथाकथित धनशोधन के एक मामले में पूछताछ के लिए बुलाया। इंडियन एक्सप्रेस में प्रकाशित एक रिपोर्ट में यह दावा किया गया था कि मातोश्री इंफ्रास्ट्रक्चर, जिसमें राज का पहले हिस्सा था, ने कोहिनूर-सीटीएनएल के संयुक्त उपक्रम में 40 करोड़ का निवेश ज़मीन की ख़रीद के लिए किया था। कोहिनूर-सीटीएनएल कोहिनूर प्रोजेक्ट्स प्राइवेट लिमिटेड तथा आईटीएनएल का संयुक्त उपक्रम था।

इस रपट में (https://indianexpress.com/article/india/kohinoor-ctnl-rs-78-5-cr compensation-paid-to-rajs-matoshree-under-ed-scanner-5946140/) में यह भी कहा गया था कि फ़रवरी 2008 में कोहिनूर-सीटीएनएल ने 40 करोड़ रुपए 20 प्रतिशत ब्याज के साथ मातोश्री को लौटा दिए क्योंकि परियोजना रद्द हो गई थी। बाद में (जून, 2008) में कोहिनूर-सीटीएनएल ने हर्जाने के रूप में मातोश्री को 78.5 करोड़ रुपए दिए। 'ईडी का यह भी आरोप था कि मातोश्री ने जो 40 करोड़ रुपए मातोश्री में लगाए थे उनमें से 36 करोड़ रुपए कोहिनूर-सीटीएनएल को सीधे-सीधे कुछ अलग-अलग निवेशकों ने दिए थे। मातोश्री ने केवल 4 करोड़ रुपए का निवेश किया था, ऐसा स्रोतों ने बताया था' इस स्टोरी में यह लिखा था, साथ में यह भी कि ईडी ने यह भी जानकारी चाही कि क्षतिपूर्ति के रूप में अतिरिक्त राशि के भुगतान का क्या कारण था?

मनसे अध्यक्ष तथा उनके समर्थकों का यह दावा था कि यह सब बदले की भावना से किया जा रहा था, लेकिन राज को 22 अगस्त को प्रवर्तन निदेशालय (ईडी) के कार्यालय में पूछताछ के लिए बुलाया गया। राज अपनी ही शैली में संस्था

के बलार्ड एस्टेट के दफ़्तर अपने परिजनों एवं नज़दीकी समर्थकों के साथ पहुँचे, वहाँ उनसे साढ़े आठ घंटे तक पूछताछ की गई।

महाराष्ट्र विधानसभा चुनाव से ठीक पहले की इस पूछताछ के कारण शिवसेना के खेमे में खलबली मच गई। हालाँकि राज विपक्षी दलों कांग्रेस तथा एनसीपी के क़रीब जाते दिखाई दे रहे थे, सेना नेताओं का यह दावा था कि भाजपा इस पूछताछ के माध्यम से राज और मनसे के लिए सहानुभूति पैदा कर रही थी। शिवसेना के एक नेता का एक दावा था अगर भाजपा के साथ उनका गठबंधन नहीं हुआ तो इससे मनसे को उन सीटों पर फ़ायदा होगा जिन सीटों पर शिवसेना के साथ उनका नज़दीकी मुक़ाबला था। और अगर शिवसेना और भाजपा के बीच गठबंधन हो गया तो बाद में भाजपा अपने समर्पित मतदाताओं के मतों को मनसे के पक्ष में डलवा कर विधानसभा में शिवसेना के सदस्यों की संख्या को कम करने के लिए उपयोग कर सकती थी।

हालाँकि, महाराष्ट्र में राज ठाकरे के क़रीबी एक कांग्रेस नेता का यह दावा था कि प्रवर्तन निदेशालय द्वारा राज के साथ की गई पूछताछ पूरी तरह से भाजपा की 'बदले की राजनीति' का उदाहरण थी। जिनके अंदर नफ़रत भरी होती है वे बदले के अलावा कुछ और नहीं सोच सकते (सुडाने पेटलेला मानुस दुसरया कश्याचा विचार करत नाही)', उनका कहना था।

मनसे शुरू में चुनाव लड़ने को लेकर दुविधा में थी लेकिन बाद में लड़ने का फ़ैसला इसलिए लिया गया जब पार्टी के वरिष्ठ नेताओं ने इस बात का डर जताया कि अगर पार्टी ने चुनाव नहीं लड़ा तो पार्टी के अनेक नेता पार्टी छोड़ सकते थे।

भाजपा ने इसी तरह शरद पवार के ख़िलाफ़ भी प्रवर्तन निदेशालय का उपयोग करने की रणनीति बनाई थी लेकिन वह उल्टी पड़ गई। अगस्त में प्रवर्तन निदेशालय ने एनसीपी प्रमुख शरद पवार तथा अन्य नेताओं के ख़िलाफ़ महाराष्ट्र राज्य सहकारी बैंक के तथाकथित घोटाले का केस दर्ज किया।

पवार पहले से ही इस बात से नाराज़ थे कि उनकी पार्टी के अनेक नेता पार्टी छोड़ कर चले गए थे। इससे और नाराज़ हो गए और उन्होंने टकराव का रुख़ अपनाते हुए यह घोषणा की कि वह प्रवर्तन निदेशालय के दफ़्तर में पूछताछ के लिए जाकर शक्ति का प्रदर्शन करेंगे।

प्रवर्तन निदेशालय तथा मुंबई पुलिस आनन-फानन होने वाले नुक़सान से बचाव में लग गई ताकि इस बात को पक्का किया जा सके कि क़ानून व्यवस्था की स्थिति पर इसका कोई प्रभाव नहीं पड़े। बाद में ईडी ने कहा कि पवार को उनके पास आने की कोई ज़रूरत नहीं है। लेकिन इस घटना के कारण शरद पवार को लेकर लोगों में सहानुभूति पैदा हो गई क्योंकि इससे ऐसी धारणा बनी कि जाँच संस्थाओं

को भाजपा सरकार हथियार की तरह इस्तेमाल करते हुए राजनीतिक विरोधियों से हिसाब बराबर करने में लगी है।

भाजपा ने सतारा राज परिवार के वंशज तथा छत्रपति शिवाजी के वंशधर उदयनराजे भोंसले को अपने पाले में कर लिया।

सतारा से तीन बार के सांसद भोंसले ने लोकसभा चुनाव के तत्काल बाद एनसीपी छोड़कर भाजपा का दामन थाम लिया। अस्थिर चित्त वाले उदयनराज भोंसले का रिश्ता पवार के साथ बहुत गर्मजोशी भरा कभी नहीं रहा था, पवार ने अपने कॉलेज के दिनों के दोस्त, पूर्व आईएएस अधिकारी तथा सिक्किम के पूर्व राज्यपाल श्रीनिवास पाटिल मारूलकर को उपचुनाव में एनसीपी उम्मीदवार बना दिया।

कैंसर से बचकर निकले 79 साल के शरद पवार का एक वीडियो और तस्वीरें वायरल हो गई थीं जिसमें वे बारिश में खड़े होकर पाटिल के लिए एक जनसभा को संबोधित कर रहे थे, जो यह बताने वाली थी कि महाराष्ट्र में वह विपक्ष के एकमात्र ऐसे नेता थे जो भाजपा की विशाल शक्ति का मुक़ाबला कर रहे थे। जबकि एक तरफ कांग्रेस ने विधानसभा चुनाव में उम्मीद छोड़ दी थी और यह उसके प्रचार में भी दिखाई दे रहा था, लेकिन पवार ने मज़बूत विपक्ष के रूप में अपनी स्थिति बनाए रखी, और एनसीपी को सत्ता विरोधी मत बड़ी तादाद में मिले।

24 अक्टूबर को जब विधानसभा चुनावों के परिणाम आए तो यह साफ़ हो गया कि भाजपा सबसे बड़ी पार्टी तो बनी लेकिन फिर भी वह बहुमत से कम रह गई, जो भाजपा के नेताओं के आकलन के विपरीत था। भाजपा को 105 सीटें आईं, शिवसेना को 56 सीटें। एनसीपी को 54 सीटें आईं और कांग्रेस को 44। सतारा में भी पाटिल ने भोंसले को 87 हज़ार मतों से पराजित कर दिया।

मनसे को लोगों ने लगभग नकार दिया, उसका बस एक विधायक जीतकर आया—कल्याण ग्रामीण से राजू पाटिल। हालाँकि, वह दस स्थानों पर दूसरे स्थान पर रही, जिससे यह समझ आया कि अगर संगठन ठीक रहता और तैयारी बेहतर रहती तो मनसे को और सीटें मिलतीं।

अब रुझानों से सब कुछ साफ़ होता जा रहा था और यह साफ़ हो गया कि भाजपा सबसे बड़ी पार्टी बनकर उभरेगी। लेकिन वह सामान्य बहुमत तक नहीं पहुँच पाई। एक वरिष्ठ शिव सैनिक ने लेखक से बताया कि भाजपा बहुमत नहीं ला पाई तो इससे उनके नेताओं को यह समझ में आ गया कि उद्धव अब बहुत मोलभाव करेंगे। उनके ये शब्द आने वाले दिनों में सही साबित होने वाले थे। शिवसेना के एक रणनीतिकार, जिन्होंने राज और उद्धव दोनों के साथ काम किया था, ने बताया कि छोटे ठाकरे बंधु ने तेज़ गेंदबाज़ की तरह खेला जबकि बड़े ठाकरे बंधु ने स्पिनर की तरह, जिन्होंने सही मौक़े और सही पिच का इंतज़ार किया और गुगली

डालकर विकेट निकाल लिया। चूँकि भाजपा को बहुमत के लिए सेना की ज़रूरत पड़ेगी और ऐसे में उद्धव अपनी शर्तें रखेंगे, उन्होंने भविष्यवाणी की।

शिवसेना ने सत्ता साझा करने के लिए मोलभाव की कोशिश की और यह दावा किया कि दोनों दलों के बीच इस बात को लेकर समझौता हुआ था कि भाजपा और शिवसेना के बीच ढाई-ढाई साल के लिए सत्ता को साझा किया जाएगा। लेकिन मुख्यमंत्री देवेंद्र फडणवीस ने यह कहकर खलबली मचा दी कि इस तरह का कोई फ़ैसला नहीं लिया गया था। सालाना दीवाली मिलन के दौरान मीडिया से बात करते हुए फडणवीस ने इस बात का भी खंडन किया कि दोनों दलों के मंत्री बराबर संख्या में होंगे, क्योंकि शिवसेना के विधायक सदन में भाजपा के विधायकों से आधी संख्या में थे।

उद्धव भड़क गए और उन्होंने कहा कि फडणवीस उन पर झूठ बोलने का गलत आरोप लगा रहे हैं।

इस बीच संजय राउत, जिनकी शरद पवार से निकटता खुली बात है, इस बात के लिए प्रयास करने लगे कि शिवसेना भाजपा से नाता तोड़ ले तथा एनसीपी एवं कांग्रेस के साथ मिलकर सरकार बनाने का दावा पेश कर दे।

हालाँकि, कांग्रेस के कई नेताओं ने यह स्वीकार किया कि पार्टी आला कमान इस कदम को लेकर दुविधा में था, क्योंकि शिवसेना हिंदुत्ववादी पार्टी थी, जिसके कारण अल्पसंख्यक मतदाता छिटक सकते थे। इसके अलावा, शिवसेना के नेता पहले कांग्रेस अध्यक्ष के ऊपर निजी हमले कर सकते थे।

शिवसेना और कांग्रेस के बीच सीएए जैसे विवादास्पद क़ानून तथा विनायक दामोदर सावरकर को भारत रत्न देने की माँग को लेकर मतभेद भी थे, राहुल गांधी ने सावरकर के ऊपर हमले भी किए थे।

लेकिन कांग्रेस इसलिए मान गई क्योंकि राज्य के अनेक नेता इस लाभदायक समझौते के पक्ष में इस वजह से थे ताकि 'बड़ी बुराई को दूर किया जा सके', तथा सबसे बढ़कर भारत के सबसे शहरी एवं औद्योगिक राज्य में सत्ता में वापस आया जाए। महाराष्ट्र के कांग्रेस नेतागण इस बात पर भी ज़ोर दे रहे थे कि अगर राज्य में पाँच साल और भाजपा की सरकार आ गई तो कांग्रेस का आधार और कमज़ोर हो जाएगा।

सरकार का कार्यकाल 9 नवम्बर को ख़त्म हो रहा था, तथा शिवसेना एवं भाजपा के बीच तालमेल की संभावना दूर लग रही थी। फडणवीस ने मुख्यमंत्री के पद से इस्तीफ़ा दे दिया था, लेकिन उससे पहले उसने सेना एवं उद्धव के ऊपर खुलकर हमला बोला था।

शिवसेना की एनसीपी एवं कांग्रेस के साथ उस समय तनातनी होने लगी जब दोनों दलों ने यह माँग की कि केंद्रीय मंत्री अरविंद सावंत जब मोदी सरकार से

इस्तीफ़ा दे देंगे तब जाकर आगे बातचीत होगी। सावंत ने 12 नवम्बर को इस्तीफ़ा दे दिया। उसके ठीक बाद, शिवसेना को एनडीए से बाहर का रास्ता दिखा दिया गया, जो इस बात का संकेत था कि भाजपा अपने रुख़ को मज़बूत बना रही थी।

काफ़ी आगे-पीछे के बाद 22 नवम्बर को शिवसेना, एनसीपी तथा कांग्रेस के नेता वर्ली के नेहरू सेंटर में मिले, जहां गठबंधन को औपचारिक रूप दिया गया। शरद पवार ने घोषणा की कि उद्धव मुख्यमंत्री बनेंगे।

लेकिन, सभी भागीदार और आम लोग अगली सुबह सकते में आ गए जब उठते ही उनको यह समाचार सुनने को मिला कि सुबह-सुबह बड़ी चालाकी से फडणवीस तथा अजीत पवार ने मुख्यमंत्री और उपमुख्यमंत्री के रूप में शपथ ग्रहण कर लिया था और उससे पहले राज्य में राष्ट्रपति शासन को निरस्त कर दिया गया था।

बहुत सी उँगलियाँ पवार की तरफ़ उठ रही थीं क्योंकि वे सेना के साथ गठबंधन को लेकर भ्रम में डालने वाले बयान दे रहे थे, और बातचीत के बीच में उन्होंने प्रधानमंत्री से जाकर मुलाक़ात की थी जिसमें कथित रूप से उन्होंने महाराष्ट्र के किसानों के मुद्दे पर बातचीत की थी। लेकिन एनसीपी प्रमुख ने अपने भतीजे के इस कदम से अपने आपको पूरी तरह अलग दिखाने की कोशिश की तथा अपनी शक्ति को बटोरना शुरू कर दिया।

फड़नवीस तथा अजीत पवार को शपथ दिलवाने का जो फ़ैसला राज्यपाल भगत सिंह कोश्यारी ने किया था उसको लेकर तीनों दलों ने उच्चतम न्यायालय का रुख़ किया। लेकिन नवम्बर 26 को फडणवीस ने तब इस्तीफ़ा दे दिया जब उनको यह बात समझ में आ गई कि अजित पवार के पास एनसीपी विधानमंडल दल का समर्थन नहीं था।

लेकिन तब तक अजित, जिनके ऊपर भाजपा ने तथाकथित रूप से सिंचाई घोटाले में शामिल होने का आरोप लगाया था, उससे उनको एक तरह से मुक्ति मिल गई थी। उस अल्पकालिक सरकार के गठन के तुरंत बाद ही एंटी करप्शन ब्यूरो ने तथाकथित घोटाले में जाँच किए जा रहे कुछ मामलों को बंद करने के लिए कहा था।

आज भी, चारों दलों के नेता यह मानते हैं कि अजित के उस कुछ दिनों के विद्रोह की कहानी का अंत अभी लिखा जाना बाक़ी है। क्या उन्होंने अकेले यह विद्रोह किया? या यह कोई बड़ी योजना थी जिसमें और लोग भी शामिल थे? क्या उन्होंने बिसात बिछाए जाने के पहले ही चाल चाल दी थी? शरद पवार द्वारा राजनीति में पाला बदलने और हर कुछ साल में अपने रुख़ को बदलने की कला को देखते हुए संदेह का कोहरा और घना हो जाता है।

उच्चतम न्यायालय ने कहा कि विश्वास मत के लिए प्रो टेम स्पीकर का चुनाव किया जाए और विश्वास मत गुप्त मतदान के आधार पर नहीं होगा। विश्वास मत

को टीवी पर लाइव दिखाया जाना था। एक वरिष्ठ कांग्रेसी नेता का कहना था कि अगर ये उपाय नहीं अपनाए गए होते तो एनसीपी के असंतुष्टों की मदद से हो सकता है कि फडणवीस सरकार ने विश्वास मत हासिल कर लिया होता।

एक वरिष्ठ कांग्रेसी नेता के अनुसार तीनों दलों के गठबंधन के नेता के रूप में उद्धव का चुनाव स्पष्ट था क्योंकि कांग्रेस और एनसीपी के वरिष्ठ नेता नए-नवेले नेता आदित्य के मातहत काम नहीं करना चाहते थे।

हालाँकि उद्धव के बारे में यह धारणा थी कि वह 'अनिच्छुक नेता' थे, लेकिन उद्धव ने साबित किया वे माहिर नेता थे कि वे किसी भी अन्य नेता की तरह पक्के और निर्मम नेता थे। उन्होंने 1999 में पहली बार मुख्यमंत्री बनने की अपनी इच्छा को ज़ाहिर किया था। 2012 में लेखक के साथ निजी बातचीत में आदित्य ने कहा था कि उद्धव चुनावी राजनीति में आने के ख़िलाफ़ नहीं थे। कई सालों बाद यह बात महाराष्ट्र की राजनीति में एक अयाचित सी स्थिति में जाकर सही साबित हुई।

सबसे बढ़कर, शिवसेना का पूर्व मुख्यमंत्रियों मनोहर जोशी एवं नारायण राणे के साथ खटपट रही थी इसलिए पार्टी नहीं चाहती थी कि उनकी पार्टी का कोई और नेता इस पद पर आए। यह सही भी था कि ठाकरे पार्टी को क़ाबू में रखें और चुना गया नेता सरकार चलाए वाला मॉडल काम नहीं करने वाला था। जब आदित्य ने चुनाव लड़ने का फ़ैसला किया और उनको मुख्यमंत्री के उम्मीदवार के रूप में दिखाया गया तो एक विश्वस्त ने लेखक से कहा था कि 'हम नहीं चाहते कि और नारायण राणे एवं छगन भुजबल सामने आएँ।'

शिवसेना के अंदरूनी स्रोतों का यह दावा है कि दोनों दलों के बीच बारी-बारी से मुख्यमंत्री बनाया जाना एकमात्र कारण नहीं था जिसको लेकर दोनों दलों में मतभेद था और भाजपा ने केवल इसी वजह से सौदे को नहीं ठुकराया था।

उनका कहना था कि पिछले पाँच साल के दौरान भाजपा ने अनेक मुद्दों पर शिवसेना को दरकिनार करने की कोशिश की। 'उद्धव को यह उम्मीद थी कि मोदी सरकार की वापसी के बाद भाजपा नेतृत्व पिछली बातों को जाने देगा और शिवसेना के प्रतिनिधियों को केंद्रीय मंत्रिमंडल में अच्छी जगह देगा। हालाँकि, गीते की तरह सावंत को केंद्र में भारी उद्योग मंत्रालय दिया गया जिससे उद्धव चिढ़ गए, उन्होंने भाजपा के बड़े नेताओं को अपनी नाराज़गी जता भी दी थी', स्रोत का कहना था।

इसी तरह, भाजपा को ऐसा लगता था कि उसकी बहुमत के क़रीब सीटें आ जाएँगी, इसलिए उसने शिवसेना के उम्मीदवारों के ख़िलाफ़ बाग़ियों को खड़ा किया। जिन सीटों पर शिवसेना के बाग़ी चुनाव लड़ रहे थे भाजपा के कार्यकर्ताओं ने उनके लिए काम किया, सेना के स्रोत का आरोप था।

वर्ली में आदित्य ठाकरे चुनाव लड़ रहे थे, वहाँ शिवसेना ने मुख्य प्रतिद्वंद्वी एनसीपी नेता और भूतपूर्व विधायक सचिन अहीर को मना लिया था। बदले में,

एनसीपी ने सुरेश माने को समर्थन दिया, जो पहले बहुजन समाज पार्टी के नेता थे, और अब उन्होंने अपनी पार्टी गठित कर ली थी।

हालाँकि आदित्य 67 हज़ार से अधिक मतों से जीते लेकिन नोटा में 6305 लोगों ने मतदान किया। अपना नाम गुप्त रखने के वादे पर सेना के एक नेता का यह कहना था कि उस चुनाव क्षेत्र में भाजपा के नेता और कार्यकर्ता आदित्य के चुनाव अभियान से दूर ही रहे, बल्कि उन लोगों ने स्थानीय भाजपा नेता सुनील राणे के लिए काम करना उचित समझा जो बोरीवली उपनगर से भाजपा के टिकट से चुनाव लड़े और जीते भी।

शिवसेना ने यह दावा किया कि भाजपा ने उसको एक कमज़ोर विषय को लेकर घेरने की कोशिश की और आरे कालोनी में कोलाबा-बांद्रा-एसईईपीज़ेड मेट्रो रेल परियोजना के कार पड़ाव को लेकर शर्मिंदा करने का काम किया। इस हिस्से को मुंबई के बचे हुए हरित क्षेत्र के रूप में जाना जाता था और इसमें तेंदुए और जंगली बिल्लियों जैसे जंगली जानवर रहते थे। आदित्य के छोटे भाई तेजस, जिनको जंगली परिवेश और प्रकृति से प्रेम था, इस जगह नियमित रूप से जाते थे।

ऐक्टिविस्ट इसके ख़िलाफ़ थे कि वहाँ कार पड़ाव का निर्माण किया जाए क्योंकि पेड़ काटने तथा घास क्षेत्रों को बदलने का प्रकृति के ऊपर प्रभाव पड़ सकता था, जिनका पारिस्थितिकी तंत्र में बड़ा योगदान होता है।

अक्टूबर में मुंबई हाईकोर्ट ने बीएमसी के उस फैसले को खारिज कर दिया, जिसमें कार पड़ाव बनाने के लिए लगभग 2600 पेड़ काटे जाने थे। लेकिन यह फैसला आने के कुछ ही देर बाद मुंबई मेट्रो रेल कॉर्पोरेशन लिमिटेड ने आधी रात में पेड़ों को काटना शुरू कर दिया।

इस वजह से नागरिकों एवं पर्यावरणविदों ने बड़े पैमाने पर विरोध जताना शुरू किया। हालाँकि, पेड़ों के काटने के निर्णय को राजनीतिक निर्णय के रूप में देखा गया और इसका लक्ष्य था शिवसेना और ख़ासकर आदित्य ठाकरे को दरकिनार करना, जिनको बाद में उद्धव ठाकरे के कैबिनेट का हिस्सा बनाया गया, जिन्होंने उस समय यह ट्वीट किया था कि 'यह शर्मनाक और दुखद था और इससे जुड़े अफ़सरों के लिए उन्होंने लिखा कि उनको पीओके में भेज दिया जाना चाहिए बजाय पेड़ काटने के।' भूमिगत मेट्रो को फडणवीस की प्रिय परियोजना के रूप में देखा जाता था।

बाद में 2020 में कार पड़ाव परियोजना को रद्द कर दिया गया और इसको राज्य सरकार ने मुंबई के पूर्वी उपनगर कांजुरमार्ग में भेज दिया। लेकिन दिसंबर में मुंबई हाईकोट ने कांजुरमार्ग की जमीं पर कार पड़ाव के काम पर रोक लगा दी।

भाजपा नेताओं ने यह माना कि केंद्रीय नेतृत्व ने हरियाणा में दुष्यंत चौटाला और जननायक जनता पार्टी को सरकार बनाने के लिए जोड़ने में कोई देरी नहीं की लेकिन महाराष्ट्र में शिवसेना को लेकर उन्होंने उत्साह नहीं दिखाया।

उनका यह कहना था कि इस बात की आशंका थी कि केंद्र में भाजपा के कुछ नेता फडणवीस के पर काटना चाहते थे जिनको भविष्य के प्रधानमंत्री के रूप में देखा जाता था। साथ ही, भाजपा आला कमान के बारे में कहा जाता है कि वह फडणवीस से ख़ुश नहीं था क्योंकि वह राजनैतिक क़द से बढ़कर दाँव चल रहे थे, अपने प्रतिद्वंद्वी नेताओं को उन्होंने दरकिनार कर दिया था और पार्टी की संभावनाओं को बढ़ा-चढ़ा कर बता रहे थे, जबकि उनका प्रदर्शन उम्मीद से कमतर रहा।

यद्यपि इस तरह की कहानी बनाने की कोशिश की जा रही थी कि उद्धव 'संकोची नेता' हैं या 'सांयोगिक मुख्यमंत्री' हो सकते हैं, लेकिन बाद के घटनाक्रमों, जैसे नारायण राणे और राज ठाकरे जैसे प्रतिद्वंद्वियों के दरकिनार होने और बाद में पार्टी छोड़ देने के कारण इस तरह की कहानियाँ मिथ्या साबित हुईं।

यद्यपि जिन हालात में वे मुख्यमंत्री बने, हो सकता है वे उनकी पसंद के न रहे हों लेकिन हवा के रुख़ से यह पता चलता है कि उद्धव चुनावी या प्रतिनिधित्व पर आधारित राजनीति के ख़िलाफ़ नहीं थे।

2009 के विधानसभा चुनावों के पहले वरिष्ठ शिवसेना नेताओं का यह दावा था कि उद्धव मुख्यमंत्री पद के सबसे अच्छे विकल्प थे। 2012 में लेखक के साथ अनौपचारिक बातचीत में आदित्य ने इसके संकेत दिए थे कि उनके पिता चुनाव लड़ने के ख़िलाफ़ नहीं थे।

उद्धव ठाकरे ने छह अन्य मंत्रियों के साथ (सभी दलों के दो-दो मंत्री) 28 नवम्बर को शपथ ग्रहण किया, जो शिवाजी पार्क में शक्ति प्रदर्शन का मौक़ा था, जहां मनोहर जोशी को सेना के पहले मुख्यमंत्री के रूप में 1995 में शपथ दिलाई गई थी। हालाँकि, कांग्रेस ने यह संकेत दिया कि वह शिवसेना के साथ गठबंधन को लेकर अभी भी सहज नहीं थी क्योंकि उसके वरिष्ठ नेता सोनिया गांधी और राहुल गांधी दोनों समारोह में नहीं आए।

हालाँकि इस आयोजन ने एक हैरान करने वाला अतिथि देखा। लोगों के ध्यान के केंद्र में राज ठाकरे थे, जिनके साथ उनकी माँ कुंदा और पुत्र अमित भी था।

यह गठबंधन शुरुआत से ही अस्वभाविक गठबंधन के रूप में दिखाई दे रहा था। महा विकास अगाड़ी सरकार शिवसेना से अधिक एनसीपी की सरकार लग रही थी, क्योंकि सभी महत्त्वपूर्ण मंत्रालय एनसीपी के पास ही थे, जैसे गृह, वित्त और आवास। कांग्रेस तीसरे नंबर पर सिमट गई थी और उसको इस बात का डर था कि शिवसेना और एनसीपी साथ मिल जाएगी और वह बाद में चुनाव के पहले उसकी पार्टी को छोड़ देगी। कांग्रेस के नेता और कार्यकर्ता इस बात से घबराए हुए थे कि पवार और एनसीपी मुस्लिम दलित वोट बैंक में अपनी पैठ बना रहे थे।

इस बीच, इस बात को देखते हुए कि शिवसेना हिंदुत्व के एजेंडे को पीछे रखेगी मनसे ने इस जगह को भरने की कोशिश की। राज की पार्टी का झंडा पहले तीन रंगों का था जो राजनीतिक रूप से सही था, लेकिन उसको छोड़कर उन्होंने नया झंडा अपनाया जो भगवा रंग का था। राज के बेटे अमित को भी मनसे नेता के रूप में सामने लाया गया। हिंदुत्व की तरफ़ झुकाव में एक स्वाभाविक द्वैध था—उसको उत्तर भारतीय हिंदी भाषी प्रवासियों को भी इसमें शामिल करना पड़ता जिनको कभी मनसे ने निशाना बनाया था। आख़िर, वे भी हिंदू थे।

जब एमवीए सरकार ने अपना पहला बजट पेश किया उसको एक बड़ी चुनौती का सामना करना पड़ा—कोरोना महामारी का। सरकार को मजबूर होकर विधानमंडल के सत्र को छोटा करना पड़ा और राज्य में चरणबद्ध तरीक़े से लॉकडाउन किया गया। मुंबई की लाइफलाइन मानी जाने वाली लोकल ट्रेन सेवाओं को बंद करना पड़ा। उद्धव महाराष्ट्र की जनता को सोशल मीडिया के माध्यम से संबोधित करने लगे। उनकी मुद्रा और उनके तेवर के कारण महानगर में रहने वाले कुछ लोग उनके फ़ैन हो गए, जो आम तौर पर सेना को वोट नहीं देते।

28 नवम्बर को जब उद्धव को मुख्यमंत्री पद की शपथ दिलाई गई थी वह किसी विधानमंडल के सदस्य नहीं थे, इसलिए 27 मई तक उनको विधानसभा या विधान परिषद में से किसी एक सदन का सदस्य बनना ज़रूरी था। नहीं होने की अवस्था में उनको इस्तीफ़ा देना पड़ जाता। कोविड 19 महामारी के कारण विधान परिषद की नौ सीटों के लिए चुनाव को टाल दिया गया, और कैबिनेट ने यह अनुशंसा की कि उद्धव को ऊपरी सदन में राज्यपाल के कोटे की दो सीटों में से एक पर मनोनीत कर दिया जाए, जो तब ख़ाली थीं।

हालाँकि, तकनीकी आधार पर राज्यपाल कोश्यारी ने इसको नहीं माना। बाद में, बहुत तरह के घटनाक्रम के बाद भारत के चुनाव आयोग ने चुनाव की घोषणा कर दी, जिसमें वे निर्विरोध निर्वाचित हुए, इस तरह से एक संवैधानिक संकट टल गया।

कोश्यारी पूर्व भाजपा नेता हैं, और उनके अंतर्गत राज भवन एमवीए विरोधी गतिविधियों का केंद्र और एक समानांतर सत्ता केंद्र बन गया। उदाहरण के लिए, अभिनेत्री कंगना रनौत ने सितम्बर में राज्यपाल कोश्यारी से मुलाक़ात की, जो अभिनेता सुशांत सिंह राजपूत की आत्महत्या के मुद्दे को लेकर शिवसेना के साथ कटु संघर्ष में लगी हुई थी और मुंबई नगर निगम ने उसके दफ़्तर को भी तोड़ दिया था। अभिनेत्री ने कहा कि राज्यपाल ने 'अपनी बेटी' की तरह उसकी बातों को सुना।

भाजपा ने शिवसेना को सुशांत सिंह राजपूत तथा उनके मैनेजर दिशा सालियान की मृत्यु को लेकर भी घेरने की कोशिश की। इस विवाद में आदित्य के नाम को

घसीटने की कोशिश की गई। शिवसेना के संकटमोचकों ने यह माना कि पार्टी और सरकार की प्रतिक्रिया इस संकट को लेकर वैसी नहीं थी जैसी कि होनी चाहिए थी।

उद्धव को एक पत्र लिखकर कोश्यारी ने यह माँग की कि कोरोना के कारण बंद हुए मंदिर और उपासना स्थलों को खोल दिया जाए, कोश्यारी ने सवाल उठाया कि उद्धव 'धर्मनिरपेक्ष' हो गए थे? इसके कारण मुख्यमंत्री और शरद पवार का जवाब गुस्से से भरा था। बाद में गृह मंत्री अमित शाह ने कहा कि कोश्यारी को अपने शब्दों का चयन ठीक से करना चाहिए था।

सत्ता के लोभ में विश्वस्त लोग रातोरात ढुलमुल हो रहे हैं, दोस्त दुश्मन बन रहे हैं, या दुश्मन दोस्त और इस तरह पर्दे के पीछे बहुत कुछ चल रहा है। महाराष्ट्र की राजनीति रोमांचक हो गई है। एक चीनी कहावत है—आप को दिलचस्प समय में रहने को मिले। महाराष्ट्र के लोग इस समय उसी तरह जी रहे हैं।

10

साँप जो अपनी पूँछ खा गया

लोग अपने नेताओं का अनुसरण करते हैं
इन नेताओं के कार्यकलाप दूसरों के लिए उदाहरण पेश करते हैं।

—संत ज्ञानेश्वर, *ज्ञानेश्वरी*

उन्हें रोटी और मनोरंजन दो।

—जुवेनल, *रोमन नेता*

जनवरी 1984 में बाल ठाकरे ने दादर में शिवसेना का राज्यव्यापी सम्मेलन आयोजित किया और उन दिनों उनका झुकाव समाजवाद की तरफ़ था तो उस सम्मेलन को संबोधित करने के लिए उन्होंने श्रीपाद अमृत डाँगे को आमंत्रित किया, जिनको तब तक सीपीआई से निकाला जा चुका था। इस भाषण के दौरान (एक शिवसेना नेता ने मुझे बताया कि वह डाँगे की स्पीच से बहुत प्रभावित हुआ था)[1] भारत में कम्युनिस्ट आंदोलन के बड़े नेता ने अपनी उँगली शिवसेना की दुखती रग पर रख दी कि 'इस संगठन का कोई सिद्धांत नहीं है और किसी संगठन के लिए यह असम्भव था कि वह बिना सिद्धांत के चलता रह पाए'।[2]

'शिवसेना केवल करने में विश्वास रखती थी, और एक नज़र में देखकर ही यह कहा जा सकता था कि यह केवल करने में यक़ीन रखती थी। 1960 से 1970 के दशक के दौरान इस पार्टी का कोई कार्यक्रम नहीं था। अभी भी इसका कोई गम्भीर आर्थिक प्रस्ताव नहीं नहीं था', राजनीति विज्ञानी गेरार्ड ह्यूज[3] का कहना है।

ह्यूज के अनुसार गतिविधियों का आयोजन सेना के काम को प्रेरित करने वाला पहलू था। 'शिवसेना में आप हमेशा प्रतिक्रिया देने के लिए तैयार रहते हैं। एक तरह से आपका दुश्मन आपको बनाता है। इस बात से कोई फ़र्क़ नहीं पड़ता है कि दुश्मन है कौन', ह्यूज ने कहा। उनका कहना था कि वे दुश्मन कोई भी

हो सकते थे, ग़ैर मराठी से लेकर साम्यवादी तक, भैया, उडुपी, मुस्लिम से लेकर पटरी पर सोने वाले कोई भी।[4]

क्वींस यूनिवर्सिटी, किंगस्टन, कनाडा में डिपार्टमेंट ऑफ़ पॉलिटिकल साइंस, सोशियोलॉज़ी एंड ग्लोबल डेवलपमेंट स्टडीज़ के प्रोफ़ेसर जयंत लेले के अनुसार शिवसेना के गठन से बहुत पहले अपने पहले पाँच सालों के दौरान *मार्मिक* में सिवाय कम्युनिस्ट विरोध के कोई स्पष्ट वैचारिक पक्ष दिखाई नहीं देता था। 1962 में भारत-चीन युद्ध के बाद यह भावना तब कुछ और भड़क उठी जब भारतीय कम्युनिस्ट नेताओं ने चीन की निंदा करने में हिचक दिखाई।[5]

लेले का कहना है कि यह जानबूझकर किया गया हो या नहीं लेकिन शिवसेना ने इस बात को लेकर बहुत लड़ाई लड़ी कि बम्बई के ऊपर पूँजी के आधिपत्य से जनता का ध्यान हटाया जा सके। यहाँ तक कि कुछ पूँजीवादियों को महाराष्ट्रीय लोगों का अन्नदाता भी कहा जाता था। हालाँकि इस बात का कोई प्रमाण तो है नहीं लेकिन इस बात के साफ़ संकेत हैं कि यह या तो इस तरह के पूँजीवाद को बढ़ावा देने या उनके द्वारा बढ़ावा देने के काम में संलग्न रही है। कुछ को बचाकर और दूसरों को सज़ा देकर यह बहुत कुछ कमाती है। 'इस रुख़ को बरक़रार रखने के लिए हिंदुत्व एक सुविधाजनक विचारधारा है', उनका कहना है।[6]

जैसा कि ह्यूज ने दर्ज किया है कि शिवसेना ने कई आंदोलन चलाए, लेकिन इसने ऐसी किसी समस्या का समाधान नहीं किया। इसकी लोकप्रिय शैली और आक्रामकता किसी तरह के कार्यक्रम का स्थान नहीं ले सकती है।[7]

ह्यूज ने सेना और युद्ध पूर्व यूरोप में फ़ासिस्ट और नाज़ी आंदोलनों के बीच तुलना की है कि दोनों ने बुर्ज़ुआ और शहरी लोगों को सदस्य बनाया, बेरोज़गारी और पहचान के बीच संबंध, हिंसा और हथियार का प्रयोग, युद्ध की भावना तथा अल्पसंख्यकों के प्रति घृणा का प्रसार, उनको विदेशी और भ्रष्टाचार फैलाने वाले के रूप में देखना।[8]

सीमित आकर्षण

जीवन से जुड़ी विचारधारा के रूप में उदारवाद की अपनी सीमाएँ हैं, जिसके कारण स्थानीय मुद्दों से जुड़े आंदोलनों का जन्म होता है। जिसमें स्थानीय लोगों के लिए बेहतर सुविधाओं की माँग होती है, और एक दावा होता है कि वे स्थानीय लोगों के कष्टों को मुखर करने का काम करते हैं। इस तरह की राजनीति उस तरह के समुदायों या समाज के उस तबके को आकर्षित करने का काम करती है, विकास की प्रक्रिया में जो वंचित रह जाते हैं या उस प्रक्रिया में ख़ुद को अलग-थलग पाते हैं।

शिवसेना या मनसे ने शायद ही कभी भावनात्मक, अस्तित्व से जुड़े मुद्दों से हटकर किसी बड़े मुद्दे को उठाया हो। आज भी वे लैंगिक न्याय, पर्यावरण तथा अर्थव्यवस्था के सुचारु सिद्धांतों को लेकर भविष्योन्मुख, तार्किक रुख़ नहीं अपना पाते हैं, वे केवल राजनीतिक उपयोगिता के आधार पर काम करते हैं।

इस वजह से शिवसेना और मनसे की सबसे बड़ी सीमा उभरकर आती है—ऐसे समय के लिए उनके पास कोई एजेंडा नहीं है जब महाराष्ट्रीय आबादी सहित शहरी युवा अधिक कॉस्मोपॉलिटन, संपन्न तथा वैचारिक प्रतिबद्धताओं या आधार को त्याग कर राजनीतिक रूप से स्वाधीन हो जाएँगे।

वैसे तो शिवसेना का यह दावा है कि वह हिंदुत्ववादी है, लेकिन समय के अनुसार चलने वाली इसकी राजनीति किसी मुद्दे को लेकर उस पर समय की ज़रूरत के हिसाब से प्रतिक्रिया करती है। इसकी तुलना में संघ परिवार के कार्यकर्ता अपनी विचारधारा में विश्वास करते हैं।

'बाल ठाकरे की सबसे बड़ी सीमा यह थी कि वे मराठी भाषा और पहचान के इर्द-गिर्द राजनीति के दायरे को नहीं समझ पाए। भाषा मुख्य मुद्दा नहीं हो सकती, संस्कृति, अर्थव्यवस्था और समाज के बड़े ढाँचे में यह महज़ एक पहलू होता है। इसका जुड़ाव उसके बोलने वालों की वित्तीय समृद्धि को देखते हुए उनके आर्थिक जीवन से होना चाहिए', अकादमिक विश्लेषक दीपक पवार का कहना है।[9]

बाल ठाकरे अच्छे संगठनकर्ता थे, लेकिन करिश्मा और सांगठनिक क्षमता के अलावा उनके पास विषयों में गहराई नहीं थी।

'राज चीज़ों को बेहतर तरीक़े से समझ सकते हैं, लेकिन जैसे बालासाहेब शुरू में दक्षिण भारतीयों के विरोध में थे, वैसे ही राज उत्तर भारतीयों का विरोध करते थे। उन्होंने अपने राजनीतिक विमर्श को अन्य का निर्माण कर उससे जोड़ा, जैसे उत्तर भारतीय आबादी के ख़िलाफ़ उनका प्रदर्शन। इस कारण वह खेती के संकट या क़ानून व्यवस्था की ख़राब स्थिति जैसे मुद्दों को नहीं उठा पाए', पवार ने कहा।[10]

राज के काल के बीवीएस के एक नेता जो अब मनसे में हैं, 1990 के दशक के मध्य के उन दिनों को याद करते हैं जब राज की पहचान बनी थी।[11] वह मुंबई उपनगर के एक मिशनरी स्कूल में अपने चुनाव क्षेत्र के कुछ बच्चों का दाख़िला करवाने के लिए गए, जहाँ उनकी स्कूल की नन से बहस हो गई। उन्होंने बताया, 'मैंने यह शिकायत की कि स्कूल में ईसाइयों के नामांकन को प्राथमिकता दी जाती है। नन ने 'हाँ' में जवाब दिया और यह कहा कि हम लोग अपने समुदाय के बच्चों को प्राथमिकता इसलिए देते हैं क्योंकि इन संस्थानों का निर्माण चर्च द्वारा किया गया था। सबसे बड़ा तर्क उन्होंने यह दिया कि मुझसे पूछा कि वे लोग जो मुंबई में ख़ुद को मराठी मानुस का नेता मानते हैं इस तरह का कुछ क्यों नहीं कर पाए? इसने मुझे उस मुद्दे की सीमा के बारे में मुझे सोचने को बाध्य कर दिया जिसके लिए मैं संघर्ष कर रहा था।'

कांग्रेस और एनसीपी के नेता सहकारिता और शिक्षण संस्थानों के तंत्र का संचालन करते हैं, जिसके कारण वे स्थानीय स्तर पर सत्ता का इस्तेमाल करते हैं और स्थानीय स्तर पर अपने समर्थकों को संरक्षण देते हैं, जबकि शिवसेना और मनसे के पास ऐसा कुछ नहीं है।

'संस्थाओं के निर्माण से लोगों को सशक्त बनाने में मदद मिलती है। हालाँकि इसके लिए बहुत मेहनत की आवश्यकता होती है, कम से कम उसको स्थापित करने तक', दीपक पवार का कहना है। शिवसेना और मनसे की राजनीति घटनाओं के इर्द-गिर्द चलती है। वे उससे आगे नहीं जा सकते हैं। शिवसेना बीएमसी के ऊपर दो दशक से अधिक समय से शासन कर रही है लेकिन क्या यह पक्के तौर पर एक भी मराठी स्कूल के बारे में बता सकती है जो सही तरह से काम कर रहा हो? नज़रिए का अभाव है।'[12]

जैसा कि 23 जनवरी 2017 को *टाइम्स ऑफ़ इंडिया* में प्रकाशित एक रिपोर्ट में बताया गया है कि शिक्षा का स्तर अच्छा नहीं होने के कारण बीएमसी द्वारा संचालित मराठी स्कूलों में नामांकन लेने वालों की तादाद कम हो रही है।[13]

लेकिन शिवसेना और मनसे के आलोचक भी इस बात की तरफ़ ध्यान दिलाना नहीं भूलते हैं कि उदारवादी बुद्धिजीवी वर्ग अपने राज्य में स्थानीय मुद्दों को लेकर बनी राजनीतिक इकाइयों की आलोचना करते हैं लेकिन वे अपने-अपने राज्यों में इस तरह की भाषायी राष्ट्रीयता तथा उप राष्ट्रीयताओं को नज़रअन्दाज़ कर देते हैं। यह अक्सर इस बात की पहचान नहीं कर पाता है कि अवसरों को अकसर जाति, भाषा और क्षेत्रीय पहचान के जुड़े तंत्र के माध्यम से सुरक्षित कर लिया जाता है और प्रतिभा को महत्त्व नहीं दिया जाता।[14]

हालाँकि शिवसेना और मनसे द्वारा मराठी मानुस के हित के लिए उठाए गए मुद्दों का आकर्षण केवल मुम्बई, ठाणे, पुणे, नासिक जैसे शहरी केंद्रों तक ही सीमित रहता है। छगन भुजबल ने इस तरफ़ ध्यान दिलाया कि एक क्षेत्रीय शक्ति होने के बावजूद शिवसेना मतदाताओं को बड़े पैमाने पर आकर्षित नहीं कर पाई क्योंकि यह बड़े पैमाने पर मराठी पहचान को लेकर कुछ नहीं कर पाई, जिस तरह से दक्षिण राज्यों के क्षेत्रीय दल करते रहे हैं। 'दक्षिण भारतीय और कम्युनिस्टों के अलावा सेना ने दलितों और मुसलमानों के भी कुछ वर्गों को अपनी राजनीति से अलग रखा', उन्होंने बताया।[15]

भुजबल ने कहा कि अगर शिवसेना ने इन शक्तियों के साथ वृहत स्तर पर सामाजिक गठबंधन बना लिया होता तो वह पूरे महाराष्ट्र पर शासन कर सकती थी। संघ परिवार और शिवसेना द्वारा लगातार मुसलमानों को अन्य रूप में बताने के कारण उनका रूप प्रतिक्रियावादी बन गया तथा गाँवों में भी अधिक कट्टर और तथा अन्य समूहों से दूरी बनाने वाले संगठन के रूप में उनको देखा जाने लगा,

जहाँ भाषा, पहनावे और संस्कृति के अर्थ में हिंदू और मुसलमानों में अधिक एकता दिखाई देती है।[16]

बौद्धिकता विरोधी

महाराष्ट्र को कभी सुधारवादी आंदोलनों का पालना माना जाता था। वहाँ इन सामाजिक शक्तियों में लगातार गिरावट देखने को मिली है, जिसको समाज की बौद्धिकताविहीन करने की प्रक्रिया के रूप में देखा जाता है।

शिवसेना और बाद में मनसे को इस बात का श्रेय दिया जाता है कि उसने मराठी युवाओं को आवारा बना दिया क्योंकि उनका ज़ोर लोकशाही के स्थान पर ठोंकशाही है और सीधी कार्रवाई पर रहता है। वे अक्सर निगरानी का काम करने लगते हैं (जेराई ह्यूज ने इसको दादा संस्कृति को वैध बनाना कहा है)।[17] जूलिया एम. एकर्ट शिवसेना को पार्टी आंदोलन और गिरोह दोनों कहती हैं।[18] और मनसे की गतिविधियों से लगता है कि उसके ऊपर भी इसी तरह के आरोप लगाए जा सकते हैं।

उदाहरण के लिए, *इंडिया टुडे* ने गुप्त रूप से खोजबीन में पाया था कि किस तरह मनसे के कार्यकर्ता मोटी रक़म लेकर विरोध करने के लिए तैयार रहते थे।[19]

वैसे राज को मराठी सांस्कृतिक और साहित्यिक अभिजनों का क़रीबी माना जाता रहा है लेकिन दोनों दलों को अपने बौद्धिकता विरोध के लिए जाना जाता रहा है। जैसा कि विद्वान संपादक अरुण टिकेकर का कहना है कि 19वीं शताब्दी में महाराष्ट्र के लोग पारसी और गुजराती लोगों को काम पर रखना पसंद करते थे क्योंकि उनकी ख्याति थी। वे मेहनती, धर्मभीरु, ईमानदार और कर्तव्यनिष्ठ होते थे और विद्वानों का सम्मान करते थे। टिकेकर का दुख यह है कि बाल ठाकरे ने उनको एक-एक करके, कर्तव्य से भागने वाला, बेईमान, विद्रोही बना दिया, जो बौद्धिक चुनौतियों को लेकर उदासीन रहता था और जो विद्वानों की कोई परवाह नहीं करता था।[20]

इसके बावजूद कि वे मराठी मानुस के मुद्दे को अपना प्रमुख मुद्दा मानते हैं और दोनों सेनाओं को मुंबई में संगठित कामगार वर्ग के रूप में देखा जाता रहा है, जो प्रधान रूप से मराठी हैं, कपड़ा मिलों के मज़दूरों से शुरू करके धीरे-धीरे सबको बर्बाद कर दिया।

वास्तुकार कार्यकर्ता नीरा आडारकर का कहना है कि 1982 में हुई हड़ताल के पीछे कई तरह के पहलू थे, जिनकी वजह से उद्योगों में गिरावट आई और मज़दूरों की हार हुई। 'शिवसेना के नेता बाल ठाकरे ने मज़दूरों को अधर में छोड़ दिया जब उन्होंने उस हड़ताल को अंतिम समय में वापस ले लिया जिसकी उन्होंने

घोषणा की थी और जिसका नेतृत्व किया था और कांग्रेस की सरकार में विश्वास जता दिया। इसके कारण मज़दूरों ने दत्ता सामंत का घेराव किया कि वे आंदोलन का नेतृत्व करें जबकि ख़ुद उनका कहना था कि वे उद्योग जगत से ठीक तरह से परिचित नहीं थे', आडारकर ने कहा।[21]

डॉक्टर दत्ता सामंत के छोटे भाई पी.एन. 'दादा' सामंत जो ख़ुद ही ट्रेड यूनियन नेता थे ने यह कहा है कि 'कांग्रेस ने जानबूझकर मिल की हड़ताल को फैलने और असफल हो जाने दिया। नहीं तो दत्ता सामंत मुंबई के बेताज बादशाह हो जाते।' उन्होंने इस बात को मानते हुए कहा कि 'इस हड़ताल के असफल होने का एक और कारण शायद यह रहा कि उनके भाई ने उसे आर्थिक नहीं राजनीतिक लड़ाई के रूप में लड़ा।'[22]

1991 में राज्य सरकार ने मिलों की 600 एकड़ ज़मीन को फिर से विकास के लिए खोल दिया, जिसमें एक तिहाई ज़मीन मिल मालिकों की हो गई तथा शेष हिस्से बीएमसी और एमएचएडीए को दिए गए ताकि वे खुले स्थलों और किफ़ायती घरों का निर्माण कर सकें, विशेषकर मिल मज़दूरों के लिए। 2001 में राज्य सरकार ने विवादास्पद रूप से उस फॉर्मूले को बदल दिया जिसके अंतर्गत मिल मालिकों को ज़मीन का दो तिहाई हिस्सा उपरोक्त दोनों संस्थाओं को देना पड़ता था। इस तरह वे प्रमुख ज़मीन का बड़ा हिस्सा अपने लिए रख सकते थे।[23] बाद में उच्चतम न्यायालय ने 2006 में इस फॉर्मूले को सहमति दे दी।[24]

'मिल मालिकों को यह बात समझ में आ गई कि मिल की ज़मीन को बेचना(उससे होने वाले लाभ के कारण) आसान था बजाय मिल चलाने के', दादा सामंत का कहना था। 'शिवसेना ने इसका विरोध नहीं किया (मिल भूमि के उपयोग अधिकार को बदलने का) जबकि वह बीएमसी में सत्ता में थी। कपड़ा मिल मज़दूरों की हड़ताल को तोड़ने में सभी राजनीतिक दल शामिल थे', उनका आरोप था।[25]

अपने संस्मरण में सीपीआई के नेता गंगाधर चिटनिस ने विस्तार से लिखा है कि किस तरह शिव सेना-भाजपा सरकार इस बात को निश्चित करने से अपने पाँव पीछे खींचने लगी कि मिल मज़दूरों को उनका बक़ाया वेतन मिल जाए।[26]

चिटनिस, जिनका संबंध 'गिरनी कामगार यूनियन' (मिल मज़दूरों के लिए सीपीआई का संगठन) से था, ने लिखा है कि जब आंदोलनकारी मज़दूरों ने मंत्रालय के बाहर मोर्चा निकाला तो श्रम मंत्री स्वर्गीय साबिर शेख़ (शिव सेना) ने उनसे वादा किया। 'साबिर शेख़ ने जितने वादे किए थे उनमें से एक भी वादा पूरा नहीं किया गया। मज़दूरों को उनके किए गए काम का मेहनताना नहीं मिला, न ही मिलों को चलाने की दिशा में कोई क़दम उठाया गया', चिटनिस ने कहा, जिन्होंने विस्तार से यह बताया है कि हड़ताल ने किस तरह मिल मज़दूरों और उनके परिवार को तबाह कर दिया।[27]

'शिवसेना और मनसे का दावा रहा है कि वे मराठी मानुस का प्रतिनिधित्व करते हैं, लेकिन उन लोगों ने उनको धोखा दे दिया। वे विश्वास के साथ चालबाज़ी करने वाले हैं', धर्मराज्य कामगार कर्मचारी महासंघ के ट्रेड यूनियन नेता राजन राजे का कहना है, जिन्होंने मनसे के टिकट पर 2014 में ठाणे से लोकसभा और विधानसभा का चुनाव लड़ा था। 'आज अधिकतर ऊँची नौकरियाँ अनुबंध के आधार पर दी जाती हैं और नौकरी की शर्तें शोषण करने वाली होती हैं। सभी दलों के नेता कामगारों को अनुबंध के आधार पर काम देने का समर्थन करते हैं और मज़दूरों को लूटकर संपन्न हो रहे हैं।'[28]

धीरे-धीरे संगठन की जनता के प्रति वफ़ादारी और जनता की संगठन के प्रति वफ़ादारी कम होती गई, जिसके बल पर शिव सैनिकों ने कालाबाज़ारी तथा अन्य बुराइयों के ख़िलाफ़ लड़ाई लड़ी थी। उसकी जगह यथास्थिति को बनाए रखने की राजनीति ने उसका स्थान ले लिया। वरिष्ठ पत्रकार लीना मथायस ने मुंबई में मज़दूर आंदोलनों को क़रीब से देखा है और उनका यह कहना है कि मिल मज़दूरों के बीच कम्युनिस्ट नेता एस.ए. डाँगे इसलिए लोकप्रिय थे क्योंकि वे उनको ज्ञान देते थे। डाँगे ने अपने भाषणों में धार्मिक ग्रंथों तथा मार्क्सवाद के बुनियादी सिद्धांतों के हवाले दे-देकर मज़दूरों को वामपंथी आंदोलन से जोड़ने का काम किया। इन वामपंथी मज़दूर नेताओं द्वारा जिस तरह से मज़दूरों को राजनीतिक तथा वैचारिक शिक्षा दी गई, उसकी वजह से मज़दूर सामान्य आर्थिक माँगों से आगे बढ़कर देख पाए। लेकिन जब शिवसेना का आविर्भाव हुआ तो आर्थिक माँग और क्षेत्रीय पहचान से जुड़ी माँगें प्रधान होने लगीं। इसके कारण एक तार जुड़ गया क्योंकि नौकरियों के अवसर कम होते जा रहे थे और आर्थिक हालात अच्छे नहीं थे। धीरे-धीरे संप्रदायीकरण होने लगा और क्षेत्रीय पहचान के मुद्दे प्रबल हो गए', मथायस ने बताया।[29]

हालात और केंद्रित हो गए जब दत्ता सामंत का आक्रामक नेतृत्व सामने आया। उनका कोई वैचारिक आधार नहीं था, उनका ध्यान महज़ इस बात पर था कि मज़दूरों को अच्छा वेतन और भत्ता मिले। वैश्वीकरण के बाद के दौर में मज़दूर संघों में धीरे-धीरे गिरावट आने लगी।[30]

शिवसेना और मनसे इस बात का दावा करती रहीं कि वे मराठीभाषी लोगों के साथ खड़ी हैं लेकिन उन्होंने अपना कोई वादा पूरा नहीं किया जो उनके पीछे हटने तथा मुंबई में मराठी मानुस के कम होते जाने में दिखाई दे जाता है। 1996 से 2019 तक दोनों दलों की कुछ माँगें वही बनी रहीं—मराठी भाषी लोगों के लिए नौकरी तथा दुकानों के साइन बोर्ड मराठी में लिखे जाएँ!

लोकसत्ता के संपादक गिरीश कुबेर ने कहा कि शिवसेना शायद एकमात्र राजनीतिक दल है जिसने अपने मूल मतदाताओं के आधार को ख़त्म होने दिया।

जैसे कपड़ा मिलों के मज़दूरों की हड़ताल के दौरान। मुंबई और उसके आसपास ग़ैर महाराष्ट्रीय मतदाताओं की संख्या बढ़ने से भाजपा जैसे राष्ट्रीय दलों के लिए समर्थन बढ़ गया। 'उदाहरण के लिए अगर कोई मुंबई से चेन्नई चला जाता है तो वह डीएमके या एआईएडीएमके जैसे किसी क्षेत्रीय दल को वोट नहीं देगा बल्कि वह भाजपा या कांग्रेस जैसे किसी राष्ट्रीय दल को वोट देगा। इसलिए भाजपा के उभार के बीज शिवसेना के पतन में ही छिपे हुए हैं', उनका कहना है।[31]

शिवसेना ने महाराष्ट्र की समृद्ध संस्कृति, विरासत और खानपान के प्रदर्शन के लिए कुछ ख़ास नहीं किया। 30,692.59 करोड़ के बजट वाले बीएमसी,[32] जो गोवा जैसे राज्य से बहुत अधिक है (19,548 करोड़) [33] के ऊपर शासन करने के बावजूद मुंबई में काम करने वाले अधिकतर बिल्डर या ठेकेदार राजस्थान के रहने वाले हैं।[34] मुंबई प्रशासन के संदर्भ में भी सेना के पास बताने को कुछ ख़ास नहीं है।

'डेमोलिशन मैन' के रूप में विख्यात बीएमसी के पूर्व अधिकारी जी.आर. खैरनार, जो बाद में बीएमसी के डिप्टी कमिश्नर भी बने, का कहना है कि शिवसेना के शासनकाल में इस संस्था का पतन हुआ है। 'नगर निगम द्वारा संचालित अस्पताल हों या स्कूल, धीरे-धीरे उनका पतन ही हुआ है', उन्होंने बताया।[35]

मनसे के एक नेता ने बताया कि मध्यवर्गीय महाराष्ट्रीय लोगों में अपनी पहचान या क्षेत्रीयता को लेकर उस तरह की गहरी भावना नहीं है, जिस तरह की दक्षिण के क्षेत्रीय दलों में होती है।

'मेरी शाखा के कुछ कार्यकर्ता होटलों में दूध पहुँचाने का काम करते हैं, जिनमें शेट्टी के मालिकाना हक़ वाले होटल भी शामिल हैं, जो कर्नाटक के रहने वाले हैं। उन्होंने पूछताछ करनी शुरू की कि क्या एक ख़ास डेयरी का दूध मिल सकता है। जब हम लोगों ने पता किया तो पाया कि शेट्टी रेस्तराँ वाले अपने गृह राज्य के ब्राण्ड का दूध माँग रहे थे। अपनी पहचान और और जड़ों से उनका जुड़ाव इतना गहरा है', उन्होंने बताया।[36]

परिणाम में कमी

बाल ठाकरे को ज्ञान प्रकाश ने 'मूल ऐंग्री यंग मैन' लिखा है[37], और उनकी सत्ता करिश्माई रही है, लेकिन उनमें कई कमियाँ भी रहीं। लेकिन जनता उनके व्यक्तित्व से इस हद तक प्रभावित थी कि वह उन कमियों को देख नहीं पाई। जैसा कि कुमार केतकर ने कहा है कि बाल ठाकरे अच्छे योजनाकार नहीं रहे। न ही उन्होंने इतिहास और राजनीतिशास्त्र का ख़ास अध्ययन किया, न ही अर्थशास्त्र की उनकी समझ अच्छी रही। केतकर ने कहा कि शिव सेना-भाजपा शासन काल के दौरान बाल ठाकरे ऐसी परियोजनाओं की शुरुआत कर सकते थे जो मराठी साहित्य, संस्कृति,

ऐतिहासिक शोध, सिनेमा और मराठी भाषा को समृद्ध बनाने वाली होतीं, लेकिन उन्होंने ऐसा कुछ नहीं किया।[38]

वरिष्ठ पत्रकार रक्षित सोनावने किसी बड़ी विचारधारा के अभाव को 2012 से 2017 के बीच नासिक में मनसे के उत्थान और पतन से जोड़ कर देखते हैं। पार्टी ने अवसरवाद पर आधारिक क्षेत्र में अपना आधार गँवा दिया। जो विचारधारा आरम्भिक सफलता के बाद उसकी तरफ़ खिंची चली आई थी, लेकिन बाद अन्य राजनीतिक दलों की तरफ़ चली गई।[39]

सोनावने ने शिवसेना की दो प्रिय योजनाओं का हवाला दिया है। एक, *शिव वड़ा* (जिसकी योजना यह थी कि एक स्थान पर रसोई हो, एक तरह के मसाले हों, और उनकी आपूर्ति का माध्यम पेशेवर हो), जिसके माध्यम से मराठी युवाओं से यह वादा किया गया था कि उनको वड़ा पाव बेचने के लिए ठेले दिए जाएँगे, वड़ा पाव के बारे में कहा जाता है कि सेना ने ही इसको लोकप्रिय बनाया। दो, एक रुपए में *झुनका भाकर* (ज्वार की रोटी और बेसन की सब्ज़ी) बेचने की योजना (जिसकी शुरुआत शिव सेना-भाजपा शासन काल में की गई थी)। दोनों योजनाओं का हश्र अच्छा नहीं हुआ। इसी तरह राज ठाकरे ने स्थानीय युवाओं को रोज़गार देने के लिए शिव उद्योग सेना का गठन किया था, लेकिन यह योजना भी परवान नहीं चढ़ पाई।

'शिवसेना और मनसे अपने कार्यकर्ताओं को भावनात्मक रूप से सम्मोहित करके अपने साथ जोड़े रखती हैं। इसके कारण असामाजिक तत्त्व पहचान और संरक्षण के लिए इनसे जुड़ जाते हैं। झुग्गी-झोंपड़ी और चाल में रहने वाला मज़दूर वर्ग शिवसेना का सबसे बड़ा आधार है। उनको रोज़मर्रा की समस्याओं को सुलझाने के लिए मदद की ज़रूरत होती है, बदले में वह चुनाव में मदद करता है।'[40]

सोनावने ने कहा है कि ठाकरे बंधुओं में निरंतरता की कमी थी। उन्होंने खेती की संकटों को दूर करने के लिए किसी तरह के ढाँचागत बदलाव की बात नहीं की, जैसे फ़सलों में बदलाव, फ़सल की अच्छी क़ीमत, मध्यस्थों को दूर करने के लिए शहरों में ऐसे केंद्रों का निर्माण जहाँ किसान अपनी फ़सल बेच सकें। डेयरी के व्यवसाय आदि के माध्यम से भी किसानों की कमाई बढ़ाने संबंधी प्रयास नहीं किए गए। 'राज को पावर पॉइंट प्रेजेंटेशन बहुत पसंद है। उन्होंने 2012 में नगर निकायों में चुनाव के लिए उम्मीदवारों के चयन के लिए अनोखा ढंग निकाला था। उन्होंने परीक्षा का आयोजन किया जिसमें अलग-अलग विषयों के ज्ञान की परीक्षा ली गई। हालाँकि, यह चल नहीं पाया।'

सोनावने ने यह ध्यान दिलाया है दोनों दलों की विस्थापित विरोधी राजनीति में एक बड़ी कमी रही है—वे उन विस्थापितों का विरोध करते हैं जो झुग्गी-झोंपड़ियों में रहते हैं लेकिन उच्च आय वाले विस्थापितों का नहीं, जिससे यह बात समझ में आती है कि उनका ध्यान महज़ वोट बैंक की राजनीति पर रहता है।[41] जैसा कि

जेरार्ड ह्यूज ने लिखा है कि शिवसेना ने गुजराती सेठों के मुंबई के नागरिक के रूप में रहने को लेकर कभी गम्भीरता से सवाल नहीं उठाए। यह इसी तरह के अन्य स्थानीय आंदोलनों से इसको अलग करता है जैसे झारखंड के आदिवासियों का आंदोलन। इनके निशाने पर केवल गरीब विस्थापित होते हैं।[42]

मुंबई में मज़दूर वर्ग और मध्य वर्ग के एक और गम्भीर संकट को दूर करने की दिशा में दोनों सेनाओं ने कुछ ख़ास नहीं किया है—उचित दर पर आवास, जिसके अभाव में बहुत से लोग झुग्गियों में रहते हैं या उपनगरों में या और भी दूर जाकर रहते हैं। स्वर्गीय मृणाल गोरे और पी.बी. सामंत जैसे समाजवादियों ने 1981 में आंदोलन चलाया जिसके कारण 1992 में गोरेगाँव में 6000 से अधिक किरायदारों के 'नागरी निवारा परिषद' को ज़मीन दी गई।[43]

जिस तरह भाजपा के पास आरएसएस है या समाजवादियों के पास राष्ट्र सेवा दल, शिवसेना के पास ऐसा कोई संगठन नहीं है जो उसकी अंतरात्मा की आवाज़ हो या उसका मार्गदर्शन करने वाला हो।

'अपने विस्तृत सामाजिक आधार के बावजूद शिवसेना ने प्रबोधनकार के बहुजनवाद को नहीं अपनाया', पत्रकार शोधकर्ता सचिन परब का मानना है।[44] 'शायद बालासाहेब ने यह देखा था कि अपने सिद्धांतों के कारण प्रबोधनकार को कितना सहना पड़ा था', परब ने कहा, जिन्होंने प्रबोधनकार के जीवन और कार्यों पर लिखा है। 'सीकेपी, सारस्वत और सोनार जातियों को ब्राह्मणवादी व्यवस्था में जोड़ने से हो सकता है कि ग़ुस्सा कुछ कम हो गया हो', परब को ऐसा लगता है।

शिवसेना के ऊपर प्रबोधनकार का प्रभाव उसके सामाजिक आधार में और सत्ता से बाहर रही जातियों को जोड़ने में दिखाई देता है, लेकिन मनसे के मामले में यह नहीं है। 'जाति व्यवस्था को लेकर प्रबोधनकार की जानकारी बहुत गहरी थी, वे आचार्य पी. के. अत्रे, गाडगे महाराज और कर्मवीर भाऊराव पाटिल जैसे दिग्गजों से जुड़े रहे थे। इसलिए बालासाहेब इन सामाजिक वास्तविकताओं से परिचित थे। लेकिन राज उच्च वर्ग तथा उच्च जाति के हिंदुओं से घिरे हुए थे। बहुजन समाज के बहुत से नेताओं ने उनका दामन छोड़ दिया। मुंबई और उसके आसपास की राजनीति वैसे तो भाषा के आधार पर चलती रही है लेकिन जाति की अंतर्धारा को नज़रअन्दाज़ नहीं किया जा सकता है।'[45]

जब प्रबोधनकार की विरासत की तुलना शिवसेना की राजनीति से की जाती है तो विडंबना गहरी नज़र आती है, जिसमें इसने सामाजिक और सांस्कृतिक कट्टरता का प्रदर्शन किया।

उदाहरण के लिए, जब कांग्रेस-शिवसेना सरकार काला जादू और इनसानों की बलि जैसी प्रथा को प्रतिबंधित करने संबंधी विधेयक लेकर आई तो शिवसेना ने उसका विरोध किया। इस विधेयक का एक संशोधित रूप 2013 में अपनाया गया

जब इस मुद्दे को लेकर आंदोलन चलाने वाले तर्कवादी नरेंद्र दाभोलकर की 20 अगस्त 2013 की हत्या हो गई।

शिवसेना के कुछ नेताओं ने प्रभावशाली *वारकरी* संप्रदाय के लोगों को बरगलाया कि इस क़ानून के पारित हो जाने के बाद वे पंढरपुर में भगवान विठोबा के मंदिर की यात्रा पर नहीं जा पाएँगे।[46]

शिवसेना ने अभिव्यक्ति की आज़ादी का भी विरोध किया। जैसे विजय तेंदुलकर के प्रसिद्ध नाटक *घासीराम कोतवाल* का इसलिए विरोध किया क्योंकि उसमें नाना फडणवीस, जिनको पेशवा काल का निक्कोलो मैकियावेली कहा जाता था, को ऐयाश के रूप में दिखाया गया है। इसी तरह, तेंदुलकर के नाटक *सखाराम बाइंडर* और समलैंगिकता को केंद्र में रखकर बनाई गई 1996 में प्रदर्शित दीपा मेहता की फ़िल्म *फ़ायर* को भी पार्टी के विरोध का सामना करना पड़ा।

जब मराठवाडा यूनिवर्सिटी का नाम बदलकर डॉक्टर भीमराव आंबेडकर के नाम पर रखा गया तो शिवसेना ने इसका विरोध किया, जिसकी वजह से बौद्ध दलितों और हिंदू दलितों के ख़िलाफ़ बड़े पैमाने पर हिंसा हुई। शिवसेना द्वारा 1978-1994 के *नामांतर* आंदोलन के विरोध ने उच्च जाति के हिंदुओं को बौद्ध दलितों के ख़िलाफ़ एक कर दिया, जिसके कारण शिवसेना का विस्तार मुंबई-ठाणे से बाहर मराठवाड़ा इलाक़े में हुआ।

अन्य पिछड़े वर्ग में मज़बूत आधार होने के बावजूद शिवसेना ने वीपी सिंह सरकार द्वारा लागू की गई मंडल आयोग की सिफ़ारिशों का विरोध किया, जिसके कारण अन्य पिछड़े वर्ग की जातियों को शिक्षा तथा नौकरियों में आरक्षण दिया गया।

हालाँकि महाराष्ट्र के एक पूर्व मंत्री ने मनसे प्रमुख की इस कारण तारीफ़ की कि उन्होंने धारा के विरुद्ध जाकर मराठा आरक्षण का विरोध किया, जबकि उद्धव ने उसका समर्थन किया।[47] राज ने कहा कि आरक्षण की माँग को लेकर मराठों ने 2016 और 2017 में जो मोर्चा निकाला उसके कारण समाज में जाति के आधार पर भेदभाव बढ़ रहा है, और उन्होंने आर्थिक आधार पर आरक्षण की माँग की।[48] 2018 में, महाराष्ट्र सरकार ने शिक्षा तथा नौकरियों में इस प्रभावी समुदाय के लिए 18 प्रतिशत आरक्षण की घोषणा की, जिसको मुंबई हाई कोर्ट ने शिक्षा के क्षेत्र में 12 प्रतिशत तथा नौकरी में 13 प्रतिशत कर दिया।[49]

'राज और उद्धव रोज़मर्रा के मुद्दों पर प्रतिक्रिया देकर जनता का ध्यान आकर्षित कर सकते हैं लेकिन वे दीर्घ अवधि को लेकर नहीं सोच सकते। महाराष्ट्र के लोगों की नौकरियों को ग़ैर महाराष्ट्रीय लोगों द्वारा लिए जाने की आलोचना करना आसान है, लेकिन क्या किसी सेना ने यह कोशिश की कि मराठी लोगों को उस तरह के क्षेत्र में काम करने के लिए तैयार किया जाए जिनमें विस्थापित लोग बहुत अधिक हैं, जैसे निर्माण क्षेत्र और नलसाजी का काम? उन लोगों ने कौशल

विकास के लिए कार्यक्रम क्यों नहीं चलाए और अपने प्रभाव का इस्तेमाल कर इस बात को पक्का क्यों नहीं किया कि प्रशिक्षित युवाओं को काम मिले?' शिवसेना के एक पूर्व विधायक ने कहा।[50]

उनका कहना था कि न तो शिवसेना ने, न मनसे ने असंगठित क्षेत्र के मज़दूरों के दुख, किसानों, खेतिहर मज़दूरों तथा आदिवासी और घुमंतू के मुद्दों को उठाया क्योंकि 'इन लोगों को संगठित करने में सालों की मेहनत लगती है और सस्ती लोकप्रियता के आधार पर उनका समर्थन नहीं हासिल किया जा सकता है।'

वाम झुकाव वाले एक पूर्व विधायक का कहना था कि भावनात्मक मुद्दों और हिंसात्मक प्रदर्शन ने पीढ़ियों को बर्बाद कर दिया।[51] उनका यह कहना था कि मीडिया के एक हिस्से ने, ख़ासकर मराठी प्रिंट और इलेक्ट्रॉनिक मीडिया ने जानबूझकर राज की छवि गढ़ी। उनके उत्थान की तरह उनके पतन की भूमिका भी मीडिया ने ही तैयार की, जिसको एक नया टीआरपी दिलवाने वाला नेता मिल गया था—नरेंद्र मोदी।

लेकिन छगन भुजबल का कहना है कि स्थानीय समुदायों में शिवसेना की जड़ें इतनी गहरी हैं कि वे राजनीतिक उतार-चढ़ाव के बावजूद बनी रहेंगी।[52]

भाजपा के एक वरिष्ठ नेता का यह कहना था कि राजनीतिक झटकों के बावजूद राज और मनसे को ख़त्म नहीं माना जा सकता। 'आख़िरकार उनके पास करिश्माई सत्ता है। ऐसे नेता किसी भी मुद्दे को उठाकर किसी दिन बड़ा राजनीतिक लाभ ले सकते हैं, जैसा कि उन्होंने 2008 में बाहरी लोगों के ख़िलाफ़ आंदोलन में किया था।'[53]

उत्तर कथन

छवि के पीछे के इनसान

दोनों भले ही चचेरे भाई हों लेकिन उनके व्यक्तित्व एक-दूसरे से बहुत भिन्न हैं।

एक रूखे स्वभाव का है, आग उगलने वाला नेता है, हद दर्जे का अहंकारी है लेकिन इसके बावजूद कि चुनावों में कई बार उसकी मात हो चुकी है। लेकिन महाराष्ट्र का सबसे भीड़खींचू नेता वही है। दूसरा भाई अंतर्मुखी है, मृदुभाषी है, अपने बहुत से सहयोगियों के लिए रहस्यमय है, रणनीति बनाने में माहिर है, और अपनी ऊबड़-खाबड़ पार्टी के लिए अलग सा ही दिखता है, जो पार्टी भारत की वित्तीय राजधानी की सड़कों पर अपनी ताक़त के बूते पर राज करती है।

यह मोटे तौर पर आपस में प्रतिद्वंद्वी ठाकरे बंधुओं के व्यक्तित्व का खाका है, शिवसेना के अध्यक्ष उद्धव ठाकरे और मनसे के प्रमुख राज ठाकरे के व्यक्तित्व का।

शिवसेना के विश्वस्त इसका कारण राजनीति में उन दोनों की अलग-अलग शैलियों में हुई शुरुआत को बताते हैं। उदाहरण के लिए, राज ने छात्र राजनीति से शुरुआत की थी, जो उन दिनों हिंसात्मक और ऊबड़-खाबड़ होती थी, जबकि उद्धव ने पार्टी के मुखपत्र *सामना* से शुरुआत की थी। राज ने बालासाहेब की शैली को अपनाया, वे जानते थे कि यही उनकी पहचान बनेगी, इसलिए वे शिव सैनिकों के लिए महानायक की छवि के अनुकूल थे, जबकि उद्धव पीछे रहकर रणनीति बनाने में अधिक सहज महसूस करते हैं।[1]

'उद्धव की तुलना में राज सड़क की राजनीति को अच्छी तरह समझते हैं, उद्धव राजनीति में देर से उभरे', सेना के एक स्रोत ने कहा, जिसने दोनों भाइयों के साथ काम किया है। 'जब शिवसेना की शुरुआत हुई तो उद्धव बच्चे थे इसलिए उनको पार्टी अध्यक्ष के बेटे के रूप में देखा जाता था और वे उसी तरह का सुरक्षित जीवन जीते रहे', उसने कहा।[2]

जबकि राज अपने प्रभामंडल और करिश्मा के कारण अपने कार्यकर्ताओं से जुड़े रहे हैं, लेकिन उद्धव के पीछे पार्टी का मज़बूत ढाँचा खड़ा है। हालाँकि

दोनों में ही वह गुण नहीं है जो बाल ठाकरे में था—अपने आसपास के लोगों के बीच से निकलकर ज़मीनी स्तर पर कार्यकर्ताओं से जुड़ने का हुनर। मुंबई के कॉस्मोपॉलिटन माहौल में रहने के कारण वे जाति की राजनीति को ठीक तरह से नहीं समझ पाते हैं जो गाँवों में किसी भी तरह की राजनीतिक गोलबंदी के लिए ज़रूरी होती है। इसकी वजह से वे सामाजिक इंजीनियरिंग की किसी योजना को शुरू नहीं कर पाते।

सेना के सूत्रों का कहना है कि दोनों भाई प्रभावी नेताओं को भी जोड़कर नहीं रख पाते, जिसके कारण वे अपने ऐसे नज़दीकी सलाहकारों के ऊपर भरोसा करते हैं जिनका अपना कोई जनाधार नहीं है। उद्धव के बारे में यह कहा जाता है वे अपनी पार्टी के जननेताओं के ऊपर भरोसा नहीं करते हैं। इसका कारण शायद यह हो सकता है कि छगन भुजबल, गणेश नाइक और नारायण राणे का काफ़ी विस्तार हुआ और उसके बाद वे शिवसेना से अलग हो गए। बल्कि वे ऐसे लोगों के ऊपर भरोसा करते हैं जो कार्यालय स्तर की राजनीति में सहज होते हैं।

राज ठाकरे का एक नज़दीकी जो बाद में उनसे इसलिए अलग हो गया क्योंकि उसका कहना है कि पार्टी के आंतरिक मामलों में उनके कुछ दोस्त और सलाहकार दख़ल देते थे, जिसकी वजह से नासिक जैसे शहर में उनके अनेक मज़बूत नेताओं ने पार्टी का साथ छोड़ दिया, जो मनसे का मज़बूत गढ़ था।

'ये लोग मुंबई से आते थे और ऐसे स्थानीय नेताओं को निर्देश देने लग जाते थे जिनका अपना जनाधार था। जिसके कारण उन लोगों ने बाद में पार्टी छोड़ दी', उसने कहा। उसका कहना था कि मनसे के नेता इस बात से दुखी रहते थे कि राज के बहुत से निजी दोस्त जो पेशेवर राजनेता नहीं थे उनकी तरफ़ से फ़ैसले ले रहे थे।[3] विडंबना यह है कि राज ने पार्टी छोड़ने का कारण दरबारी राजनीति को बताया था।

उद्धव के एक पूर्व विश्वस्त ने बताया कि उनको भीमसेन जोशी तथा अन्य गायकों के मराठी में गाए भक्ति गीत सुनना पसंद है। अपनी आत्मकथा में श्रीकांत ने लिखा है कि राज को संगीत की समझ थी, वह यह भी पकड़ लेता था कि किस तरह एक बड़े गायक ने भी गाने में ग़लती की।[4]

राज के बारे में कहा जाता है कि उनको फ़िल्मों का बड़ा शौक़ है। उनको बाख, बीथोवन, हाँस ज़िमर, जॉन विलियम्स और आर. डी. बर्मन का संगीत बहुत पसंद है। 'राज जब अपने पार्टी के कार्यकर्ताओं से बात करते हैं उनके चेहरे पर परेशान न करें का भाव रहता है लेकिन जब वे फ़िल्मी हस्तियों से मिलते हैं तो उनका चेहरा खिल उठता है' छात्र जीवन से राज के साथ रहने वाले एक सहयोगी का कहना है।[5] एक और सहयोगी ने याद करते हुए बताया कि राज किस तरह से फ़िल्मों में तकनीकी सहायता करते हैं। केदार शिंदे की

फ़िल्म *जत्रा* (2005) में उन्होंने अपनी आवाज़ भी दी थी। उनका कहना था कि संभावनाशील फ़िल्म निर्देशकों और संगीतकारों की ज़रूरत पड़ने पर वे आर्थिक रूप से मदद भी किया करते हैं।[6]

जो दोनों भाइयों से परिचित हैं उनका कहना है कि राज के दोस्तों की तादाद बहुत बड़ी है और उसमें सिनेमा, मीडिया और राजनीति से जुड़े लोग शामिल हैं। जबकि उद्धव बहुत कम लोगों से दोस्ती रखते हैं।[7] राज ड्राइंग रूम में ख़ूब बातचीत करने वाले हैं जबकि उद्धव बहुत बात करते नहीं हैं।

'राज यारों का यार है', राज के एक पूर्व व्यवसायी सहयोगी का कहना था। जबकि इसके विपरीत, उद्धव बहुत निजी क़िस्म के इनसान हैं, अंतर्मुखी, जिनके गिने-चुने दोस्त हैं।'[8]

राज के दोस्तों में क्रिकेट खिलाड़ी सचिन तेंदुलकर, अभिनेता सलमान खान, फ़िल्मी शख़्सियतों में साजिद खान, साजिद नाडियाडवाला और मराठी अभिनेता विनय येडेकर हैं, जबकि मृदुभाषी उद्धव के बहुत कम दोस्त हैं सभी राजनीति से बाहर के लोग हैं। उनमें शामिल हैं अभिनेता मिलिंद गुणाजी, जेजे इंस्टिट्यूट के पूर्व विद्यार्थी भूपाल रामनाथकर, संजय सूरे और रवि जसरा[9], जो एक डिजिटल प्रोडक्शन कम्पनी के प्रमुख हैं।[10]

उद्धव को तस्वीरें खींचने का बड़ा शौक़ है और उनको हवाई फ़ोटो खींचने से प्यार है। उन्होंने महाराष्ट्र की पहाड़ियों पर फैले क़िलों की तस्वीरें खींची हैं, जिनमें धोड़प भी है, जिसका ठाकरे परिवार के इतिहास से संबंध रहा है। उन्होंने पंढरपुर में भगवान विठोबा के मंदिर में जाने वाले वारकरियों की यात्रा की भी तस्वीरें उतारी हैं।

उद्धव जब हेलिकॉप्टर से तस्वीरें उतारने के लिए जाते हैं तो मिलिंद गुणाजी उनके साथ होते हैं।[11] उन्होंने याद करते हुए बताया कि किस तरह वे और उद्धव रायगढ़ क़िले में शिवाजी महाराज की मूर्ति की तस्वीर लेने के लिए इंतज़ार करते रहे कि जब ऊपर से सूर्य की रोशनी की आभा तस्वीर के आसपास दिखाई देने लगे तब तस्वीर ली जाए। उनको ऐसा लग रहा था कि सूरज डूबने के समय उस तरह का प्रभाव पैदा हो जाएगा। हालाँकि उनको बाद में यह समझ में आया कि सूरज का वैसा प्रभाव केवल सुबह के समय ही दिखाई दे सकता था, और उनको मजबूर होकर रात क़िले में बितानी पड़ गई।[12]

उद्धव और उनका परिवार साल में एक बार लोनावला के पास कार्ला में अवस्थित देवी एकवीरा के मंदिर दर्शन के लिए जाता है।[13]

शिवसेना के एक नेता ने बताया कि उद्धव में अपने पिता की तरह बोलने का कौशल और हाव-भाव नहीं थे जिसके कारण लोगों को ऐसा लगता कि राज दोनों में बेहतर नेता था। उन्होंने फिर यह कहा कि उद्धव जो थे वहीं बने रहे, उन्होंने

कोई भाव-भंगिमा अपनाई नहीं।[14] हालाँकि उद्धव भाषण देने की अपनी शैली को बेहतर बनाने के लिए अपने पिता से सलाह लेते थे।

राज सिगरेट पीते हैं और उनको शराब अच्छी लगती है। लेकिन उद्धव को शराब का स्वाद अच्छा नहीं लगता। '22 जनवरी 1992 की आधी रात को *सामना* का स्थापना दिवस मनाया जा रहा था। बाद में बालासाहेब के साथ मैं और उद्धव और कुछ अन्य जुहू में होटल सी प्रिंसेस गए। बालासाहेब ने शैम्पेन की एक बोतल खोली और उद्धव जी से एक घूँट लेने के लिए कहा। हम लोगों ने भी उनको पीने के लिए कहा। साफ़ दिखाई दे रहा था कि उद्धव जी असहज महसूस कर रहे थे, लेकिन उन्होंने शायद एक छोटा सा घूँट लिया कि उनको खाँसी आ गई', शिशिर शिंदे ने बताया।[15]

'राज बहुत बुरी तरह से मुँहफट हैं, लेकिन उद्धव को उनके राजनीतिक विरोधी भी भला इनसान कहते हैं, और जो लोग उनके साथ कुछ बुरा करते हैं, उनसे निपटने का उनका अपना ही ढंग है', शिवसेना के एक पूर्व नेता ने बताया जो अब एनसीपी में हैं। 'ग़ुस्सा होने पर बालासाहेब कुछ भी बोल देते थे। लेकिन वे अपने कार्यकर्ताओं को बहुत प्यार करते थे। एक बार जब मैं उनके पैर छूने के लिए नीचे झुका तो उन्होंने मुझसे कहा कि धीरे-धीरे मेरे बाल झड़ रहे थे। यह बात न तो मैंने न ही मेरे पिता ने महसूस की थी, जिनके पैर में अक्सर छूता रहता था। उद्धव अगर ग़ुस्से में आते हैं तो सीधे किसी का अपमान नहीं करते। किसी को अपमानित करने के उनके अपने तरीके हैं जो बहुत ही बुरे होते हैं।'[16] उसने कहा।

शिवसेना के अनेक असंतुष्ट लोग उद्धव के विवादास्पद निजी सहायक मिलिंद नारवेकर के ऊपर आरोप लगाते हैं कि वह अपने बॉस तक सभी को पहुँचने ही नहीं देते। सेना के पूर्व नेता का तो कहना था कि नारवेकर उद्धव के निर्देशों पर काम करते हैं।

शिवसेना के एक पूर्व सांसद उद्धव को एक अच्छे इनसान के रूप में देखते हैं, लेकिन मुँहफट राज से अधिक अच्छी तरह से जोड-तोड़ कर लेते हैं। लेकिन उद्धव बात ध्यान से सुनते हैं जबकि बहुत देर तक किसी पर ध्यान नहीं दे पाते।[17]

मातोश्री में सत्ता के क़रीबी रहे एक विधायक ने इस बात से सहमति जताई। 'अगर मैं कोई ऐसी बात कहूँ जो उद्धव को पसंद न आई हो तो वह मेरे मुँह पर यह नहीं कहेंगे। बस मेरा आना बंद करवा देंगे। उनका सहायक मिलिंद नारवेकर हो सकता है कि उनके कहने पर ही किसी के साथ दुर्व्यवहार करता हो', उन्होंने माना।[18]

शिवसेना के एक पूर्व विधायक ने याद करते हुए बताया कि किस तरह उद्धव ने पार्टी छोड़कर गए एक बहुत बड़े नेता को सबक़ सिखाया था। 'वह

शिवसेना छोड़ने के बाद शिवसेना का बहुत बड़ा आलोचक हो गया था, लेकिन अपनी नई पार्टी में उसको घुटन महसूस हो रही थी इसलिए वह शिवसेना में वापस लौटना चाहता था। एक विवादास्पद धर्म गुरु, जो अब इस संसार में नहीं हैं और मैं सेना नेताओं से बातचीत कर रहे थे। जब ऐसा लग रहा था कि अब कुछ होने वाला है, उद्धव मुंबई हवाई अड्डे के पास एक होटल में उससे मिलने वाले भी थे। लेकिन जिस दिन मुलाक़ात होने वाली थी उद्धव उस मीटिंग में आए ही नहीं। उस नेता को समझ में आ गया कि उसको संदेश दे दिया गया है।[19]

राज के दोस्तों का दावा है कि वे देश के सबसे सुरुचि संपन्न नेताओं में एक हैं और एक बहुत अच्छे मेज़बान हैं जो अपने पसंदीदा खानपान के इंतज़ाम से मेहमानों को हैरान कर देते हैं।[20] राज और उद्धव दोनों ही भोजन के शौक़ीन हैं। बड़े भाई को समुद्री भोजन से अधिक प्यार है, जैसे क्रैब और लॉब्स्टर। उद्धव बहुत कम खाते हैं और दिल की बीमारी के बाद अपने खान-पान का ख़ास ध्यान रखते हैं। राज को मांसाहारी भोजन बहुत पसंद है और मन में आता है तो एकाध व्यंजन बना भी लेते हैं, जैसे 'वर्हाडी भात', जो पश्चिमी विदर्भ के भोजन की विशेषता माना जाता है।[21]

मिलिंद गुणाजी का कहना है कि उद्धव क्रिकेट अच्छा खेलते हैं। उन्होंने यह भी बताया कि राज और उद्धव दोनों ही बैडमिंटन के बहुत अच्छे खिलाड़ी हैं और इस खेल में अपने विरोधियों के छक्के छुड़ा सकते हैं।[22]

उद्धव के विपरीत, राज को अपनी छवि से बहुत प्यार है। सार्वजनिक सभाओं या चुनाव प्रचार के दौरान उनके पीछे-पीछे उनके दोस्त मिलिंद सबनीस के ज़ेन वीडियो की टीम चलती रहती है। इस वीडियो को टेलिविज़न चैनलों को दिया जाता है और माना जाता है कि इसके माध्यम से वीर पूजा करने वाली पार्टी के सदस्यों की संख्या में वृद्धि हो सकती है, जिसका अस्तित्व पूरी तरह अपने नेता के ऊपर निर्भर है।[23]

उद्धव के गिने-चुने सलाहकार हैं, जैसे मिलिंद नारवेकर, संजय राउत, सुभाष देसाई और अनिल देसाई, लेकिन कहा जाता है कि वे करते वही हैं जो उनका दिमाग़ कहता है। 'उद्धव की राय उनकी पत्नी रश्मि से भी प्रभावित हो सकती है जिनको राजनीति की अच्छी समझ है', सेना के एक सूत्र ने बताया। इसके विपरीत, राज के सलाहकार घूमते हुए दरवाज़े की तरह हैं।[24]

राज के एक नज़दीकी सहयोगी के अनुसार 1990 के दशक में राज ने अपने कुछ दोस्तों के साथ मिलकर दादर में एक रेस्तराँ खोला था 'फ्लाइंग सॉसर'। इसका उद्घाटन बाल ठाकरे ने किया था और उन्होंने ही इसका नाम भी रखा। बाद में यह बंद हो गया और इस जगह को बंगाली स्वीट्स के आउटलेट को किराए

पर दे दिया गया। राज के बारे में कहा जाता है कि उन्होंने मातोश्री इन्फ्रास्ट्रक्चर प्राइवेट लिमिटेड में अपनी हिस्सेदारी छोड़ दी थी। राज के दोस्त का कहना था कि एक पूर्व क्रिकेट खिलाड़ी द्वारा खेल के सामान और कपड़े बनाने के लिए शुरू की गई कम्पनी में दोनों भाइयों की हिस्सेदारी थी, लेकिन उन्होंने बाद में अपना हिस्सा छोड़ दिया।[25]

जून 2017 में डीएनए में ख़बर छपी थी कि राज की पत्नी शर्मिला शिवाजी पार्क स्थित अपने घर के सामने एक सत्रह मंज़िला इमारत का निर्माण करवा रही थीं, जिसका नाम था मधुवंती।[26]

'दोनों भाइयों के कामकाज की शैली में एक बात यह है कि दोनों मुद्दों पर दूर तक नज़र नहीं रखते हैं और न ही पार्टी के अंदर संतुलन सुनिश्चित करवाते हैं। जिसकी वजह से उनकी कुछ योजनाएँ धराशायी हो जाती हैं। वे किसी नए के साथ गठबंधन भी नहीं कर पाते, ख़ासकर छोटी, उप क्षेत्रीय पार्टियों के साथ, जो उनकी तरफ़ पलड़ा कुछ हद तक झुका सकती हैं', सेना के जिस स्रोत का पहले हवाला आया था उसका कहना था।[27]

राज के बारे में सब जानते हैं कि वे अच्छे कार्टून बनते हैं, लेकिन इस बात को कम लोग जानते हैं कि उद्धव भी स्वाभाविक कलाकार हैं।[28] राज के बारे में यह बात प्रसिद्ध है कि वे अपने राजनीतिक विरोधियों जैसे छगन भुजबल, रामदास आठवाले, अजित पवार आदि की नक़ल उतार सकते हैं। मिलिंद गुणाजी का कहना है कि उद्धव भी बहुत अच्छी तरह लोगों की नक़ल उतार सकते हैं।[29]

उद्धव को पारिवारिक आदमी माना जाता है जिनको अपनी पत्नी और दो बच्चों से बहुत लगाव है। मातोश्री की पार्टी मीटिंग के दौरान भी अगर वे अपने बेटों आदित्य और तेजस को आसपास से गुज़रते देखते हैं तो उनके साथ बातचीत करने लगते हैं। आदित्य जनता की नज़र में तब आए थे जब उन्होंने मुंबई यूनिवर्सिटी के सिलेबस से रोहिण्टन मिस्त्री के उपन्यास *सच ए लाँग जर्नी* को हटवाने में सफलता पाई थी। वह कवि भी हैं और 2007 में उनकी कविताओं की पहली किताब *माई थॉट्स इन ब्लैक एंड व्हाइट* प्रकाशित हुई थी।

2008 में अपने दादाजी और अमिताभ बच्चन की मौजूदगी में उन्होंने *उम्मीद* नामक अपना अल्बम रिलीज़ किया था। मृदुभाषी आदित्य सोशल मीडिया पर सक्रिय हैं और मुंबई डिस्ट्रिक्ट फ़ुटबॉल एसोसिएशन के प्रमुख हैं और उनको 2010 में युवा शिवसेना का प्रमुख बनाया गया। विडंबना की बात यह है कि मराठी के लिए आंदोलन चलाने वाली शिवसेना के आदित्य ठाकरे का जन्म 1990 में हुआ और उन्होंने मुंबई के संभ्रांत बॉम्बे स्कॉटिश स्कूल तथा सेंट ज़ेवियर कॉलेज से शिक्षा पाई। 2018 में उनको शिवसेना के नेता के

रूप में आगे बढ़ाया गया। अब वह अपने पिता की सरकार में पर्यावरण और पर्यटन मंत्री हैं।

उनके छोटे भाई तेजस को पशुओं और जंगल से प्यार है और मातोश्री के पिछवाड़े में उनका अपना पशु-पक्षी संग्रह भी है। उन्होंने ताज़ा पानी के क्रैब की तीन नई प्रजातियों का पता लगाया जो पश्चिमी घाट पर मिलते हैं। उसमें से एक का नाम उनके परिवार के नाम पर किया गया। इनमें हैं *घाटियाना अत्रोपूरपुरे, घाटियाना स्पेलंदिदा* और *गुबेरनटोरियाना ठकरेयी।* 2010 में रैली में बाल ठाकरे ने तेजस की तारीफ़ करते हुए कहा कि वह उनकी ही तरह आक्रामक है।

जनवरी 2018 में तेजस को महाराष्ट्र स्टेट बोर्ड फ़ॉर वाइल्डलाइफ़ द्वारा सह्याद्रि के चंदोलि नेशनल पार्क से शोध के उद्देश्य से जीवित क्रैब पकड़ने की अनुमति भी दी गई।

राज के बेटे अमित को राजनीति के लिए प्रशिक्षित किया जा रहा है। अमित ने कॉमर्स से गेजुएट की पढ़ाई की है। बांद्रा के माणिक विद्या मंदिर के उनके अध्यापकों का कहना है कि वे आदर्श नहीं तो अच्छे छात्र थे जो किसी तरह के नख़रे में नहीं रहते थे।[30] अपने पिता की ही तरह अमित के बारे में भी कहा जाता है कि वे अच्छे कलाकार हैं।[31] उनकी छोटी बहन उर्वशी फ़ैशन डिज़ाइनर हैं। 2019 में अमित ने अपनी फ़ैशन डिज़ाइनर प्रेमिका मिताली बोरुदे से विवाह कर लिया। मिताली उर्वशी की अच्छी दोस्त हैं और दोनों 'द रैक' नाम से कपड़े बनाती हैं।[32]

यह सुनना अजीब लग सकता है लेकिन राज अपने चाचा की तरह हिटलर के प्रति अपनी रुचि को छिपाते नहीं हैं। लेकिन वे महात्मा गांधी से प्रेरित हैं और रिचर्ड ऐटनबरो की फ़िल्म *गांधी* उन्होंने क़रीब 150 बार देखी है, कई बार तो लगातार एक के बाद दो शो।[33]

हालाँकि राज की यह भी योजना थी कि मनसे के कार्यकर्ताओं का एक ख़ास दस्ता बनाया जाए जो पार्टी के आदेशों का पालन करने के लिए काम करे। यह फ़ौज राज को नाज़ी सलाम करती। 2009 के चुनाव से पहले इसकी शुरुआत ठाणे में होने वाली थी, लेकिन जब आम राय यह बनी कि इसका ग़लत संदेश जाएगा तो इस योजना को छोड़ दिया गया।[34]

राज कोशिश करते हैं कि एक फ़िल्म रोज़ देखें। उनके पास 2 से 3 हज़ार के क़रीब डीवीडी हैं। इसके अलावा उनके ड्रोबो डिवाइस में 7 से 8 हज़ार फ़िल्में हैं।[35] फ़िल्मों के शौक़ीन राज को ब्लैक एंड वाइट फ़िल्में भी बहुत पसंद हैं, जैसे *शिंडलर्स लिस्ट*।[36]

राज एक किताब लेकर आ रहे हैं जिसमें लता मंगेशकर के हाथ से लिखे गीत हैं जो उन्होंने रिकॉर्डिंग के दौरान अपने हाथ से लिखे थे। जब लता

मंगेशकर ने गाना शुरू किया था तो बहुत से गीतकार उर्दू में गीत लिखते थे जिनको गाने से पहले उनके नोटेशन के साथ लता मंगेशकर अपने हाथ से लिख लेती थीं।[37]

मनसे प्रमुख दो लोगों पर फ़िल्म बनाना चाहते हैं--शिवाजी महाराज और इंदिरा गांधी पर। 'मैं इस बारे में सोचता रहा हूँ', उन्होंने जवाब दिया। लेकिन यह भी कहा कि 'कोई दो पत्थरों पर एक साथ खड़ा नहीं हो सकता। अगर मुझे फ़िल्म बनानी है तो राजनीति से कुछ समय के लिए छुट्टी लेनी पड़ेगी जो फ़िलहाल तो संभव नहीं लगता है।'[38]

आभार

चंद्र भारल्या जीवाला, नाही कशाचीच चाड
मला कशाला मोजता, मी तो भारलेले झाड

जो चाँदनी से अभिभूत होते हैं, उन्हें कुछ और का ध्यान नहीं रहता।
तुम मुझ पर क्या ध्यान देते हो, मैं तो भार से झुका हुआ वृक्ष हूँ।

—गा.दी माडगूळकर

मैं उन सभी लोगों के प्रति अपना आभार व्यक्त करना चाहता हूँ जिनके बिना यह किताब सम्भव नहीं हो सकती थी। इस किताब में जो भी अच्छी बातें हैं वे सब उन लोगों की है, ग़लतियाँ पूरी तरह से मेरी हैं।

मेरी पत्नी कादंबरी और बेटी अनन्या दोनों मेरी सबसे अच्छी दोस्त भी हैं। उनको इसका आभार कि जब किताब लिखने के दौरान मैं उनसे भौतिक और भावनात्मक दोनों ही रूपों में दूर रहा तो उन्होंने सब कुछ सहन किया। मैंने उन लोगों से यह वादा किया है कि बाद में इसकी भरपाई करूँगा।

मेरे माता-पिता सुप्रिया और शामसुंदर कुलकर्णी का आभार कि उन्होंने मेरी लंबी अनुपस्थितियों और चुप्पी को सहन किया। और हेमी पच्ची, श्यामल अम्मा और केया का आभार।

भाविका जैन का आभार—सही सलाह देने वाली दोस्त जिन्होंने मुझे दुविधा से निकाला और किताब लिखने के लिए प्रेरित किया। कड़वी दवा की खुराक देने के लिए धन्यवाद।

लीना मथायस, मेंटर और किताब के प्रारूप को पढ़कर उन्होंने ज़रूरी सलाह दी।

रक्षित सोनावने का आभार कि उन्होंने किताब को एक नज़रिया देने में मेरी मदद की। सच्चे मार्गदर्शक और नैतिकता के मापक, जिन्होंने मेरे अंदर अनुसंधान का भाव पैदा किया।

प्रोफ़ेसर गोपाल गुरु का आभार, जो बहुत विनम्र बौद्धिक हैं। शुक्रिया गुरु सर, आपके मूल्यवान बौद्धिक सलाह के लिए।

सचिन परब एक अच्छे पत्रकार, शोधकर्ता और अच्छे इनसान हैं, जिन्होंने मुझे ज़रूरी सुझाव, संदर्भ और दृष्टि दी।

कपिल केलकर और एलेक्स फ़र्नांडीज का भी आभार, जिन्होंने किताब के शुरुआती प्रारूपों को पढ़ा और बदलाव सुझाए। कपिल ने ध्यान से पढ़कर ज़रूरी सुझाव दिए जिससे मुझे अपने लेखन को बेहतर बनाने में मदद मिली।

ज्ञानेश महाराव का आभार उनके अपार ज्ञान के लिए। स्वप्निल सावरकर और संदीप आचार्य उर्फ़ भाई का आभार जिन्होंने कई दरवाज़ों को खोलने में मेरी मदद की।

जतिन गांधी का आभार सब कुछ के लिए...।

मेरे सास-ससुर पद्मजा और विकास विठलकर और पत्नी की बहन जिद्न्या का आभार।

अरुणा को अनंत कॉफ़ी के कपों के लिए।

सुरेंद्र पी. गंगन, शैलेंद्र परांजपे, डॉक्टर तेजस गारगे, उर्वि और राहुल महाजनी, अनुराग त्रिपाठी, मनीष पचौली, राजेंद्र हूंजे, कौस्तुभ कुलकर्णी, विराट ए. सिंह, कीर्ति पांडे ताई और संजय जोग का आभार। शिवसेना, मनसे, एनसीपी और कांग्रेस के नेताओं, कार्यकर्ताओं का आभार, बीट पर काम करने वाले सहयोगियों का, नौकरशाहों और पुलिस अधिकारियों का आभार कि उन लोगों ने इस किताब में मेरा सहयोग दिया लेकिन ज़ाहिर है उनका नाम लेकर धन्यवाद नहीं दिया जा सकता। यशवंतराव चव्हाण प्रतिष्ठान, दादर सार्वजनिक वाचनालय के कर्मचारियों तथा जिन्होंने किताब लेने और संदर्भों को लेने में मेरा पूरा सहयोग किया, उनका भी आभार।

मेरी कमीशनिंग एडिटर स्वाति चोपड़ा, और तृषा बोरा का आभार, जिन्होंने मुझे लगातार अच्छा लिखने के लिए प्रेरित किया, तथा पेंगुइन रैंडम हाउस इंडिया के संपादकीय, डिज़ाइन और क़ानूनी टीम का आभार। इस हिंदी संस्करण के लिए विशेष रूप से सत्यानंद निरुपम जी, केतन वैद्य, इम्तियाज आलम भाई और राजकमल प्रकाशन की टीम का आभारी हूँ।

टिप्पणियाँ

अध्याय 1. : ठाकरे परिवार का इतिहास और 'प्रबोधनकार' ठाकरे

1. 'Prospice' by Robert Browning, https://www.poetryfoundation. org/ poems/43773/prospice
2. 'Prabodhankar' Keshav Sitaram Thackeray, *Majhi Jeevangatha* (The Story of My Life), *Collected Works of Prabodhankar Thackeray,* Vol. I, Maharashtra Rajya Sahitya Aani Sanskruti Mandal, Mumbai, 1997, ebook, p. 45.
3. Milind Gunaji (writer), Uddhav Thackeray (photos), *Havai Mulukhgiri* (Aerial Tours), Riya Publications, Kolhapur, 2018, pp. 52, 54.
4. 'Prabodhankar' Keshav Sitaram Thackeray, *Majhi Jeevangatha* (The Story of My Life), *Collected Works of Prabodhankar Thackeray,* Vol. I, Maharashtra Rajya Sahitya Aani Sanskruti Mandal, Mumbai, 1997, ebook, p. 45.
5. Ibid., p. 45.
6. Ibid., p 49.
7. Ibid., p 44.
8. 'Prabodhankar' Thackeray, *Gramnyancha Sadyanta Itihas Arthat Nokarshahiche Banda* (A History of Village Disputes or Rebellion of the Bureaucracy), *Collected Works of Prabodhankar Thackeray,* Vol. V, Maharashtra Rajya Sahitya Aani Sanskruti Mandal, Mumbai, 2007, ebook, p. 40.
9. 'Prabodhankar Keshav Sitaram Thackeray, *Majhi Jeevangatha* (The Story of My Life), *Collected Works of Prabodhankar Thackeray,* Vol. I, Maharashtra Rajya Sahitya Aani Sanskruti Mandal, Mumbai, 1997, ebook, pp. 131–34.
10. Interview with Prabodhankar's daughter, Sanjeevani Karandikar, on 23 March 2019.
11. 'Prabodhankar' Keshav Sitaram Thackeray, *Majhi Jeevangatha* (The Story of My Life), *Collected Works of Prabodhankar Thackeray,* Vol. I, Maharashtra Rajya Sahitya Aani Sanskruti Mandal, Mumbai, 1997, ebook, pp. 174, 178

12. Ibid., p. 222.
13. Ibid., pp. 130–131, 188, 247.
14. Shrikant Thackeray, *Jasa Ghadla Tasa, Chinar* Publishers, Pune, 2002, p. 47.
15. Dnyanesh Maharao (ed.), *Prabodhankaranche Jwalanta Hindutva* (The Fiery Hindutva of Prabodhankar), Navata Book World, Mumbai, 2011, p. 7.
16. 'Prabodhankar' Keshav Sitaram Thackeray, *Majhi Jeevangatha, Collected Works of Prabodhankar Thackeray,* Vol. I, Maharashtra Rajya Sahitya Aani Sanskruti Mandal, Mumbai, 1997, ebook, p. 324.
17. Neera Adarkar and Meena Menon, *Katha Mumbaichya Girangaonchi: Girni Kamgarancha Maukhik Itihas,* (An Oral History of Girangaon), Mauj Prakashan, Mumbai, 2009, p. 201.
18. Dnyanesh Maharao (ed.), *Prabodhankaranche Jwalanta Hindutva* (The Fiery Hindutva of Prabodhankar), Navata Book World, Mumbai, 2011, p. 20.
19. Ibid., p. 22.
20. Ibid., p. 27.
21. Ibid., p. 44.
22. Shrikant Thackeray, *Jasa Ghadla Tasa* (As it Happened), Chinar Publishers, Pune, 2002, p. 46.
23. Ibid., pp. 46–47.
24. Walter K. Anderson and Shridhar D. Damle, *The RSS: A View to the Inside,* Penguin Random House India, Gurgaon, 2018, p. xii.
25. G.K. Karanth, 'Caste in Contemporary Rural India', *Caste: Its Twentieth Century Avatar,* (ed.) M.N. Srinivas, Penguin Books India, Delhi, 1996, p. 107.
26. Ibid., pp. 107-08.
27. Author's interview with Sachin Parab on 23 January 2019.
28. 'Prabodhankar' Keshav Sitaram Thackeray, *Majhi Jeevangatha, Collected Works of Prabodhankar Thackeray,* Vol. I, Maharashtra Rajya Sahitya Aani Sanskruti Mandal, Mumbai, 1997, ebook, pp. 345–51.
29. Ibid., p. 348.
30. Interview with author on 23 January 2019.
31. 'Prabodhankar' Keshav Sitaram Thackeray, *Majhi Jeevangatha, Collected Works of Prabodhankar Thackeray,* Vol. I, Maharashtra Rajya Sahitya Aani Sanskruti Mandal, Mumbai, 1997, ebook, pp. 247-48.
32. Interview with author on 23 March 2019.
33. Rayat Shikshan Sanstha website, http://rayatshikshan.edu/Content.aspx-?ID=890&PID=1
34. 'Prabodhankar' Keshav Sitaram Thackeray, *Majhi Jeevangatha, Collected Works of Prabodhankar Thackeray,* Vol. I, Maharashtra Rajya Sahitya Aani Sanskruti Mandal, Mumbai, 1997, ebook, pp. 364–67.

35. Ibid., p. 262.
36. Ibid., p. 263.
37. Dnyanesh Maharao, *Thackeray: Life and Style,* Pushpa Prakashan, Pune, 2001, p. 53.
38. Interview with author on 18 April 2019.
39. Dnyanesh Maharao, *Thackeray: Life and Style,* Pushpa Prakashan, Pune, 2001, p. 53.
40. Ibid., p. 53.
41. Ibid., p. 57.
42. Ibid., p. 57.
43. 'Prabodhankar' Keshav Sitaram Thackeray, *Majhi Jeevangatha, Collected Works of Prabodhankar Thackeray,* Vol. I, Maharashtra Rajya Sahitya Aani Sanskruti Mandal, Mumbai, 1997, ebook, p.240.
44. Ibid., p. 240.
45. Ibid., p. 241.
46. Ibid., p. 242.
47. Dinoo Randive, *Aatwani Maharashtra Janmachya* (Memories of the Birth of Maharashtra), Prabhat Prakashan, Bhayender, Thane, 2007, p. 112.
48. Ibid., p. 113.
49. Bal Keshav Thackeray, *Fatkare,* Prabodhan Prakashan, Mumbai, 2012.
50. Shrikant Thackeray, *Jasa Ghadla Tasa,* Chinar Publishers, Pune, 2002, pp. 56–57.
51. Raj Thackeray, *Bal Keshav Thackeray: A Photobiography,* UBS Publisher's Distributors, New Delhi/ Mumbai, 2005, p. 26.
52. Bal Keshav Thackeray, *Fatkare,* Prabodhan Prakashan, Mumbai, 2012.
53. Dinoo Randive, *Aatwani Maharashtra Janmachya* (Memories of the Birth of Maharashtra), Prabhat Prakashan, Bhayender, Thane, 2007, p. 113.
54. Dnyanesh Maharao, *Thackeray: Life and Style,* Pushpa Prakashan, Pune, 2001, pp. 62–63.

अध्याय 2 : मराठी पहचान की तलाश

1. Lalji Pendse, *Maharashtrache Mahamanthan* (The Great Churn for Maharashtra), Lokvadmay Gruha, Mumbai, 2010, p. 70.
2. *Lokrajya,* Director General of Information and Public Relations (DGIPR), Government of Maharashtra, Mumbai, May 2019, p. 9.
3. Arun Sadhu, 'Samyukta Maharashtra: Swapnapurti ki Swapnabhanga?' (Samyukta Maharashtra: Dreams fulfilled or shattered?), *Badalta Maharashtra: Sathottar Parivartanacha Magova (Changing Maharashtra),* (eds) Bhaskar Lakshman Bhole and Kishor Bedkihal, Dr Babasaheb Ambedkar Academy, Satara, 2003, p. 12.
4. Shankarrao Kharat, *Maharashtratil Maharancha Itihas,* (The History of the Mahars of Maharashtra) Dr. Shakuntala Kharat, Pune, 2003, pp. 7-9.

5. Maharashtra: Land and Its People', Government of Maharashtra, Gazetteers Department, 2009, p. 15.
6. Dr. Madhukar Keshav Dhavalikar, *Maharashtrachi Kulakatha* (The Saga of Maharashtra), Rajhans Prakashan, Pune, 2016, pp. 29–42, 60–61.
7. Dr. Madhukar Keshav Dhavalikar, *Bharatachi Kulakatha* (The Saga of India), Rajhans Prakashan, Pune, 2018, p. 291.
8. Govind Pansare, *Shivaji Kon Hota,* Lokvadmay Gruha, Mumbai, December 2010.
9. Prabodhankar's speech at the Shiv Sena's first public meeting in October 1966. Quoted in *Prabodhankaranche Jwalanta Hindutva* (The Fiery Hindutva of Prabodhankar), Dnyanesh Maharao (ed), Navata Book World, Mumbai, 2011, p. 17.
10. The Committee Appointed by The All Parties Conference 1928: The Nehru Report: An anti-separatist manifesto. Michiko and Panjathan, New Delhi, 1975 https://www.indiaofthepast.org/images/pdf/1920s/nehrureport1928part1.pdf
11. Ramachandra Guha, *India After Gandhi: The History of the World's Largest Democracy,* Picador, London, 2008, p. 180.
12. Ibid., p. 181.
13. Ibid.
14. Ibid., pp. 182–83.
15. Ibid., p. 183.
16. Ibid., pp. 183–84.
17. Ibid., pp. 185–89.
18. Ibid., p. 189.
19. Ibid.
20. Ibid.
21. Manohar Kadam, *Mumbaichya Ubharnit Telugu Samajache Yogdan* (The Contribution of the Telugu Community in Mumbai's History), Akshar Prakashan, Mumbai, 1999, p. 19.
22. Bapurao Naik (ed.), *Mumbaicha Vruttant: Balkrishna Bapu Acharya and Moro Vinayak Shingane* (A Report of Mumbai), Maharashtra Rajya Sahitya aani Sanskrutik Mandal, Mumbai, 2011, p. 23.
23. Manohar Kadam, *Mumbaichya Ubharnit Telugu Samajache Yogdan* (The Contribution of the Telugu Community in Mumbai's History), Akshar Prakashan, Mumbai, 1999, p. 17.
24. Ibid., p. 17.
25. *J.R.B. Jeejeebhoy's Bombay Vignettes: Explorations in the History of Bombay, Murali Ranganathan* (ed.), Asiatic Society of Mumbai, Mumbai, 2018, p. 350.
26. Ibid., p. 351.
27. Ibid., p. 358.

28. Manohar Kadam, *Mumbaichya Ubharnit Telugu Samajache Yogdan* (The Contribution of the Telugu Community in Mumbai's History), Akshar Prakashan, Mumbai, 1999, pp. 17–18.
29. Gyan Prakash, *Mumbai Fables,* HarperCollins Publishers India, Noida, 2011, p. 35.
30. Ibid., pp. 36–37.
31. Darryl D'Monte, *Ripping the Fabric: The Decline of Mumbai and Its Mills,* Oxford University Press, New Delhi, 2005, p. 72.
32. Ibid., pp. 73–74.
33. Shashi Bhushan Upadhyay, 'Cotton Mill Workers in Bombay, 1875 to 1918: Conditions of Work and Life', *EPW,* Mumbai, 28 July 1990.
34. Vaibhav Purandare, *Bal Thackeray and the Rise of the Shiv Sena,* Roli Books, New Delhi, 2012, p. 17.
35. Meera Kosambi, 'British Bombay and Marathi Mumbai: Some Nineteenth Century Perceptions', *Bombay: Mosaic of Modern Culture,* Sujata Pátel and Alice Thorner (eds), Oxford University Press, New Delhi, 2007, pp. 7–8.
36. Ibid., p. 7.
37. Ramachandra Guha, *India After Gandhi: The History of the World's Largest Democracy,* Picador, London, 2008, p. 191.
38. Ibid., p. 192.
39. Ibid.
40. Ibid. pp. 192–93.
41. Manohar Kadam, *Mumbaichya Ubharnit Telugu Samajache Yogdan* (The Contribution of the Telugu Community in Mumbai's History), Akshar Prakashan, Mumbai, 1999, p. 109.
42. Ibid., pp. 109–10.
43. Dr. Babasaheb Ambedkar, 'Maharashtra as a Linguistic Province', *Dr. Babasaheb Ambedkar: Writings and Speeches,* Vol. I, Dr. Babasaheb Ambedkar Source Material Publication Committee, Education Department, Government of Maharashtra, 2016, pp. 113–14.
44. Ibid., p. 119.
45. Ramachandra Guha, *India After Gandhi: The History of the World's Largest Democracy,* Picador an imprint of Pan Macmillan Ltd, London, 2008, p. 194.
46. Gyan Prakash, *Mumbai Fables,* HarperCollins Publishers India, Noida, 2011, pp. 222–23.
47. Lalji Pendse, *Maharashtrache Mahamanthan* (The Great Churn for Maharashtra), Lokvadmay Gruha, Mumbai, 2010, pp. 178–79.
48. Ibid., pp. 198–99.
49. Gyan Prakash, *Mumbai Fables,* HarperCollins Publishers India, Noida, 2011, pp. 224–25.
50. Neera Adarkar and Meena Menon, *Katha Mumbaichya Girangaonchi: Girni Kamgarancha Maukhik Itihas,* Mauj Prakashan, Mumbai, 2009, p. 156.

51. Gyan Prakash, *Mumbai Fables,* HarperCollins Publishers India, Noida, 2011, p. 225.
52. Neera Adarkar and Meena Menon, *Katha Mumbaichya Girangaonchi: Girni Kamgarancha Maukhik Itihas,* Mauj Prakashan, Mumbai, 2009, p. 162.
53. Lalji Pendse, *Maharashtrache Mahamanthan,* Lokvadmay Gruha, Mumbai, 2010, p. 362.
54. Sanjay Raut, *Ekavachani-II,* Mehta Publishing House, Pune, 2017, pp. 371–72.
55. Vaibhav Purandare, *Bal Thackeray and the Rise of the Shiv Sena,* Roli Books, New Delhi, 2012, p. 12.
56. Dinoo Randive, *Aatwani Maharashtra Janmachya* (Memories of the Birth of Maharashtra), Prabhat Prakashan, Bhayender, Thane, 2007, pp. 113–15, 167–68.
57. Ibid., pp. 114–15.
58. Ibid., p. 114.
59. Prakash Akolkar, *Jai Maharashtra: Ha Shiv Sena Navacha Itihas Aahe* (Jai Maharashtra: This Is History Called the Shiv Sena), Manovikas Prakashan, Pune, 2013, p. 41.
60. Gyan Prakash, *Mumbai Fables,* Harper Collins Publishers India, Noida, 2011, p. 225.
61. Prakash Akolkar, *Jai Maharashtra: Ha Shiv Sena Navacha Itihas Aahe* (Jai Maharashtra: This Is History Called the Shiv Sena), Manovikas Prakashan, Pune, 2013, p. 41.

अध्याय 3 : टाइगर का उदय

1. Sujata Patel and Alice Thorner (eds), *Bombay: Mosaic of Modern Culture,* Oxford University Press, New Delhi, 2007, p. 148.
2. Interview with author on 3 January 2019.
3. Dipankar Gupta, *Nativism in a Metropolis. The Shiv Sena in Bombay,* Manohar Publications, New Delhi, 1982, pp. 60–61.
4. Ibid., p. 61.
5. Neera Adarkar and Meena Menon, *Katha Mumbaichya Girangaonchi: Girni Kamgarancha Maukhik Itihas,* Mauj Prakashan, Mumbai, 2009, pp. 198–99.
6. Ibid., p. 202.
7. Ibid., p. 204.
8. Interview with author on 27 January 2019.
9. Interview with author on 27 January 2019.
10. Neera Adarkar and Meena Menon, *Katha Mumbaichya Girangaonchi: Girni Kamgarancha Maukhik Itihas,* Mauj Prakashan, Mumbai, 2009, pp. 214.

11. Vaibhav Purandare, *The Sena Story,* Business Publications Inc, Mumbai, 1999, p. 32.
12. Neera Adarkar and Meena Menon, *Katha Mumbaichya Girangaonchi: Girni Kamgarancha Maukhik Itihas,* Mauj Prakashan, Mumbai, 2009, p. 200.
13. Sudha Gogate, *The Emergence of Regionalism in Mumbai: History of the Shiv Sena,* Popular Prakashan Pvt Ltd, Mumbai, 2014, pp. iii, v.
14. Ibid., p. 1.
15. Ibid., pp. 1–2.
16. Ibid., p. 7.
17. Vaibhav Purandare, *The Sena Story,* Business Publications Inc, 1999, p. 33.
18. Mary Fainsod Katzenstein, *Ethnicity and Equality: The Shiv Sena Party and Preferential Policies in Bombay,* Cornell University Press, Ithaca and London, 1979, p. 48.
19. Ibid., p. 76.
20. Vaibhav Purandare, *The Sena Story,* Business Publications Inc, Mumbai, 1999, p. 33.
21. Mary Fainsod Katzenstein, *Ethnicity and Equality: The Shiv Sena Party and Preferential Policies in Bombay,* Cornell University Press, Ithaca and London, 1979, p. 66.
22. Ibid., p. 66–67.
23. Interview with author on 27 January 2019.
24. Mary Fainsod Katzenstein, *Ethnicity and Equality: The Shiv Sena Party and Preferential Policies in Bombay,* Cornell University Press, Ithaca and London, 1979, p. 69.
25. 'I Never Gave Speeches', *Mumbai Mirror,* 29 August 2009, https://mumbaimirror.indiatimes.com/mumbai/other/i-never gave-speeches/articleshow/15950335.cms
26. Shrikant Thackeray, *Jasa Ghadla Tasa, Chinar* Publishers, Pune, 2002, p. 58.
27. Neera Adarkar and Meena Menon, *Katha Mumbaichya Girangaonchi: Girni Kamgarancha Maukhik Itihas,* Mauj Prakashan, Mumbai, 2009, p. 198.
28. Ibid., p. 198.
29. Interview with author on 4 January 2019.
30. Interview with author on 4 January 2019.
31. Vaibhav Purandare, *The Sena Story,* Business Publications Inc, Mumbai, 1999, p. 22.
32. Interview with author on 27 January 2019.
33. Manohar Joshi, *Shiv Sena: Kaal-Aaj-Udya,* Prabodhan Goregaon, Mumbai, 2008, pp. 4–5.

34. Interview with author on 27 January 2019.
35. Sudha Gogate, *The Emergence of Regionalism in Mumbai: History of the Shiv Sena,* Popular Prakashan Pvt Ltd, Mumbai, 2014, pp. 36–37.
36. V.S. Naipaul, *India: A Million Mutinies Now,* Picador an imprint of Pan Macmillan, London, 2010, p. 51.
37. Mary Fainsod Katzenstein, *Ethnicity and Equality: The Shiv Sena Party and Preferential Policies in Bombay,* Cornell University Press, Ithaca and London, 1979, p. 79.
38. Gyan Prakash, *Mumbai Fables,* HarperCollins Publishers India, Noida, 2011, p. 234.
39. Mary Fainsod Katzenstein, *Ethnicity and Equality: The Shiv Sena Party and Preferential Policies in Bombay,* Cornell University Press, Ithaca and London, 1979, pp. 79–80.
40. Manohar Joshi, *Shiv Sena: Kaal-Aaj-Udya,* Prabodhan Goregaon, Mumbai, 2008, p. 21.
41. Vaibhav Purandare, *The Sena Story,* Business Publications Inc, Mumbai, 1999, p. 36.
42. Sudha Gogate, *The Emergence of Regionalism in Mumbai: History of the Shiv Sena,* Popular Prakashan Pvt Ltd, Mumbai, 2014, pp. 34–35, 385.
43. Vaibhav Purandare, *The Sena Story,* Business Publications Inc, Mumbai, 1999, pp. 36–37.
44. Ibid., p. 37.
45. Ibid. p. 39.
46. Neera Adarkar and Meena Menon, *Katha Mumbaichya Girangaonchi: Girni Kamgarancha Maukhik Itihas,* Mauj Prakashan, Mumbai, 2009, p. 203.
47. Ibid., p. 255.
48. Vaibhav Purandare, *The Sena Story,* Business Publications Inc, Mumbai, 1999, p. 40.
49. Neera Adarkar and Meena Menon, *Katha Mumbaichya Girangaonchi: Girni Kamgarancha Maukhik Itihas,* Mauj Prakashan, Mumbai, 2009, pp. 214–15.
50. Vaibhav Purandare, *The Sena Story,* Business Publications Inc, Mumbai, 1999, pp. 40–41.
51. PrabodhankarThackerayspeechattheShivSena'sfirstpublicmeeting, https://www.youtube.com/watch?v=pobBqr0E7tM&t=202s
52. Manohar Joshi, *Shiv Sena: Kaal-Aaj-Udya,* Prabodhan Goregaon, Mumbai, 2008, p. 22.
53. Ibid.
54. Kumar Ketkar, 'Bal Thackeray: A Legacy of Pride and Identity', DNA, 18 November 2012, https://www.dnaindia.com/mumbai/ report-bal-thackeray-a-legacy-of-pride-and-identity-1765933

अध्याय 4 : राज और उद्धव : शुरुआती साल

1. Interview with a college friend of Raj Thackeray in November 2018. A family friend also recalled this anecdote during an interview in December 2018 and in multiple conversations later.
2. Interview with Sanjeevani Karandikar in March 2019 and on 28 June 2019.
3. Dnyanesh Maharao, *Thackeray: Life and Style,* Pushpa Prakashan, Pune, 2001, pp. 72–73; Shrikant Thackeray, *Jasa Ghadla Tasa,* Chinar Publishers, Pune, 2002, p. 66.
4. Shrikant Thackeray, *Jasa Ghadla Tasa,* Chinar Publishers, Pune, 2002, p. 57.
5. Raj Thackeray, *Bal Keshav Thackeray: A Photobiography,* UBS Publishers' Distributors Pvt Ltd, New Delhi/ Mumbai, 2005, p. 146.
6. '...And Balasaheb re-christened Raj', *Lokmat,* 23 January 2019, http://www.lokmat.com/maharashtra/balasaheb-thackeraychanged-my-name-swar-araj-thackeray-says-mns-chief-raj-thackeray/
7. Interview with family friend in December 2018 and with a college friend of Raj Thackeray in November 2018.
8. Shrikant Thackeray, *Jasa Ghadla Tasa,* Chinar Publishers, Pune, 2002, p. 114; Dnyanesh Maharao, *Thackeray Family: Life and Style,* Pushpa Prakashan, Pune, 2001, p. 73.
9. Dnyanesh Maharao, *Thackeray: Life and Style,* Pushpa Prakashan, Pune, 2001, p. 81.
10. Shrikant Thackeray, *Jasa Ghadla Tasa,* Chinar Publishers, Pune, 2002, pp. 13–14.
11. Ibid., pp. 14–15.
12. Ibid., pp. 17–18; Dnyanesh Maharao, *Thackeray: Life and Style,* Pushpa Prakashan, Pune, 2001, p. 52.
13. Yogendra Thakur, *Shiv Sena: Samaj Gairsamaj,* Gaurav Thakur, Aamod Prakashan, Mumbai, April 2012, p. 358.
14. Shrikant Thackeray, *Jasa Ghadla Tasa,* Chinar Publishers, Pune, 2002, p. 26.
15. Dnyanesh Maharao, *Thackeray: Life and Style,* Pushpa Prakashan, Pune, 2001, p. 69.
16. 'Raj ki Baat', Zee Marathi, Diwali issue, 2018.
17. Ibid.
18. Raj Thackeray, *Bal Keshav Thackeray: A Photobiography,* UBS Publishers' Distributors Pvt Ltd, New Delhi, 2005, p. 390.
19. Author's interview on 19 April 2019 with senior journalist who has covered the Shiv Sena for over three decades.
20. Interview with author on 18 April 2019.
21. Interview with author on 18 April 2019.

22. Uttara Kelkar, 'Shrikantji ek manasvi kalawanta (Shrikantji, an intense artiste)', *Loksatta,* 14 June 2016, https://www.loksatta. com/uttarrang-news/uttara-kelkar-sharing-his-experiences-with-her-guru-shrikant-thackeray-1251292/
23. Interview with author on 23 March 2019.
24. Raj Thackeray, *Bal Keshav Thackeray: A Photobiography,* UBS Publisher's Distributors Pvt Ltd, New Delhi, 2005, p. 390.
25. Ibid.
26. Interview with author in December 2018.
27. Dilip Thakur, 'Shrikant Thackeray: An Independent University', *Lokprabha,* 4 January 2017, https://www.marathisrushti.com/articles/shrikant-thakarey-an-university/
28. Ibid.
29. Interview with a college friend of Raj Thackeray in November 2018.
30. Shrikant Thackeray, *Jasa Ghadla Tasa,* Chinar Publishers, Pune, 2002, p. 115.
31. Dilip Thakur's interview with author on 17 December 2018.
32. Bal Thackeray, *Gajaadil Diwas,* Parchure Prakashan Mandir, Mumbai, 2009, p. 103.
33. Dnyanesh Maharao, *Thackeray: Life and Style,* Pushpa Prakashan, Pune, 2001, p. 72.
34. Ibid., p. 75.
35. Ibid., pp. 73–74.
36. *'Lahanpani shalet na janyasathi Uddhav Thackeray hi shakkal ladhwayche* (Uddhav Thackeray used this trick to miss school)', *Loksatta*, 18 January 2019, https://www.loksatta.com/maharashtranews/uddhav-thackeray-talks-about-childhood-memories-with-balasaheb-in-manacha-mujara-of-colors-marathi-1825411/
37. Dnyanesh Maharao, *Thackeray: Life and Style,* Pushpa Prakashan, Pune, 2001, p. 74.
38. 'Jaidev Thackeray Withdraws Case Challenging Father Bal Thackeray's Will', PTI, 2 November 2018, https://www.ndtv. com/india-news/jaidev-thackeray-withdraws-case-challenging-father-bal-thackerays-will-1941907
39. Dnyanesh Maharao, *Thackeray: Life and Style,* Pushpa Prakashan, Pune, 2001, pp. 83, 85.
40. Interview with author on 28 December 2018.
41. Interview with author on 22 March 2019.
42. Interview with author on 22 March 2019.
43. '*Aamcha Dingudada* (Our Dingudada)', Kirti Pathak, as told to Rupali Waghmare, *Runanubandha* Diwali Issue 2016, and interviews with author on 22 and 23 March 2019.
44. Interview with author in March 2019.

45. Interview with author on 22 May 2019.
46. Interview with author on 20 May 2019.
47. Interviews with author on 14 April and 4 May 2019.
48. Interview with author on 27 January 2019.
49. 'Raj ki baat', Zee Marathi, Diwali issue, 2018.
50. Dnyanesh Maharao, *Thackeray: Life and Style,* Pushpa Prakashan, Pune, 2001, pp. 82–83.
51. Ibid.
52. Ibid., p. 75.
53. Ibid., p. 83.
54. Unmesh Gujarathi (ed.), *Hinduhriday Samrat,* Navchaitanya Prakashan, Mumbai, 2012, pp. 19–20.
55. Bal Thackeray's interview with Nikhil Wagle, IBN *Lokmat,* 14 February 2012, https://www.youtube.com/watch?v=72wJ5e8iOmo, accessed in December 2018.
56. Interview with one of Raj's old-time friends in December 2018.
57. Interview with author on 10 March 2019.
58. Interview with author on 22 March 2019.
59. Interview with author on 13 March 2019.
60. Interviews with Kirti Pathak on 22 March 2019, Sanjeevani Karandikar on 23 March 2019 and one of Raj's old-time friends in December 2018.
61. Interview with author on 16 April 2019.
62. Dilip Thakur, Shrikant Thackeray: An Independent University', *Lokprabha,* 4 January 2017, https://www.marathisrushti.com/articles/shrikant-thakarey-an-university/.
63. Interview with author on 22 March 2019.
64. Dnyanesh Maharao, *Thackeray: Life and Style,* Pushpa Prakashan, Pune, 2001, p. 86.
65. Interview with author on 23 April 2019.
66. Interview with author on 23 April 2019.
67. Interview with author on 23 April 2019.
68. Musab Qazi, '64 stab wounds, fingers chopped off: The murder that spurred Maharashtra to end campus polls', *Hindustan Times,* 31 October 2018, https://www.hindustantimes.com/ mumbai-news/64-stab-wounds-fingers-chopped-off-themurder-that-spurred-maharashtra-to-end-campus-polls/storyeLqcdtFZxeHKeSzQ4KrtsN.html
69. Interview with author on 18 January 2019.
70. Interview with author on 23 March 2019.
71. Interview with author on 23 March 2019.
72. Interview with author on 20 October 2018.
73. Interview with author on 20 October 2018.
74. Interview with author in December 2018.
75. Interview with author in December 2018.

76. Dnyanesh Maharao, *Thackeray: Life and Style,* Pushpa Prakashan, Pune, 2001, p. 87.
77. Author's interview with one of Raj's friends on 4 May 2019.
78. Interview with author on 14 January 2019.
79. Dnyanesh Maharao, *Thackeray: Life and Style,* Pushpa Prakashan, Pune, 2001, p. 88.
80. Interview with author on 18 April 2019.
81. Interview with author on 4 January 2019.
82. Interview with author on 4 January 2019.
83. Interview with author on 19 April 2019.
84. Interview with author on 4 January 2019.
85. Interview with author on 6 December 2018. This was corroborated by one of his former business associates and friends in an interview on 8 January 2019 and by another friend on 4 May 2019.
86. Interview with author on 6 December 2018.
87. Dnyanesh Maharao, *Thackeray: Life and Style,* Pushpa Prakashan, Pune, 2001, p. 89.
88. Interview with author on 6 December 2018.
89. Interview with author on 10 March 2019.
90. Interview with author in December 2018 and January 2019.
91. Interview with author on 19 April 2019.
92. Interview with a former Shiv Sena leader on 21 December 2019.
93. Manohar Joshi, *Shiv Sena: Kaal-Aaj-Udya,* Prabodhan Goregaon, Mumbai, 2008, pp. 489–90.
94. Sanjay Raut, *Ekavachani,* Part I, Mehta Publishing House, Pune, 2017, p. 33.
95. Dnyanesh Maharao, *Thackeray: Life and Style,* Pushpa Prakashan, Pune, 2001, pp. 104–05.
96. Sanjay Raut, *Ekavachani,* Part I, Mehta Publishing House, Pune, 2017, p. 66.
97. Manohar Joshi, *Shiv Sena: Kaal-Aaj-Udya,* Prabodhan Goregaon, Mumbai, 2008, pp. 347–48.
98. Ibid., p. 362.
99. Vaibhav Purandare, *The Sena Story,* Business Publications Inc, Mumbai, 1999, p. 256.
100. Ibid., p. 257.
101. Manohar Joshi, *Shiv Sena: Kaal-Aaj-Udya,* Prabodhan Goregaon, Mumbai, 2008, p. 362.
102. Ibid.
103. Dnyanesh Maharao, *Thackeray: Life and Style,* Pushpa Prakashan, Pune, 2001, pp. 75–76; Author's interview with a Raj Thackeray associate on 6 December 2018.
104. Manohar Joshi, *Shiv Sena: Kaal-Aaj-Udya,* Prabodhan Goregaon, Mumbai, 2008, p. 363.

105. Interview with author on 3 May 2019; G.R. Khairnar, *Ekaki Zhunja: Go Ra Khairnar Hyanche Atmacharitra* (A Lonely Fight: An Autobiography of G.R. Khairnar), Pushpa Prakashan Limited, Pune, August 1999, pp. 102–10.
106. Pinky Virani, *Once Was Bombay,* Penguin Books, Gurgaon, 2001, pp. 124–25.
107. Interview with author on 27 January 2019.
108. Shrikant Thackeray, *Jasa Ghadla Tasa,* Chinar Publishers, Pune, 2002, p. 86.
109. Suhas Palshikar, *Jaat va Maharashtratil Sattakaran* (Caste and Power Politics in Maharashtra), Sugava Prakashan, Pune, 2003, p. 13.
110. Author's interview with former Raj Thackeray associate in December 2018.
111. Manohar Joshi, *Shiv Sena: Kaal-Aaj-Udya,* Prabodhan Goregaon, Mumbai, 2008, p. 435.
112. Sanjay Raut, *Ekavachani,* Part II, Mehta Publishing House, Pune, 2017, p. 28.
113. Vaibhav Purandare, *The Sena Story,* Business Publications Inc, Mumbai, 1999, p. 348.
114. Ibid., pp. 348–49.
115. Pinky Virani, *Once Was Bombay* (Penguin Books, Gurgaon, 2001), p. 129.
116. Conversation with author in November 2012.
117. Interview with author on 25 January 2019.
118. Manohar Joshi, *Shiv Sena: Kaal-Aaj-Udya,* Prabodhan Goregaon, Mumbai, 2008, pp. 485–86.
119. Ibid., pp. 486–87.
120. Vaibhav Purandare, *Bal Thackeray and the Rise of the Shiv Sena,* Roli Books, New Delhi, 2012, p. 189.
121. Manohar Joshi, *Shiv Sena: Kaal-Aaj-Udya,* Prabodhan Goregaon, Mumbai, 2008, p. 487.
122. Prakash Akolkar, *Jai Maharashtra: Ha Shiv Sena Navacha Itihas Aahe* (Jai Maharashtra: This Is History Called the Shiv Sena), Prabhat Prakashan, Mumbai, 1998, p. 229.
123. Vaibhav Purandare, *The Sena Story,* Business Publications Inc, Mumbai, 1999, pp. 356–57.
124. Manohar Joshi, *Shiv Sena: Kaal-Aaj-Udya,* Prabodhan Goregaon, Mumbai, 2008, p. 487.
125. Ibid., p. 488.
126. Ibid., pp. 488–92.
127. Vaibhav Purandare, *The Sena Story,* Business Publications Inc, Mumbai, 1999, p. 358; Prakash Akolkar, *Jai Maharashtra: Ha Shiv Sena Navacha Itihas Aahe* (Jai Maharashtra: This Is History Called the Shiv Sena), Manovikas Prakashan, Pune, 2013, pp. 346–47.

128. Prakash Akolkar, *Jai Maharashtra: Ha Shiv Sena Navacha Itihas Aahe,* (Jai Maharashtra: This is History Called the Shiv Sena), Manovikas Prakashan, Pune, 2013, p. 347.
129. Manohar Joshi, *Shiv Sena: Kaal-Aaj-Udya,* Prabodhan Goregaon, Mumbai, 2008, p. 493.
130. Interview with author in December 2018.
131. Interview with Shishir Shinde on 8 February 2019.
132. Interview with author on 21 January 2019.
133. Interview with author on 21 January 2019.
134. Interview with author on 4 January 2019.
135. Interview with author on 4 May 2019.
136. Interview with author on 6 May 2019.
137. Interview with author on 6 May 2019.
138. Manoj Awale, *Marathi Manacha Raja,* S.M. Awale, Pune, 2014, p. 13.
139. Manohar Joshi, *Shiv Sena: Kaal-Aaj-Udya,* Prabodhan Goregaon, Mumbai, 2008, p. 547.
140. Interview with author on 16 January 2019.
141. Interview with author on 3 January 2019.
142. Interview with author on 4 May 2019.
143. Interview with author on 4 January 2019.
144. Interview with author on 4 January 2019.
145. Interview with author on 3 January 2019.
146. Interview with author on 8 January 2019.
147. Interview with Raj Thackeray's former business associate on 25 June 2019.
148. Website of Matoshree Infrastructure Pvt. Ltd, http://www.matoshreeinfra.com/group.php
149. Interview with author in December 2018.
150. Interview with author on 8 January 2019.
151. Manohar Joshi, *Shiv Sena: Kaal-Aaj-Udya,* Prabodhan Goregaon, Mumbai, 2008, p. 586.
152. Interview with author in December 2018.
153. Interview with author in December 2018.
154. Interview with author on 21 December 2018.
155. Manohar Joshi, *Shiv Sena: Kaal-Aaj-Udya,* Prabodhan Goregaon, Mumbai, 2008, p. 541.
156. Prakash Akolkar, *Jai Maharashtra: Ha Shiv Sena Navacha Itihas Aahe* (Jai Maharashtra: This is History called the Shiv Sena), Manovikas Prakashan, Pune, 2013, pp. 156–60.
157. Interview with author on 21 January 2019.
158. Lekha Rattanani, 'The Tiger Cub', *Outlook,* 13 March 1996, https://www.outlookindia.com/magazine/story/the-tiger-cub/200994
159. Ibid.

अध्याय 5 : गढ़ में दरार

1. Interview with author on 27 January 2019.
2. Interview with author on 27 January 2019.
3. Manohar Joshi, *Shiv Sena: Kaal-Aaj-Udya,* Prabodhan Goregaon, Mumbai, 2008), p. 621; Vaibhav Purandare, *The Sena Story,* Business Publications Inc, Mumbai, 1999, p. 417; *Sheela Ramesh Kini And Anr vs Union of India* (Uoi) And Ors., on 20 September 1996: Criminal Writ Petition No. 853 with Cri.W.P. No. 854 of 1996, https://indiankanoon.org/doc/1670444/ and https://www. legalcrystal.com/case/354421/sheela-ramesh-kini-vs-union-india
4. Neeta Kolhatkar, *'Sheela Kini: A Forgotten Voice of Mumbai',* 4 February 2014, https://www.rediff.com/news/column/sheelakini-a-forgotten-voice-of-mumbai/20140206.htm
5. Interview with author on 27 January 2019.
6. *Sheela Ramesh Kini And Anr vs Union of India (Uoi) And Ors.,* on 20 September 1996: Criminal Writ Petition No. 853 with Cri.W.P. No. 854 of 1996, https://indiankanoon.org/doc/1670444/) and, https://www.legalcrystal.com/case/354421/sheela-ramesh-kini-vs-union-india
7. Manohar Joshi, *Shiv Sena: Kaal-Aaj-Udya,* Prabodhan Goregaon, Mumbai, 2008, p. 621.
8. *Sheela Ramesh Kini And Anr vs Union of India (Uoi) And Ors.,* on 20 September 1996: Criminal Writ Petition No. 853 with Cri.W.P. No. 854 of 1996, https://indiankanoon.org/doc/1670444/) and, https://www.legalcrystal.com/case/354421/sheela-ramesh-kini-vs-union-india.
9. Ibid.
10. Yogesh Naik and Pandurang Mhaske, 'Matunga building, Raj's' 90s political nightmare, razed', *Mumbai Mirror,* https://mumbaimirror.indiatimes.com/mumbai/coverstory/matunga-building-rajs-90s-political-nightmare-razed/articleshow/29172482.cms
11. Vaibhav Purandare, *The Sena Story*, Business Publications Inc, Mumbai, 1999, pp. 140-41, 145.
12. Ibid., p. 147.
13. Dipankar Gupta, *Nativism in a Metropolis: The Shiv Sena in Bombay,* Manohar Publications, New Delhi, 1982, p. 159.
14. Gyan Prakash, *Mumbai Fables,* HarperCollins Publishers India, Noida, 2011, p. 242.
15. Dipankar Gupta, *Nativism in a Metropolis : The Shiv Sena in Bombay,* Manohar Publications, New Delhi, 1982, pp. 82–83.
16. Prakash Akolkar, *Jai Maharashtra: Ha Shiv Sena Navacha Itihas Aahe* (Jai Maharashtra: This is History Called the Shiv Sena), Manovikas Prakashan, Pune, 2013, p. 168.
17. Ibid., pp. 106–07; *State of Maharashtra Vs. Anand Chintaman Dighe,* 2 May 1991: Supreme Court of India, Criminal Appeal no. 336 of 1991,

Ranganath Misra, CJ, Kuldip Singh, and P.B Sawant, JJ, https://indiankanoon.org/doc/10697041, https://www.legalcrystal.com/case/655724/state-maharashtra-vs-anandchintaman-dighe

18. Prakash Akolkar, *Jai Maharashtra: Ha Shiv Sena Navacha Itihas Aahe,* Manovikas Prakashan, Pune, 2013, p. 107.
19. Praveen Swami, 'The General in His Labyrinth', *Frontline,* 29 August 29 to 11 September 1998, https://frontline.thehindu.com/static/html/fl1518/15180200.htm
20. Sanjay Jog, 'Nilesh Rane levels serious charges against Bal Thackeray', DNA, 16 January 2019, https://www.dnaindia. com/india/report-nilesh-rane-levels-serious-charges-against-bal thackeray-2708431
21. I believe in some Gandhian principles. Violence and non-violence have their own place in society. It all depends on the situation': The Rediff Interview, Arun Gawli: Syed Firdaus Ashraf, https://m.rediff.com/news/aug/13gawli.htm
22. Manohar Joshi, *Shiv Sena: Kaal-Aaj-Udya,* Prabodhan Goregaon, Mumbai, 2008, p. 621.
23. Ibid.
24. Pritish Nandy, 'When people are lined up and killed in Bihar, V.P. Singh does not go there but he comes here to meet Sheila Kini!', Rediff.com, http://m.rediff.com/news/sep/05nandy.htm
25. Vaibhav Purandare, *The Sena Story,* Business Publications Inc, Mumbai, 1999, p. 418.
26. https://indiankanoon.org/doc/1670444/
27. Interview with author on 22 March 2019.
28. Vaibhav Purandare, *The Sena Story,* Business Publications Inc, Mumbai, 1999, p. 418.
29. Manohar Joshi, *Shiv Sena: Kaal-Aaj-Udya,* Prabodhan Goregaon, Mumbai, 2008, p. 622.
30. Interview with author on 15 January 2019.
31. Interview with author on 14 January 2019; Saira Menezes, 'Kapil Patil: A defiant editor takes on the mighty Sena by launching his daily *Saanj Dinank*', Outlook, 20 November 1996, https://www.outlookindia.com/magazine/story/kapil-patil/202567
32. Interview with author on 14 January 2019; Saira Menezes, 'Kapil Patil: A defiant editor takes on the mighty Sena by launching his daily *Saanj Dinank', Outlook,* 20 November 1996, https://www. outlookindia.com/magazine/story/kapil-patil/202567
33. Vaibhav Purandare, *The Sena Story,* Business Publications Inc, Mumbai, 1999, p. 417.
34. Ibid., pp. 417–18.
35. Interview with author on 6 December 2018.
36. Manohar Joshi, *Shiv Sena: Kaal-Aaj-Udya,* Prabodhan Goregaon, Mumbai, 2008, p. 621–22.

37. Ibid., p. 622.
38. Interview with author on 4 January 2019.
39. Manohar Joshi, *Shiv Sena: Kaal-Aaj-Udya,* Prabodhan Goregaon, Mumbai, 2008, p. 622.
40. Sanjay Raut, *Ekavachani,* Part I, Mehta Publishing House, Pune, 2017, pp. 140, 163.
41. Ibid., p. 142.
42. Ibid., p. 143.
43. Manohar Joshi, *Shiv Sena: Kaal-Aaj-Udya,* Prabodhan Goregaon, Mumbai, 2008, p. 622.
44. Vaibhav Purandare, *The Sena Story,* Business Publications Inc, Mumbai, 1999, p. 418; Yogesh Naik and Pandurang Mhaske, 'Matunga building, Raj's '90s political nightmare, razed', *Mumbai Mirror,* 22 January 2014, https://mumbaimirror. indiatimes.com/mumbai/cover-story/matunga-building-rajs-90spoliticalnightmare-razed/articleshow/29172482.cms; Case no. 1194 of 1997 in the court of Additional Sessions Judge S.P. Nikam.
45. Interview with author on 15 January 2019.
46. Sujata Anandan, 'The wise man this Christmas', *Hindustan Times,* 24 December 2013, https://www.hindustantimes. com/columns/thewise-man-this-christmas/story mC9InE3ecKAJagRRalQDIK.html
47. Ibid.
48. Interview with author on 25 January 2019.
49. Sanjay Raut, *Ekavachani,* Part I, Mehta Publishing House, Pune, 2017, pp. 196–97.
50. 'Uddhav launches fresh offensive against Raj', *Mumbai Mirror,* 24 May 2009, https://mumbaimirror.indiatimes.com/mumbai/other/uddhav-launches-fresh-offensive-against-raj/articleshow/15926505.cms
51. 'Bhujbal rakes up Kini murder case in a bid to corner Raj', *Indian Express,* https://indianexpress.com/article/cities/mumbai/ bhujbalrakes-up-kini-murder-case-in-a-bid-to-corner-raj/
52. Interviews with multiple people for the book between November 2018 and May 2019.
53. Interview with author on 27 March 2019.
54. Naresh Kamath, 'Raj's firm will redevelop bldg where Kini lived', https://www.hindustantimes.com/mumbai/ raj-s-firm-will-redevelop-bldg-where-kini-lived/story-wXXBRL1 KfoMvUfOxhZV9ZJ.html
55. Yogesh Naik and Pandurang Mhaske, 'Matunga building, Raj's '90s political nightmare, razed', *Mumbai Mirror,* https://mumbaimirror. indiatimes.com/mumbai/cover-story/matunga-building-rajs90spolitical-nightmare-razed/articleshow/29172482.cms
56. Manohar Joshi, *Shiv Sena: Kaal-Aaj-Udya,* Prabodhan Goregaon, Mumbai, 2008, pp. 599–600.
57. Interview with author on 8 January 2019.

58. Interview with author in November 2018.
59. Interview with author on 28 December 2018.
60. Interview with author on 28 December 2018.
61. Interview with author on 7 January 2019.
62. Interview with author on 21 December 2018.
63. Interview with author on 19 December 2018 and 7 January 2019.
64. Interview with author on 28 December 2018.
65. Interview with author on 28 December 2018.
66. Interview with author on 7 January 2019.
67. Multiple interviews with former BVS leaders and former MNS MLAs.
68. Interview with author in December 2018.
69. Interview with author on 7 January 2019.
70. Interview with author on 18 January 2019.
71. Interview with author on 3 January 2019.
72. Interview with author on 4 January 2019.
73. Manohar Joshi, *Shiv Sena: Kaal-Aaj-Udya,* Prabodhan Goregaon, Mumbai, 2008, p. 625.
74. Interview with author on 4 January 2019.
75. Manohar Joshi, *Shiv Sena: Kaal-Aaj-Udya,* Prabodhan Goregaon, Mumbai, 2008, p. 644.
76. V. Shankar Aiyar, 'Raj Thackeray refuses to be shaken by controversies he has stirred, *India Today,* 15 May 1997, https://www.indiatoday.in/magazine/profile/story/19970430 raj-thackeray-refuses-to-be-shaken-by-controversies-he-has stirred-831313-1997-05-15
77. Manohar Joshi, *Shiv Sena: Kaal-Aaj-Udya,* Prabodhan Goregaon, Mumbai, 2008, p. 645.
78. Raj Thackeray, 'I was Jacko's fan', https://timesofindia.indiatimes.com/entertainment/hindi/bollywood/news/I-was-Jackos-fan-Raj Thackeray/articleshow/4709158.cms
79. Shekhar Gupta, 'I asked Balasaheb Thackeray, "Are you a mafioso?"—and lived to tell the tale', *The Print,* https://theprint.in/opinion/i asked-bala-saheb-thackeray-are-you a mafioso-and-lived/31131/
80. Vaibhav Purandare, *Bal Thackeray and the Rise of the Shiv Sena,* Roli Books, New Delhi, 2012, pp. 230–31.
81. Raj Thackeray, 'I was Jacko's fan', https://timesofindia.indiatimes.com/entertainment/hindi/bollywood/news/I-was-Jackos-fan-Raj Thackeray/articleshow/4709158.cms
82. Vaibhav Purandare, *Bal Thackeray and the Rise of the Shiv Sena,* Roli Books, New Delhi, 2012, p. 231.
83. Julia M. Eckert, *The Charisma of Direct Action: Power, Politics and the Shiv Sena,* Oxford University Press, New Delhi, 2003, p. 20–21.
84. Vaibhav Purandare, *Bal Thackeray and the Rise of the Shiv Sena,* Roli Books, New Delhi, 2012, p. 231.

85. Sanjay Raut, *Ekavachani,* Part I, Mehta Publishing House, Pune, 2017, pp. 217, 260.
86. Vaibhav Purandare, *The Sena Story,* Business Publications Inc, Mumbai, 1999, p. 423.
87. Manohar Joshi, *Shiv Sena: Kaal-Aaj-Udya,* Prabodhan Goregaon, Mumbai, 2008, p. 630.
88. Interview with author on 30 January 2018.
89. Interview with author on 28 December 2018.
90. Interview with author on 28 December 2018.
91. Interview with author on 28 December 2018.
92. 'Thackeray had tumultuous 'bond' with estranged son Jaidev', TNN https://timesofindia.indiatimes.com/india/ Thackeray-had-tumultuous-bond-with-estranged-son-Jaidev/articleshow/29131050.cms.
93. Ibid.
94. Ibid.
95. Ibid.
96. Multiple interviews with author between December 2018 and February 2019.
97. Nauzer Bharucha, "Raj Thackeray's firm made Rs 300 cr by selling stake in mill, TNN, 15 November 2009, https://economictimes. indiatimes. com/news/politics-and-nation/raj-thackerays-firm made-rs-300-cr-by-selling-stake-in-mill/articleshow/5231751.cms
98. Makarand Gadgil, 'Ex-CM's son loses Dadar twin towers after defaulting on loans worth Rs 900 crore', *Mumbai Mirror,* 5 January 2019, https://mumbaimirror.indiatimes.com/mumbai/ cover-story/ex-cms-son-loses-dadar-twin-towers-after-defaulting-on-loans-worth-900-cr/ articleshow/67390441.cms
99. 'From receptionist to powerful socialite, Smita Thackeray has come a long way', *India Today,* https://www.indiatoday.in/magazinel profile/ story/19990712-from-receptionist-to-powerful-socialite-smita-thackeray-has-come-a-long-way-824557-1999-11-30
100. Vaibhav Purandare, *The Sena Story,* Business Publications Inc, Mumbai, 1999, pp. 409–12.
101. Ibid., p. 420.
102. Narayan Rane with Priyam Gandhi-Mody, *No Holds Barred: My Years in Politics,* HarperCollins Publishers India, Noida, 2019, pp. 27–28.
103. Interview with author on 21 December 2018
104. 'Supreme Court indicts Manohar Joshi over land misuse case', https:// www.ndtv.com/india-news/supreme-court-indictsmanohar-joshi-over-land-misuse-case-565500; *Manohar Joshi vs State of Maharashtra and others,* Civil appeals nos 2102- 103 with nos 2120, 198–99, 2450, 2105-106 and 196–97 of 2000: Supreme Court, R.V. Raveendran and H.L Gokhale, JJ.

105. Vaibhav Purandare, *The Sena Story,* Business Publications Inc, Mumbai, 1999, pp. 421-22, 427–30.
106. Author's interview with former Shiv Sena leader on 21 December 2018.
107. Julia M. Eckert, *The Charisma of Direct Action: Power, Politics and the Shiv Sena,* Oxford University Press, New Delhi, 2003, p. 21.
108. Multiple interviews with author during reporting career.
109. Interview with author on 21 December 2018.
110. Vaibhav Purandare, *The Sena Story,* Business Publications Inc, Mumbai, 1999, p. 414.
111. Interview with author on 21 December 2018.
112. Interview with author on 14 April 2019.
113. Interview with author on 21 December 2018.
114. Interview with author on 25 January 2019.
115. Manohar Joshi, *Shiv Sena: Kaal-Aaj-Udya,* Prabodhan Goregaon, Mumbai, 2008, p. 638; Author's interview with former Sena leader on 21 December 2018.
116. Interview with author on 4 January 2019.
117. Narayan Rane with Priyam Gandhi-Mody, *No Holds Barred: My Years in Politics,* HarperCollins Publishers India, Noida, 2019, p. 53.
118. Manohar Joshi, *Shiv Sena: Kaal-Aaj-Udya,* Prabodhan Goregaon, Mumbai, 2008, p. 638.
119. Narayan Rane with Priyam Gandhi-Mody, *No Holds Barred: My Years in Politics,* HarperCollins Publishers India, Noida, 2019, pp. 54–55.
120. Interview with author on 21 December 2018.
121. Narayan Rane with Priyam Gandhi-Mody, *No Holds Barred: My Years in Politics,* HarperCollins Publishers India, Noida, 2019, pp. 55–56.
122. P.C. Alexander, *Through the Corridors of Power: An Insider's Story,* HarperCollins Publishers India, New Delhi, 2004, p. 452.
123. Ibid., pp. 452–53.
124. 'I don't believe in alliance politics, says Raj Thackeray', *Loksatta,* 10 October 2014, https://www.youtube.com/watch?v=EXn87f1 VHso&ts=82s, accessed on 13 February 2019.
125. Multiple interviews with Shiv Sena and MNS leaders between January and March 2019.
126. Manohar Joshi, *Shiv Sena: Kaal-Aaj-Udya,* Prabodhan Goregaon, Mumbai, 2008, p. 638.
127. Ibid.
128. Interview with author on 19 November 2016.
129. Interview with former BVS leader on 7 January 2019.
130. 'Mob torches former CM's home', Our Correspondent, *The Telegraph,* 23 November 2002, https://www.telegraphindia.com/india/mob-torches-former-cm-s-home/cid/855638
131. Prakash Akolkar, *Jai Maharashtra: Ha Shiv Sena Navacha Itihas Aahe,* Manovikas Prakashan, Pune, 2013, p. 330.

132. Interview with author on 15 January 2019.
133. Kiran Tare, 'Farmers Leader Comes Under Scanner for Massive Wealth', *Sunday Standard,* 15 November 2015, http://www.newindianexpress.com/thesundaystandard/2015/ nov/15/Farmers-Leader-Comes-Under-Scanner-for-Massive Wealth-843256.html
134. 'PWP a party of goondas: Tatkare', TNN, 27 March 2002, https://timesofindia.indiatimes.com/city/mumbai/PWP-a-party of-goondas-Tatkare/articleshow/5004010.cms
135. Sheela Raval, 'Maharashtra: Cong-NCP tries hard to stem tide of defections, Sena-BJP eyes power', *India Today,* 17 June 2002, https://www.indiatoday.in/magazine/states/story/20020617-maharashtra-cong-ncp-tries-hard-to-stem-tide-of-defections-sena-bjp-eyes-power-795096-2002-06-17
136. Ibid.
137. Ibid.; Narayan Rane with Priyam Gandhi-Mody, *No Holds Barred: My Years in Politics,* HarperCollins Publishers India, Noida, 2019, p. 66.
138. Manohar Joshi, *Shiv Sena: Kaal-Aaj-Udya,* Prabodhan Goregaon, Mumbai, 2008, p. 707.
139. Interview with author on 28 January 2019.
140. Interview with author on 28 January 2019.
141. Interview with author on 27 January 2019.
142. Interview with author on 29 December 2018.
143. Sheela Raval, 'Maharashtra: Cong-NCP tries hard to stem tide of defections, Sena-BJP eyes power', *India Today,* 17 June 2002, https://www.indiatoday.in/magazine/states/story/20020617maharashtra-cong-ncp-tries-hard-to-stem-tide-of-defections-senabjp-eyes-power-795096-2002-06-17); Manohar Joshi, *Shiv Sena: Kaal-Aaj-Udya* (Prabodhan Goregaon, Mumbai, 2008, p. 707.
144. Narayan Rane with Priyam Gandhi-Mody, *No Holds Barred: My Years in Politics,* HarperCollins Publishers India, Noida, 2019, p. 66.
145. Ibid.
146. 'I was detained by Sena: Valvi', TNN, 12 June 2002, https://timesofindia.indiatimes.com/city/mumbai/I-was-detained-by Sena-Valvi/articleshow/12799609.cms
147. Interview with author on 29 December 2018.
148. Narayan Rane with Priyam Gandhi-Mody, *No Holds Barred: My Years in Politics,* HarperCollins Publishers India, Noida, 2019, p. 67.
149. Deshmukh bid to woo back PWP, Mumbai Bureau, *The Hindu,* 6 June 2002, https://www.thehindu.com/2002/06/06/stories/2002060602851200.htm.
150. Manohar Joshi, *Shiv Sena: Kaal-Aaj-Udya,* Prabodhan Goregaon, Mumbai, 2008, p. 708.
151. Ibid.
152. Interview with author on 21 December 2018.

153. Narayan Rane with Priyam Gandhi-Mody, *No Holds Barred: My Years in Politics,* HarperCollins Publishers India, Noida, 2019, p. 68.
154. Ibid., p. 70–71.
155. Author's interview with a senior Shiv Sena leader on 27 March 2019.
156. 'Raj Thackeray proposes Uddhav's name as working president, IBN Lokmat, 31 January 2015, https://www.youtube.com/watch?v=YDPB-9FMr52w&t=10s, accessed on 13 February 2019.
157. Bal Thackeray says Raj appointed Uddhav as the working president sans his knowledge', IBN Lokmat, 14 February 2012, https://www.youtube.com/watch?v=511kNBKagHo, accessed on 13 February 2019.
158. 'Raj refutes Bal Thackeray's claims that he appointed Uddhav as the working president', ABP Majha, 26 October 2010, https:// www.youtube.com/watch?v=MM-zDBbkqG4, accessed on 13 February 2019.
159. Manohar Joshi, *ShivSenechi nirmiti, vaadh, swaroop, yashapayash aani bhavitavya* (Analytical Study of the Birth, Growth Nature and Structure, Success and Failures and Future of the Shiv Sena), PhD thesis, Navchaitanya Prakashan, Mumbai, 2011, p. 41.
160. Harinder Baweja, 'E.C. Krishnamurthy clashes with CEC Gill over Shiv Sena, ends up the loser', *India Today,* 29 December 1997, https://www.indiatoday.in/magazine/nation/story/19971229-eckrishnamurthy-clashes-with-cec-gill-over-shiv-sena-ends-up-the-loser-831170-1997-12-29.
161. Manohar Joshi, *ShivSenechi nirmiti, vaadh, swaroop, yashapayash aani bhavitavya* (Analytical Study of The Birth, Growth Nature and Structure, Success and Failures and Future of the Shiv Sena), PhD thesis, Navchaitanya Prakashan, Mumbai, 2011, p. 51.
162. Interview with a senior Shiv Sena leader on 27 March 2019.
163. Interview with author on 21 December 2018.
164. Interview with author on 21 December 2018.
165. Interview with author on 16 April 2019.
166. 'Narayan Rane says he opposed Uddhav Thackeray's appointment as the working president', IBN Lokmat, 31 January 2015, https://www.youtube.com/watch?v=H6vP99mAhPk
167. Multiple interviews with author including on 9 February 2019.
168. Vaibhav Purandare, *Bal Thackeray and the Rise of the Shiv Sena,* Roli Books, New Delhi, 2012, p. 232.
169. Manohar Joshi, *Shiv Sena: Kaal-Aaj-Udya,* Prabodhan Goregaon, Mumbai, 2008, p. 729.
170. Multiple sources.
171. Gail Omvedt, 'Hinduism as Feudal Backwardness: The Dalit Panthers', *Dalit Visions: The Anti-caste Movement and the Construction of an Indian Identity,* Orient Longman, Hyderabad, 2006, p. 75.
172. Sachin Parab, 'Jai Shiv Bhim!', 30 January 2011, http://parabsachin.blogspot.com/2011/01/blog-post_30.html

173. Manohar Joshi, *Shiv Sena: Kaal-Aaj-Udya,* Prabodhan Goregaon, Mumbai, 2008, p. 730.
174. Interview with author on 21 January 2019.
175. Manohar Joshi, *Shiv Sena: Kaal-Aaj-Udya,* Prabodhan Goregaon, Mumbai, 2008, p. 719.
176. Interview with author on 22 January 2019.
177. Interview with author on 22 January 2019.
178. Interview with author on 22 January 2019.
179. Interview with author on 23 January 2019.
180. Interview with author on 21 January 2019.
181. Mahesh Gavaskar, 'Raj Thackeray and the Danger of Competing Regionalisms', *EPW,* 1 November 2008; 'Job bias suit on Nitish', *The Telegraph,* 27 November 2003, https://www.telegraphindia.com/india/job-bias-suit-on-nitish/cid/965608.
182. Interview with author on 4 January 2019.
183. Manohar Joshi, *Shiv Sena: Kaal-Aaj-Udya,* Prabodhan Goregaon, Mumbai, 2008, pp. 720–21.
184. Ibid., p. 721.
185. Ibid.
186. Ibid.
187. V. Venkatesan, 'Blow to a Ban, *Frontline,* Vol. 27, No. 16, 31 July to 13 August 2010, https://frontline.thehindu.com/static/html/fl2716/stories/20100813271604100.htm
188. Martha C. Nussbaum, *The Clash Within: Democracy, Religious Violence, and India's Future,* Permanent Black, Ranikhet, 2007, p. 240.
189. Interview with author on 4 January 2019.
190. 'Raj Thackeray apologises to Bahulkar', TNN, 29 December 2003, https://timesofindia.indiatimes.com/city/pune/Raj-Thackeray apologises-to-Bahulkar/articleshow/388216.cms
191. Interview with author on 4 January 2019.
192. 'India seeks to arrest US scholar', BBC, http://news.bbc.co.uk/2/hi/south_asia/3561499.stm
193. 'Laine's book on Shivaji will not be reprinted', *Deccan Herald,* https://www.deccanherald.com/content/80961/laines-book-shivaji-not-reprinted.html
194. Sushant Kulkarni, 'Govt moves court again to withdraw case against Sena leaders', *Indian Express,* 24 October 2017, https:// indianexpress.com/article/india/govt-moves-court-again-towithdraw-case-against-sena-leaders-4903755/; Yogesh Joshi, '2010 Pune bandh: Criminal case against Sena leaders Neelam Gorhe, Milind Narvekar for inciting violence to be withdrawn', *Hindustan Times,* 26 October 2017, https://www.hindustantimes. com/pune-news/2010-pune-bandh-criminal-case-against-senaleaders-neelam-gorhe-milind-narvekar-for-inciting-violence-to be-withdrawn/story-Pml1qknF0z7Y5Bg53Pda5N.html.

195. Ibid.
196. 'Shiv Sena attack communally charged', TNN, 17 April 2004, https://timesofindia.indiatimes.com/city/mumbai/Shiv-Sena-attack-communally-charged/articleshow/621615.cms
197. Interview with author on 28 January 2019.
198. Interview with author on 28 January 2019.
199. Interview with author on 29 December 2018.
200. Manohar Joshi, *Shiv Sena: Kaal-Aaj-Udya,* Prabodhan Goregaon, Mumbai, 2008, p. 746.
201. Ibid., p. 747–48.
202. Ibid., p. 748.
203. Interview with author on 21 December 2018.

अध्याय 6 : राज की अनबन और मनसे का जन्म

1. Interview with author on 25 January 2019.
2. Author's interview on 19 April 2019 with a senior journalist close to the Thackeray family who has covered the Shiv Sena for over three decades.
3. Interview with author on 15 June 2019.
4. Narayan Rane with Priyam Gandhi-Mody, *No Holds Barred: My Years in Politics,* HarperCollins Publishers India, Noida, 2019, p. 75.
5. Milind Narvekar vishayi (About Milind Narvekar), 4 January 2011 http://parabsachin.blogspot.com/2011/01/blog-post_04.html
6. Manohar Joshi, *Shiv Sena: Kaal-Aaj-Udya,* Prabodhan Goregaon, Mumbai, 2008, p. 761.
7. Balasaheb Thackeray, Konkan Karykarta Melawa in Mumbai, Part 01, https://www.youtube.com/watch?v=OTOaI2O-LLW, accessed on 10 February 2019.
8. Interview with author on 13 February 2019.
9. Interview with author on 9 February 2019.
10. Interview with author on 13 February 2019.
11. Narayan Rane with Priyam Gandhi-Mody, *No Holds Barred: My Years in Politics* (HarperCollins Publishers India, Noida, 2019, pp. 79–80.
12. Ibid., p. 80.
13. Ibid., p. 81.
14. Manohar Joshi, *Shiv Sena: Kaal-Aaj-Udya,* Prabodhan Goregaon, Mumbai, 2008, p. 761.
15. Ibid.
16. Ibid.
17. Ibid.
18. Interview with author on 29 December 2018.
19. Priya Sahgal, 'Bal Thackeray expels Narayan Rane, Shiv Sena faces worst leadership crisis since inception', 18 July 2005, https://

www. indiatoday.in/magazine/states/story/20050718-bal-thackeray expels-narayan-rane-shiv-sena-faces-worst-leadership-crisis-since inception-787914-2005-07-18.

20. Smruti Koppikar, 'Narayan Ran ... Tiger's capo Rane quits. Is he big enough for a split?' *Outlook,* 18 July 2005, https://www.outlookindia.com/magazine/story/narayan-ran/227984
21. Priya Sahgal, 'Bal Thackeray expels Narayan Rane, Shiv, Sena faces worst leadership crisis since inception', 18 July 2005, https://www.indiatoday.in/magazine/states/story/20050718-bal-thackerayexpels-narayan-rane-shiv-sena-faces-worst-leadership-crisis-sinceinception-787914-2005-07-18; 'Narayan Rane claims Raj was being sidelined in the Shiv Sena', ABP Majha, 19 September 2017, https://www.youtube.com/watch?v=nQYW8_osrHA, accessed on 13 February 2019.
22. Narayan Rane with Priyam Gandhi-Mody, *No Holds Barred: My Years in Politics,* HarperCollins Publishers India, Noida, 2019, pp. 91, 104.
23. Ibid., pp. 93–94.
24. Ibid., pp. 76–77
25. Interview with author on 19 December 2018 and 4 January 2019.
26. Interview with author on 19 December 2018 and 4 January 2019.
27. Interview with author on 19 December 2018 and 4 January 2019 and interview with Vageesh Saraswat on 25 January 2019.
28. Interview with author on 15 June 2019.
29. Vijay Samant and Harshal Pradhan, *Suvarna Mahotsavi Shiv Sena: Pannas Varshanchi Ghoddaud* (The Shiv Sena in Its Golden Jubilee: A Fifty-year Journey), Riya Publications, Kolhapur, 2019, p. 335.
30. Ibid.
31. Lyla Bavadam, 'Why Rane had to go', *Frontline,* 16–29 July 2005, https://frontline.thehindu.com/static/html/f122151 stories/20050729004302800.htm
32. Interview with author on 28 January 2019.
33. Interview with author on 20 December 2018.
34. 'Narayan Rane speaks about how slogans in his favour were given at Sena rally', ABP Majha, 19 September 2017, https://www.youtube.com/watch?v=nQYW8_osrHA, accessed on 6 February 2019.
35. Manohar Joshi, *Shiv Sena: Kaal-Aaj-Udya,* Prabodhan Goregaon, Mumbai, 2008, p. 764.
36. Ibid., p. 770.
37. Sanjay Raut, *Ekavachani,* Part II, Mehta Publishing House, Pune, 2017, p. 219.
38. Pratibha Masand, 'Mumbai got fraction of 26/7 rain this time', *Times of India*, 27 July 2012, https://timesofindia.indiatimes. com/city/mumbai/Mumbai-got-fraction-of-26/7-rain-this-time/articleshow/15179988.cms
39. Interview with author on 25 January 2019.

40. Interview with author on 29 December 2018.
41. Manohar Joshi, *Shiv Sena: Kaal-Aaj-Udya* (Prabodhan Goregaon, Mumbai, 2008), p. 779.
42. Interview with author on 7 January 2019.
43. Manohar Joshi, *Shiv Sena: Kaal-Aaj-Udya,* Prabodhan Goregaon, Mumbai, 2008, pp. 779–80.
44. Ibid., p. 780.
45. Interview with author on 19 December 2018.
46. Interview with author in January 2019.
47. http://parabsachin.blogspot.com/2011/03/blog-post_09.html
48. Manohar Joshi, *Shiv Sena: Kaal-Aaj-Udya,* Prabodhan Goregaon, Mumbai, 2008, pp. 766–67.
49. No police record of Sena threat to Raj: Patil, PTI, 3 November 2007, https://www.dnaindia.com/mumbai/report-no-police record-of-sena-threat-to-raj-patil-1131376
50. Raj Thackeray's allegations unfortunate: Bal Thackeray, 31 October 2007, https://www.oneindia.com/2007/10/30/rajthackerays-allegations-unfortunate-bal-thackeray-1193769166.html
51. 'The saga of rift in the Thackeray family', PTI, 4 November 2007, https://www.dnaindia.com/mumbai/report-the-saga-of-rift-in-the-thackeray-family-1131617
52. No police record of Sena threat to Raj: Patil, PTI, 3 November 2007, https://www.dnaindia.com/mumbai/report-no-police record-of-sena-threat-to-raj-patil-1131376
53. Multiple interviews with author in December 2018 and January 2019.
54. Raj Thackeray announces decision to split from the Shiv Sena, https://www.youtube.com/watch?v=SIDdsZPqg4w, accessed in January 2019
55. Sandeep Unnithan, Raj Thackeray revolts against his cousin Uddhav, split threatens Shiv Sena future', 12 December 2005, https://www.indiatoday.in/magazine/nation/story/20051212-rajthackeray-revolts-against-his-cousin-uddhav-split-threatens-shiv-sena-future-786457 2005-12-12
56. Interview with author on 17 April 2019.
57. Interview with author on 16 April 2019.
58. Interview with author on 13 March 2019.
59. Sandeep Unnithan, 'Raj Thackeray revolts against his cousin Uddhav, split threatens Shiv Sena future', 12 December 2005, https://www.indiatoday.in/magazine/nation/story/20051212-rajthackeray-revolts-against-his-cousin-uddhav-split-threatens-shivsena-future-786457-2005-12-12.
60. http://parabsachin.blogspot.com/2011/03/blog-post_09.html
61. Interview with author on 22 January 2019.
62. Manohar Joshi, *Shiv Sena: Kaal-Aaj-Udya,* Prabodhan Goregaon, Mumbai, 2008, p. 780.

63. 'Raj ki baat', Zee Marathi, Diwali issue, 2018.
64. Interview with author on 25 January 2019.
65. Interview with author on 27 January 2019.
66. Interview with author on 27 January 2019.
67. Interview with author on 19 December 2018 and 7 January 2019.
68. Interview with author on 27 March 2019.
69. Interview with author on 8 January 2019.
70. Interview with author on 8 January 2019.
71. Sanjay Raut, *Ekavachani,* Part II, Mehta Publishing House, Pune, 2017, pp. 229, 248.
72. Interview with author on 10 March 2019.
73. Interview with author on 22 January 2019.
74. Interview with author on 22 January 2019.
75. Raj Thackeray at Loksatta Idea Exchange on 31 January 2012, https://www.youtube.com/watch?v=fycX9K2uD7M&t=1515s) (accessed in January 2019
76. Interview with author on 25 January 2019.
77. Interview with author on 16 January 2019.
78. Interview with author on 4 May 2019.
79. Bal Thackeray interview with Nikhil Wagle, IBN Lokmat, 14 February 2012, https://www.youtube.com/watch?v=72wJ5e8i0mo, accessed on 20 January 2019.
80. Jaidev Thackeray interview, IBN Lokmat, 17 November 2013, https://www.youtube.com/watch?v=r1xQO5JXXF8, accessed on 2 May 2019.
81. Manohar Joshi, *Shiv Sena: Kaal-Aaj-Udya,* Prabodhan Goregaon, Mumbai, 2008, p. 780.
82. Interview with author on 4 May 2019.
83. Raj Thackeray at MNS launch rally on March 19, 2006, https://www.youtube.com/watch?v=nfRsZDjjDJg&t=381s; accessed in January 2019.
84. Ibid. also, Hee Rajbhasha ase! (This is Raj's language), Navata Book World, Mumbai, December 2011, pp. 3-14.
85. Interview with author on 3 January 2019.
86. Congress sweeps Maharashtra by-polls- Agencies, DNA, 24 January 2006, https://www.dnaindia.com/mumbai/report congress-sweeps-maharashtra-by-polls-1009357
87. Sena wins Shrivardhan, Cong bags Naigaum, PTI, DNA, 19 February 2006, https://www.dnaindia.com/mumbai/report-sena-wins-shrivardhan-cong-bags-naigaum-1013722
88. UNI, 'Ramtek bypoll: Subodh Mohite accepts defeat', 13 April 2007, https://www.dnaindia.com/india/report-ramtek-bypoll subodh-mohite-accepts-defeat-1090633
89. Manohar Joshi, *Shiv Sena: Kaal-Aaj-Udya,* Prabodhan Goregaon, Mumbai, 2008, p. 806.

90. Multiple interviews with the author.
91. Interview with author on 20 October 2018.
92. Interview with author on 16 January 2019.
93. Priya Sahgal, Malini Bhupta and Aditi Pai, 'Sneak peek of the shooting of the charismatic BJP leader Pramod Mahajan', *India Today,* 8 May 2006, https://www.indiatoday.in/magazine/coverstory/story/20060508-story-behind-pramod-mahajans-murder case-785581-2006-05-08
94. Ibid.
95. Pramod Mahajan Dead, IANS, *Hindustan Times,* 7 June 2006, https://www.hindustantimes.com/india/pramod-mahajan-dead/story-45KPr3sNuZ5Qcmg0DBTUHO.html
96. Conversation with a senior Shiv Sena leader around 2015.
97. Parikshit Joshi, 'BJP sticks to Chimur claim', 6 October 2006, https://mumbaimirror.indiatimes.com/mumbai/other/bjp-sticksto-chimur-claim/articleshow/15641469.cms
98. Manohar Joshi, *Shiv Sena: Kaal-Aaj-Udya,* Prabodhan Goregaon, Mumbai, 2008, pp. 846–48; Parikshit Joshi, 'To the victor the spoils, says Rane', 11 December 2006, https://mumbaimirror. indiatimes.com/mumbai/other/to-the-victor-the-spoils-says-rane/ articleshow/15662414.cms
99. Parikshit Joshi, 'To the victor the spoils, says Rane', 11 December 2006, https://mumbaimirror.indiatimes.com/mumbai/other/to the-victor-the-spoils-says-rane/articleshow/15662414.cms
100. Karan Thapar 'Should Pratibha Patil be President?', *Hindustan Times,* 7 July 2007, https://www.hindustantimes. com/india/should-pratibha-patil-be-president/story8j8WFTCSRzuzKssg6sfsoN.html
101. Tejas Mehta, 'Former President Pratibha Patil's Brother is Accused in Murder Case', NDTV, 7 July 2014, https://www.ndtv.com/ india-news/former-president-pratibha-patils-brother-is-accused-inmurder-case-584875) ; Dhaval Kulkarni, 'Tai may become President, what about us who have been cheated?', *Indian Express*, 29 June 2007, http://archive.indianexpress.com/news/-tai-may-become-president-what-about-us-who-have-been-cheated--/203367/
102. Interview with author on 21 January 2019.
103. Interview with author on 21 January 2019.
104. Interview with author in early 2019.
105. Manohar Joshi, *Shiv Sena: Kaal-Aaj-Udya,* Prabodhan Goregaon, Mumbai, 2008, p. 881.
106. Interview with author on 29 December 2018.
107. Interview with author on 31 December 2018.
108. Author's interview on 19 April 2019 with a senior journalist close to the Thackeray family who has covered the Shiv Sena for over three decades.
109. Manohar Joshi, *Shiv Sena: Kaal-Aaj-Udya,* Prabodhan Goregaon, Mumbai, 2008, p. 887.

अध्याय 7 : मनसे को ख़ून का पहला स्वाद : शिवसेना की समृद्धि में कमी

1. Raj Thackeray at Loksatta Idea Exchange: 31 January 2012, https://www.youtube.com/watch?v=fycX9K2uD7M&t=1519s, accessed on January 2019.
2. Interview with author on 4 January 2019.
3. Interview with author on 27 January 2019.
4. Interview with author on 25 January 2019.
5. Prerana Thakurdesai, 'MNS chief Raj Thackeray continues war against north Indians in Maharashtra', 26 March 2007, https:// www.indiatoday.in/magazine/indiascope/story/20070326-rajthackeray-has-launched-his-own-party2007-748960-2007-03-26
6. Ibid.
7. Interview with author on 25 January 2019.
8. Interview with author on 16 January 2019.
9. Raj Thackeray flays Amitabh for UP interests, https://www.rediff.com/news/2008/feb/02raj.htm
10. *Hee Rajbhasha Ase!* (This is Raj's language), Navata Book World, Mumbai, December 2011, p. 32; Raj Thackeray speech at Vikhroli on 2 February 2008, https://www.youtube.com/watch?v=nkCfGcZGITU, accessed on 3 July 2019.
11. Ibid.
12. Ibid.
13. *Hee Rajbhasha Ase!* (This is Raj's language), Navata Book World, Mumbai, December 2011, p. 33; Raj Thackeray speech at Vikhroli on 2 February 2008, https://www.youtube.com/watch?v=nkCfGczGITU, accessed on 3 July 2019.
14. *Hee Rajbhasha Ase!* (This is Raj's language), Navata Book World, Mumbai, December 2011, p. 34; Raj Thackeray speech at Vikhroli on 2 February 2008, https://www.youtube.com/watch?v=nkCfGczGITU, accessed on 3 July 2019.
15. *Hee Rajbhasha Ase!* (This is Raj's language), Navata Book World, Mumbai, December 2011, p. 33; Raj Thackeray speech at Vikhroli on 2 February 2008, https://www.youtube.com/watch?v=nkCfGcZGITU, accessed on 3 July 2019.
16. *Hee Rajbhasha Ase!* (This is Raj's language), Navata Book World, Mumbai, December 2011, p. 33–34; Raj Thackeray speech at Vikhroli on 2 February 2008, https://www.youtube.com/watch?v=nkCfGczGITU, accessed on 3 July 2019.
17. 'MNS, SP workers clash before rally', DNA, 4 February 2008, https://www.dnaindia.com/mumbai/report-mns-sp-workers clash-before-rally-1149010
18. Ibid.
19. Interview with author on 7 January 2019.

20. Interview with author on 16 January 2019.
21. Dhaval Kulkarni, 'In slap spotlight, Azmi has never turned the other cheek', 11 November 2009, http://archive.indianexpress.com/news/in-slap-spotlight-azmi-has-never-turned-the-other-cheek/539970/
22. C.C No 112.PW/2005 convicted of offences punishable under sections 153, 153-A (1) (a), 153-(A) (1) (b) read with Section 34 of Indian Penal Code by Metropolitan Magistrate Court, Mazgaon on 30 April 2012, https://www.casemine.com/judgement/ in/581180b12713e179479c22c6, and 'Abu Azmi convicted for haté speech', Staff Reporter, *The Hindu,* 1 May 2012, https:// www.thehindu.com/news/national/abu-azmi-convicted-for-hatespeech/article3371547.ece; 'Samajwadi Party leader Abu Azmi's conviction in hate speech case suspended', PTI, 23 September 2012, https://www.dnaindia.com/india/report-samajwadi-party-leader abu-azmi-s-conviction-in-hate-speech-casc-suspended-2021055
23. Factoids gleaned by author during his reporting career.
24. Interview with author on 30 January 2019.
25. 'NCP activist withdraws case against Thackeray', UNI, DNA, 29 January 2008, https://www.dnaindia.com/mumbai/reportncp-activist-withdraws-case-against-thackeray-1148079; Prem Shukla's interview with author on 30 January 2019.
26. 'Raj Thackeray arrested, released on bail', India Today, https://www.indiatoday.in/latest-headlines/story/raj-thackeray-arrested released-on-bail-22856-2008-02-13
27. Interview with author on 24 and 30 January 2019.
28. Author's notes; Dhaval Kulkarni, 'To respect my brother, stop hate campaign', *Indian Express,* 15 February 2008, http://archive. indianexpress.com/news/-to-respect-my-brother--stop-hate campaign-/273215/
29. Dhaval Kulkarni, 'To respect my brother, stop hate campaign', *Indian Express,* 15 February 2008 (http://archive.indianexpress.com/news/-to-respect-my-brother-stop-hate-campaign-/273215/
30. *Saamna* remarks: 'Bal Thackeray distances himself, PTI, *Hindustan Times,* 5 April 2008, https://www.hindustantimes. com/india/saamna-remarks-bal-thackeray-distances-himself/story-qsfdQzIAGGWIPalfvA8Wxl.html
31. Interview with author on 30 January 2019.
32. Drona music launch and Jaya Bachchan controversy, https://www.youtube.com/watch?v=8L8sgbbYZ00, accessed on 28 June 2019
33. 'Amitabh apologises for Jaya's remarks', PTI, 10 September 2008, https://economictimes.indiatimes.com/news/politics-and-nation/amitabh-apologises-for-jayas-remarks/printarticle/3468635.cms
34. 'Raj Thackeray: I accept Amitabh's apology', Rediff, 11 September 2008, https://www.rediff.com/movies/2008/Sep/11raj.htm) ; K.L. Prasad, Raj accepts Amitabh apology, turns guns on 'Jaya of police", Express News

Service, 11 and 12 September 2008, http:// archive.indianexpress.com/news/raj-accepts-amitabh-apology turns-guns-on--jaya-of-police--k-l-prasad/360441/

35. *Hee Raj bhasha ase!* (This is Raj's Language), Navata Book World, Mumbai, 2011, pp. 43–48; Raj Thackeray speech on 3 May 2008 rally, https://www.youtube.com/watch?v=khN8PSXmf-w, accessed on 22 June 2019
36. *Hee Raj bhasha ase!* (This is Raj's Language), Navata Book World, Mumbai, 2011, p. 46; Raj Thackeray speech on 3 May 2008 rally, https://www.youtube.com/watch?v=khN8PSXmf-w, accessed on 22 June 2019
37. Raj Thackeray speech on 3 May 2008 rally, https://www.youtube.com/watch?v=khN8PSXmf-w, accessed on 22 June 2019
38. Interview with author on 21 January 2019.
39. Marathi signboards issue: 'Is this a murder trial?', Agencies, 5 December 2008, http://archive.indianexpress.com/news/marathi signboards-issue-is-this-a-murder/394661
40. Sanjay Raut, *Ekavachani,* Part II, Mehta Publishing House, Pune, 2017, p. 24.
41. 'MNS chief Raj Thackeray arrested', PTI, 21 October 2008, https://www.outlookindia.com/newswire/story/mns-chief-raj thackeray-arrested/622883
42. 'Raj returns home after bail, supporters jubilant', Indo-Asian News Service, 22 October 2008, https://www.indiatoday.in/ latest-headlines/story/raj-returns-home-after-bail-supporters jubilant-32056-2008-10-22
43. 'Patna youth opens fire in Mumbai bus, shot dead', TNN, 28 October 2008, https://timesofindia.indiatimes.com/city/ mumbai/Patna-youth-opens-fire-in-Mumbai-bus-shot-dead/ articleshow/3645215.cms
44. 'Slain youth wanted to kill Raj: police, 30 October 2008, https://www.thehindu.com/todays-paper/tp-national/Slain-youth-wanted-to-kill-Raj-police/article15331666.ece
45. Rahul Raj cremated: PTI, 29 October 2008, https://www.outlookindia.com/newswire/story/rahul-raj-cremated/626212
46. Author's own reporting and notes.
47. Interview with author on 25 January 2019.
48. Interview with author on 3 January 2019 and 7 February 2019.
49. Interview with author on 3 January 2019 and 7 February 2019.
50. Mahesh Vijapurkar, 'How the media created the Raj Thackeray bogey', Rediff.com, 9 September 2008, https://www.rediff.com/ news/2008/sep/09guest.htm
51. Ibid.
52. Ram Manohar Tripathi, *Bambai ke Uttar Bharatiya,* Savera Newspapers and Publications Limited, Mumbai, 1994, pp. 8, 47.
53. Ibid., p. 27.

54. Ibid., p. 33.
55. Chinmay Tumbe, *India Moving: A History of Migration,* Penguin Random House India, Gurgaon, 2018, p. 31.
56. Ram Manohar Tripathi, *Bambai ke Uttar Bharatiya,* Savera Newspapers and Publications Limited, Mumbai, 1994, p. 52.
57. Ibid., pp. 7, 15.
58. Interview with Congress leader Sanjay Nirupam on 18 October 2018.
59. Ram Manohar Tripathi, *Bambai ke Uttar Bharatiya,* Savera Newspapers and Publications Limited, Mumbai, 1994, pp. 24–25; https://eci.gov.in/files/file/4107-bombay-1951
60. Interview with former *Dopahar ka Saamna* executive editor, Prem Shukla, on 30 January 2019.
61. Darryl D'Monte, *Ripping the Fabric: The Decline of Mumbai and its Mills,* Oxford University Press, New Delhi, 2005, pp. 14, 80–85.
62. Gillian Tindall, *City of Gold: The Biography of Bombay,* Penguin Random House, Gurgaon, 1992, p. xvii.
63. Darryl D'Monte, Ripping the Fabric: The Decline of Mumbai and its Mills, Oxford University Press, New Delhi, 2005, p. 82.
64. Ibid., p. 17.
65. Interview with author on 14 January 2019.
66. Interview with author on 16 April 2019.
67. Interview with author on 16 April 2019.
68. Interview with author on 16 April 2019.
69. Interview with author on 3 January 2019.
70. Mahesh Gavaskar, Mumbai's Shattered Mirror', *EPW,* Mumbai, 13 February 2010.
71. Interview with author on 3 January 2019.
72. Interview with author on 3 January 2019.
73. Interview with author on 29 December 2018.
74. T.B. Hansen, 'Strangers, Neighbours, and Political Order in the South Asian City', *Interrogating India's Modernity: Democracy, Identity, and Citizenship: Essays in Honour of Dipankar Gupta,* Surinder S. Jodhka (ed.), Oxford University Press, New Delhi, 2013, p. 24.
75. Ibid.
76. Mahesh Gavaskar, Mumbai's Shattered Mirror', *EPW,* Mumbai, 13 February 2010.
77. Zeeshan Shaikh, 'Mumbai's growing Hindi heartland', *Indian Express,* 11 February 2019, https://indianexpress.com/article/cities/mumbai/mumbais-growing-hindi-heartland-demographic-changes-5577879/
78. Ibid.
79. Ram B. Bhagat and Gavin W. Jones, 'Population Change and Migration in Mumbai Metropolitan Region: Implications for Planning and Governance', Asia Research Institute, National University of Singapore, Working Paper

Series no. 201, May 2013, pp. 10–11, http://www.ari.nus.edu.sg/wps/wps13_201.pdf

80. 'In bid to shed anti-outsider tag, MNS chief Raj Thackeray reaches out to north Indians', DNA, 3 December 2018, https:// www.dnaindia.com/mumbai/report-in-bid-to-shed-antioutsider-tag-mns-chief-raj-thackeray-reaches-out-to-north indians-2691758
81. Interview with author on 30 January 2019.
82. Conversation with reporters in May 2008.
83. Interview with author on 20 October 2018.
84. Interview with author on 28 December 2018.
85. Ram Manohar Tripathi, *Bambai ke Uttar Bharatiya,* Savera Newspapers and Publications Limited, Mumbai, 1994, p. 29.
86. Interview with author on 27 January 2019.
87. Interview with author on 24 January 2019.
88. Interview with author on 8 January 2019.
89. Interview with author in 2014.
90. Interview with author in 2014.
91. Interview with author on 25 January 2019.
92. Dhaval Kulkarni and Swatee Kher, 'Get a permit to work in Maharashtra: Raj's way to get votes', *Indian Express,* 24 September 2009, http://archive.indianexpress.com/news/get-a-permit-to-work-in-maharashtra-raj-s-way-to-get-votes/520972/
93. Sanjay Raut, *Ekavachani,* Part II, Mehta Publishing House, Pune, 2017, p. 272.
94. Manu Joseph, 'Understanding Raj Thackeray', *Times of India,* 10 February 2008, https://timesofindia.indiatimes.com/Understanding-Raj-Thackeray/articleshowprint/2770251.cms
95. 'Biharis are an affliction, says Bal Thackeray', IANS, 5 March 2008, http://www.bihartimes.com/newsbihar/2008/march/newsbihar05 march6.html
96. Author's notes from 2008.
97. 'Threat to Maharashtrian families in Haryana', TNN, 8 November 2008, https://timesofindia.indiatimes.com/india/Threat-to-Maharashtrian-families-in-Haryana/articleshow/3687648.cms
98. Ibid.
99. 'Marathi couple won't leave Haryana', TNN, 10 November 2008; https://timesofindia.indiatimes.com/india/Marathi-couple-wont-leave-Haryana/articleshow/3693021.cms
100. 'MNS row: Tata employee's house ransacked in Jamshedpur', PTI, 21 October 2008, https://timesofindia.indiatimes.com/india/ MNS-row-Tata-employees-house-ransacked-in-Jamshedpur/articleshow/3625043.cms?referral=PM

101. Woman IAS officer targeted in Bihar for Thackeray surname', IANS, 1 November 2008, https://www.indiatoday.in/latestheadlines/story/woman-ias-officer-targeted-in-bihar-for thackeray-surname-32665-2008-11-01
102. Interview with author on 28 January 2019.
103. Interview with author on 28 January 2019.
104. Interview with author on 27 January 2019.
105. Sucheta Dalal and Debashis Basu, 'I had begun to feel that I had the potential to be much more than a peon': Shivajirao Patil, 26 April 2010, https://www.moneylife.in/article/i-had-begun-to-feel-that-i-had-the-potential-to-be-much-more-than-a-peon-shivajirao-patil/4982.html
106. Vijay Dhawale, *Waghache Panje: Shivsenechi Daidipyaman Suvarnamahotsavi Vaatchal* (The Claws of the Tiger: The Glorious Golden Jubilee History of the Shiv Sena, Navchaitanya Prakashan, Mumbai, 2016, p. 363.
107. Ibid., pp. 363–64.
108. Ibid., pp. 364–65.
109. Ibid., pp. 365–66.
110. Interview with author on 8 January 2019.
111. Interview with author on 28 January 2019.
112. Interview with author on 27 January 2019.
113. 'Like politicians, govt officials should also face action for 26/11', Vilasrao Deshmukh interview with Swati Chaturvedi, Zee News, 5 December 2009, https://zeenews.india.com/exclusive/-like-politicians-govt-officials-should-also-face-action-for-26/11_2675.html
114. Author's conversations.
115. Conversation with author in 2008.
116. Interview with author on 22 January 2019.
117. Interview with author on 16 January 2019.
118. 'Raj Thackeray reaction after 2009 Lok Sabha poll result', ABP News, 20 August 2012, https://www.youtube.com/watch?v=tar8gilR3ug) (accessed on 12 February 2019
119. Interview with author on 25 January 2019.
120. Conversation with author in 2009.
121. Conversation with author in 2008–09.
122. Shiv Sena leader Diwakar Raote in V.S. Naipaul, *India: A Million Mutinies Now,* Picador an imprint of Pan Macmillan, London, 2010, p. 55.
123. Interview on 19 April 2019 with a senior journalist close to the Thackeray family who has covered the Shiv Sena for over three decades.
124. Interview with author on 29 December 2019.
125. Interview with author on 29 December 2019.
126. Interview with author on 4 January 2019.
127. 'BJP, Sena and MNS should form alliance: Munde', Rediff.com, 7 February 2011, https://www.rediff.com/news/report/bjp-sena-and-mns-should-form-alliance-munde/20110207.htm

128. Conversation with author in October 2018.
129. Raj Thackeray interview with *Loksatta,* Indian Express Online, 31 January 2012, https://www.youtube.com/watch?v=fycX9K2uD7M&t=1457s, accessed on 14 February 2019.
130. 'Hurt by Sena poll rout, Thackeray attacks Marathi manoos', PTI, 24 October 2009, https://timesofindia.indiatimes.com/india/ Hurt-by-Sena-poll-rout-Thackeray-attacks-Marathi-manoos/articleshow/5156195.cms
131. 'I didn't pen the anti-Marathi manoos remark: Bal Thackeray', Agencies, *Indian Express,* 6 November 2009, https://indianexpress. com/article/india/politics/i-didnt-pen-the-antimarathi-manoosremark-bal-thackeray

अध्याय 8 : मनसे का पतन : शिवसेना ने अपनी पकड़ वापस बना ली

1. Raj Thackeray warns Abu Azmi to take oath in Marathi, 3 November 2009, https://www.youtube.com/watch?v=K1p4Jjuhpww, accessed on 10 February 2019.
2. Author's notes.
3. 'Abu Azmi slapped, Baba Siddique gets handshake', *Pune Mirror,* 11 November 2009, https://punemirror.indiatimes.com/punel cover-story/abu-azmi-slappedbaba-siddique-gets-handshakel articleshow/32498026.cms
4. Author's notes.
5. Interview with author on 11 January 2019.
6. 'One of India's first tollways comes up in Madhya Pradesh', N.K. Singh, *India Today,* 31 March 1995, https://www. indiatoday.in/magazine/economy/story/19950331-one-of-indiafirst-tollways-comes-up-in-madhya-pradesh-807064-1995-0331#ssologin=1#source=magazine
7. Author's notes.
8. Interview with author on 11 January 2019.
9. Interview with author on 27 January 2019.
10. Interview with author on 11 January 2019.
11. Sanjay Shirodkar, *Toll Ek Jhol Aani...* (Toll, A Scam), Chetak Books, Pune, 2018, p. 12.
12. Multiple conversations with author since 2012.
13. Report of the Comptroller and Auditor General of India on Public Sector Undertakings for the year ended 31 March 2016, Comptroller and Auditor General of India, https://cag.gov.in/ sites/default/files/audit_report_files/Maharashtra_Report_No_2_of_2017_on_PSUs_1.pdf
14. Author's notes and interactions with MNS leaders.
15. MEP Infrastructure Developers Ltd, http://www.mepinfra.com/project-details/5-mumbai-entry-points.aspx
16. Kiran Tare, 'For whom the tolls sell, *India Today,* 18 December 2010, https://www.indiatoday.in/magazine/nation/ story/20101227-for-whom-the-tolls-sell-745223-2010-1218#ssologin=1#source=magazine

17. Author's notes and reporting; and conversations with Sanjay Shirodkar.
18. Author's notes and reporting; and conversations with Sanjay Shirodkar.
19. Mumbai–Pune NH4 and Mumbai–Pune Expressway Project, IRB Infrastructure Developers Ltd website, http://www.irb.co.in/ home/ongoing-concessions/mumbai-pune-national-highway-4-and-mumbai-pune-expressway-project/
20. Author's notes.
21. Author's notes; 'Raj Thackeray asks people to stop paying toll tax', News 18, 25 July 2012, https://www.news18.com/news/politics/raj-thackeray-asks-people-to-stop-paying-toll-tax-490434.html
22. Interview with author on 19 January 2019.
23. Raj Thackeray interview, https://www.youtube.com/watch?v=NnVPR-EXPNIw&list=PL635F545536CF1997, accessed on 5 January 2019
24. 'Raj Thackeray arrested during 'rasta rook' against toll collection, MNS party workers detained', PTI, *Economic Times,* 12 February 2014, https://economictimes.indiatimes.com/news/politics-and-nation/raj-thackeray-arrested-during-rasta-roko-against-toll-collection-mns-party-workers-detained/articleshow/30267975.cms
25. Interview with author on 24 and 30 January 2019.
26. 'Raj's action against toll plazas a farce: Uddhav', FPJ Bureau, *Free Press Journal,* 21 June 2012, https://www.freepressjournal.in/ ujjain/rajs-action-against-toll-plazas-a-farce-uddhav/84478
27. 'Gadkari rubbishes Munde vow to make state roads toll-free', *Indian Express,* 7 February 2014, https://indianexpress.com/ article/cities/mumbai/gadkari-rubbishes-munde-vow-to-make-state-roads-toll-free/
28. Dhaval Kulkarni and Ateeq Shaikh, 'Shutting toll plazas hurting government bad', 10 March 2016, https://www.dnaindia. com/mumbai/report-shutting-toll-plazas-hurting-government-bad-2187404
29. Ibid.
30. Interview with author on 4 January 2019.
31. Interview with author on 10 March 2019.
32. Kiran Tare, 'Why Raj Thackeray is the loneliest politician in Maharashtra today', 9 March 2017, https://www.dailyo.in/politics/raj-thackeray-mns-maharashtra/story/1/16060.html
33. Meena Menon, 'Sena will become irrelevant after Mumbai polls: Prithviraj Chavan', 9 February 2012, https://www.thehindu.com/ news/national/other-states/sena-will-become-irrelevant-after-mumbai-polls-prithviraj-chavan/article2876210.ece
34. Pradeep Kaushal, 'Raj to Uddhav: I will drive you home ... we'll go into the open and together', *Indian Express,* 19 July 2012, http://archive.indianexpress.com/news/raj-to-uddhav-i-will-drive-you-home...-well-go-into-the-open-and-together/976408/

35. Interview with author in 2012.
36. Shailesh Gaikwad, Sayli Udas Mankikar and Kunal Purohit, 'Uddhav is a misfit in politics, he lacks calibre: Raj Thackeray', 20 April 2014, https://www.hindustantimes.com/india/uddhav-is-a-misfit-in-politics-he-lacks-calibre-raj-thackeray/story-sBrKcOBKYVwgWZh47DGJ4M.html
37. Vijay Samant and Harshal Pradhan, *Suvarna Mahotsavi Shiv Sena: Pannas Varshanchi Ghoddaud* (The Shiv Sena in Its Golden Jubilee: A fifty-year journey), Riya Publications, Kolhapur, 2019, p. 384.
38. Bal Thackeray interview with Nikhil Wagle, IBN Lokmat, 14 February 2012, https://www.youtube.com/watch?v=51IKNBKagHo&t=270s) (accessed on 12 February 2019
39. Interview with author on 25 January 2019.
40. Interview with author on 7 December 2018.
41. Interview with author on 7 December 2018.
42. Author's interview with Satish Valanju on 7 December 2018.
43. Interview with author on 7 December 2018.
44. Interview with author on 7 December 2018.
45. Interview with author on 13 January 2019.
46. Interview with author on 24 and 30 January 2019.
47. Interview with author on 24 and 30 January 2019.
48. 'Chavan proves a point to insiders & outsiders', *ET Bureau,* 11 June 2010, https://economictimes.indiatimes.com/news/ politics-and-nation/chavan-proves-a-point-to-insiders-outsiders/articleshow/6035009.cms
49. Conversation with author on 28 January 2019.
50. Shantanu Nandan Sharma, 'My Name Is Khan' imbroglio gives 'Shiv Sena a bad name', *Economic Times,* 14 February 2010, https:// economictimes.indiatimes.com/as-you-like-it/my-name-is-khan-imbroglio-gives-shiv-sena-a-bad-name/printarticle/5570525.cms
51. 'Why slam SRK and spare Big B? Raj asks Shiv Sena', News 18,11 February 2010, https://www.news18.com/news/india/raj-on-srk-ipl-narvekar-sot-gadgil-sot-333339.html) ; author's notes.
52. Shantanu Nandan Sharma, 'My Name Is Khan' imbroglio gives 'Shiv Sena a bad name', *Economic Times,* 14 February 2010, https:// economictimes.indiatimes.com/as-you-like-it/my-name-is-khan-imbroglio-gives-shiv-sena-a-bad-name/articleshow/5570525.cms
53. 'Rahul Gandhi snubs Sena, takes Mumbai local', NDTV correspondent, 6 February 2010, https://www.ndtv.com/india news/rahul-gandhi-snubs-sena-takes-mumbai-local-410377
54. 'Rahul Gandhi arrives in Mumbai, Shiv Sena activists detained', PTI, 5 February 2010, https://www.dnaindia.com/mumbai/ report-rahul-gandhi-arrives-in-mumbai-shiv-sena-activists-detained-1343560; and author's notes.

55. Interview with author on 13 January 2019.
56. Interview with author on 9 February 2019.
57. 'Raj Thackeray visits BJP office in Mumbai, irks Sena', NDTV, https://www.ndtv.com/india-news/raj-thackeray-visits-bjp-office-in-mumbai-irks-sena-442504
58. Bal Thackeray's last speech at the Shiv Sena's Dussehra rally in 2012, IBN Lokmat, https://www.youtube.com/watch?v=ITNxUt92my8&t=1043s, accessed on 10 February 2019.
59. Ibid.
60. Author's notes.
61. Author's notes.
62. Interview with author on 11 January 2019.
63. 'Bal Thackeray's funeral part of million mourners club', *Times of India,* 19 November 2012, https://timesofindia.indiatimes.com/ india/Bal-Thackerays-funeral-part-of-million-mourners-club/articleshow/17274002.cms
64. 'Raj walks away, sparks rumours', *Mumbai Mirror,* 19 November 2012, https://mumbaimirror.indiatimes.com/mumbai/other/raj-walks-away-sparks-rumours/articleshow/17856923.cms?
65. Author's notes. Incidentally, Joshi was heckled off the dais by Sainiks at the Sena's Dussehra rally in 2013 after he blamed Uddhav's leadership for failing to ensure that a memorial of the late party chief was built. Manohar Joshi leaves Mumbai after humiliation at Shiv Sena rally, News 18, 14 October 2013, https:// www.news18.com/news/india/manohar-joshi-leaves-mumbai-after-humiliation-at-shiv-sena-rally-645049.html
66. Author's notes.
67. 'Decision on Bal Thackeray's memorial to be taken by Shiv Sainiks, says Uddhav Thackeray', PTI, 20 November 2012, https://www. ndtv.com/mumbai-news/decision-on-bal-thackerays-memorial-to-be-taken-by-shiv-sainiks-says-uddhav-thackeray-505109
68. Chaitanya Marpakwar, 'BMC warning to cops: Shivaji Park structure law-and-order hazard', *Mumbai Mirror,* 30 November 2012, https://mumbaimirror.indiatimes.com/mumbai/coverstory/bmc-warning-to-cops-shivaji-park-structure-law-and-order-hazard/articleshow/17858023.cms
69. Interview with author on 11 January 2019.
70. 'Rs 100 cr worth Maharashtra cabinet grant for Bal Thackeray Memorial', *DNA,* 23 January 2019, https://www.dnaindia.com/ mumbai/report-rs-100-cr-worth-maharashtra-cabinet-grant-for-bal-thackeray-memorial-2710980
71. Ibid.
72. Ibid.
73. 'Bal Thackeray memorial site chosen due to selfish interests: Raj Thackeray', PTI, 17 November 2015, https://www.mid-day. com/articles/bal-thackeray-memorial-site-chosen-due-to-selfish-interests-raj-thackeray/16690154

अध्याय 9 : ख़रगोश और कछुआ

1. Author's interview with a former MNS MLA in December 2018 and on 7 January 2019.
2. Interview with author on 4 January 2019.
3. Interview with author on 18 January 2019.
4. Interview with author on 4 January 2019.
5. Interview with an MNS leader on 18 January 2019.
6. Mary Fainsod Katzenstein, *Ethnicity and Equality: The Shiv Sena Party and Preferential Policies in Bombay,* Cornell University Press, Ithaca and London, 1979, p. 108.
7. Interview with author on 27 January 2019.
8. 'MNS threatens to disrupt shooting of Sur-Kshetra', IANS, *India Today,* 31 August 2012, https://www.indiatoday.in/movies/ bollywood/story/mns-threatens-to-disrupt-shooting-of-sur-kshetra-114841-2012-08-31
9. 'Atithi devo bhava or Paisa devo bhava? Thackeray asks Asha Bhonsle', Zee News, 1 September 2012, https://zeenews.india. com/entertainment/idiotbox/atithi-devo-bhava-or-paisa-devobhava-thackeray-asks-asha-bhonsle_118275.html
10. 'Asha Bhosle's 'Sur Kshetra' to go on air, thanks to Raj Thackeray', Agencies, 7 September 2012, http://archive.indianexpress.com/ news/asha-bhosles--sur-kshetra--to-go-on-air-thanks-to-raj-thackeray/9987491
11. Interview with author on 9 February 2019.
12. Interview with author on 10 March 2019.
13. Interview with author on 25 January 2019.
14. Interview with author on 25 January 2019.
15. Interview with author on 23 January 2019.
16. Interview with author on 21 January 2019.
17. Raj Thackerayadmires developmentofSingapore, 26 February 2010, https://www.youtube.com/watch?v=NnVPREXpNIw&t=45s, accessed on 16 February 2019.
18. Interview with author on 9 February 2019.
19. 'MNS would support Narendra Modi as PM: Raj Thackeray', PTI, 19 September 2011, https://www.ndtv.com/india-news/mns-would-support-narendra-modi-as-pm-raj-thackeray-468050)
20. Interview with author on 13 January 2019.
21. Interview with author on 21 January 2019.
22. Sandhya Nair, 'Don't give your land for bullet train: Raj Thackeray to farmers', 1 May 2018, https://timesofindia.indiatimes.com/ city/mumbai/dont-give-your-land-for-bullet-train-raj-thackeray-to-farmers/articleshow/63991073.cms
23. 'I told Advani not to sack Modi after Godhra riots: Thackeray', Rediff.com, 25 February 2009, https://www.rediff.com/ news/2009/feb/25i-told-advani-not-to-sack-modi-after-guj-riots.htm

24. 'Sushma Swaraj is Bal Thackeray's only choice for PM from BJP', PTI, 9 September 2012, https://www.indiatoday.in/balthackeray/story/sushma-swaraj-is-bal-thackeray-only-choice-for-pm-115555-2012-09-09
25. Interview with author on 13 January 2019.
26. Interview with author on 30 January 2019.
27. Pradip Kumar Maitra, 'Gadkari describes *Saamna* editorial as 'unfortunate', *Hindustan Times*, 6 March 2014, https://www. hindustantimes.com/india/gadkari-describes-saamna-editorial-as-unfortunate/story-i6yd6K5w-1TIVA5ucvOzV51.html
28. Interview with author on 7 January 2019.
29. Interview with author on 7 January 2019.
30. Interview with author on 4 January 2019.
31. Conversation with journalists in 2014.
32. Conversation with journalists in 2014.
33. Interview with author on 16 January 2019.
34. Interview with author on 16 January 2019.
35. Interview with author on 9 February 2019.
36. Interview with author in January 2019.
37. Interview with author on 27 December 2018.
38. Interview with author in December 2018.
39. Interview with author on 29 December 2018.
40. Interview with author on 20 December 2018.
41. *Loksatta* interview with Raj Thackeray, https://www.youtube.com/watch?v=Xq9WW3R_MPY, accessed on 8 February 2019.
42. 'India will have to use nukes if Pak does not mend its ways, says Uddhav Thackeray', *India Today*, https://www.indiatoday.in/ india/story/modi-nuclear-bomb-pakistan-nawaz-swearing-inuddhav-thackeray-shiv-sena-194370-2014-05-26
43. Interview with author on 30 January 2019.
44. Interview with author on 30 January 2019.
45. 'What is this sari and shawl diplomacy?' Shiv Sena opposes talks with Pakistan', PTI, 22 July 2014, https://www.deccanchronicle. com/140722/nation-current-affairs/article/%E2%80%98what-sari-and-shawl-diplomacy%E2%80%99-shiv-sena-opposes-talks
46. 'Narendra Modi upset with Shiv Sena over Sanjay Raut's sari shawl jibe', DNA, 26 July 2014, https://www.dnaindia.com/ mumbai/report-narendra-modi-upset-with-shiv-sena-over-sanjay-raut-s-sari-shawl-jibe-20053380.
47. Interview with author on 13 January 2019.
48. Dhaval Kulkarni, 'Shiv Sena mouthpiece *Saamna* warns Mumbai's Gujaratis not to neglect Maharashtra', DNA, 2 May 2014, https://www.dnaindia.com/mumbai/report-shiv-sena-mouthpiece-saamna-warns-mumbai-s-gujaratis-not-to-neglect maharashtra-1984162) and author's notes.
49. Ibid., and author's notes.

50. Dhaval Kulkarni, 'Shiv Sena & BJP need each other, willy-nilly', *DNA,* 31 October 2015, https://www.dnaindia.com/mumbai/report-shiv-sena-bjp-need-each-other-willy-nilly-2140763
51. Multiple conversations with BJP leaders.
52. Conversation with reporters before 2014 state assembly elections.
53. Maharashtra polls: BJP-Sena seat-sharing tangle continues', IndiaToday.in, 21 September 2014, https://www. indiatoday.in/assembly-elections-2015/maharashtra/story/ bjp-shiv-sena-maharashtra-polls-uddhav-thackeray-seat-sharing-293607-2014-09-21
54. Multiple conversations with BJP leaders; 'BJP angry over Uddhav deputing son for talks', TNN, *Times of India,* 21 September 2014, https://timesofindia.indiatimes.com/india/BJP-angry-over-Uddhav-deputing-son-for-talks/articleshow/43037911.cms
55. 'Maharashtra elections: BJP ends 25-year-old alliance with Shiv Sena as seat sharing talks fail', News 18, 25 September 2014, https://www. news18.com/news/politics/senavsbjp-716371.html) ; Maharashtra assembly polls 2014: NCP ends alliance with Congress, PTI, 25 September 2014, https://economictimes.indiatimes.com/news/ politics-and-nation/maharashtra-assembly-polls-2014-ncp-endsalliance-with-congress/articleshow/43448370.cms) ; author's notes.
56. Author's interview with senior BJP leader on 14 January 2019.
57. Interview with author in January 2019.
58. Interview with author in January 2019.
59. Raj Thackeray about plans for negotiation with Shiv Sena falling through', Loksatta Live, https://www.youtube.com/watch?v=02KO02_NSJI&t=9s, accessed on 11 February 2019
60. Author's interview with senior Shiv Sena leader on 13 January 2019.
61. Venkat Ananth, 'The Raj factor', *Mint,* 7 October 2014, https://www.livemint.com/Politics/XwvSinnQ99Rv1OphNzFYmK/The-Raj-factor.html) ; 'Raj Thackeray unveils Maharashtra Navnirman Sena's 'blueprint' to develop state', PTI, 26 September 2014, https://www.financialexpress.com/archive/ raj-thackeray-unveils-maharashtra-navnirman-senas-blueprintto-develop-state/1292994/) and http://mnsblueprint.org/pdf/Blueprint_booklet_English_Online.pdf
62. 'Team Modi's Campaign is like Afzal Khan's Army, says Uddhav Thackeray', NDTV, https://www.ndtv.com/assembly/ team-modis-campaign-is-like-afzal-khans-army-says-uddhavthackeray-675637
63. Even Modi's father couldn't have won without Sena's support, says *Saamana* article, Uddhav distances himself, India TV news desk, 14 October 2014, https://www.indiatvnews.com/politics/ national/saamana-article-even-modi-father-couldnt-have-wonwithout-sena-20934.html) and; 'Modi accused of opportunism, *Saamna* writes Modi's father could not have secured a majority', Aaj Tak, 14 October 2014, https://aajtak.

intoday.in/story/ saamna-claims-narendra-modi-opportunist-writes-modis-father-did-not-give-it-an-absolute-majority-1-783744.html
64. Interview with author on 30 January 2019.
65. Election Commission of India, https://eci.gov.in/files/file/3726 maharashtra-2014/
66. Author's conversation with a former cabinet minister on 28 January 2019.
67. Author's interview on 19 April 2019, with a senior journalist close to the Thackeray family, who has covered the Shiv Sena for over three decades.
68. Interview with author on 27 January 2019.
69. Interview with author on 27 January 2019.
70. Interview with author on 9 February 2019.
71. Interview with author on 24 January 2019.
72. 'During his last days, Bal Thackeray survived on soup sent from my home', *Indian Express,* https://indianexpress.com/article/india/ india-others/during-his-last-days-bal-thackeray-survived-on-soup-sent-from-my-home/
73. Interview with author on 25 January 2019.
74. Multiple interviews.
75. Interview with author on 25 January 2019.
76. Interview with author on 18 April 2019
77. Author interview with a senior Yuva Sena leader on 22 January 2019.
78. Interview with author on 3 January 2019.
79. Interview with author on 4 January 2019
80. '2 dead, 54 hurt in Mumbai protest over Assam violence', Express News Service, 17 August 2012, http://archive.indianexpress. com/news/2-dead-54-hurt-in-mumbai-protest-over-assam-violence/987126/0
81. 'Mumbai violence: Woman cops molested by rioters', Little Yadav, *DNA,* 12 August 2012, https://www.dnaindia.com/mumbai/report-mumbai-violence-woman-cops-molested-by-rioters-1726932
82. Interview with author on 1 May 2019.
83. Gaurav Sabnis, 'Full text: What Raj Thackeray said at Azad Maidan', Firstpost.com, 22 August 2012, https://www. firstpost.com/politics/full-text-what-raj-thackeray-said-at-azadmaidan-425690.html) and Raj Thackeray speech at Azad Maidan, https://www.youtube.com/watch?v=NExnH_IXrM, accessed on 29 June, 2019
84. NCP offers outside support to BJP, PTI, 19 October 2014, https://indianexpress.com/article/india/politics/ncp-offers-outside-support-to-bjp/
85. Kumar Ketkar, 'After the split, Shiv Sena's message to BJP: Tiger zinda hai!', *Indian Express,* 24 January 2018, https://indianexpress. com/article/opinion/after-the-split-shiv-senas-message-to-bjp-tiger-zinda-hai-5036958/
86. Ketki Angre, 'NCP is 'Naturally Corrupt Party', says PM; Sharad Pawar Hits Back', 13 October 2014, https://www.ndtv.com/assembly/ncp-is-naturally-corrupt-party-says-pm-sharad-pawar-hits-back-678450
87. Interview with author on 11 January 2019.

88. Interview with author in January.
89. 'Fadnavis sworn in Maharashtra CM, Uddhav attends ceremony', PTI, 31 October 2014, https://timesofindia.indiatimes.com/ india/ Fadnavis-sworn-in-Maharashtra-CM-Uddhav-attends-ceremony/articleshow/44995214.cms
90. Makarand Gadgil, 'Fadnavis govt wins trust vote amid Congress, Shiv Sena protests', 12 November 2014, https://www.livemint. com/Politics/ ja9qOFnUDuxySMNgY3qvyO/Devendra-Fadnavisled-BJP-govt-wins-trust-vote-in-Maharashtr.html
91. Dharmendra Jore and Surendra Gangan, Maharashtra double play: BJP wins- trust through voice vote, does not get seen with NCP', *Hindustan Times,* 13 November 2014, https://www. hindustantimes.com/india/ maharashtra-double-play-bjp-winstrust-through-voice-vote-does-not-get-seen-with-ncp/story-ag1RMdJiklFne5FVfyvjhN.html
92. Interviews with several Shiv Sena legislators and functionaries since 2014.
93. Author's interview with BJP minister on 13 January 2019.
94. Conversations with Shiv Sena leaders between 2014 and 2019.
95. http://www.mahasamruddhimahamarg.com/project-statistics
96. 'Name Samruddhi Expressway After Bal Thackeray, says Shiv Sena', PTI, https://www.ndtv.com/mumbai-news/name-samruddhi-expressway-after-bal-thackeray-says-shiv-sena-1946845
97. Interview with author.
98. 'BMC Polls: BJP MP Kirit Somaiya threatens to expose shell companies of Uddhav Thackeray', *DNA* correspondent, 9 February 2017, https://www. dnaindia.com/india/report-bmcpolls-bjp-mp-kirit-somaiya-threatens-to-expose-shell-companies-of-uddhav-thackeray-2318142) ; 'After BJP's Kirit Somaiya targets 'Bandra Sahib' over 'corruption', Shiv Sena 'unearths' SRA scam', DNA web team, 15 May 2016, https://www.dnaindia. com/ india/report-after-kirit-somaiya-targets-bandra-sahib-over-corruption-shiv-sena-unearths-sra-scam-2212581
99. Ketaki Ghoge, 'Mumbai civic polls: Shiv Sena leaders involved with shell firms, says BJP MP Kirit Somaiya', *Hindustan Times,* 14 February 2017, https://www.hindustantimes.com/mumbai-news/ mumbai-civic-polls-shiv-sena-leaders-involved-with-shell-firmssays-bjp-mp-kirit-somaiya/ story-YIXkaBEKhbxN9gqgP2hhbL.html
100. Shruti Ganapatye, 'MNS tries to woo Shiv Sena for BMC elections alliance', *Asian Age,* 30 January 2017, http://www.asianage.com/ metros/ mumbai/300117/mns-tries-to-woo-shiv-sena-for-bmc-elections-alliance. html
101. Raj Thackeray at party foundation rally in 2017, ABP Majha, 9 March 2017, https://www.youtube.com/watch?v=zzHeja FISVO
102. Interview with author on 2 May 2019.
103. Interview with author on 28 January 2019.

104. 'MNS left with just 1. BMC corporator after Shiv Sena poaches 6, *HT* correspondent14 October 2017, https://www. hindustantimes.com/mumbai-news/bjp-shiv-sena-tussle-in-mumbai-intensifies-somaiya-tells-sec-major-party-is-buying-corporators/story-ONfSkK6fJXNnul W8wDXyVN.html
105. 'Raj Thackeray attacks Shiv Sena after six of seven corporators defect', https://www.youtube.com/watch?v=Kzn QtbkxGs8, accessed on 11 February 2019.
106. 'Raj Thackeray: Dawood may come back to India', DNA, 22 September 2017, https://www.dnaindia.com/mumbai/report-raj-thackeray-dawood-may-come-back-to-india-2547476
107. Kamlesh Damodar Sutar, 'Government with Owaisi to stage riots on Ram mandir issue: Raj Thackeray', *India Today,* 4 December 2018, https://www.indiatoday.in/india/story/ government-with-owaisi-to-stage-riots-on-ram-mandir-issue-raj-thackeray-1401842-2018-12-04
108. 'Raj saheb baher ya, Shiv Sainikianchi ghoshnabaji' (Raj saheb come out: Shiv Sainiks), *Maharashtra Times,* 1 October 2017, https://maharashtratimes.indiatimes.com/maharashtra/mumbainews/shiv-sena-worker-meets-mns-chief-raj-thackeray-in-dadar/articleshow/60900721.cms
109. Manasi Phadke, Shiv Sena threatens to pull out of Maharashtra government again', *Hindustan Times,* 19 September 2017, https://www.hindustantimes.com/mumbai-news/shiv-sena-threatens-to-pull-out-of-maharashta-government-again/story3sIBXgwJspDA8WxewFByUP.html
110. Interview with author on 13 January 2019.
111. Interview with author on 11 March 2019.
112. Sanjay Raut, 'Shiv Sena 'Big Brother' will shake Delhi throne', IANS, 28 January 2019, https://www.mid-day.com/articles/sanjay-raut-shiv-sena-big-brother-will-shake-delhi-throne/20311176
113. 'Shiv Sena chief Uddhav Thackeray targets BJP over Rafale deal, recent assembly poll results', PTI, 24 December 2018, https://timesofindia.indiatimes.com/india/shiv-sena-chief-targets-bjp-over-rafale-deal-recent-assembly-poll-results/articleshow/67232535.cms
114. 'After Rahul Gandhi, Now Uddhav Thackeray Says 'Chowkidar Chor Hai' To Attack PM Modi', Outlook Web Bureau, 24 December 2018, https://www.outlookindia.com/website/story/ india-news-after-rahul-gandhi-now-\uddhav-thackeray-says-chowkidar-chor-hai/322306
115. Interview with author in May 2019.
116. Interview with author on 15 June 2019.
117. Dhaval Kulkarni, 'Daggers out: Shiv Sena blames BJP for loss in Aurangabad and Amravati', DNA, 27 May 2019, https://www. dnaindia.com/mumbai/report-daggers-out-shiv-sena-blames-bjpfor-loss-in-aurangabad-and-amravati-2754061

अध्याय 10 : साँप जो अपनी पूँछ खा गया

1. Conversation with author on 2 January 2019.
2. Vaibhav Purandare, *The Sena Story,* Business Publications Inc, Mumbai, 1999, pp. 231–32.
3. Gerard Heuze, 'Cultural Populism: The Appeal of the Shiv Sena', *Bombay: Metaphor for Modern India,* Sujata Patel and Alice Thorner (eds), Oxford University Press, Bombay, 1995, p. 216.
4. Ibid., p. 217.
5. Jayant Lele, 'Saffronisation of Shiv Sena: Political Economy of City, State and Nation', EPW, 24 June 1995.
6. Ibid.
7. Gerard Heuze, 'Shiv Sena and 'National' Hinduism', Part-I, *EPW,* 3 October 1992.
8. Gerard Heuze, 'Shiv Sena and 'National' Hinduism', Part-II, EPW, 10 October 1992.
9. Interview with author on 3 January 2019 and 8 February 2019.
10. Interview with author on 3 January 2019 and 8 February 2019.
11. Interview with author on 3 January 2019.
12. Interview with author on 7 February 2019.
13. Hemali Chhapia and Vinamrata Borwankar, 'Enrolment in BMC schools falls, maximum in Marathi medium', 23 January 2017, https://timesofindia.indiatimes.com/city/mumbai/ enrolment-in-bmc-schools-falls-maximum-in-marathi-medium/articleshow/56724302.cms
14. Multiple interviews, notes and conversations during reporting career.
15. Interview with author on 27 January 2019.
16. Interview with author on 27 January 2019.
17. Gerard Heuze, 'Cultural Populism: The Appeal of the Shiv Sena', *Bombay: Metaphor for Modern India,* Sujata Patel and Alice Thorner (eds), Oxford University Press, Bombay, 1995, p. 225.
18. A.G. Noorani, 'Has Shiv Sena a future?', Frontline, 1–14 March 2003, https://frontline.thehindu.com/static/html/fl2005/stories/20030314000307600.htm
19. Sushant Pathak and Jamshed Adil Khan, 'India Today investigation finds how MNS resorts to vandalism, threats for money', *India Today,* 27 October 2016, https://www.indiatoday.in/india/story/ maharashtra-navnirman-sena-raj-thackeray-extortion-mumbai-goonda-raj-protests-vandalism-bmc-348884-2016-10-27
20. Sudha Gogate, *The Emergence of Regionalism in Mumbai: History of the Shiv Sena,* Popular Prakashan Pvt. Ltd, Mumbai, 2014, p. ix.
21. Neera Adarkar, 'The Lost Century: How the textile workers of Mumbai got short shift', *Mumbai Reader* 07, Urban Design Research Institute, Mumbai, 2008, p. 137.
22. Interview with author on 4 January 2019.

23. Anupama Katakam, 'Vanishing mill lands', *Frontline,* 10-23 September 2005, https://frontline.thehindu.com/static/html/f12219/stories/20050923002304300.htm
24. Anupama Katakam, 'All for the builder', *Frontline,* 25 March-7 April 2006, https://frontline.thehindu.com/static/html/f12306/stories/20060407003003800.htm
25. Interview with author on 4 January 2019.
26. Gangadhar Chitnis, *Manzil Ajun Durach!* (The Destination is Still Far Away), Secretary, Comrade Govind Pansare Amrut Mahotsav Samiti, Kolhapur, 2010, pp. 393–94.
27. Ibid., pp. 391–95.
28. Interview with author on 30 January 2019.
29. Interview with author on 7 February 2019.
30. Interview with author on 7 February 2019.
31. Interview with author on 16 April 2019.
32. Laxman Singh and Sanjana Bhalerao, 'BMC budgets for Rs 30,692.59 cr, 12.6 percent jump in outlay', *Indian Express,* 5 February 2019, https://indianexpress.com/article/cities/mumbai/bmc-budgets-for-rs-30692-59-crore-jump-in-outlay-5569353/
33. 'Goa CM presents Rs 455.10 Cr revenue surplus budget', UNI, 30 January 2019, http://www.uniindia.com/goa-cm-presents-rs-45510-cr-revenue-surplus-budget/west/news/1483529.html
34. Chaitanya Marpakwar, 'Rajasthan's mini Mumbai', *Mumbai Mirror,* 25 February 2018, https://mumbaimirror.indiatimes. com/mumbai/cover-story/rajasthans-mini-mumbai/articleshow/63061636.cms
35. Interview with author on 3 May 2019.
36. Interview with author on 3 January 2019.
37. Gyan Prakash, *Mumbai Fables,* HarperCollins Publishers India, Noida, 2011, p. 250.
38. Kumar Ketkar, 'Bal Thackeray's Fractured Legacy', *Forbes India,* 27 November 2012, http://www.forbesindia.com/article/special/bal-thackerays-fractured-legacy/34151/1
39. Interview with author on 10 February 2019.
40. Interview with author on 10 February 2019.
41. Interview with author on 6 February 2019.
42. Gerard Heuze, Cultural Populism: The Appeal of the Shiv Sena', *Bombay: Metaphor for Modern India,* Sujata Patel and Alice Thorner (eds), Oxford University Press, Bombay, 1995, p. 233.
43. Nagari Nivara Parishad website, http://www.nivara.org/pagl.htm
44. Interview with author on 23 January 2019.
45. Interview with author on 23 January 2019.
46. Interview with Rakshit Sonawane on 6 and 10 February 2019.
47. Interview with author on 28 January 2019.

48. Raj Thacketay on Maratha quotas, https://www.youtube.com/watch?v=BN14kgxbFjM, accessed on 21 June 2019
49. Vidya, 'Bombay High Court upholds Maratha quota, says cut it from 16% to 12%', *India Today,* 27 June 2019, https://www. indiatoday.in/india/story/bombay-high-court-upholds-maratha-reservation-bill-quota-1557213-2019-06-27
50. Interview with author on 1 December 2018.
51. Interview with author on 1 December 2018.
52. Interview with author on 27 January 2019.
53. Interview with author on 20 December 2018.

उत्तर कथन : छवि के पीछे के इनसान

1. Interview with author in November 2018.
2. Interview with author in November 2018.
3. Interview with author on 18 January 2018 and multiple interviews with author in the past.
4. Shrikant Thackeray, *Jasa Ghadla Tasa,* Chinar Publishers, Pune, 2002, p. 114.
5. Interview with author in November 2018.
6. Interview with author on 25 January 2019.
7. Multiple interviews with author.
8. Interview with author on 8 January 2019.
9. Multiple interviews with author.
10. Sandeep Ashar, 'BMC elections 2017: The creative firms behind the high-pitched poll campaign', *Indian Express,* 15 February 2017, https://indianexpress.com/article/india/bmc-elections-2017 the-creative-firms-behind-the-high-pitched-poll-campaign-4525445/
11. Milind Gunaji (writer), Uddhav Thackeray (photos), *Havai Mulukhgiri* (Aerial Tours), Riya Publications, Kolhapur, 2018, p. 10.
12. Ibid.
13. Ibid., p. 42.
14. Interview with author on 20 December 2018.
15. Interview with author on 4 January 2019.
16. Interview with author on 20 December 2018.
17. Interview with author in December 2018.
18. Interview with author on 20 December 2018.
19. Interview with author on 20 December 2018.
20. Author's interview with one of his friends in November 2018.
21. Author's interview with senior journalist on 13 March 2019.
22. Milind Gunaji (writer), Uddhav Thackeray (photos) *Havai Mulukhgiri* (Aerial Tours), Riya Publications, Kolhapur, 2018, p.74.
23. Interview with author in December 2018.

24. Interview with author in December 2018.
25. Interview with author in December 2018.
26. Varun Singh, 'Raj Thackeray's wife to build 17-floor Dadar complex', DNA, 29 June 2017, https://www.dnaindia.com/ india/report-raj-thackeray-s-wife-to-build-17-floor-dadar-complex-2486891
27. Interview with author in November 2018.
28. Author's interview with a former Shiv Sena leader in January 2019.
29. Milind Gunaji (writer), Uddhav Thackeray (photos), *Havai Mulukhgiri* (Aerial Tours), Riya Publications, Kolhapur, 2018, p. 80.
30. Interview with author in December 2018
31. Interview with author in December 2018.
32. 'MNS chief Raj Thackeray's son Amit gets engaged to fashion designer Mitali Borude', Eeshanpriya M.S., *Hindustan Times,* https://www.hindustantimes.com/mumbai-news/raj-thackerays-son-amit-to-get-engaged-to-mumbai-based-fashion-designer-today/story-bMQJzIlPhfgh49z8VqPI4N.html
33. 'Raj ki baat', Zee Marathi, Diwali issue, 2018.
34. Author's interview on 3 May 2019, with a senior journalist close to Raj Thackeray.
35. 'Raj ki baat', Zee Marathi, Diwali issue, 2018.
36. Ibid.
37. Ibid.
38. Ibid.